"十二五"国家重点图书出版规划项目

新视野教师教育丛书·基础理论系列

教师道德与教育法规

杜德栎 任永泽 庄 可 主编

图书在版编目（CIP）数据

教师道德与教育法规/杜德栎，任永泽，庄可主编. —北京：北京大学出版社，2016.7
（新视野教师教育丛书·基础理论系列）
ISBN 978-7-301-27326-5

Ⅰ.①教… Ⅱ.①杜…②任… Ⅲ.①中小学—教师—师德—教材 ②基础教育—教育法—中国—教材 Ⅳ.①G635.16 ②D922.164

中国版本图书馆CIP数据核字（2016）第175465号

书　　名	教师道德与教育法规
著作责任者	杜德栎　任永泽　庄　可　主编
责任编辑	李　玥
标准书号	ISBN 978-7-301-27326-5
出版发行	北京大学出版社
地　　址	北京市海淀区成府路205号　100871
网　　址	http：//www.pup.cn　新浪微博：@北京大学出版社
电子邮箱	编辑部 zyjy@pup.cn　总编室 zpup@pup.cn
电　　话	邮购部 010-62752015　发行部 010-62750672　编辑部 010-62765126
印　刷　者	河北滦县鑫华书刊印刷厂
经　销　者	新华书店
	787毫米×1092毫米　16开本　17.25印张　385千字
	2016年7月第1版　2024年2月第22次印刷
定　　价	40.00元

未经许可，不得以任何方式复制或抄袭本书之部分或全部内容。
版权所有，侵权必究
举报电话：010-62752024　电子邮箱：fd@pup.cn
图书如有印装质量问题，请与出版部联系，电话：010-62756370

前　言

德者本也。国无德不兴，师无德不立。师德是为师之根本要求，是教师在从事教育活动过程中形成的比较稳定的道德观念和行为准则。人们常把教师誉为"人类灵魂的工程师"，把教师的职业赞为"太阳底下最高尚的职业"，这实质上是对教师道德品质的高度赞美。人们之所以对教师有如此高的评价和称赞，是因为教师具有高尚的职业道德。师德集中体现了教师职业的基本特点，更直接反映了当代社会的教育目的。在当代中国，随着教育改革的不断深入及法制进程的推进，人们逐渐认识到，好的教师不仅应具有崇高的职业道德，而且应具备一定的教育法规意识。换言之，教师的职业行为不单要由道德来调节，同时也处于教育法规的调节下；不仅要合情合理，而且要合法守法。党的"二十大"提出"全面推进依法治国"，建设社会主义的法治文化，要靠法律保障。只有增强教师的法治思维与法治观念，增强依法治校的意识，提高依法执教的水平，才能推进学校治理的法治化。

为积极顺应当前基础教育对教师综合素质要求不断提升的新趋势，应对教师资格"国考"带来的多方面的新挑战，承载教师教育与立德树人课程改革的新使命，进一步加快推进教师教育工作的变革与转型，全面落实教师教育培养方案与目标，培养"四有"教师，我们在多年教师教育实践的基础上，融合党的"二十大"精神，编写了《教师道德与教育法规》这本书。

"教师道德与教育法规"是以全面提升师范生的职业道德与教育法律素质为指导思想，依据《教师教育课程标准（试行）》精神，贴近基础教育改革要求，注重理论知识和教学实践能力的整合，旨在提高教师教育教学水平和人才培养质量而在师范院校开设的公共基础课。本书分为上、下编。上编侧重教师道德这个主题，主要是对《中小学教师职业道德规范（2008年修订）》所提出的爱国守法、爱岗敬业、关爱学生、教书育人、为人师表、终身学习六大道德规范进行深入解读，同时讨论了中小学教师常见的一些道德问题。在此基础上，探讨了现代社会师德培育和修养的目标、途径等。下编关注教育法规这个主题，系统介绍了教育法规的基础知识，即以教育法规方面的基本概念、原理与范畴为知识基础，建立了以教育法规为主线的理论体系。在此基础上，分别从国家、学校、教师、学生四个不同而又相关联的主体角度，重点探讨了国家——依法治教、学校——依法治校、教师——依法执教、学生——权益保护等问题。这也是教育法规部分的重点内容。

本书在策划与编写过程中，力求突出体现三个特点。

（1）实用性。本书符合国家教师资格考试、教师教育发展与变革的需要，满足师范生及参加教师资格考试、教师入职考试需要及在职教师的专业发展需要，紧贴教师教育工作实际，选择与教师教育密切相关的重要问题加以讨论。

（2）学术性。本书符合教师专业成长规律和我国教育法规发展规律，具有一定理论高度与深度，反映学科发展前沿动态，彰显教师道德和教育法规的学术性。

（3）精品性。我们致力于培育精品教材，强化编写质量，力求理论与实践的有机结合，充分体现学科与课程特色。

我们在编写时，着重坚持三个统一：一是学科的理论体系相对完整与适应国家教师资格考试的基本需要及学科的最新发展动向结合起来（内容的完整性与开放性）。二是师德修养与教育法规理论水平的不断提高与促进师范生的专业发展相统一（知识与能力）。突出以学习者为本，重在反思与批判，试图在介绍相关基础理论的基础上，使学习者反思与批判现实教育中诸多教师职业道德现象与问题、教育法规现象与问题，从而增强从教者的道德水平与法规意识，形成良好的职业道德、依法治校与执教的思想观念和实践智慧。三是内容的趣味性、可操作性与学术性、理论性相统一。在内容上，遵循认知规律，增强了体例的科学性和文字的可读性，坚持理论联系实际，增强了内容的现实感与实用性。

本书是长期从事教师道德与教育法规研究与教学实践的专家、学者集体劳动的智慧结晶。全书章节体系由主编杜德栎教授、任永泽博士策划设计，在征求和论证其他编写人员意见与建议的基础上确定。各章的分工与撰写者分别是：杜德栎教授，前言；胡梅讲师，（上编）第一章；庄可副教授，（上编）第二、三章；罗九平副教授，（上编）第四、五章；余雪莲教授，（下编）第六章；任永泽副研究员，（下编）第七、八章；张登山副教授，（下编）第九、十章。杜德栎、任永泽负责全书的统稿工作。

《教师道德与教育法规》是供师范院校教师教育专业使用的一本教材，也可作为教师职后培训、教育行政管理人员及一般读者了解教师道德与教育法规的读物。

本书编写时参考了国内一些学者的研究成果，在此表示衷心感谢！本书编写和出版，得到北京大学出版社的大力支持，谨此谢忱！

由于编者水平和能力有限，书中不足之处与缺点在所难免，敬请广大读者、同行和专家批评指正。

杜德栎

2023年12月于映翠谷书斋

目录

上编 教师道德

第一章 教师职业道德概论 ... 2
- 第一节 道德和教师职业道德 ... 3
- 第二节 教师职业道德的基本原则和范畴 ... 16

第二章 教师职业道德规范（上） ... 27
- 第一节 爱国守法：教师职业的基本要求 ... 28
- 第二节 爱岗敬业：教师职业的本质要求 ... 34
- 第三节 关爱学生：师德的灵魂 ... 39

第三章 教师职业道德规范（下） ... 48
- 第一节 教书育人：教师的天职 ... 49
- 第二节 为人师表：教师职业的内在要求 ... 58
- 第三节 终身学习：教师专业发展的动力 ... 61

第四章 教师职业道德问题 ... 71
- 第一节 中小学教师常见的道德问题 ... 72
- 第二节 职业倦怠与师德困惑 ... 84

第五章 教师职业道德修炼 ... 91
- 第一节 师德修炼的意义与内容 ... 92
- 第二节 师德修炼的途径与方法 ... 101
- 第三节 师德修炼的原则与境界 ... 109

下编　教育法规

第六章　教育法规基础　120
第一节　教育法规概述　121
第二节　教育法的制定、实施和监督　126
第三节　教育法律关系　129
第四节　教育法律责任与法律救济　134

第七章　国家——依法治教　141
第一节　依法治教概述　142
第二节　国家的权利与义务　148
第三节　教育行政管理　152
第四节　教育行政机关的法律责任　156

第八章　学校——依法治校　160
第一节　依法治校概述　161
第二节　学校的法律地位概述　163
第三节　学校的权利与义务　166
第四节　学校的管理　172

第九章　教师——依法执教　179
第一节　教师的法律地位　180
第二节　教师的权利与义务　182
第三节　教师的管理制度　188

第十章　学生——权益保护　199
第一节　学生的法律地位　200
第二节　学生的权利与义务　204
第三节　未成年学生权益的保护　208

附　录

附录一：《中华人民共和国教育法》
　　　　（1995年颁布，2009年第一次修正，2015年第二次修正）　220

附录二：《中华人民共和国义务教育法》
　　　　（1986年颁布，2006年第一次修订，2015年第二次修正）　　　　229

附录三：《中华人民共和国教师法》
　　　　（1993年颁布，2009年修正）　　　　236

附录四：《中华人民共和国未成年人保护法》
　　　　（1991年颁布，2006年修订，2012年修正）　　　　241

附录五：《中华人民共和国预防未成年人犯罪法》
　　　　（1999年通过，2012年修正）　　　　248

附录六：《学生伤害事故处理办法》
　　　　（2002年6月25日中华人民共和国教育部令第12号发布，2010年修订）　　　　255

附录七：《中小学教师职业道德规范》
　　　　（教育部 中国教科文卫体工会全国委员会2008年修订）　　　　259

附录八：《中小学教师违反职业道德行为处理办法》
　　　　（教育部2014年1月11日发布）　　　　260

附录九：《幼儿园教师专业标准（试行）》（节选）
　　　　（教育部2012年2月20日发布）　　　　262

附录十：《小学教师专业标准（试行）》（节选）
　　　　（教育部2012年2月20日发布）　　　　263

附录十一：《中学教师专业标准（试行）》（节选）
　　　　（教育部2012年2月20日发布）　　　　265

上编 教师道德

第一章 教师职业道德概论

本章重点

- ◆ 认识教师职业道德的含义
- ◆ 明确教师职业道德的价值
- ◆ 掌握教师职业道德的原则
- ◆ 理解教师职业道德的基本范畴

学高为师，身正为范。教师作为人类的灵魂工程师，其必备的首要条件就是要具有高尚的师德。古今中外，人们都把师德作为衡量教师素质的第一杆标尺。可以说，教师的职业道德素质不仅直接关系到教育能否实现立德树人的根本任务、促进亿万青少年的健康成长，还对整个国家和民族的精神风貌产生深远影响。厚德方能载物，师真方育新人，不断提高现代教师的职业道德修养水平，既是建设有中国特色社会主义教育事业的一个重要内容，又是教师自身发展的客观需要。

第一节 道德和教师职业道德

教师职业道德简称师德，作为一种教育现象，不仅是一个问题领域或学科，也是该学科最基本的概念。要想认识与解决师德问题，提高自我师德修养，我们必须首先从理论上对这一概念进行梳理。

一、道德概述

（一）道德的含义和本质

道德是人类社会特有的精神现象，是随着人类历史不断发展的一种特殊意识形态。在西方，"道德"一词，源于拉丁语的moris，意指风尚、习俗，引申开来，也有原则和规范、行为品质和善恶评价等含义。在我国，道德这一术语也早已有之。如《论语·述而》中讲到"志于道，据于德"，《孟子·公孙丑下》中有"尊德贵道"。这些讲的都是道德，只是把道和德分开使用。所谓"道"原是指人们行走的道路，也指事物存在、运行、生灭所必须遵循的法则，并引申为人们必须遵循的社会行为的准则、规矩和规范；"德"即得，所谓"德者，得也"。人们认识"道"、遵循"道"，内得于己，外施于人，便是"德"。"道"的客观性较强，主要指外在的规范准则；"德"则偏向于主观方面，主要指人们内心的精神体现的东西。"道德"二字的合用，最早见于《荀子·劝学篇》：故学至乎礼而止矣，夫是之谓道德之极。[①] 荀子不但将道和德二字连用，而且赋予了它确定的含义，即指人们在各种伦常关系中表现的道德境界、道德品质和调整这种关系的原则与规范。可见，无论是在东方还是在西方，"道德"这个词的起源和历史发展，都包含有道德意识、道德规范、道德活动和行为标准等广泛的内容。

概括来讲，所谓道德，就是由一定社会关系、特别是经济关系所决定，以善恶评价方式调节人际关系的行为规范和人类自我完善的一种社会价值形态。

所谓道德本质，是指道德现象的内在联系和道德的内在矛盾。它规定着道德发展的方向和最能反映道德特征的深层的、稳定的方面。马克思主义认为，人类社会是以经济为基

---

① 荀子.荀子（精华本）[M].沈阳：万卷出版公司，2009：7.

础的，经济基础决定上层建筑，道德属于社会上层建筑和意识形态，其本质是由社会存在和物质利益所决定的社会意识和实践精神。它是在一定社会条件下，调整人与人、人与社会、人与自然之间关系的特殊思维方式、价值观念和原则规范的总和。道德作为一种特殊的社会意识现象，在形式上具有主观性，但其内容却是一定社会关系对人们提出的客观要求的反映。因此，当一切社会关系，尤其是经济利益关系发生变化时，人们的道德观念和社会的道德标准都会随之发生或多或少的变化。人类道德正是在这种除旧布新的过程中得以发展的。尽管道德具有一定的时代性、阶级性和民族性，但在人类历史上，包括阶级社会在内，也还存在着各时代、各民族、各阶级共同认可的一些道德准则，遵守这些准则是维护人们之间正常关系的需要，也是社会生产、生活能够正常进行的保证。

(二) 道德的起源和类型

道德这种人类社会所特有的现象是如何产生的，从古至今，许多伦理学家与哲学家都作了探讨。唯心主义的道德起源论有两种观点，一种观点是到"彼岸世界"去寻找道德的起源，认为道德起源于上帝和某种神灵的旨意；另一种观点认为道德"根于心"，认为人有一种先天的、与生俱来的善良本性，凭着这种善良本性就可以引申出道德来。尽管这两种理论都从不同的角度论述了道德的起源，但其本质是唯心主义的道德起源论。还有一些机械唯物主义者从感性经验出发，抛开人的社会性和社会关系，把人的生理本能作为道德的出发点和归宿，把道德的根源奠定在对欲望的追求和满足上。所以，他们同唯心主义者一样，都未能科学地揭示出道德产生的根源。

为人们提供科学地解决人类社会领域的各种问题的新思路是唯物史观的创立。马克思主义把道德的起源同人类物质生活的现实基础联系起来，为解决道德的起源问题奠定了坚实的理论基础。马克思主义认为，道德是社会历史的产物，是从人类社会物质生活条件中产生并在长期的社会实践中逐步形成的。首先，人与人之间社会关系的形成和人类语言意识的产生是道德产生的前提。人和动物的本质区别就在于人有思维、能够制造并使用工具，从事生产劳动并在劳动中形成人类的生产关系和社会关系，这些关系是以利益为内容的。随着人类劳动和交往的扩大，产生了语言和意识，从而使人们能够认识到彼此间的关系，并加以调整，道德的产生成为可能。其次，社会分工的出现和发展是道德产生的关键。随着生产和社会分工的发展，人们在生产、交往和分配中的个人与个人、个人与集体之间的利益矛盾日益明显。这不但产生了解决这些矛盾的自觉要求，而且也逐渐产生了维护整体利益的义务感和荣辱观念。因此，那些适应当时社会物质生活条件所必需的行为要求，就逐渐成为氏族社会成员所共同遵守的行为准则，并世代传袭，成为原始氏族社会神圣不可侵犯的道德信条和风俗习惯。原始社会的道德只是表现为"风俗的统治"，还没有分化成为独立的社会意识形态。随着生产的发展，特别是体力劳动和脑力劳动分工以及阶级对立的出现，道德意识逐渐分化成为独立的意识形态。

从纵向上看，在人类社会发展的历史长河中，依据不同经济结构所划分出来的不同历史形态，我们相应地划分出五种不同的道德历史类型，即原始社会道德、奴隶社会道德、封建社会道德、资本主义社会道德、社会主义和共产主义社会的道德。在道德历史类型的交替变更过程中，道德作为社会的意识形态和上层建筑，必然受到生产力和生产关系矛盾运动的制约，并随着生产方式的变更而发生变更，随着经济的发展而发展，在曲折中前进，并越来越趋向进步。道德作为文化的核心因素，它的发展在适应社会经济关系的同时，还遵循自身批判继承发展的规律。不同社会、不同阶级在批判、继承前人道德文化遗产的同时，充实着符合时代发展和阶级利益的新内容、新要求，从而使道德在批判继承中得以发展。

从横向上看，人类生活一般有社会公共生活、职业劳动生活和家庭婚姻生活。相应地在社会生活中，人们的道德活动也是多种多样的，概括起来有三大领域：一是社会公共活动领域的道德，二是职业活动领域的道德，三是家庭活动领域的道德。简言之，即社会公德、职业道德和婚姻家庭道德。所谓社会公德，是指在一个社会中为全体成员所公认的、大家都要共同遵守的最起码的公共生活准则。它是人们在长期的社会生活中逐渐形成的，用以维护公共生活、调节人与人之间关系的一整套准则，是全体公民都必须遵守的道德规范。职业道德是指人们在从事各种正当的社会职业活动过程中，思想和行为应遵循的道德规范和准则，也就是调整职业内部、职业之间、职业与社会之间的各种关系的行为准则。如商业道德、医务道德、教师道德、科技道德、军人道德、新闻道德、体育道德、公务人员道德等。丰富多彩的职业劳动，是人类社会生活向前发展的动力和生命线。每一社会的职业道德状况，反映了社会道德的要求和状况，并直接关系到各行各业的发展和全体社会成员的切身利益。婚姻家庭道德是指在以婚姻关系为基础的家庭生活中，每个家庭成员应自觉履行的道德义务和责任。如夫妻平等相爱、父母要抚养教育好子女、子女要赡养和尊敬老人等。

总之，道德作为社会有机体的一个重要组成部分，既受社会经济和其他因素的影响与制约，又同时渗透到社会生活的各个领域，对社会生活进行独特的调控，并随着人类历史的前进，有规律地向前发展。目前，我国正处于社会主义初级阶段，经济上实行以公有制为主体、多种所有制经济共同发展的基本经济制度，根本目的在于解放生产力、发展生产力、消灭剥削、消除两极分化，在现代化基础上实现人民的共同富裕。在新世纪新阶段，经济和社会发展的战略目标是，巩固和发展已经初步达到的小康水平，到建党一百年时，建成惠及十几亿人口的更高水平的小康社会；到新中国成立一百年时，人均国内生产总值达到中等发达国家水平，基本实现现代化。①

为此，我们必须加强社会主义精神文明建设，实行依法治国和以德治国相结合，提高全民族的思想道德素质和科学文化素质，为改革开放和社会主义现代化建设提供强大的思想保证、精神动力和智力支持，建设社会主义文化强国。加强社会主义核心价值体系建设，坚持马克思主义指导思想，树立中国特色社会主义共同理想，弘扬以爱国主义为核心的民族精神和以改革创新为核心的时代精神，倡导社会主义荣辱观，增强民族自尊、自信和自强精神，抵御资本主义和封建主义腐朽思想的侵蚀，扫除各种社会丑恶现象，努力使

---

① 中国共产党章程[M].北京：人民出版社，2012：8.

我国人民成为有理想、有道德、有文化、有纪律的人民。同时，在《中共中央关于加强社会主义精神文明建设若干重要问题的决议》中还指出：社会主义道德建设要以为人民服务为核心，以集体主义为原则，以爱祖国、爱人民、爱劳动、爱科学、爱社会主义为基本要求，开展社会公德、职业道德、家庭美德教育，在全社会形成团结互助、平等友爱、共同前进的人际关系。其中，对于社会公德、职业道德和家庭美德，又有相应的具体规范要求。社会公德中的五个道德规范是：文明礼貌，助人为乐，爱护公物，保护环境，遵纪守法。职业道德中的五个道德规范是：爱岗敬业，诚实守信，办事公道，服务群众，奉献社会。家庭美德中的五个道德规范是：尊老爱幼，男女平等，夫妻和睦，勤俭持家，邻里团结。这三大领域中的十五个道德规范，是在社会主义道德的"核心""原则"和五个"基本要求"的作用下形成的一个社会主义的道德规范体系，涵盖了社会主义道德要求的各个方面，是社会主义核心价值体系在道德层面的体现。

二、职业道德的内涵与特点

（一）职业道德的内涵

职业道德是整个社会道德体系的一个重要组成部分，而教师道德又是职业道德的一种。因此，认识职业道德的基本理论知识是理解教师道德的前提与基础。

职业道德是职业实践活动的产物。职业活动作为人类借以实现"直接生活的生产和再生产"的一种普遍的基本形式，它同人类的其他活动一样，与道德问题紧密相连。由于从事某种特定职业的人们，有着共同的劳动方式，经受共同的职业训练，因此，往往具有共同的职业兴趣、爱好、习惯和心理传统，结成某些特殊关系，形成特殊的行为规范和道德要求。恩格斯曾指出：实际上，每个阶级，甚至每一个行业，都各有各的道德。[①] 这里所说的每一个行业的道德，就是职业道德。概而言之，所谓职业道德，就是指人们在从事某种正当的社会职业过程中，思想和行为应当遵循的道德规范和准则。职业道德，是一定社会或阶级对于从事一定社会职业人们的一种特殊道德要求，是社会道德在职业生活中的具体体现。

职业道德的内涵随着社会发展而不断丰富。在原始社会末期出现了人类历史上的两次社会大分工，各个部落中生活的人们，在相互交往中形成了一定的行为惯例，这其中就包含职业道德的萌芽。在奴隶社会，随着生产力的发展，出现了体力劳动和脑力劳动的更大分工，逐渐形成了各种职业，如农业、畜牧业、商业、手工业、医疗业、职业教师和职业军人等职业集团。在职业生活实践中，随着社会职业关系的复杂化、多样化和完善化，形成了特殊的职业责任和职业纪律，从而产生了各种具有本职业特点的行为规范和道德要求，职业道德真正形成。从奴隶社会进入封建社会后，职业道德有了新的发展。在中世纪的欧洲出现了许多手工业行会，制定了行会规章制度，以协调各行会手工业者之间的利益

---

① 马克思恩格斯选集（第四卷）[M]. 中共中央马克思，恩格斯，列宁，斯大林著作编译局，译. 北京：人民出版社，1972：236.

关系。在我国,除手工业行会有职业道德的条规外,文献反映较多的是政治、经济、文化、教育、军事和医疗等方面的职业道德。这一历史时期的职业道德较之奴隶社会的职业道德要求更先进、更广泛,更体现了各个不同行业自身的特殊道德要求。在封建社会,自给自足的自然经济占主导地位,由于等级制的压迫和宗教的控制,各种职业分工也受到限制,各种职业道德都带有浓厚的阶级色彩,统治者对于体力劳动者的职业道德并不大看重,因此职业道德在封建社会鲜见于典籍,没有得到很大发展。人类社会进入资本主义时代以后,由于生产力的发展,生产社会化程度的提高,科学技术的迅猛发展,社会的分工和生产机构内部的分工越来越具体和明确,形成了新的更大规模的职业活动。与此相适应,资本主义时代的职业道德,不仅保持和进一步提炼了诸如工、农、医、商、军、教等具有悠久传统的职业道德规范,而且形成了诸如律师、工程师、科学家、新闻记者、艺术家等新职业的职业道德规范。随着世界新技术革命在全世界范围内的迅速兴起,伴随着新职业的出现,一些新的职业道德,如网络道德、核能工作道德、航天事业道德、导游人员道德、公关人员道德等也相继形成。

纵观职业道德的历史演变历程,虽然在私有制条件下的职业道德不可避免地带有历史和阶段的局限,但是总体上依然是人类社会精神文明的积极成果之一,并以其特有的方式,反映和影响着社会生活。社会主义制度的建立及经济全球化发展,为职业道德的全面普及和深入发展开辟了广阔的天地。社会主义职业道德,既是历史上长期形成的职业道德的继续,又是对它的深刻变革。在社会主义条件下,各种职业的职业利益与整个社会的利益,从根本上来说是一致的。人们通过职业活动而发生的关系,是同志式的平等互助关系。人们职业活动的共同目的是为社会主义建设事业做贡献,这就为新型社会主义职业道德的产生奠定了基础。同时,党和国家又非常重视提高人民的思想觉悟和道德水准,要求发展各行各业的职业道德。因此在新时期,社会主义职业道德的发展与建设任重道远。

(二)职业道德的特点

从上述职业道德内涵的发展变化中我们看出:在阶级社会里,职业道德既反映社会职业行为的道德调节方向,又带有具体职业或行业活动的特征。

1. 内容具有稳定性

职业道德的稳定性表现在两个方面:一是职业道德中的主体要素可以超越不同社会批判继承,世代相传,成为人们比较稳定的职业心理和习惯。例如,不同国家,不同地区和民族,不同社会制度,不同阶级都把"仁爱救人""祛病治伤"作为医务道德;把"童叟无欺""买卖公平"作为商业道德;把"言传身教""以身作则"作为师德。二是在某种特定职业与行业中形成的职业兴趣、职业心理、职业习惯、职业传统等都是大同小异的,而其基本的道德观念又是不易改变的。例如,酒店行业中流行的"逢人开口笑,过后不思量"的职业习惯;师德中的"诲人不倦"与"誓不误人子弟"的职业信念等。随着社会的发展,从业人员在继承、履行本职业的道德规范的同时,也在对职业道德规范不断地完善、充实和发展。

2. 形式和行为尺度具有多样性

职业道德的形式,特别是其行为准则的表达形式,往往比较具体、灵活、多样。具体来说，就是每种职业的道德要求，既有一般的原则性规定，又有很具体的要求，通常是用规章制度、工作守则、行业公约、岗位责任、条例、须知、章程、誓词、格言、匾额、条幅、形体标志、文图结合等多种简洁明快的形式表达出来。这样，比较容易使从业人员接受和践行，铭记于心，从而形成本职业所要求的道德习惯。另外，社会分工的发展促使职业活动变得更加复杂、多样，要求职业道德给予多方面的调节，因而衡量职业道德行为的尺度也就呈现出多样化。表现在不同行业上就有不同的衡量标准，即使同一行业中同一职业也有高、中、低的层次要求，呈现出不同的职业道德境界。

3. 适用对象具有限定性

每种职业道德都是在各自的职业实践活动中产生的，总是要鲜明地表达职业义务和职业责任，以及职业行为上的道德准则，并以自己特有的方式调整从事同一职业人员的内部关系以及他们同服务对象之间的关系。对从业人员提出的特殊的道德要求，主要用来约束从事本职业的人员。对于不属于本职业的人，或本职业人员在该职业之外的行为活动，它往往起不到调节和约束的作用。例如，"童叟无欺"是对商业服务行业的道德要求；"治病救人"是对医务人员的道德要求。正因为每一职业的道德要求具体、明确，从而使从业人员能够明辨是非善恶，保证职业活动的顺利开展。

三、教师职业道德的含义和特点

（一）教师职业道德的含义

什么是教师职业道德？不同的人有不同认识。历史上，有的将教师职业道德说成是神的意志，或者是主观精神、先验的意志、意识、良心、客观精神、理念等。我国汉代大儒董仲舒说：今善善恶恶，好荣增辱，非人能自生，此天施之在人也。[①] 西方有"原罪说"，这些观点把教师职业道德归于上帝或人格神，不但没有真正解决道德本质的问题，反而将其推向神秘世界，把教育看作是上天为造福人类创造的一种活动，教育者是上天的使者，反映着上天的意志，是上天的化身。这些观点必然使教师职业道德陷于绝对化、简单化的泥潭。唯心主义思想家要么把教师职业道德看成是先验的善良意志、良心等主观精神，要么把教师职业道德看成是理念、天理客观精神的外化。因此《学记》说：凡学之道，严师为难。师严然后道尊，道尊然后民知敬学。提出"师道尊严"的思想，其作用就在于把教师当作整个封建思想体系的代表，企图通过尊师来尊重封建的"道"。

我国当代学者对什么是教师职业道德，也提出了许多不同的观点。檀传宝认为：教师职业道德是指教师职业活动中所应当遵循的，用以调节教师职业工作中教师与学生、教师与集体、教师与社会等关系的道德规范和行为准则的总称。[②] 段文阁、赵昆认为：教师职业道德是指教师和一切教育工作者在从事教育活动中必须遵守的道德规范和行为准则，以及与之相适应的道德观念、情操和品质，是教师的从业之德，是一定社会或阶级对教师这

---

① （汉）董仲舒. 春秋繁露（上）[M]. 北京：中华书局，1975：68.
② 檀传宝. 教师职业道德 [M]. 北京：北京师范大学出版社，2015：21-22.

一行业的道德要求。① 赵宏义、于秀华认为：就教师职业道德的社会存在而言，它是对教师职业活动的意义、行为规范及其实践活动给予道德价值性关注的领域，是一个关于教师为师之德的领域；从其表现特征来看，师德是教师在职业中理解或追寻职业意义、履行职业道德规范或准则过程中所表现出来的观念意识和行为品质。② 在这种对师德概念的解释中，包含着看待和讨论师德问题的基本域限：一是教师职业的意义和规范问题，被称为师德文化现象；二是履行师德的实践活动，称为师德的活动现象或时间现象；三是师德品性，称为师德品质现象。从上述对教师职业道德概念的解释中，我们可以看出，师德不仅包括教师在教育教学活动中所遵守的基本道德规范和行为准则，而且还包括个人在守护这些规范时所表现出来的观念意识和行为品质，以及所形成的师德氛围或生态环境，它是教师这一特殊职业所具有的独特的职业道德规范体系和道德品质。教师职业道德的内涵，可以从以下三个方面来理解。

首先，教师职业道德是反映教育活动中教师与学生、教师与他人关系以及交往行为的道德意识。道德意识是人们在长期的道德实践中形成的道德观念、道德情感、道德意志、道德信念和道德理论体系的总称。教师职业道德意识就是教师系统化地处理教育活动中人与人之间关系的教育意识。我们知道，教育有两大基本规律：一是教育与社会发展存在着相互制约、相互促进的关系；二是教育与人的身心发展存在着相互制约、相互促进的关系。教育活动受一定社会政治经济制度和生产力水平的制约，教育活动要适应人身心发展的特点。有什么样的社会政治经济制度和生产力水平，就有什么样的教育实践；同时，对人身心发展规律的认识程度影响着教育实践的水平。在教育活动中，诸如教与学的关系，师与生的关系，知与不知的关系，教师个体与集体的关系，教师的学生观、认识观、教育目的观等都是需要教师解决的道德问题。对这些问题的认识和解决，不同教师存在着不同的思想体系和方法规范体系，即道德意识。例如，教学思想及规范、德育思想及规范、管理思想及规范、伦理思想及规范，它们都是应教育实践活动的要求而产生的。教师职业道德在教育实践中产生形成的过程，是区别于其他思想规范体系的，它是关于处理教育劳动中人与人相处的道德准则的理论。它的内容应是对职业内所有人的要求和具体规范。教师职业道德既要解决"应当"问题，还要解决为什么"应当"的问题。所以，教师职业道德意识，就是试图确定在教育活动中发展人与人之间适应教育目的要求的、良好关系的道德规范与观念。这些规范与观念应当能维持教育的秩序，延续教育的良好习惯，有利于履行教育的社会责任，产生良好的教育效果。它们既是对教育领域共同利益要求的反映，又是对反映教育活动中人与人之间关系处理上经验的概括与总结。

其次，教师职业道德旨在协调教师职业工作中的人际关系，包括教师与学生的关系、教师与集体的关系以及教师与社会的关系等。教师职业道德的核心目标是规范和引导教师处理好这些人际关系，以道德的方式来协调人际行为，同时也以道德的方式来展开教育、

---

① 段文阁，赵昆. 教师职业道德 [M]. 济南：山东人民出版社，2012：4.
② 赵宏义，于秀华. 新时期教师职业道德修养 [M]. 长春：东北师范大学出版社，2005：6.

教学活动，实现立德树人的教育目的。教师与学生的关系是教师职业道德的核心方面，一名合格的教师必须具备正确处理师生关系的能力。教师在教育工作中既要有一定的威信，能够对学生的学习生活加以引导或者矫正，同时又要充分尊重学生的人格尊严，尊重学生的主体身份，关爱学生，给予学生自主选择的空间和机会。教师与学生之间应当是相互尊重、相互信任，同时又是相互促进的关系，做到"教学相长"。此外，教师还必须处理好与集体的关系，这个集体包括同事群体以及学校生活中的共同体。教师生活于学校共同体之中，难免与教师集体以及学校共同体发生着各种各样的人际关系以及利益关系，教师必须从职业道德的基本要求出发来处理好与集体、与学校的关系，努力成为学校共同体、教师集体中的合格成员，为集体生活和学校教育做出力所能及的贡献。当然，教师还面临着与社会的关系。教师作为社会成员，必须把自己看作是社会的一分子，在教学活动中履行社会职责，有效地传递社会的核心价值观念和正能量，通过自身的教学活动来培养人才，从而间接地促进社会的发展。

最后，教师职业道德是外在道德规范他律和教师内在道德自律的统一，是一种特殊的规范调解方式。也就是说，教师职业道德不仅是一种外在的道德规范体系，更是一种内在的道德自律约束活动。教师在遵守外在职业道德规范体系的同时，必须加强内在的道德自律，处理好"自己与自己"的关系。教师必须在充分理解教师职业意义和认识自我的基础上，通过把外在的道德规范内化为自身的道德素养，如教师的良心、教师的公正和教师的幸福等，从而全面提升自己的道德品质和道德境界。我们知道，纯粹的道德他律和外在规范是很难限制和约束教师的行为的，因为这些外在规范难以深入人心，难以成为教师的心灵世界和道德世界的有机组成部分。因此，教师职业道德如果仅仅是这样一些外在的道德规范的集合体和文本说教，通过灌输或者强制的方式来向教师施加压力，那么这些职业道德对于教师职业活动的调节作用很可能是低效的甚至是无效的。显然，一种职业道德规范只有当它被道德主体所内化并付之行动时，它才有可能成为道德主体的内心世界的有机组成部分和发展需要，它才可能经由道德他律而走向道德自律，发挥道德的规范和约束功能，主导道德主体的道德生活。

教师职业道德也同样如此，它需要教师以主体的身份自觉自主地吸收和接纳这些道德规范，关注教师职业意义的深层追寻，甚至允许教师反思和批判教师职业道德规范中不合理的要素，保留合理的方面，从而让这些道德规范成为一种自律和自觉，而不再是一种外在的强加和灌输。通过这样的一种反思、体验、吸收和内化的过程，教师职业道德才能真正成为属于教师职业生活的"本己"世界的道德规范，而不再是从属于教师职业生活的"异己"世界的外在道德规范，教师职业的行为才能达到"随心所欲不逾矩"的意境。

综上所述，教师职业道德又称为"教师道德"或者"师德"，它是指教师在从事教育劳动过程中所应遵循的调节教师与学生、教师与他人关系以及交往行为，保证教育活动有效合理进行的比较稳定的道德规范以及与之相适应的道德意识和道德品质。它是一定社会或阶级对教师职业行为的基本要求和概括，从道义上规定了教师在教育活动过程中应以什么样的道德情感、态度作风、行为准则去调节在教育过程中与其他参与者之间的关系，处理教育道德问题，以有效、合理地做好教育工作，立德树人，为社会尽职尽责。

（二）教师职业道德的特点

教师道德不仅具有职业道德的一般特征，而且还具有作为一种特殊的职业道德的独特性，教师道德与教师的教育劳动中的人际关系特点有密切的联系。教师道德的特点主要表现在以下三个方面。

1. 教育性

首先，教师道德直接构成和影响教育内容。教师道德是学校重要的教育资源，因而具有教育性。比如，教师的价值观既影响显性的也影响隐性的教育内容。除了在显性教育方面教师会自动根据自己的价值观理解、处理每一节课的教学内容，突现一些教育内容，而相对忽略另一些内容之外，在隐性课程方面，教师的敬业精神，教师对课程以外许多问题看法的不自觉地流露也都会对学生产生不同程度的影响，受职业道德影响的教学方式如师生间的互动方式也是教师价值观的体现，也会作为课程影响教育对象。其次，师德的教育性与示范性联系在一起，教师的人格特征影响教育内容。教师的人格特征是影响教育内容的重要因素，甚至可以说教师的人格特征本身就是教育内容。教师的人格特征对教育内容的影响可以从两个方面去理解。一方面，教师的道德人格会成为学生学习的榜样。美国心理学家班杜拉等人认为，儿童的行为方式常常是模仿其所相信和崇拜的榜样人物而逐步形成的。不管教师愿不愿意，有无知觉，教师都有成为这种"榜样"的最大可能性。中国自古就有"以身立教"的说法，也是同样的道理。另一方面，教师的人格特征也影响他对教育内容的加工处理。一个有诗人气质的教师的教学会充满热情，富于想象；一位逻辑性较强的教师会以冷静思辨的睿智见长。情绪好的教师容易宽以待人，诲人不倦；而心情欠佳者则容易苛求学生，草率行事。尽管气质、情绪等人格特征主要是心理范畴，但是职业道德对于这些人格特征的修养和调整仍然是有非常大的导引作用的。

2. 自觉性

学校教育活动是一种具有高度自觉性的活动。教育工作的特点是教育主体和教育手段的合一性。现代教育制度中的教师职前培养和继续教育制度的存在使得教育工作者一般都经过专门的职业训练。因此他们不仅在教育工作的技能上具有十分明显的专业性和自觉性，而且在道德上也有高度的自觉性。教师对于教育主体和教育手段的合一性的工作特点有清醒的了解，这一理解实际上是教师形成使命感的源泉。教师应当是积极调整教育劳动中人际关系的主动力量。反之，一些缺乏师德自觉的教师实际上是失去了教师本质的"教师"，在人际关系中永远处于被动、低效或无效的境地。所以，教师道德从道德主体的角度看，具有明显的自觉性。

3. 整体性

教育劳动的特殊性之一就是影响的整体性。因此从教师道德的影响性质这一角度来看，教师道德具有一定的整体性。这一整体性主要有三个方面：一是指每一位教师对学生影响是整体的，二是指教师对学生影响具有集体性（面对的是学生集体），三是指教育工作需要教师集体的通力合作才能完成。首先，教师道德的影响与他的业务素质、人格特征等联系在一起。比如，主观上希望对学生公正的教师可能因为其教育方式上的失误而适得其反。又如，一个心地仁爱的教师也可能因为其性格上的内向而给学生以冷漠的印象。所以师德的修养如同师德的影响一样都是整体性的。其次，教师对学生的影响具有集体性。因为教师往往面对一个班级的学生，而不是面对一个学生。教师通过对学生集体的教育，也可以实现对学生个体教育的目的。最后，现代教师的劳动具有非常强的集体性，单个教师的影响只有形成合力，才能更有效地作用于学生。换言之，作为教育劳动成果的学生实际上是一种集体性劳作的成果。因此师德中的重要内涵就必然有教师之间的协调与配合。

四、教师职业道德的功能

教师职业道德在促进教师专业发展、推动教育工作的有效开展、协调教师职业活动的人际关系等方面都可以发挥出重要的功能。具体体现在以下几个方面：一是它可以对教师发展起到道德引导和规范的作用，促使教师提升职业道德素养和精神；二是它可以通过教师的道德示范作用对学生展开隐性的人格教育，促进学生的发展；三是它可以通过教师卓有成效的工作对社会培养有用之才，从而促进社会的发展。

（一）教师职业道德对教师的引导功能

教师职业道德对于教师以及教师集体的职业工作具有显著的引导功能。首先，教师职业道德为教师的职业成长提供了职业的信念和道德的理想，它可以促使教师去更深刻地思考自身的职业工作的价值与意义。教师的职业道德与教师对教育活动价值的理解密切相关。教师对教育活动价值的不同理解会产生不同的职业道德。我们发现，在实际教育中，有不少教师缺少教育工作者的职业道德素养，他们仅仅把职业工作当作一份"不会摔破的铁饭碗"，仅仅把教育工作当成谋生的手段，而没有从更高的意义上来理解教师的职业工作。而在生活中也有很多教师，他们能够真正深刻地理解教师的职业道德，对自身的职业工作有着一种特殊的道德信念，因而他们更愿意把教育工作看作是一项具有深刻社会意义和个体意义的工作，愿意在教育工作中付出自己的努力和智慧。教师职业道德在教师的职业生活中，正是起到了这样一种引导的作用，它使教师能够超越日常生活的现实性与功利性，把教师引向更为崇高的道德境界，使教师能够全身心地投入教育工作当中。全国著名特级教师李镇西老师调整心态、强化师德、享受职业生活幸福的一段话或许会给我们一些启发：

既然只能当老师，那么悲悲戚戚是当，高高兴兴也是当，我当然选择了后者！怎么才能高兴呢？我就多想孩子们可爱的地方，尽量把课上好，尽量和他们一起玩，这样孩子们也就越来越爱我了。每天生活在一个充满爱的环境中，能不高兴吗？也许有人会说："难道没有让你头疼的学生吗？"有啊！怎么可能没有呢？但我换一种眼光去看这些让人头疼的孩子，我便不再头疼了。换一种什么样的眼光呢？那就是"科研"的眼光。我把教育上遇到的每一个难题（班集体建设啊，"后进生"转化啊，早恋啊，作弊啊，等等），都当作科研课题来对待，把每一个"难教儿童"（这是苏霍姆林斯基对"后进生"的称谓）都当作研究对象，心态就平静了，教育也从容了。每天都有新的发现，每天都有新的感悟，每天都有新的收获，因而每天都有新的快乐。①

正是教师职业道德的引领作用，才使李镇西始终坚持高尚的道德情操，不断认识自我、发展自我、完善自我、超越自我。

同时，教师职业道德还能够通过评价、激励和追求理想人格等方式在造成良好的社会舆论和社会风尚的同时，培育教师的道德意识、行为和品质。一种良好的教师职业道德和职业风尚可以在一所学校中形成良好的舆论氛围，而这种舆论氛围对于教师的道德成长是非常重要的，缺乏了这种道德氛围，教师的道德意识、道德行为以及道德品质的发展仿佛就缺乏了水源和土壤。通过教师职业道德的熏陶，可以促进每一位教师不断反思自我的道德品质和道德行为，在日常生活和教育工作中以教师职业道德的标准来要求自己，从而提高自身的精神境界和道德水平。这有助于使教师成为道德纯洁、理想高尚的人，有助于教师在教育工作中不断完善自我、提升自我的道德品质。

其次，教师职业道德对教师集体的发展也具有引导的功能。在学校生活和教育活动中，教师不是孤立的教师，教师并不是一个人在工作，而往往是与其他教师一起展开工作，一起追求共同的教育事业。教师职业道德倡导教师与教师之间的合作、分享、诚信、友爱，这无疑有助于教师集体的凝聚力的增长，促进教师集体的整体发展。教师作为职业集体中的一名成员，必须处理好集体内部的同事关系，也必须正确处理好职业集体与社会的关系。而这需要教师职业道德来加以规范和引导。有了良好的教师职业道德，可以引导教师更深刻地意识到教师之间所形成的应当是合作和友爱的关系，而不是恶性竞争和互相攻击的关系。教师与教师之间虽然也有正常的教学竞争，但是这种竞争必须限定在合理的范围之内，接受教师职业道德的检验。而在个人与教师集体的关系中，个人的利益应该与集体的利益融合在一起，不能为了个人的利益而无视甚至损害集体的利益。显然，当教师能够按照职业道德的操守展开职业工作的时候，教师与教师之间的关系将更为和谐，整个教师集体也将获得更好的发展机会。

教师职业道德对教师集体的引导功能，还表现在教师职业道德可以对教师集体具有监督和约束的作用，避免教师集体"犯错误"，做出道德上不正当的集体行为，比如违反国家规定收取不合理的学杂费、在法定节假日强制学生补课等。教师职业道德在教师集体的每一位成员的心中都会形成一种监督和自我监督的机制，它要求教师以及教师集体以职业良心和信念投入到教育工作当中。当教师以及教师集体都能够按照职业良心来做事，能够以道德的方式来处理职业工作中的各种问题的时候，这个教师集体在道德上就是积极向上的集体，而这个集体中的教师也将成为更加优秀的教师。

（二）教师职业道德对学生的教育功能

学校教育的对象主要是青少年学生，他们正处于长身体、学知识、立德志的重要时期，具有很强的模仿性和可塑性。在教师诸多个性因素中，相对于知识、技能因素而言，教师的职业道德对教育效果的影响更大。

---

① 李镇西. 做最好的老师 [M]. 南京：译林出版社，2013：2.

首先，教师道德对青少年学生道德品质具有陶冶作用。学生往往具有"向师性"，学生学习的过程也是其世界观、人生观、品德操行的形成过程。教师在与学生的交往和相处的过程中，通过自己良好的道德修养、自觉的道德认知、较高的职业素养，赢得学生的信任，成为学生可以亲近和信赖的人。因为"真正的具有教育效果的不是教育的意图，而是师生的相互接触，真正的品格教育就是师生真正共同相处的教育"[1]。作为一名教师，不仅担负着向学生传授知识的责任，而且还要承担对学生进行思想品德教育，帮助其树立正确的人生目标，形成个人良好品德的义务。尤其是教师超越狭隘功利的无私之爱，能使学生产生积极的情感体验，获得一种澄澈明净的美好心境，从而确立关爱他人、尊重他人的情感态度。在师生教与学的交往过程中，教师的道德品质、道德情操、行为习惯、一举一动、一言一行等，无时无刻不在潜移默化地影响着学生，直接作用于学生心灵。在学校教育中，青少年学生不仅从书本里学习善恶观念，更多的是直接从教师在教育劳动中表现出来的道德意识和道德行为中汲取是非、善恶观念，寻找自己做人的榜样。尤其是年幼的小学生，教师在他们的心目中是比父母还重要的榜样，其一言一行对小学生道德品质的形成起着直接的启蒙作用。中学生正处于道德心理、世界观、人生观的逐步形成期，他们已经能够对教师的教育行为进行是非、善恶的思考和论证。因此，教师道德对中学生的影响就更加深刻。这一时期教师的道德观和各种人生价值观就会成为他们自我发展的重要"参考数"。理想、原则、信念、兴致、趣味、好恶、伦理、道德等方面的准则在教师的言行上取得和谐一致——这就是吸引青少年心灵中的火花。[2]可以说，教师的榜样作用对于学生的今后发展乃至一生都起着至关重要的作用。2005年1月13日，教育部颁布的《关于进一步加强和改进师德建设的意见》提出"教师是人类灵魂的工程师，是青少年学生成长的引路人。教师的思想政治素质和职业道德水平直接关系到大中小学德育工作状况和亿万青少年的健康成长，关系到国家的前途命运和民族的未来"。2010年10月，教育部颁布《国家中长期教育改革和发展规划纲要（2010－2020年）》再一次强调指出，加强教师职业理想和职业道德教育，增强广大教师教书育人的责任感和使命感，教师要关爱学生，严谨笃学，淡泊名利，自尊自律，以人格魅力和学识魅力教育感染学生，做学生健康成长的指导者和引路人。

其次，教师道德对青少年学生道德行为的养成具有示范作用。道德行为是道德品质的客观内容和外在表现，一定的道德品质只有通过道德行为才能展现出来。良好的道德行为的养成固然需要教师向学生讲授正确的道德知识，但身教胜于言教。在学校教育中，教师的一言一行都处于学生严格的"监督"之下，教师高尚的道德行为对学生有着直接的示范作用，它能指导学生选择正确的道德行为，培养良好的道德行为习惯。因此，教师道德本身就是一种巨大的教育力量，正如苏联教育家苏霍姆林斯基所说：教师的人格是进行教育的基石。教育工作中所实施的一切——观点、信念、理想、世界观、兴趣、爱好等的形

---

[1] 赵同森. 解读人本主义教育思想［M］. 广州：广东教育出版社，2006：23.
[2] 蔡汀，王义高，祖晶. 苏霍姆林斯基选集（第1卷）［M］. 北京：教育科学出版社，2001：778.

式,都在教师的人格这个焦点上汇合。① 因此,教师是学生在校园中所接触到的最直观、最真实的道德榜样,具有高尚师德的教师能够通过自己的身体力行来印证课堂上的言教,给学生一种无法物化在书本中的人生智慧,使其得到心灵的顿悟和人格的升华,进而实现"不教而教"的效果。这种示范作用虽无声无息,却比高谈阔论更生动具体,更具有撼动人心的说服力。

再次,教师道德对青少年学生未来的人生道路具有引领作用。许多人的兴趣、爱好、人生观乃至于所选择的人生道路,都受到了教师行为的影响。著名数学家陈景润在中学读书时,他的老师曾提到过"哥德巴赫猜想"这个数学难题,并把数学形象地比喻为自然科学的皇后,而"哥德巴赫猜想"则是皇后皇冠上的明珠,鼓励大家攻克这个难题。这给陈景润留下了深刻的印象,并使他从此开始了摘取皇冠上的明珠的艰辛历程。陈景润成功的因素固然很多,但他的老师那种不甘人后、时刻启迪学生为科学献身的精神无疑是重要因素之一。所谓"亲其师,信其道",一个在学生心目中享有崇高威信的教师,其不经意间的一句话,就可能影响学生未来的职业选择,甚至影响学生整个的人生道路。

最后,职业道德对学生的学业发展具有激励作用。教师丰富的知识、高扬的理想、虔诚的敬业态度以及为达到教育目的而表现出来的强烈的求知欲,本身就是激励学生积极进取、奋发有为的无声召唤,通过学生的内化吸引,可以转变为一种洋溢在胸中的内驱激情、求学创业所必备的动力,激发学生高尚的学习动机和价值观。

(三)教师职业道德对社会风尚的促进功能

教师职业道德对社会发展也有非常重要的促进作用。

首先,教师的职业劳动也是社会生产劳动的重要组成部分,教师通过对受教育者(学生)的塑造和培育参与了社会物质文明的建设,促进了社会的发展。年轻一代是整个社会发展的基础性力量,他们决定了我们这个社会的生产力水平和物质文明建设的高度。当教师能够通过自身良好的职业道德和工作态度来做好教育工作的时候,他们就能够更好地培养出社会发展所需要的人才,促进社会文明的进步。教师在教育过程中所传递的知识、技术,有利于增进整个社会的知识和技术的发展;通过教育的传递,这些知识和技术将以更有效的方式传递给学生。并且,通过学校的教育和教师的工作,知识和技术不断被突破和更新,新的生产力和物质文明正是在技术和知识的不断更新中完成的。所以,教师虽然表面上没有直接参与整个社会的物质建设,没有直接参与社会生产力的重构,但是事实上,教师在社会生产力的进步和社会物质文明的建设中发挥着不可或缺的作用。教师的作用是不可替代的,因为他培养出了可以发展生产力和物质文明的人,而这是一切社会进步的基础。

其次,教师职业道德影响整个社会的精神文明建设。教师职业道德是社会道德的重要组成部分,除了它本身的高低是直接构成社会道德水平高低的一部分之外,它还可以以身示范,成为"社会的良心",带动社会道德水平提升。整个社会的精神文明建设是由各行

---

① 蔡汀,王义高,祖晶. 苏霍姆林斯基选集(第4卷)[M]. 北京:教育科学出版社,2001:767.

各业的人们共同来完成的。社会精神文明建设需要在整个社会范围内形成良好的精神氛围和道德氛围，使得社会的道德文明风尚得到显著提升。而在社会精神文明的建设中，教师的作用是非常明显的。教师往往被视为整个社会的道德楷模，所谓"学为人师、行为世范""学高为师、身正为范"，这表明教师不仅仅是知识的传递者，同时更是整个社会的道德榜样，对社会的精神文明具有引领和示范的作用。一个品德不良的教师可能被整个社会所唾弃，对整个社会产生极其不良的道德影响；而一个品德高尚的教师或者一个无私奉献的教师，则可能通过自身良好的道德修养和人格品质被社会所赞扬和称颂，成为整个社会的道德榜样。这样的教师可以引导整个社会的道德风尚的形成，真正做到了"行为世范"。因此，教师的职业道德和品格修养对于整个社会的精神文明建设具有非常重要的作用，它可以直接带动整个社会的道德水平的提升。

最后，教师的职业工作实际上是社会生活重构的基础工程。教师通过身体力行也通过自己的"产品"直接或间接地参与良好的人际关系和社会生活的重建。振兴民族的希望在教育，振兴教育的希望在教师。实际上我们可以进一步认为："提高教师素养的希望在教师职业道德的养成"[①]。良好的职业道德可以推动教师不断去反思、开拓、学习和创新，以乐业和勤教的精神状态投入教育工作当中，全方位地提升自己的教师素养的职业水准。通过职业素养的提升，教师可以更好地为整个社会生产出更多的"优良产品"，而这些"优良产品"将直接或间接地促进社会生活的发展和重建。因而，教师的工作虽然从表面上看是局限于狭小的学校空间和课堂空间，是围绕着三尺讲台的工作，但是教师职业工作的影响却远超三尺讲台，而进入无限广阔的社会生活领域，对社会生活的发展具有十分重要的影响。所以《学记》讲：故师也者，所以学为君也，是故择师不可不慎也。没有教师的兢兢业业、认真负责的教育工作，没有教师所培养出来的优秀人才，整个社会生活都将处于停滞的状态，社会物质生活和精神生活的发展都将受到严重的阻碍。因此，我们必须把教师职业看作是整个社会的一项基础性职业，把教师的职业道德看作是整个社会的基础性的道德构成。我们必须更加重视教师的职业道德素养的提升，这也是为了促进整个社会的道德素质和精神文明的进步。

第二节　教师职业道德的基本原则和范畴

一、教师职业道德的基本原则

教师职业道德的基本原则，是一定阶级和社会对教师职业道德行为提出的根本要求，是教师在教育活动中处理各种利益的关系，调节和评价一切道德行为的根本规则。它是根

---

① 檀传宝. 教师职业道德 [M]. 北京：北京师范大学出版社，2015：21.

据社会或阶级对教师职业道德的基本要求和教师职业的实际需要提出的,是对教师职业道德要求的高度概括和总结。

教师职业道德的基本原则是不同于一般的教师道德规范的基本依据之一,是教师职业中最根本、最具普遍性的道德规则,对建立和评价教师职业道德规范具有重要的指导意义。同时,教师职业道德的基本原则反映了对教师这一职业最根本的道德要求,是教师在教育活动中处理和解决各种问题,进行道德修养必须遵循的主要规则,对教师职业道德行为具有广泛的引导功能和规范功能。

教师职业道德的基本原则不同于一般的社会道德原则,也不同于其他职业道德原则,它是教师这一职业中所特有的要求。教师职业道德与社会公共道德有密切的联系,教师职业道德虽然反映出不少社会公共道德原则和价值观,但其原则并不是对社会公共原则原样不动地加以体现,而是把这些与教师职业特有的问题相结合,表现出它特有的面貌。教师职业道德原则,是教师职业道德与社会公共道德和其他职业道德相区别的根本所在,表现了它对教师职业所特有的最一般的道德要求与规定。

基于以上认识和教师工作特点,我们认为教师职业道德的基本原则主要包括教书育人原则、乐教勤业原则、人格示范原则等。

(一)教书育人原则

教书育人就是指传授知识能力,培养做人品质、立德树人。作为教师职业道德的一个基本原则,教书育人要求教师在其职业活动中,既要努力教授学生学习知识,又要培育学生成人成才,要把两者有机地结合在一起,更好地实现教育目的。

教书育人是教师这一职业的本质特征,指出了教师这一职业与其他职业区别的根本所在。同时,教书育人也是教师基本职责的概括,指出了教书育人是为师从教,就有这个职责,不认真履行这一职责或不履行这一职责,就不是一位称职的教师或根本就不配做一位教师。可见,教书育人作为教师职业道德的一个基本原则,是由教师职业的本质特征和职责所决定的。

同时,教书育人也是古今中外许多典籍著述和贤哲大师所一贯强调与遵循的基本准则。古代《礼记》中就有"师也者,教之事而喻诸德也"之说。强调教师既要教给学生有关具体事物的知识与技能,又要让学生知晓立身处世的品德。韩愈在《师说》中,以"传道、授业、解惑"概括了教师应有的教书育人的职责。当代教育家徐特立把"经师"和"人师"统一看作搞好教书育人的根本,他认为,为师的有两种他都不赞成,一种是"经师",一种是"人师"。"经师"是教学问的,"学生的品质、学生的作风、学生的生活、学生的习惯,他是不管的";"人师就是教行为,就是怎样做人的问题。"他主张,"我们的教学是要采取人师和经师二者合一的"①。从以上这些论述中可以看到,作为一名教师,如果只注意传授知识,不注意培养学生如何做人,就是没有尽到教师的责任,因此自古以来,教书育人一直成为衡量和判断教师工作优劣的根本标准,也自然成为指导教师一切教育工

---

① 徐特立. 徐特立教育文集 [M]. 北京:人民教育出版社,1979:204-205.

作的根本原则。

教师要做好"教书育人",需要注意以下要求。

（1）正确认识和处理好教书与育人的关系。作为教师，在教书与育人的关系上要始终明确，教书和育人，立德育人是目的，是根本，教书是工作形式，是达到育人的经常化手段和途径。两者密切联系，相互促进，但又不能等同。

（2）正确理解育人之含义，树立全面的育人意识，使学生成为在德、智、体、美、劳等方面和谐发展的人。因此，教书所育的人，应是一个完整的人，不是仅仅指有某一方面素质之人。同时，结合每个学生的个性特征，做到因材施教，突出优势发展。

（3）多方面努力，优化教育途径，更好地实现教书育人目的。例如，加强自身修养，提高自身素质；研究教育规律，科学施教；精通业务，有效教学；以身作则，为人师表等。

（二）乐教勤业原则

乐教勤业原则是指教师要乐于从事教育事业，勤奋地工作。乐教勤业是从事教育工作的基础和动力，是教师职业道德原则的核心。教师乐教勤业，是由教育实现自身效益和社会价值的内在需要决定的。任何一种职业的存在，不仅是人们生计的需要，而且是社会的需要，具有一定社会价值。一个行业在努力实现社会价值的过程中，必然会产生对职业活动效率和效益的追求，从而唤起从业人员对本职业的敬重感，使之乐于从事此业。勤奋工作是获得行业活动质量效益的根本保证，教育也是如此，它的育人特点和自身效益、社会价值实现的需要，内在地决定了它的从业者能够乐于从教、勤奋工作。

乐教勤业，也是教师胜任教育工作、做好教育工作的首要条件。乐教才能勤业、敬业，勤业又能强化乐教。乐教是勤业的内在需要，是勤业的动力和能源；勤业是乐教的具体体现，是满足乐教职工需要的基本途径。是否乐教，影响着是否能够做到勤业；是否勤业，反映着一个教师是否乐教。可见乐教勤业是制约教师教育工作成效的主要内在因素。只有乐教勤业，才能做好教育工作。

人的多样性和复杂性也决定了教师要有乐教勤业精神。人具有多样性和复杂性的特点，没有乐于从教和勤奋工作的毅力，是很难在育人中取得良好效果的。在当前，坚持乐教勤业，有利于树立良好的行业形象，形成良好的行业风尚。

乐教勤业原则对教师的基本要求如下。

（1）热爱教育，乐于从事教育事业。教师工作的心态最终决定着工作的状态和职业幸福感的高低。教师要有对事业的执着追求，钟爱自己所从事的工作，才会在工作中感受到无穷的快乐和幸福。树立工作不仅是谋生的手段，更是实现自身价值的职业观念。

何以能够乐教？一是增强自身的教育责任感，二是增强教师工作的荣誉感，三是强化乐于从教的情感体验，四是要不断增强热爱学生的社会责任感。

（2）勤于功业，勤奋工作。勤业体现着好学上进、主动进取、精益求精的精神。一是要勤于学习，不断丰富自己，开阔知识视野，做到终身学习。二是要勤于钻研，掌握教学规律，在教育教学实践活动中找到职业的幸福和自我价值。三是要勤于岗位，精于业务，精心做事，忠于职守，不敷衍塞责，认真对待日常工作。

（3）淡泊名利，志存高远。一是要求教师忠诚于党和人民的教育事业，深刻认识自己所从事的工作对国家社会主义现代化事业和民族未来产生重要的影响，以高度负责的事业心和责任感，认真做好教书育人工作。二是要求教师不要陶醉于金钱，追求物质享受，教师应当有比物质满足更高层次的追求，那就是对社会的奉献、事业的成功、精神的丰富和对理想信念的追求。只有淡泊名利才能静心教书；只有志存高远才会潜心育人；只有淡泊名利、志存高远，才能集中精力研究教育教学方法，千方百计提高教学质量。

（三）人格示范原则

所谓人格示范，是指教师通过自身高尚的人格力量给学生以良好的榜样示范。它是教师职业道德的主要特征，是教师应当遵守的基本的师德原则。

不同的职业有不同的人格特质要求和模式。教师担负着为社会培养人才的职责，教师在教育活动中既要言传又要身教，做到为人师表。教师这一崇高的职业，要求教师必须具有良好的人格特质和特有的行为规范。教师人格就是人格在教师这一职业中的特殊要求的体现，它是教师为胜任其本职工作所必须具备的良好的性格特征、积极的心理倾向、创造性的认知方式、丰富的情感、坚强的意志、高尚的道德品质、规范的行为方式等人格特征的综合体。

人格示范是一种重要的教育力量。教师这一特殊职业要求教师不仅要有言传的技能，还必须有身教的力量。与其他职业人格相比，教师人格具有更强的示范性。当它固化在一个人身上并体现在其行为之中时，本身就成为一种无形无声的教育力量，对学生发展会产生潜移默化的教育影响力，正如苏联教育家乌申斯基所言：在教育工作中，一切都应当以教师的人格为依据，因为教育力量只能从人格的活的源泉中产生出来，任何规章制度，任何人为的机关，无论设想得如何巧妙，都不能代替教育事业中教师人格的作用。教师的人格是教育事业的一切，只有人格才能影响人格的发展和形成。[①]

教师良好的人格是一种对学生有着直接影响的教育因素。美国教育家斯宾塞认为："野蛮产生野蛮，仁爱产生仁爱，这就是真理。待儿童没有同情，他们就变得没有同情；而以应有的友情对待他们，就是一种培养他们友情的手段。"[②] 而研究表明，学生具有强烈的向师性和模仿性。所谓"向师性"是指学生尊重、崇敬教师，乐于接受教师教导的自然倾向和希望得到教师的注意、重视、关怀和鼓励、热情而认真负责地教育自己的特点。对幼儿和初入小学的儿童来说，这种向师性表现为对教师的情感依赖，之后，逐渐发展为对满足求知欲和人格完善的需要。因此，教师的世界观、教师的品行、教师的生活、教师对每一现象的态度都深深影响着全体学生。教师应当给学生树立一个良好的榜样，以自己高尚的人格力量来教育和塑造学生的人格形象。

人格示范原则要求教师做到以下几点。

（1）教师要不断进行自我教育，强化内在人格素质。人格教育说到底是一种终身的自

---

① 杰普利茨卡娃. 教育史讲义 [M]. 华东师范大学教育系教育史教研组翻译室，译. 上海：华东师范大学出版社，1958：376.
② 斯宾塞. 教育论. 教师职业道德修养 [M]. 胡毅，译. 上海：华东师范大学出版社，1985：124.

我教育。自我教育是教师强化自身内在人格素质的有力手段，教师要通过自我学习、实践、反思等各种方式展开自我教育，促进自我人格发展。教师应随着时代的发展，与时俱进地学习政治理论、专业知识和教学法知识，及时掌握和使用现代教育技术，使自己成为受学生欢迎的性格鲜明的教师。

（2）在实践中努力锻炼和形成良好的道德人格。卢梭在《爱弥儿》中写道："在敢于担当培养一个人的任务以前，自己必须要造就成一个人，自己就必须是一个值得推崇的模范。"[①] 因此，教师进行人格示范，必须首先要形成良好的道德品质。例如，对学生严格而不苛求，温和而不随便；思想开朗敏捷，不以个人好恶影响学生的看法；学识渊博，强闻博记，令学生心悦诚服等。这些都会对学生人格的发展起到良好的示范作用。

（3）教师应坚持自身仪表举止修养，达到自身内在素质和外化行为的统一。教师的一举一动是教师人格的外化呈现，教师在塑造自身人格的内在素质的同时，必须注重自身人格的外化行为。仪表能反映一个人的文化修养，也是一个人性格、气质的体现；语言是思想的外壳，是表现一个人心灵人格的一种形式，也是教师对学生进行教育的主要工具；行为举止也反映着一个人的内心世界。教师的仪表对学生行为有一定影响，内心高雅、品质高尚的人，其仪容必然端庄典雅，举止必然文明优雅，态度必然和蔼可亲，必然会深深吸引学生，使其在不知不觉中接受教师的人格示范。

二、教师职业道德的范畴

范畴是反映事物本质属性和普遍联系的基本概念，是人类理性思维的逻辑形式[②]。范畴是人类思维发展水平的指示器。一个学科的基本范畴是这一学科知识体系之网上的"纽节"，对理解整个学科的逻辑结构和基本内容都有重要的方法论意义。

教师职业道德范畴可以有广义和狭义的理解。广义的师德范畴包括教师道德原则、规范中所有的基本概念，也包括反映教师个体道德品质的基本概念（如谦虚、朴实、仁爱、乐观），还包括教师道德评价、道德修养和道德教育等方面的基本概念（如善、恶、自制、慎独等）。狭义的师德范畴则专指可以纳入教师道德规范体系并需要专门研究的基本概念，如教师的义务、教师的良心、教师的公正、教师的荣誉、教师的幸福等。这里所说的教师职业道德范畴就是狭义的教师职业道德范畴。这些基本范畴概括了教师职业道德的主要特征，体现着一定社会对教师职业道德的根本要求，并通过教育实践形成教师内心信念与价值认同，从而指导教师职业道德行为。

（一）教师的良心

教师的良心是职业良心的一种。所谓职业良心，就是人们在履行对他人、对社会的职业义务的过程中形成的道德责任感和道德自我评价能力，是一定的职业道德观念、职业道德情感、职业道德意志、职业道德信念在个人意识中的统一。

---

① 卢梭. 爱弥儿 [M]. 李平沤, 译. 北京：商务印书馆，1978：99.
② 中国大百科全书总编委会. 中国大百科全书·哲学卷 [M]. 北京：中国大百科全书出版社，1987：200.

良心是一种道德意识现象，是社会存在的反映，是社会关系的产物。马克思说：良心是由人的知识和全部生活方式来决定的。[①] 从事不同职业的人，具有不同的社会地位、知识素养和生活方式，因而也必然有不同的良心。这就是说，良心在本质上、来源上不是先天形成的，而是在后天的社会实践和自我修养中形成的。良心是将社会道德意识内化为个体心理意识的结果，是人对自己所应当承担的道德责任的自觉意识。职业良心是人们对自己所应当承担的职业道德责任的自觉意识。教师能自觉意识到自己对学生、家长和社会的职业道德责任，并且能够自觉履行好自己的职责，这就是具有了教师职业良心的表现。

教师职业良心具有特殊的重要意义。教师劳动的特殊性决定了教师职业良心的重要地位。教师职业不同于其他职业的特点就在于它是培养人的。教师劳动的这种特点，决定了有无职业良心具有特别重要的意义。良心的一个作用就是自律。教师有无良心的自律和自我评价能力，对于能不能做好教书育人的工作至关重要。人们常说，教师是个良心活，这是很有道理的。因为一切外在的监督、检查和约束，其作用都是有限的，只有内在的职业良心才能推动教师认真备课、讲课和批改作业，才能让教师对学生、家长和社会负起责任。人民教师对教育事业的忠诚，对学生的热爱，体现在教育、教学工作中，更多的是靠教师的职业良心，而不是靠数量或指标上的考核。任何一个高明的领导都很难确定出教师劳动在一定时间之内应达到的结果。我们不否认对教师工作进行检查、考核的必要性。但也必须承认，教师的许多劳动是在每天的 8 小时之外进行的，如备课、批改作业到深夜，长年累月不分节假日的加班加点，做学生的思想工作，有时还要护送学生回家或家访，或带领学生外出实习等，这些大量的艰辛劳动都是无法随时随地检查和监督的，就是在 8 小时之内，其备课的深度和广度，讲课的效率和效果，批改作业的认真程度，对学生的关怀和辅导等，都是很难精确量化的。这也是许多学校给老师发奖金、评职称时，只能重课时、重论文，而很难重质量评价的一个客观原因。在这种情况下，教师能否尽可能做好自己的工作，在很大程度上只能靠良心的驱动、监督和评价。良心也是教师建功立业的精神支柱。特别是在一些条件较差、待遇偏低的地方从事教育和教学工作的人，能够呕心沥血、鞠躬尽瘁地坚守在工作岗位上，为社会培养了一批又一批有道德、有文化、有才能的学生，主要是靠热爱教育、热爱学生的一颗良心来支撑的。这些都说明了培养教师职业良心的极端重要性。

教师职业良心的作用主要表现在三个方面：①在教师做出职业行为之前，良心能对行为的动机进行检查，使教师严肃地思考、权衡和慎重地评价自己的行为动机，对符合教师职业道德要求的行为给予肯定，对不符合教师职业道德要求的行为给予否定，从而使教师做出正确的行为抉择。②在教师职业行为进行的过程中，良心能起到监督和导向的作用。对符合教师职业道德的情感、意志和信念，能予以坚持和激励，对不符合教师职业道德的情感、欲望和冲动能予以克服。特别是在教师职业行为进行过程中发现认识错误、情感干

---

① 马克思恩格斯全集（第六卷）[M]．中共中央马克思，恩格斯，列宁，斯大林著作编译局，译．北京：人民出版社，1995，152．

扰或情况变化时，良心能够使教师改变行为的方向和方式，纠正自己不正确的欲念和情感，避免产生不良影响，以便在行为整体的发展过程中，由于良心的发现，自觉保持正直人格，不做亏心事，不断提高职业品德。③在教师职业行为之后，良心能对行为做出价值评价。对履行了教师职业道德规范的良好后果和影响能得到内心的满足和欣慰，对没有履行或违背教师职业道德规范的不良后果和影响能进行内心的谴责，表现出内疚、惭愧和悔恨，以致纠正自己的错误。

（二）教师的义务

所谓教师的义务，就是承担和完成适宜的职责，它表明个人对社会和他人承担的责任，也表明社会和他人对个人行为的要求。马克思曾经指出：作为确定的人，现实的人，你就有规定，就有使命，就有任务。至于你是否意识到这一点，那是无所谓的。①

教师的义务包括一般道德义务和教育道德义务两个方面。教育道德义务与一般道德义务的主要区别是，前者主要存在于教育行业道德体系之中。教师首先是普通道德生活的主体，所以他有在日常生活中遵守诺言、偿还债务、扶贫济困等一般道德义务，同时，教师作为一个特定职业生活的主体又有属于教育工作本身的一些职业道德要求，如诲人不倦、团结协作、为人师表等教育道德义务。如前所述，教师工作的特性之一是教师本身是教育的中介或工具，即教师通过自己的榜样示范去教育自己的学生。这一劳动特点决定了教师必须正确面对上述两类义务。首先，教师必须比一般人更严格地履行一般道德义务，只有这样，他才能成为真正的道德榜样，成为真正的教育主体；其次，教师更应当严格地履行职业道德义务，努力完成教育教学的各项任务。

教师应该履行哪些义务呢？《中华人民共和国教师法》第八条对此做了如下规定：

（一）遵守宪法、法律和职业道德，为人师表；

（二）贯彻国家的教育方针，遵守规章制度，执行学校的教学计划，履行教师聘约，完成教育教学工作任务；

（三）对学生进行宪法所确定的基本原则的教育和爱国主义、民族团结的教育，法制教育以及思想品德、文化、科学技术教育，组织、带领学生开展有益的社会活动；

（四）关心、爱护全体学生，尊重学生人格，促进学生在品德、智力、体质等方面全面发展；

（五）制止有害于学生的行为或者其他侵犯学生合法权益的行为，批评和抵制有害于学生健康成长的现象；

（六）不断提高思想政治觉悟和教育教学业务水平。

具体内容我们在第九章第二节将作详细介绍。

（三）教师的公正

公正，即公平、正义，它表示人的品德，指为人处事没有私心，不违反公认的道德准

---

① 马克思，恩格斯. 马克思恩格斯全集（第3卷）[M]. 中共中央马克思，恩格斯，列宁，斯大林著作编译局，译. 北京：人民出版社，1960：329.

则和公平合理的原则。它是处理人际关系的基本的伦理原则。所谓教师公正即教师的教育公正，是指教师在教育和教学过程中，公平正义地对待和评价每一个学生。可以说，教师公正是教师职业道德素养水平的标志。

教师公正作为对教师职业的一项重要道德要求，在教育活动中具有重要的作用。一是有利于调动每个学生的学习积极性。教师公正合理地对待学生，可以充分调动学生的学习积极性，为学生创造一个良好的精神环境，使每个学生认识个人的学习潜力，依靠个人的努力，争取得到好的评价与成绩。二是有利于学生形成公正无私的道德品质。教师对待学生公正、平等、正直无私，能给学生道德心灵极其有益的影响，使他们感受到社会的公正、平等，激励他们追求真善美，产生积极向上、乐观的情绪，培养出优秀的品质。三是有利于教师威信的形成。教师的威信在教师教书育人的活动中起着重要的作用。而教师威信来自于教师令人佩服的言行。其中，能否做到公正，是树立教师威信的一个重要方面。四是有利于形成良好的教育教学环境。教师公正合理地处理同领导、同事和学生的关系，公正合理地评价领导、同事和学生，就会形成团结向上、勤奋进取的团体气氛，形成良好的育人环境。

教师公平表现在教师与自身、教师与同事、教师与学生等人际关系之中。其中，公平合理地对待和评价学生是最基本的要求。它包括在人格上对学生给予平等的尊重，在学习上对学生给予平等的机会和帮助指导，对学生的发展给予平等的全面关心，对学生评价要符合公认的道德准则。教师公平要求教师具有追求真理、伸张正义的内在的公正信念，在处事时办事公道、赏罚分明，在待人时一视同仁、不带偏见。

（四）教师的幸福

人人都追求和向往幸福，但每一个人对幸福的理解及其实现的途径是不同的。我们认为，幸福是主体内在价值观念及与之相应的人生追求在现实生活中得以实现所产生的愉悦、满足等主观体验，是生活境遇的现实内容适合主体的价值取向、生活目标等主观要求的达成所产生的欣慰、满意等主观体验。幸福的获得既有主观因素的作用，也有客观因素的作用。但在决定幸福的主客观因素当中，主观性的因素是次要的方面，因为这种因素的起作用是被客观因素决定的。客观性因素是决定性的、主要的方面，客观性因素是获得幸福的充分条件，主观性因素是获得幸福的必要条件。幸福与价值实现有着必然的联系：价值实现是幸福的源泉，幸福感又可激励人产生进一步进行自我价值的实现的追求。

教师的幸福就是教师在教育教学工作中自由实现自己的职业理想的一种教育主体生存状态，对自己生存状态的意义的体味构成教师的幸福感。

教师幸福生活的意义不仅在其自身，也在教育本身。苏霍姆林斯基说："心情苦闷和精神抑郁，这种情绪会对学生的全部脑力劳动打下烙印，使他的大脑变得麻木起来。只有那种明朗的、乐观的心情才是滋养着思想大河的生机勃勃的河流。郁郁不乐，情绪苦闷所造成的后果，就是使掌管情绪冲动和思维的情绪色彩的皮层下中心停止工作，不再激发智慧去从事劳动，而且还会束缚智慧的劳动。"[①] 大量的实践经验表明，教师的心境会影响教

---

① 苏霍姆林斯基. 给教师的建议 [M]. 杜殿坤，译. 北京：教育科学出版社，1984：39.

育的环境气氛,因此,教师的快乐和幸福影响学生的快乐和幸福。幸福需要教育,教育也需要幸福的教师,需要从事教育的人幸福,教师应该为幸福的生活目标而设计与安排自己,教师需要做好追求幸福生活的职业生涯规划。

一般认为,教师的幸福具有以下特征。一是精神性。教师及其劳动的崇高地位决定了教师幸福的精神性。教师幸福的精神性还表现在教师劳动及其报酬的精神性,教师的报酬也不止于物质性的,学生的道德成长、学业进步等都能成为教师劳动的报酬。二是关系性。教育是培养人的社会实践活动,它是通过师生交往互动而实现的。教师一方面希望倾其所有、无条件地把自己的所知教给学生;另一方面,当教师从学生身上看到自己的劳动转化为学生成长这一成果时,自身也能从中体会到人生价值与精神愉悦。师生之间的精神交流、情感融通给予师生双方的愉悦和快乐是任何其他职业所难以感受到的。三是集体性。教育劳动的特点之一是它的集体幸福与个人幸福的统一的集体性质。任何一个学生都是教师集体劳动的结果,也是学生集体劳动的结果。因此,教师的幸福及其体验既具有一般幸福所具有的个体性,更具有集体的性质。四是无限性。教师的幸福具有效果上的无限性,表现在时间和空间两个维度。时间上,教师的幸福是无限的。教师对学生在人格与课业上的影响具有终身性质,通过学生,教师的劳动与生生不息的人类文明联系在一起。因此教师所收获的幸福也是超越时间限制的。空间上,由于教师的劳动产品与社会网络联系起来,教师的劳动效果就远不会局限于某一个校园之内。一代一代的伟人、一代一代的普通劳动者都是由于教师的劳动而对世界的进步做出伟大贡献。教师因而可以通过自己的劳动对整个世界的影响而理解工作的意义,体会自己的成功。[①]

作为一名教师是幸福的,这种幸福主要体现在:教育本身所具有的乐趣会深深吸引教师在教育过程中辛勤付出,从中得到内心的极大充实和满足;通过在教育教学过程中的立言、立德,会使教师在感受到自己教育生命的延续过程中体验到教育人生的幸福;在创造中会体验尊严与生命的活力;教师通过自己的无私奉献,借学生之身巧妙地扩展自己,学生的一举一动都反映着教师的影子,学生的生命就是教师的生命,这样,师生通过内在的联系融成了一种生命共同体,学生的成长就会使教师感到教师自身价值实现的肯定,这是教育的最大幸福所在;教育教学会使教师从学生那里获得真正的情谊。

教师要真正获得幸福,不仅需要有感受幸福的能力,还需要有在教育活动中不断创造幸福的能力。

三、教师职业道德的要求

2008年,教育部和中国教科文卫体工会全国委员会印发重新修订的《中小学教师职业道德规范(2008年修订)》,对教师职业道德提出了以下要求:

(一)爱国守法。热爱祖国,热爱人民,拥护中国共产党领导,拥护社会主义。全面贯彻国家教育方针,自觉遵守教育法律法规,依法履行教师职责权利。不得有违背党和国

[①] 檀传宝. 论教师的幸福 [J]. 教育科学,2002 (1):39-40.

家方针政策的言行。

（二）爱岗敬业。忠诚于人民教育事业，志存高远，勤恳敬业，甘为人梯，乐于奉献。对工作高度负责，认真备课上课，认真批改作业，认真辅导学生。不得敷衍塞责。

（三）关爱学生。关心爱护全体学生，尊重学生人格，平等公正对待学生。对学生严慈相济，做学生良师益友。保护学生安全，关心学生健康，维护学生权益。不讽刺、挖苦、歧视学生，不体罚或变相体罚学生。

（四）教书育人。遵循教育规律，实施素质教育。循循善诱，诲人不倦，因材施教。培养学生良好品行，激发学生创新精神，促进学生全面发展。不以分数作为评价学生的唯一标准。

（五）为人师表。坚守高尚情操，知荣明耻，严于律己，以身作则。衣着得体，语言规范，举止文明。关心集体，团结协作，尊重同事，尊重家长。作风正派，廉洁奉公。自觉抵制有偿家教，不利用职务之便谋取私利。

（六）终身学习。崇尚科学精神，树立终身学习理念，拓宽知识视野，更新知识结构。潜心钻研业务，勇于探索创新，不断提高专业素养和教育教学水平。

观念是行为的先导。教师职业道德规范是教师职业的核心观念，有什么样的教师职业道德规范就会导致什么样的职业行为。教师职业行为规范是教师在职业活动过程中，以《中小学教师职业道德规范》为依据，为了实现教育目的、履行教师职责、严守职业道德，从思想认识到日常行为应遵守的基本准则。教师的行为是多方面的，其行为规范涉及教师活动的诸多内容，主要包括教师的思想行为规范、教师的教学行为规范、教师的人际行为规范、教师的仪表行为规范等。遵守教师职业行为规范是教师履行《中小学教师职业道德规范》的实践要求，是教师职业道德发展的客观基础。

本章小结

教师职业道德是指教师在从事教育劳动过程中所应遵循的调节教师与学生、教师与他人关系以及交往行为，保证教育活动有效合理进行的比较稳定的道德规范以及与之相适应的道德意识和道德品质。教师职业道德在教育活动中发挥着三个方面的主要功能：一是它可以对教师发展起到道德引导和规范的作用，促使教师提升职业道德素养；二是它可以通过教师的道德示范作用对学生展开隐性的人格教育，促进学生的发展；三是它可以通过教师卓有成效的工作对社会培养有用之才，从而促进社会的发展。教师职业道德原则主要包括教书育人原则、乐教勤业原则、人格示范原则等。教师职业道德范畴是指那些反映教师个人与社会、教师个人与他人之间最本质、最主要、最普遍的道德关系的概念。如教师的义务、教师的良心、教师的公正、教师的荣誉、教师的幸福等。

思考题

1. 什么是教师职业道德？有何特点？
2. 为什么说教书育人是教师职业道德的最基本原则？

3. 加强教师职业道德建设有何价值？
4. 谈谈你对教师义务的理解。
5. 《中小学教师职业道德规范（2008年修订）》的基本要求什么？
6. 举例说明一名合格教师应该遵守的教师职业行为规范。

案例研究

广东省梅州市某中学学生廖梦辰（化名）回忆，自己刚上初中时，由于家里出了一些事情，他上课时老走神儿。有一次，班主任当着全班同学的面挖苦他说："你爹妈真会给你起名字，还叫梦辰，难怪生下来就不行，每天都像在做梦一样！"这句话深深地伤害了廖梦辰，他无法理解老师为什么要这样批评自己，并且是当着全班同学的面批评自己。

他本来就因为家里出事而心情郁闷，老师的话就像一把尖刀，再一次刺进了他的心里，让他变得更加闷闷不乐、沉默寡言，学习成绩也逐步下降。后来，老师干脆让他和所谓"差生"坐在一起。久而久之，他想自己反正是没人管了，老师也不关心自己，越来越无心学习。于是，他的成绩越来越糟，越来越多的同学疏远他，他的性格也变得越来越暴躁和乖戾。

案例思考：

1. 在这个案例中，教师对于学生的问题行为的处置方式是否得当？是否有违教师的职业道德？请予以分析。

2. 如果你是这名教师，你觉得应当如何调整自己？

推荐阅读

1. 檀传宝. 教师职业道德 [M]. 北京：北京师范大学出版社，2015.
2. 钱焕琦. 教师职业道德 [M]. 上海：华东师范大学出版社，2008.
3. 卫建国. 教育法规与教师道德 [M]. 北京：北京师范大学出版社，2013.
4. 赵宏义，于秀华. 新时期教师职业道德修养 [M]. 长春：东北师范大学出版社，2005.
5. 雅斯贝尔斯. 什么是教育 [M]. 邹进，译. 北京：三联书店，1991.
6. 檀传宝. 论教师的幸福 [J]. 教育科学，2002（1）：39-43.

第二章 教师职业道德规范（上）

本章重点

◆ 识记教师爱国守法的具体要求
◆ 明确教师要依法行使的权利和履行的义务
◆ 掌握爱岗敬业是教师职业的本质要求
◆ 理解关爱学生是师德的灵魂

中华人民共和国成立以来，国家正式颁布中小学教师职业道德规范主要有四次。1984年10月13日《中小学教师职业道德要求》（试行草案）由原国家教委和全国教育工会颁布。实践证明，《中小学教师职业道德要求》的颁布对中小学教师队伍建设起到了积极作用；广大中小学教师遵循职业道德要求，坚持社会主义方向，努力提高业务水平，在教学岗位上辛勤育人，为祖国的社会主义事业做出了新的贡献。进入20世纪90年代后，随着新形势的发展和教育改革的深入，对中小学教师队伍建设提出了新的要求，为此，原国家教委和全国教育工会对《中小学教师职业道德要求》进行了修订，并在1991年8月13日颁布了《中小学教师职业道德规范》。20世纪90年代后期，随着改革开放和社会主义现代化建设事业进入一个新的历史阶段，新的形势对中小学教师队伍建设又提出了更高的要求。为此，1997年，原国家教委和全国教育工会再次对《中小学教师职业道德规范》进行了必要的修订。2008年，教育部为进一步提高中小学教师的道德素质水平，在以往师德规范的基础上，重新修订了《中小学教师职业道德规范》，并于9月1日颁布实施。新规范体现了时代精神，可以使教师的思想行为得到规范，促使中小学教师真正成为人民满意的教育工作者。本章和第三章重点就是对修订后的教师职业六大道德规范——爱国守法、爱岗敬业、关爱学生、教书育人、为人师表、终身学习进行解读。

第一节 爱国守法：教师职业的基本要求

2001年中共中央颁布的《公民道德建设实施纲要》和《中小学教师职业道德规范（2008年修订）》，都将"爱国守法"摆在首位，这意味着爱国守法是包括人民教师在内的每个公民都应遵守的首要道德规范。爱国主义就是对祖国的热爱，就是千百年来巩固起来的对自己祖国的一种深厚的情感。教师要把这种情感和力量，与自己的本职工作联系起来，为社会主义教育事业的发展做出自己的贡献。教师在思想上要真正把个人的前途和命运与国家的前途和命运联系在一起，与祖国的教育事业的前途和命运联系在一起，个人利益无条件服从国家利益，服从国家教育事业利益。教师热爱祖国，还表现在教学中要向学生进行爱国主义教育，并用自己爱国主义的言行去教育学生。

一、爱国守法是教师职业的基本要求

中国拥有着五千年的辉煌历史，悠久的文明发展过程孕育和塑造了中华民族。历朝历代无论是战争时期还是和平时期，政权统治者都十分重视和强调爱国主义教育，只是各个时期的主要内容和做法有所不同。爱国主义是世界各国永恒的主题，是文明社会不变的价值追求，世界上没有哪个国家不提倡爱国主义。

什么是爱国主义？这是爱国主义理论研究首先要碰到的问题。1918年11月，列宁在《皮梯利姆·索罗金的宝贵自供》中说："爱国主义就是千百年来巩固起来的对自己的祖国

的一种最深厚的感情。"① 爱国主义是中华民族的传统美德,也是中国特色社会主义的核心价值体系的一个重要方面。一般认为,爱国主义有三层含义:首先,爱国主义是人们在社会历史进程中形成、发展和巩固起来的对自己祖国极其忠诚和热爱的深厚情感,这种情感来自于人们对自己祖国和民族的依赖和认同,是爱国主义的基础。其次,爱国主义是调节个人与国家、民族关系的政治原则、道德准则和人生价值规范。作为政治原则,爱国主义强调公民应当具有热爱和保卫祖国的基本政治责任和政治义务。作为道德准则,爱国主义要求公民把爱国、报国、效国、兴国作为崇高美德,而把卖国、辱国、叛国、祸国作为非道德行为。在人生价值规范上,爱国主义强调集体主义价值观,倡导报效祖国,为社会、为国家献身的精神。最后,爱国主义体现为个人爱国情感的社会实践行为,强调将爱国之情、报国之志和爱国之行统一起来。

爱国主义是一种精神支柱,是一种动力源泉,热爱祖国可以使教师获得无穷的内驱力和创造力。教师只有对祖国的爱,才能把个人的命运同国家前途和命运统一起来,才能充分认识到祖国的存在和发展是个人存在和发展的前提,祖国的命运和个人的命运有着血肉一般不可分割的关系。教师要充分认识到没有祖国,个人价值就无法实现,更不可能实现自己的人生理想。因此,教师必须自觉地与祖国同呼吸、共命运,始终把祖国和人民的利益摆在首位。在我国教育战线上涌现出许多优秀的教师,他们一旦树立了远大理想和坚定信念,就会矢志不移,排除万难奋斗不止,把教育事业看成祖国社会主义事业的一部分,并甘愿为此奋斗一生。教育家斯霞说:"工人爱机器,农民爱土地,战士爱武器,那么我们教师应该热爱自己的教育对象'学生'。"②

"爱国"作为公民道德建设的基本要求和基本规范,始终维系着我国各民族人民的自尊心、归宿感、责任感,是各族人民共同的精神支柱,是民族、国家自强不息的强大凝聚力和生命力的根本体现。新形势下,"爱国"还直接体现在"守法"上。法律调整着人们的行为和思想,维护社会秩序,每个公民都应自觉履行宪法和法律规定的各项义务,积极承担自己应尽的社会责任。对公民个人而言,"爱国"与"守法"是相辅相成的。"守法"作为道德规范,就是要求公民不仅要有知法、懂法、守法的法律意识,还要把法律意识转化为依法行使权利、自觉履行义务的法律行为,使自己的言行合乎法律的要求和精神。现代文明社会中,社会成员如果没有基本的法律知识,不遵守法律,不懂得维护法律的尊严,那就不能说是一个文明的人,一个有道德的人。

教师工作的特殊性也决定了教师必须是爱国守法的模范。《中华人民共和国教师法》第八条第三项规定了教师应当履行下列义务:"对学生进行宪法所确定的基本原则的教育和爱国主义、民族团结教育,法制教育以及思想品德、文化、科学技术教育,组织、带领学生开展有益的社会活动。"教师要承担起这样的教育职责的前提是,自己必须是一个爱国守法的好公民。教师职业的重要特点之一就是教师劳动的示范性,即以灵魂塑造灵魂,

---

① 列宁全集(第28卷)[M]. 中共中央马克思,恩格斯,列宁,斯大林著作编译局,译. 北京:人民出版社,1956:168-169.
② 斯霞. 我的教学生涯[J]. 小学语文教学,2010(3):9.

在学生面前以身作则影响学生。青少年学生善于模仿，如果教师缺乏爱国的意识和精神，缺乏民族自尊心和民族自豪感，不关心国家大事和民族命运，对本职工作缺乏责任心，甚至目无法纪，违法乱纪；那么，他就不配做一名教书育人的教师，他的行为就会对学生产生不良和消极的影响，最终危害的是国家和社会的未来。教育是关乎国家、社会和未来的大计；教师不仅要在自身的言行中体现爱国守法的精神，而且要积极探索对学生进行爱国守法教育的有效途径和方法。教师的职责不仅是教书，更重要的是育人，爱国守法教育则是育人的重要内容。

二、爱国守法的具体要求

（一）教师要爱祖国，爱人民，拥护中国共产党，拥护社会主义

1. *教师要爱祖国*

热爱祖国是一种高尚的道德情感，是每一个人都应当承担的责任和履行的义务。热爱祖国要从"尽职责、尽义务、遵规守法"等方面做起，离开这些讲爱国主义就是空话。热爱祖国对一个教师来说尤为重要，教师首先要树立爱国主义思想，要认识到自己承担着为社会培养建设者和接班人的伟大重任，自己的工作是与祖国的未来发展，国家的繁荣昌盛联系在一起的。教师的工作不是简单的上课、下课、批改作业，而是像陶行知那样有"捧着一颗心来，不带半根草去"的赤子之诚，有了这种认识，教师才能自觉担负起这份责任和接受这样一种重托。教师要对党、祖国、人民、社会主义持有深沉的爱，要把献身祖国教育事业作为一生的目标和追求，树立为教育事业而献身的崇高理想。当代著名教育家、我国首批特级教师霍懋征老师在从教五十周年的纪念会上，对自己的教育历程总结出六个字："光荣、艰巨、幸福。"她说："党和人民把培育下一代的任务交给我们，相信我们能把他们教育好，我认为是最光荣的事业，我一定要把它做好。"[①] 教师对祖国的爱，既要体现在大的人生志向上，也体现在教育教学的每一个细小环节上。衡量一位教师是否具有爱国主义的思想，关键要看他能否表现出对教育事业的责任感和使命感，看教师能否把自己的一切无私地献给他所热爱的工作和学生，"不为名，不为利，不计较个人得失"，一心扑在教育工作上。教师要把培育祖国的下一代当成自己义不容辞的天职，忠于职守，埋头苦干，为国尽力，为民造福，为教育事业做出贡献。伟大的人生目标往往产生于对祖国深厚的爱，一个人对祖国爱得越深，社会责任感就越强烈，人生目标就越明确，人生信念就越坚定。教师只有认识、体验到自己所从事的工作的崇高，意识到自己肩上担负着培养祖国未来的建设者和接班人的重任，从而树立献身教育事业的坚定信念，做到言行一致，呕心沥血，矢志不渝地奉献自己的一生。中华人民共和国成立以来，无数的教师胸怀爱国之心，为教育事业的发展做出了巨大贡献。

2. *教师要爱人民*

教师热爱人民的感情主要是通过关爱学生、尊重学生家长、关心同事等方面体现出来

---

① 霍懋征. 光荣、艰巨、幸福[J]. 民主，2004（9）：6.

的。教师对社会的责任与对学生健康成长的关注是息息相关的,教师把自己的才智、精力和热情献给社会,是从奉献给学生开始的。学生时代是一个人一生奠定各种基础的重要时期,在这一阶段,学生能否健康成长,不仅受学生主观努力影响,也受教育环境的制约;既包括教育手段的影响,也包括人际关系的影响。而在各种人际关系中,师生关系是否和谐、融洽,不仅影响学生的学习成绩,而且影响学生的生理、心理和人生观、世界观的形成,甚至影响着学生一生的发展。师生关系是学校中教师与学生之间的基本人际关系,也是学生社会化过程中的重要社会关系之一,贯穿于整个教育的始终,直接关系到学生的健康成长。许多研究表明,良好的师生关系是促进学生发展和减少学生问题的关键因素,它有利于学生思想品德的养成、学业的提高、智能的培养,以及身心的全面发展。良好的师生关系有利于学生形成对学校的积极情感态度,积极参与学校、班级活动,与同学形成积极的情感关系,发展良好的个性品质和较高的社会适应能力;不良的师生关系,如师生冲突,可能导致学生产生消极的情感,表现出退缩、孤独、攻击等行为,从而影响其成长。因此,关爱学生,与学生建立良好的师生关系,已经成为教师职业道德的重要内容,成为教师热爱人民的主要体现。关爱学生就意味着教师应该尊重学生,给学生以信任;赞美学生,给学生以鼓励;宽容学生,给学生以机会;严爱相济,给学生以真正的师爱。

3. 教师要拥护中国共产党

拥护中国共产党的领导是人民教师应当具有的政治意识。中国共产党是中国工人阶级的先锋队,是中国特色社会主义的领导核心。中国共产党的领导地位是历史形成的,是中国人民在长期的艰苦斗争中的选择。在中国共产党的领导下,我国相继实现了从半殖民地半封建社会到民族独立、人民当家做主的新社会的历史转变。当今中国,也只有中国共产党才能够担负起带领中国人民建设和发展中国特色社会主义,创造幸福生活,实行民族复兴的历史使命。因此,教师要坚定对中国共产党的信任,拥护党的领导,学习党的理论,认真贯彻落实党的各项路线、方针、政策,坚持四项基本原则,积极参加党组织的各种活动。不仅如此,教师还担负着引导学生正确认识党的历史,正确评价党的历史地位,坚持对中国共产党的信任,提高学生政治素质的重任。因此,拥护中国共产党的领导,坚定对中国共产党的信心,就必然成为教师政治素质和职业道德的重要内容。

4. 教师要拥护社会主义制度

社会主义制度在我国的建立,进行了中国历史上最广泛、最深刻的社会变革。特别是党的十一届三中全会以后,中国共产党带领全国人民经过艰苦探索,开辟出中国特色的社会主义道路,形成了中国特色社会主义理论体系。邓小平指出:"如果不搞社会主义,而走资本主义道路,中国的混乱状态就不能结束,贫困落后状态就不能改变。"[①] 在当代中国,拥护社会主义就是要拥护这条道路和这个理论体系。教师承担着培养社会主义事业的建设者和接班人的重任,就必须坚定社会主义的理想信念,坚定对中国特色社会主义道路的信念,坚定对中国特色的社会主义理论体系的信念,并将这种信念传递给学生。

---

① 邓小平文选(第3卷)[M]. 北京:人民出版社,1993:62.

(二) 全面贯彻国家教育方针，自觉遵守教育法律法规，依法履行教师职责权利

1. 教师要全面贯彻国家教育方针

教育方针是教育工作的宏观指导思想，是国家或政党根据一定社会的政治、经济和文化而提出的要求，为实现一定时期的教育目的而制定的教育工作的总方向。教育方针是确定教育事业发展方向，指导整个教育事业发展的战略原则和行动纲领，规定着教育的性质、地位、目的和基本途径等。《中华人民共和国教育法》第五条就表明了我国现阶段的教育方针，"教育必须为社会主义现代化建设服务、为人民服务，必须与生产劳动和社会实践相结合，培养德、智、体、美等方面全面发展的社会主义建设者和接班人。"这一方针主要有以下几点重要内容："教育必须为社会主义现代化建设服务和为人民服务"，这是我国教育工作的总方向。"教育必须与生产劳动相结合"，就是整个教育事业要与国民经济发展的要求相适应，并在教育与生产劳动相结合的内容和方法上不断有新的发展，这是教育方针中一项不可忽视的重要内容。"德、智、体、美等方面全面发展"，这是教育培养目标的重要标准，在实际教育过程中，德、智、体、美组成一个有机整体，具有互相不可替代的价值，又相辅相成、相互促进。教师要扎实推进素质教育，在德、智、体、美等方面促进学生全面健康发展，为学生的一生发展、一生幸福打下坚实的基础。教师要在全面理解和掌握国家教育方针的基础上，做好自己的本职工作。在日常教育教学工作中，立足社会和国家的需要，以学生的全面发展为方向，为社会主义事业培养高素质的优秀人才。

2. 自觉遵守教育法律法规

近三十年来，随着我国法律制度的健全和完善，我国的法制化水平逐步提高，法治进程进一步向前发展。守法是保证我国现代化建设健康稳定发展的内在要求，守法是全社会人员都应该遵守的道德规范，教师要做到把守法统一于整个教育活动之中。教师要带头守法，要做到守法就要带头学法，只有学习法律后才能够做到知法，才能够清楚哪些行为是违法的，以及在工作、生活中如何去规避这些行为。近年来，教师违法的案件不断发生，其中一方面的原因就是很多教师对自己的违法行为及其后果并不知晓。如果教师在日常工作和生活中多了解一些法律方面的知识，熟悉法律的相关规定，这种违法行为是完全可以避免的。教师在工作中，一定要心中装有法律，用法律规范自己，使自己成为一个知法、守法的教师。遵纪守法是师德修养的底线要求，教师的法纪观念如何，不仅体现出其自身的素质，而且直接影响着学生。教师自觉地做到遵纪守法，可以直接影响学生的健康成长，对于培养合格的社会主义新人，对于国家和民族的未来，是至关重要的。因此，教师应当十分注重培养自己良好的法纪风貌，把遵纪守法当作教育活动和日常生活中一项基本的行为规范，严格要求，贯彻始终。

3. 教师要依法行使的权利和履行的义务

国家现代化的标志之一就是依法治国，教育现代化的标志之一就是依法治教。随着教育的现代化进程，我国的教育立法受到前所未有的重视，教育方面的法律、法规逐渐完善。与此同时，教育方面的法律纠纷和法律事件也越来越多，这是社会和教育进步的表现。一是说明教育内部的关系越来越多样化、多元化；二是说明越来越多的人开始运用法

律手段来保护自己在教育方面的合法权益。在依法治教的观念日渐深入人心的时候，每一个教师必须懂法守法。否则，一是由于不懂法而违法，酿成恶果苦果；二是当自身合法权益遭受侵害，本人不知晓甚至得知后不懂得通过何种法律途径进行维权。

教师权利作为一种职业权利，与教师的义务相适应，主要由相关的法律给予规定和保证。教师的权利是以公民的基本权利为基础，围绕履行教育教学职责依法行使的权利和享有的权利。教师的权利是教师顺利工作，正常生活和维护其合法利益所不可缺少的法律保证。教师除了享有国家宪法所规定的公民一般权利外，《中华人民共和国教师法》第七条规定："教师享有下列权利：（一）进行教育教学活动，开展教育教学改革和实验；（二）从事科学研究、学术交流，参加专业的学术团体，在学术活动中充分发表意见；（三）指导学生的学习和发展，评定学生的品行和学业成绩；（四）按时获取工资报酬，享受国家规定的福利待遇以及寒暑假期的带薪休假；（五）对学校教育教学、管理工作和教育行政部门的工作提出意见和建议，通过教职工代表大会或者其他形式，参与学校的民主管理；（六）参加进修或者其他方式的培训。"

教师的义务是指教师依法应尽的责任。权利与义务是对等的、不可分割的。任何教师都不能只行使权利而不履行义务，当然也不能只履行义务而不享受权利。用法律规定教师的义务，是规范教师行为的必要手段。教师除了必须履行国家宪法规定的公民一般义务外，根据《中华人民共和国教师法》还规定了教师应当履行的六条义务。

为了督促教师履行其义务，《中华人民共和国教师法》第三十七条规定："教师有下列情形之一的，由所在学校、其他教育机构或者教育行政部门给予行政处分或者解聘：（一）故意不完成教育教学任务给教育教学工作造成损失的；（二）体罚学生，经教育不改的；（三）品行不良、侮辱学生，影响恶劣的。教师有前款第（二）项、第（三）项所列情形之一，情节严重，构成犯罪的，依法追究刑事责任。"

教师要正确履行职责，必须从以下几个方面做起。

第一，认真学习教育法律。教育法律是教师从业的法制保障。教育法律对教师的权利与义务作了详尽规定，作为教师必须要遵循法律的要求，自觉履行教师义务，维护教师权利。为此，教师要认真学习教育法律，熟悉条款，坚持依法从教，把自己的职业行为与教育法律结合起来，以教育法律约束自己的职业追求，切实使自己成为一名知法、懂法的教师。我国已颁布的与中小学教育有关的法律、法规如下。①《中华人民共和国宪法》中有关教育的规定：一是有关教育制度的规定；二是有关公民受教育的基本权利和义务的规定；三是有关教育的其他规定。②《中华人民共和国教育法》。③《中华人民共和国义务教育法》。④《中华人民共和国未成年人保护法》。⑤《中华人民共和国教师法》。此外还有与中小学的性质、任务、培养目标有关的法规；与中小学德育工作有关的法规；与中小学教学工作有关的法规；与中小学体育、卫生、军训、美育、劳动技术教育有关的法规；与高中会考和高等学校招生制度有关的法规；与勤工俭学有关的法规。另外，中小学教育还涉及一些民事法律的问题、刑事法律的问题和其他行政管理的法律问题。

第二，辩证处理学校功能间的关系。教师承担的任务变得繁重而复杂，如何处理好教学、科研与服务社会之间的关系,既需要学校的正确引导,也需要教师自身有明确的认识。必须把依法从教作为处理各种复杂关系的前置条件,依据教育法对教师的职责要求,坚持教学的优先性,坚持以科研为教学服务的价值导向,坚持以服务社会强化教学的专业目标,培养合格的社会主义建设者和接班人。只有从法律层面厘清了教师的职责,教师的价值追求才能有明确的方向,学校的教育质量才能得到保证。

第三,正确履行教师职责。教师是教学过程的主导者,正确履行教师职责,就是要处理好教学过程中的各种关系。教师要坚持专业教育与人文教育的有机融合,坚持教学内容与形式的有机统一,处理好这些关系,教育的使命才能实现。总之,教师要正确履行自己的职责,必须依法从教。法律不是教师职业能力的限制,而是为教师合法的行使职责提供了有力的保障。做合格的教师,必须学习教育法律,增强法律意识。只有懂得了法律,遵守了法律,教师才能正确履行职责。

(三)不得有违背党和国家方针政策的言行

我国教育的社会主义性质决定了教师必须具备坚定正确的政治方向,任何时候、任何情况下,教师都要热爱社会主义祖国,拥护中国共产党的领导。教师要认真学习并领会党的路线、方针、政策,在工作中同党和国家的方针、政策保持一致。教师要用正确的理论引导学生,自己必先要成为正确理论的坚定信仰者,不得出现违背党和国家方针、政策的言行。在教育、教学和学术交流过程中,教师也要正确把握学术研究与课堂教学的区别。教师要严格遵守法律,紧密结合国情、民情进行教学,不得传播、散布损害国家主权、安全和社会公共利益的言论,不得传播宗教和低级庸俗文化,不得出现有损教师形象的言行举止。学校的发展和学生的培养都需要教师具备过硬的思想政治素质和高尚的道德品质。教师还必须加强马列主义、毛泽东思想、邓小平理论等重要理论的学习,不断加强自己的理论修养,树立正确的世界观、人生观和价值观。这样教师才能用科学的世界观和方法论去认识、分析和解决现实生活中存在的各种问题,并在教学实践中自觉地做到自我完善。基础教育阶段是学生思想品德形成的关键时期;教师对学生的教育一方面体现在课堂上的讲授,另一方面还体现在教师自身的行为表现上。教师除了教学还要用正确的价值观来影响和引导学生,教师对学生来说有垂范作用,因为学生很容易受到教师的影响。这就要求中小学教师要不断提高自身的思想政治素质,让自己成为有优秀品格、有崇高的理想、有强烈的爱国情怀和坚定的社会主义信念的人。

第二节 爱岗敬业:教师职业的本质要求

教师劳动是十分高尚的劳动,人们都称赞教师是辛勤的园丁。对教育事业的无私奉献精神,是教师为祖国教育事业献身、全心全意为人民服务的实际体现。教师工作的性质和特点,要求教师要爱岗敬业;这是因为教育工作是培养人的工作,教师劳动是复杂的创造性的脑力劳动。因此，作为一名教师，如果没有忠于人民教育事业、甘于在教育岗位上无私奉献的精神，必定不能安于教师岗位，也不可能做出成绩和贡献。教师要忠诚于教育事业，就要以优秀教师为榜样，学习他们在教师岗位上无私奉献的精神；就要在教育实践中体验教育成功的喜悦，不断坚定自己献身教育事业的信念。

一、爱岗敬业是教师职业的本质要求

（一）爱岗敬业是教师做好本职工作的基本前提

"爱岗敬业"自古以来就是职业道德的重要话题，古今中外各行各业都有不同的职责，但是对从业者设定"爱岗敬业"的要求却是普遍的，爱岗敬业是一个优秀人才起码的品质。"爱岗"就是热爱自己的工作岗位，热爱本职工作，以正确的态度对待工作，在工作中培养幸福感、荣誉感。"敬业"就是用一种严肃的态度对待自己的工作，勤勤恳恳、兢兢业业，忠于职守，尽职尽责；其内涵的基本要求就是工作者要对自己所从事的职业具有敬重的情感，并恪尽职守。爱岗敬业是为人民服务和集体主义精神的具体体现，是社会主义职业道德一切基本规范的基础和核心。我国古代思想家非常提倡敬业精神，孔子称之为"执事"，朱熹解释敬业为"专心致志，以事其业"。教师肩负着特殊的使命，小而言之是对个人的未来负责；大而言之是对一个国家民族的发展有着不可推卸的责任，要承担起这两个方面的任务，教师就必须做到爱岗敬业。爱岗敬业是一名教师需具备的最基本的师德修养，具有敬业精神的教师，无论何时何地，都能自主、自觉地意识到自己职业的道德责任，都会凭借隐藏在内心的意识活动尽职尽责，一丝不苟地对待教育中的任何一件事，并在教育岗位上有所为。教师忠诚于教育事业是教师为人民服务在职业规范中的具体化，也是教师敬业精神的首要标准，是一个教师必备的、最基本的心态。

（二）爱岗敬业是教师乐教勤业的动力源泉

教师只有树立坚定正确的理想和信念，并愿为它奉献自己的一切，才会有正确的方向和人生追求；教师能够抱着这样一种积极的心态从事教育工作，才能激发自身的创造潜能，使生命状态更充实。教育事业是一种与人类的前途和命运息息相关的社会活动，而教师作为教育的主体，担负着培养"德、智、体、美"等全面发展的社会主义事业的建设者和接班人的历史重任。这就要求教师必须具有强烈的社会责任感和使命感；具有忠于党和人民教育事业的事业心，热爱学生的高度责任心，不断进取的上进心。教师只有具有了强烈的社会责任感和使命感，才能够爱岗敬业，把国家教育事业的发展和自己命运紧密联系在一起。在此指导下，教师才会敬业、乐业、勤业、精业，才会诲人不倦，才会有乐于奉献的敬业精神。教师才会让学生获得真知、良知，把学生培养成为有责任感、有能力的一代新人。在实际工作中，教师要珍视为人师表这份荣耀，严格要求自己，才能赢得学生的爱戴、家长的信任、同事的认可。教师要把教书育人作为终身职业，做好本职工作，把自己的理想、信念、青春、才智毫无保留地奉献给学生和教育事业。

（三）爱岗敬业是保持教师队伍稳定的基础

教师队伍的稳定是发展教育事业的关键所在，要保证教师队伍的稳定，就必须要求教师安心工作。对本职工作的热爱，是安心工作、认真工作的内在情感基础；它可以让教师从事教育工作时，任劳任怨，精神上保持愉悦，以至达到忘我的境界。教师热爱本职工作，不能够仅仅停留在精神上的层次，不能够仅仅是一种感情，而必须转化为忠于职守，对教学、对学生的高度负责的责任感。只有这样教，教师才能够安心于自己的工作，兢兢业业，乐于奉献，认真上好每一堂课，关心每一个学生。只有当全体教师都热爱本职工作，奉献和忠诚于教书育人的事业的时候，教师队伍才能够稳定发展。

二、爱岗敬业的具体要求

（一）忠诚于人民教育事业，志存高远，勤恳敬业，甘为人梯，乐于奉献

任何职业道德，都要求其从业人员"敬业乐业、忠于职守"。人们也历来把热爱教育事业、忠诚于教育事业，作为教师最基本的职业道德要求。忠诚于教育事业，意味着教师要以从事教育为荣，以献身教育事业为乐，具有职业自尊心和自豪感；为教育事业勤勤恳恳，尽心尽力，无私奉献。

1. 教师要忠诚于人民的教育事业

中国共产党走过了波澜壮阔的九十多年，其中可以总结出的成功经验有许多，但第一位的，党取得胜利，靠的是忠诚、是信仰。革命年代，面对敌人的威逼利诱，共产党员坚贞不屈、昂然就义，靠的就是信仰的力量。正如邓小平同志所说："为什么我们过去能在非常困难的情况下奋斗出来，战胜千难万险使革命胜利呢？就是因为我们有理想，有马克思主义信念，有共产主义信念。"[①] 忠诚党的教育事业，是党的召唤，是人民群众对广大教师和教育工作者的职业期许。"忠诚"源于真情、源于真心。忠诚党的教育事业，源于对党的宗旨的深刻了解，源于对教书育人使命的真正认同。"忠诚"是一种为了国家和民族利益坚贞不渝，甚至奉献一切的信念和追求。拥有对教育事业的忠诚，意味着教师要"一切为了学生，为了学生的一切"。教师要关心每一个学生，最大限度地理解、宽容、善待学生，让每个学生德、智、体、美诸方面素质获得和谐发展，使学生打下扎实的基础，让每一个学生都能在教师的关爱中健康茁壮地成长。古今中外的先贤，常怀对教育的敬畏和虔诚。孔子、孟子、朱熹等自不必说，蔡元培、陶行知、徐特立、叶圣陶等都为教育追求一生、奋斗一生。苏联教育家苏霍姆林斯基17岁时开始小学教师生涯，30岁时任帕夫雷什中学校长，直到62岁去世为止，一生都献给了最挚爱的教育事业。魏书生为当一名普通教师竟然锲而不舍地申请150次之多，而且这种追求还是在20世纪70年代教师地位十分低下的时候。只有内心深处真正把教育当作造福社会的事业，当作追求人生幸福、实现人生价值的教师，才会自觉履行忠诚党和人民教育事业的义务。忠诚党和人民的教育事业，是时代的最强声音，也是每个教育工作者敬业奉献、蓬勃向上的精气神。完全可以这样说，当有了一种追求，当心中有了"忠诚"二字，人生的精彩也就离你不远了。

2. 教师要志存高远

从字面看，"志存高远"四字并不难理解。志就是"志向"，是关于将来要做什么事，

---

① 邓小平文选（第3卷）[M]. 北京：人民出版社，1993：110.

做什么样人的意向和决心。志存高远就是追求远大的理想，追求卓越，获得职业上的成功。当然，志向是有崇高、远大和低下、鄙俗之分的。凡不懈追求真理，努力报效国家和人民，积极献身社会进步事业的志向都是崇高的、远大的。教师还应追求崇高的道德境界和博大的人文情怀，这是教师专业精神的重要内涵。教师理当以服务为职业动机，敬业乐业，积极奉献，忠于职守，任劳任怨，以一种大爱的精神和博大的情怀，满腔热情地对待所有学生，让教育充满着从教师心底流淌出的爱，让教育洋溢着深切的人文关怀，这不仅是教育的应有之意，也是教育的力量所在。教师只有以身立教、为人师表，才能在面对学生的时候有自己的底气和地位。教育是一种充满情感的主体间活动，没有博大的人文情怀，就没有崇高的教育。从某种意义上讲，作为教师，最大的过错，莫过于对学生没有爱；最大的悲剧，莫过于失去学生对自己的爱。

3. **教师要勤恳敬业、淡泊名利、甘为人梯**

教师工作确实是艰苦的，但是教师职业不失为一种最愉快的职业。战国时期的著名思想家、教育家孟轲把"得天下英才而教育之"视为最快乐的事情；被毛泽东誉为"伟大的人民教育家"的陶行知先生把"桃李满天下，遗爱在人间"视为最大的幸福，每一位教师都曾有过激动人心的时刻，每一位教师都曾有过当教师的欣喜。教师不是物质上的富有者，但他们是精神上的富有者。教师忠诚和献身于教育事业的理想，体现在他们的日常教育工作中。作为教师，仅有对教育事业的认识和情感是不够的，还需要经受意志的考验。特别是在当前教师工作条件和生活条件还比较低，教书育人的工作负担比较重，时代对教师的思想、文化、能力等要求越来越高的情况下，能不能矢志不渝地为人民教育事业奋斗，对教师来说是严峻的意志考验。为教育事业奋斗，是当代教师神圣而崇高的职责，是当代教师优良的思想、道德素质的反映。教师要忠诚于教育事业，立志做一名合格的人民教师。

教师要不断加强师德修养，树立高尚的道德情操和精神追求，甘为人梯，乐于奉献，静下心来教书，潜下心来育人，努力做受学生尊重，让人民满意的教师。甘为人梯，前提是一个"甘"字，就是要愿意；关键是一个"为"字，就是要做；落脚是一个"梯"字，就是铺路。甘为人梯，呼唤一种配角意识和服务意识。教育事业需要有人在台前，有人在幕后；有人在前方，有人在后方；有人当主角，有人当配角。教师劳动很平凡，它从来没有轰轰烈烈、动人心魄的宏大场面，总是在默默无闻地、一点一滴中进行。教师劳动十分繁重，它难以有严格的时空界限，是一种周期长、见效慢的劳动；它没有立竿见影的效应，故常被一些目光短浅的人所蔑视。所以，教师在平凡的岗位上一定要淡泊名利，要以教育人才为乐。教师不要认为自己的工作重要，别人的工作不重要；不要认为自己的工作难，别人的工作容易；不要总认为少了自己不行，少了别人可以；不要总感到自己吃了亏，别人占了便宜。在教师岗位上，没有令人羡慕的地位和权利，没有显赫一时的名声和财富，没有悠闲自在的舒适和安逸。如果教师在工作岗位上，整天怨这怨那，牢骚满腹，只关心个人名利得失、不肯奉献只想索取，那敬业就只能是空话。教师崇尚以一种甘为人梯，乐教勤业，以平常人的心态，默默无闻的敬业精神来面对工作。

（二）对工作高度负责，认真备课、上课，认真批改作业，认真辅导学生

爱岗敬业最终要体现在教师认真履行职责、对教学工作高度负责的实际行动之中。一个人没有家庭责任感，这个家庭就注定不会幸福；一个人对工作没有了责任感，他的人生就注定不会取得应有的成就。一个人也许做不到干一行爱一行，但必须做到干一行像一行。一个对工作负责的教师，才会感受到自我存在的价值和意义，才会发现教学工作中有那么多事需要自己担当。一个有责任感的教师，才会对学生和学校负责，才会把自己的命运和学生的未来联系起来。教师对自己有责任感，就要对自己的教育人生有一个清醒的认识和规划，而不是"做一天和尚撞一天钟"。不管一个人是主动选择了教师职业，还是被动选择了教师职业，只要你选择了它，只要你在教育岗位上，就一定要勤于此、专于此、千方百计地做好每一项工作。

一般来说，教学工作的实施，由备课、上课、作业布置和批改、课外辅导几个环节构成，这是我国教学工作具体实施最常见、最普遍的过程。应当指出的是，这样的过程对于学生以接受性学习为主要基础的学科课程是适宜的，当课程是以学生自主性探索学习为基础时，教学工作的实施过程则应当有所变化。备课是教学工作的基础，备好课是上好课的先决条件。备课的过程，是教师提高自身文化科学知识修养的过程，也是教师积累、总结教育经验和提高教学能力的过程。上课是全部教学工作的中心环节，教学质量的高低，直接取决于教师上课的水平。教师上课一定要有经过详细准备的教案，但上好课又不仅仅是有好的教案就足够的，相反，过分拘泥于教案可能会影响教学效果。教师只有善于根据实际情况灵活地运用教案，才能把课上好。作业的布置与批改是教学工作的有机组成部分，是上课的延续。学生作业分为课内和课外作业两种，学生作业的直接目的在于巩固所学内容，此外，组织好学生作业的布置和批改工作，对于培养学生良好的学习态度、学习习惯和学习方法，锻炼和提高他们的智力和各种能力，都具有重要作用。因为学生在完成各种作业的过程中，需要阅读教科书及各种参考书，需要进行独立思考，需要将所学的各种知识技能加以运用。课外辅导是教学工作的重要组成部分，是上课的补充和辅助，是适应学生个别差异、因材施教的主要途径和措施。在我国学校主要采用班级授课制，而且在班级规模通常比较大的情况下，教师应当重视并做好这项工作。

（三）不敷衍塞责

教师的敷衍塞责将对整个教育事业和学生的终身发展造成巨大的损失，有的损失甚至是无法弥补的。教师的敷衍塞责有两个方面：一方面是教学上的敷衍塞责，比如有的教师出工不出力，备课的时候只备教材，不备学生，没有尊重学生的主体性，不能体现新一轮基础教育课程改革的精神；对学生的作业主要看他答案的对与错，追求答案的标准性，忽视学生作业中出现的创新观念；还有的教师一本教案用十几年。教学工作是难以量化和监督的，同样的一节课，同样是40分钟或45分钟，教师是否认真，是否全身心地投入，教学效果不一样，学生的受益也不一样。另一方面是在育人上的敷衍塞责，具体表现就是事不关己高高挂起，多一事不如少一事，认为管理学生就是班主任、教务处、学生处的事情，与自己无关。教师必须熟悉本职业的基本性质和要求，熟练掌握本职业的业务和基本

技能。教师要搞好本职工作，要做到干一行精一行，不能够得过且过，马虎应付。当前科技发展日新月异，对每个教师的知识结构、工作能力都提出了更高的要求；再加上当前的学生，知识面宽广，接受的信息量很大；教师必须要努力学习，不断丰富和完善自己的知识结构，才能够适应当前的教学。俗话说："业精于勤，而荒于嬉，行成于思，而毁于随。"在工农业生产中，一时的失误只会影响一批产品，而教师在教学上的失误就会影响一代人。

教师如果没有责任心就不会认真履行自己的职责，就会懒散，并逐渐失去领导、同事、学生的信任，更谈不上有所成就。因此，责任心是教师必备的道德素质和修养。一个富有责任心的教师才能以积极的态度处理权利与义务、索取与奉献、个人与集体之间的关系，才能始终保持积极进取的拼搏精神，对工作充满热情。有了责任心，教师就会在工作上少一些计较，多一些奉献；少一些抱怨，多一些责任；少一些懒惰，多一些上进。当教师是一件很不容易的事情，要付出很多的心血和汗水，但是既然选择了做教师，再苦再累，也要勇敢地做下去。在工作过程中，教师要始终保持积极主动的态度和高度负责的主人翁责任感，有一分热，发一分光，竭尽全力，为教育事业的发展做出贡献。

第三节 关爱学生：师德的灵魂

教师对学生的爱是教师顺利开展教育工作的重要条件之一。师爱既是激励教师做好教育工作的精神动力，又是打开学生心扉的钥匙。教育事业的宗旨是育人，教育事业中最基本的人际关系是师生关系。因此，教师对教育事业的热爱、忠诚和献身精神只有通过关爱学生、教育学生的具体行动中才能体现出来。教师要全面地关心和爱护每一个学生，尤其是学习成绩差或行为表现差的学生。教育实践证明，那些忠诚于党的教育事业并且取得卓著成效，被学生尊敬爱戴的教师，都与学生有深厚的感情和良好的关系，他们把真挚的爱倾注在学生身上，用自己的心血教育学生，表现出高尚的道德品质。

一、关爱学生是师德的灵魂

关爱学生，简而言之，就是关心爱护学生，这是教师职业道德规范的基本要求之一，也是身为人师的基本素质之一。教育就是春风化雨，润物无声，教师一定要亲近学生，关爱学生，只有走进学生的内心世界，赢得学生的信任，学生才能够很好地接受教师的授业和解惑。关爱学生是教师道德的核心，也是教育事业中永恒的主题。正所谓"亲其师，信其道"，师爱能营造和谐、温馨、亲切的师生关系。

（一）关爱学生是教书育人的基础

1. 爱离不开严，严要寓于爱之中

教师严格要求学生是对学生诚挚关心的表现，是对其全面发展的要求。"严是爱，松是害，不管不教要变坏。"教师严格要求学生体现了教师对学生的爱护、尊重和信任。但是，如果教师对学生仅有严格的要求，缺乏爱的滋养，会使学生在思想上、感情上产生负担，从而得不到应有的教育效果。因此，教师对学生要严而有格、严而有度、严而有序、严而有慎，将严厉贯穿于爱的始终。

2. 要有循循善诱，孜孜不倦的精神

颜回评价孔子："夫子循循善诱人，博我以文，约我以礼，欲罢不能。"[①] 教师在教学中，要对学生循循善诱、孜孜不倦，不能歧视、讽刺和辱骂学生，不能伤害学生的自尊心，使学生产生消极情绪，关闭接受教育的心灵之门。学生在成长的过程中，由于种种原因，可能会出现这样或那样的缺点，教师要耐心开导，热情关心，诲人不倦。

（二）关爱学生是实现德育的有效手段

1. 转化学生的思想应从转化其感情入手

学生只有在内心深处感受到教师的关心和爱护，他才愿意向教师敞开心扉，增加"尊其师，信其道，效其行"的意识。教师只有动之以情，才能更好地对学生晓之以理，学生才会在心理上乐于接受教师的教诲，从而把社会的道德规范内化为自己良好的道德品质和行为，使德育工作落到实处。以柔化的方式达到强化的效果是德育工作的辩证法，也是思想品德教育的完美艺术性的体现。

2. 德育工作不能只靠外在的强制力

只有疏通师生的心渠，用灵魂去雕塑灵魂，用师德去感染学生，才能更好地落实德育。如果教师把自己当作真理的化身，以天然正确的传道者自居，居高临下地对学生进行单纯说教，缺乏与学生的情感交流，就会引起学生心理上的抵触、抗拒，从而与德育的目的背道而驰。

（三）关爱学生是提高教学实效的根本途径

教育的对象是活生生的人，"动人心者，莫先乎情"，人的感情是以认识为基础的，又渗透到认识的各个方面。因此，教育的各个方面和环节都应该渗透着对人的尊重、理解和爱护。学生是教师特定的劳动对象，学生在学习中不仅作为客体而存在，而且作为主体而存在。教学是教与学的双向交流，是教学相长的过程、教师讲授的目的是为了使学生理解、掌握和学会运用知识，学生学习的效果又是判断教学活动是否成功的重要标准。教师只有关爱学生，才能以高度的责任心从事教学工作，及时发现存在的问题，找出解决问题的方法，从而揭示教学规律，提高教学实效。教师只有关爱学生，才会与学生的心灵产生共鸣，才能使学生以健康而愉快的情绪获得知识，由被动的信息接受者变为积极的知识探索者。

（四）关爱学生是提高学生创新思维的必要条件

爱是教育的基础，没有爱就没有教育。苏霍姆林斯基说过："教师不爱学生，无异于

---

① 唐满先译注. 论语今译 [M]. 南昌：江西人民出版社，1982：86.

歌手没有嗓音,乐师没有听觉,画家没有色彩感"。① 渴望被尊重、被肯定和被欣赏是人类特有的心理需要,人在被尊重、被肯定、被欣赏的情况下,情绪往往最愉快,思维活动最活跃,最容易产生灵感,最能产生创造性的思维。教师关爱学生可以激发学生的自信心,满足学生被尊重和被欣赏的自豪感,激励学生不断追求新知识,使学生享受到创造性劳动的喜悦。当然,教师在关爱学生的同时,应避免情感教育庸俗化的倾向,不能用感情代替原则,要给学生指明奋斗的目标,与学生既是尊师爱生的关系,又是亲密朋友的关系。教师要力求培养具备现代化觉悟的"四有"新人,尽量成为全体学生的良师益友,用"爱心、细心、耐心、信心"去温暖和感化每一个学生,让学生在教师春风化雨般的关怀下健康成长。

二、关爱学生的具体要求

(一)关爱全体学生,尊重学生人格,平等公正对待学生

新课程标准强调关注全体学生,强调关注全体学生的终身发展和全面发展,强调全体学生能够获得个性发展。面向全体学生是指教学的对象是所有的学生,教师应该平等地对待每一位学生;不论学生的年龄、性别、背景、家庭出身如何,也不论学生生活在什么地区、经济状况如何,也不论学生是否对学科感兴趣、学科文化成绩水平如何。面向全体学生的教育,强调的是所有公民的教育,教育不是面向少数人的精英教育,而是关注所有学生发展的大众教育、全民教育。所有的学生都应该受到同等的教育,获得应有的发展。面向全体学生,意味着学校、教师应尊重每一位学生,关注个体差异。面向全体学生就要把关注人放在首位,一切围绕着每一位学生的发展。教师要平等对待并且尊重每一位学生,确保每一位学生都能在原有水平上得到提高,获得应有的发展。教师在教学过程中要充分尊重每一位学生的发展的权利,充分保护每一位学生学习的积极性与主动性,为学生提供更多自主学习的机会,让每一位学生在学习过程中都有机会获得成功。帮助学生特别是学习成绩落后的学生树立学习的自信心,从而获得全面而和谐的发展。

教师尊重学生人格,必须建立在了解学生的基础上,而了解只能建立在互相信任、互相尊重的基础之上。教师应当尊重学生的人格,不得有侮辱学生人格尊严的行为,这既是国家对中小学教师的职业道德要求,更是法律所规定的教师应当履行的义务。在中小学里,损害学生人格尊严的行为主要表现在三个方面:一是侵害学生身体,即体罚和变相体罚,造成伤害;二是伤害学生的名誉,教师辱骂学生就是伤害学生名誉的一种表现;三是披露学生的个人隐私,随意开拆、隐匿、毁弃学生的信件,甚至当众扩散属于学生个人隐私的信件、日记内容。这些违法行为严重地侵害了学生的人身权利。学生的人格是受法律保护的,教师应该是遵法、护法的模范,也是向学生进行法制教育的主要工作者。

教师对每一个学生的评价必须公正,采用多元评价法并且兼顾多重目标。评价是教学过程中不可缺少的环节,是教师了解教学过程,调控教学行为的重要手段。教师进行评价

---

① 蔡汀,王义高,祖晶. 苏霍姆林斯基选集(第5卷)[M]. 北京:教育科学出版社,2001:423.

的目的是为了更好地了解学生的学习程度,从而调整教学策略改进教师的教学行为;同时也让学生明确自己本阶段目标的完成程度,找到自己的薄弱之处从而改善自己的学习方法与学习状况。评价的标准不仅仅是知识与技能的掌握程度、学业成绩的高低,更重要的是学生创新能力的形成、科学素养的养成、各方面素质的发展。面向全体学生意味着教师对学生的评价必须公正,评价时不能对学生有任何偏见,要确保所有的学生都有机会来展示他们的学习成果。面向全体学生还意味着对学生进行评价时评价方式要多元化,注重发展性评价,让学生参与评价。从知识、技能、情感、态度、价值观、语言表达、探究、合作与创新等各方面的能力进行全面平等的评价,使学生看到自己的成就和不足之处,达到全面评价的目的。

(二) 对学生严慈相济,做学生的良师益友

"严是爱,松是害"。对学生一定要严格要求,严格管理,加强对学生正面的教育和引导,这是关爱学生的必然要求。爱和严是相辅相成的,一方面,教师的严格必须以爱为基础,不能让它变成那种让学生感到害怕、敬而远之的严厉;另一方面,严格又必须对爱有所限制,它要求教师不能完全感情用事,不能对学生溺爱和放纵。严格要求本身就是一种对学生充满责任感和理智感的无比深沉的爱。严格要求学生具体来说就是要做到"严而有格,严而有度,严而有方,严而有恒"。

1. 严而有格

"严"是做事的前提、途径和保障,"格"是做事的准则和方向。学生在学校学习的阶段正处于身心发展的重要时期,学生的发展具有很强的可能性和可塑性,学生的思想、行为很容易受到外部因素的影响。因此,教师在对学生的管理、教育、教学过程中应该做到严而有格,此"格",就是一定的原则,既要给学生指出方向,又要给学生提出具体的要求。"无规矩,不成方圆"。没有规则的约束,学生的行为就会陷入混乱。规则可以让教师做到有法可依、有章可循。让学生充分参与到班级规章制度制定的过程中,调动好学生的积极性,发挥好师生的聪明才智。此方法可以增强学生对制度的认同感,尽快统一认识,方便实施;可以起到监督作用,学生会更加严格要求自己;可以体现民主原则。规则的制定、出台,教师的严才能立得住、站得稳,做到严之有据。当然,教师的严格只是教育、教学过程中的外因,起决定性作用的还是学生本身,毕竟"严家有好儿"才能"严师出高徒"。教师在严格之余,更应该使"严"成为一种态度、一种智慧、一种情怀、一种精神。只有这样,教育、教学才能成其为一种过程,而不是一种结果。

2. 严而有度

教师爱生是教育好学生的先决条件,寓爱于严,严而有度,更是一条重要的教育原则。实践证明,有要求才有教育;要教育,就必须有所要求。当然,严格要求并不是单方面针对学生的,它应该成为师生的共同标准。如果处于主导地位的教师只是单方面严格要求学生而无视自己的平庸,那么教师就不能给学生树立表率。有一些教师对"严格"一词缺乏正确的理解,他们甚至庸俗地把教师的"厉害"当作严格,常常对学生严而无度,甚至把违纪违规的学生视如管制对象,对学生动辄以简单、粗暴的手段加以惩罚。比如有的

学生在课堂上回答不出问题,教师便马上瞪眼睛、吹胡子,又是批评,又是训斥;学生上课、来校迟到或旷课,教师不去了解,却一味责怪;有个别教师发现男、女生有书信和纸条往来,便当即怒火中烧,头脑很不冷静;还有的教师发现个别学生拖拖拉拉、缺交或抄袭作业,除训斥、漫骂之外,甚至还要令其家长前来陪着孩子一道"受训";更有甚者则习惯于对学生直接进行体罚或变相体罚等。教师所有这些做法不仅不能教育好、培养好学生,而且会使学生纯洁的心灵受到严重的伤害,即使学生表面上"就范",显示出一点"效果",但它却是极为短暂的。一旦外在"权压"因素消失,那么学生因人格受到侮辱、自尊心遭到挫伤而从内心对教师所滋生的对立情绪,会长期成为师生感情联络中的屏障,从而导致师生的共同教学活动失去感情基础,缺少合力。其结果,任凭教师再对学生提出什么要求,最终都将是欲速而不达的,甚至酿成一种恶性循环,使教师的工作受到更大的挫折。所以,对学生寓爱于严、严而有度乃是一项重要的教育原则,违背这一原则,就会使教师的工作黯然失色,遵循这一原则,教师就必定能卓有成效地使自己的教育教学达到较高的水平。

3. *严而有方*

教师对学生批评教育要讲究方法,要重在"疏导","疏"指允许学生讲话,不要用"抓辫子""扣帽子""打棍子"的办法来堵塞言路。"导"则是通过摆事实、讲道理引导学生。无论是"疏"还是"导",都是为了使学生沿着正确的方向发展。实践证明,对于自己的学生,动辄责骂、训斥、讥刺、挖苦,甚至侮辱人格的做法,不但不能促进学生的觉悟,而且其结果只会加剧师生之间的对立,导致学生的自暴自弃、"破罐子破摔"。心理学的研究表明,教师这种千篇一律的粗暴的批评方式,会使学生的情感变得迟钝。因此,教师在教育学生的时候要讲究艺术性。

教师都有把学生培养成优秀人才的良好愿望,但实际的工作效果往往出现"有心栽花,花不开"的状况。这些教师虽然工作很努力,成天围着学生转,付出了很大的精力,但也只是"事倍功半"。可见良好的愿望并不能代替良好的工作效果,甚至事与愿违,究其原因,就是教师的工作方法的差异。因此,教师在教育工作中,须讲究一定的科学方法,做到严而有"方"至关重要。当前的学生有自己的思想和行为特点,这就要求教师要注意探究学生的新特点,采用适当的手段和方法进行有效的教育。教师在教育过程中,应着重注意下列几项:①对待学生一视同仁。素质教育的要求应面向所有的学生,学生在接受教育和知识的过程中是平等的,或者说在人格上是平等的。因此对优秀的学生要爱,对后进的学生也要爱,决不能亲一个疏一个。②以身作则。教师的一言一行、一举一动,都会对学生产生耳濡目染、潜移默化的深刻影响,积极的榜样作用是无穷的。因此,教师要为人师表,严于律己,率先垂范。③奖惩分明。奖惩分明是对学生教育的必要方式。奖励是教师常用的工作方法,而惩罚应是教师工作的辅助方法。④善于赞扬。教师工作中激励手段的运用十分重要。在运用这一手段时,要让期望成为激励学生的积极因素,要使赞扬成为激励学生的重要手段,要把情感作为激励学生的一种力量。教师不仅要对学生较大的优点和进步给以肯定,而且要重视学生的点滴进步,并及时鼓励,使之强化。

4. 严而有恒

教师要有持之以恒的意志力，这不仅是教师工作必需，也是教育影响学生的重要因素。教师工作有头无尾、朝令夕改、有要求无检查，都是缺乏意志力的表现，都会导致班级工作的失败。教师取舍工作内容和选择工作方式反映教师工作水平，同样，教师工作态度也反映教师工作水平。教师工作千头万绪，学校的事务又汇集到教师身上，学生中又常常出现意想不到的事情，这就使教师工作有时"忙不胜忙"。如果教师工作不到位或有所松懈，学生就会在思想、行为上放松，在学习、工作上打折扣。所以要使学生平时养成良好习惯，教师工作必须持之以恒，常抓不懈。首先，要使学生从实际中体会到教师的任何要求都是实在的、有形的、有始有终的。其次，教师必须说到做到，令行禁止，丝毫不马虎，不打折扣。最后，在大量繁杂的工作中，教师要善于协调，就如"十指弹钢琴"一样，有条不紊，不漏掉对任何一项要求的落实检查。教师对工作持之以恒的态度，本身就有教育意义，对学生养成做事认真、一丝不苟的习惯有很大的影响，在无形中培养了学生将来对待工作的态度。

教师对学生的关爱不是一味纵容、宠爱，而是"爱中有严，严中有爱，严慈相济"。教师要善于把关爱和严要求结合起来，这样的关爱才是完整的爱，适度的爱，有利于学生健康成长的爱。没有严格的要求就没有理想的教育效果，学生高尚品德的形成，优异成绩的获得，强健体魄的拥有，无一不是严格要求的结果，所以说"严师出高徒"。对学生的严格要求，乃是一种特殊的关爱，甚至可以说是一种更高层次的关爱。当然教师对学生的严格要求也要把握分寸，要严得合理。所谓合理，就是指教师对学生提出的要求要符合学生的年龄特点、身心特点。如果教师对学生提出的要求不符合学生实际，不利于学生的健康成长，那这样的严格要求就是不合理的。教师关爱学生就应宽容学生的不足，多找找学生的优点，多看看学生的进步，这样将有助于教师发自内心地去关爱学生。

(三) 保护学生安全，关心学生健康，维护学生权益

教师要引导学生认识生命、珍惜生命、尊重生命和热爱生命，促进学生健康成长，提升学生的生命意识。从这个意义上讲，关怀生命是现代教育的核心价值，教师当然要"保护学生安全"。《中华人民共和国未成年人保护法》第四十条明文规定："学校、幼儿园、托儿所和公共场所发生突发事件时，应当优先保护未成年人。"在突如其来灾害面前，教师有义务保护每一名在校学生，这种规定是符合职业要求的。保护学生安全当然是教师义不容辞的责任。保护学生与传授知识这两个都重要，并且是互补的；身处险境，保护学生显然要优先于传授知识；如果处境安全，传授知识当然是首位的。同时，"保护学生安全"不仅仅是保护生命安全，还包括在学习、活动中保护学生不受不良思想的侵蚀，不受恶势力的侵害、不受不正当的待遇等。教师如果看到学生有危险都不肯施以援手，那也就谈不上关爱学生了。保护学生安全是教师义不容辞的责任，也是对教师关爱之心是否真诚的一次考验。当灾难来临时，每一个真心关爱学生的教师绝对不会抛弃学生独自逃生；真心关爱学生的教师看到学生有危险，也不会袖手旁观。教师们要本着关爱之心，时时处处提醒学生，教育学生，做到预防为主，防患于未然。如果遇到火灾、洪水、地震等紧急情况，

教师首先要疏散学生，自觉做到学生利益优先。

教师不仅要关心学生的人身安全，还要关心学生的心理健康。近年来学生心理问题异常突出，一方面是由于传统教育对于学生心理健康教育的缺失或重视不足，另一方面与学生所处时代的环境密切关联。在这一过程中出现这样或那样的心理问题，表现出各种"不适应"的状态，都是正常的，可以理解的。只要在这一关键时期，学生如果能够得到教师的悉心指引和通过学生自身的努力改变，之前的问题和情绪，不会对其今后的发展产生过多影响。现阶段，我国很多学校已经采取一定的措施，做了不少的工作，如在学校里设立心理咨询室帮助有需要的学生等。但由于存在心理健康问题的学生不是少数，仅仅是设立心理咨询室等待有问题学生主动的求助是不够的。现代心理健康教育强调预防性与发展性，除了具有治疗性的个别心理咨询外，学校还应面向全体学生进行心理辅导，增设心理辅导的课程，帮助学生正确面对压力，学习生活的技巧技能，采取积极的方式去应付问题，以达到预防心理疾病，发展健全人格的目的。教师如果没有引导学生去认识生命的尊严、理解生命的价值，由此培养出来的学生虽然掌握了一些知识和技能，却无法去思考人生的意义、生命的价值，这样缺失人文精神的学生是无法形成健康的个性品质。教师要避免空洞的说教，要研究怎样以教学为依托，有效落实心理健康教育。中小学要努力营造心理健康教育的氛围，让每个学生都能够体验生命、感悟生命。

除了学生的心理健康，教师对学生的身体健康也不能够忽视。苏霍姆林斯基在《帕夫雷什中学》一书中说："我们对学习差和跟不上班的学生的身体和智力发展所做的科学考察得出结论：这些学生中之所以有85%的人学业落后，知识贫乏，课堂作业和家庭作业不合格以及留级，主要原因就是健康状况不佳，身体患有某种疾病，而且往往是医生所无法察觉，而只有在父母、医生和老师共同努力下才能弄清。"[1] 由此可见，教师首先要关注学生的身体健康。随着素质教育的不断深入，"一切为了学生"已经成为基础教育工作者的核心理念。中小学生作为祖国的未来、民族的希望，在成长的过程中需要教师给予充分的尊重与保护，进而才能确保其健康且全面成长，但是，近年来中小学教师侵犯学生权益的案件屡屡曝光，这不仅有悖于师风师德，同时也属于违法行为。

（四）不讽刺、挖苦、歧视学生，不体罚学生

教师关爱成绩好、表现好的学生容易，而关爱学习差、表现差的学生较难。每位学生都具有很多优点和长处，教师一定要做到充分发挥每位学生的优点和长处，让每位学生都能成为对社会有用的人才。教师可以采用"角色互换"，把自己摆在学生的位置，体验学生的心理，理解学生的各种思想。时刻不忘记自己也曾经是学生，想想自己过去当学生时，也不成熟、也很幼稚，也有过失和错误。想到这里教师才能够采取学生能够理解、能够接受的方式对待学生，同时对学生产生良好的情感期待。

教师在学生心目中的威信是较高的，学生把教师的话看得很重要，教师讽刺挖苦学生，容易使学生错误地认为自己这也不好、那也不是，还不如就这样，从而丧失了纠正缺

---

[1] 蔡汀，王义高，祖晶. 苏霍姆林斯基选集（第4卷）[M]. 北京：教育科学出版社，2001：217-218.

点、力求上进的信心。而信心，则是产生自我教育的动机之一。可见，讽刺、挖苦不利于培养学生的自我教育能力。教师今天讽刺、挖苦这个学生，明天又讽刺、挖苦那个学生，只能降低自己的威信。因为只有被学生爱戴和尊敬的老师，才是有威信的老师。要学生尊师，教师就要爱生，关爱学生，是教师树立威信的第一步。要知道，讽刺、挖苦、出语伤人，是对学生的心灵、人格的摧残，势必激起学生的反感。此外，讽刺、挖苦，出语尖酸刻薄，既是话语不文明的表现，也有损教师的形象。而讽刺、挖苦，会使学生觉得老师厌恶、歧视自己，从而以消极态度对待老师，不理会或拒绝教师的教育批评，对教师敬而远之，甚至公然对抗。学生这种不恭敬的态度，反过来又影响了教师对学生的正确认识。这样，既导致了师生相互认识中的恶性循环，又导致了师生间的感情恶化，影响了教育效果，容易引起学生逆反心理的产生。在这种心理状态下，学生会把"丑当美"，把"坏当好"，破罐子破摔，从而使教育过程难以进行，产生教育上的反效果。

根据《中华人民共和国教师法》第三十七条规定，学校和教师不得对学生实施体罚、变相体罚或者其他侮辱人格的行为。体罚是指教师以暴力的方法或以暴力相威胁或用其他强迫性手段，侵害学生身体健康的行为。体罚现象包括体罚和变相体罚，其中，体罚的常见形式有殴打、捆绑、罚跪、罚站、关禁闭、揪耳朵、打耳光等；变相体罚的常见形式有辱骂、刁难、讽刺、挖苦、威胁、侮辱、呵斥、逐出课堂、课后留校、罚抄作业、罚劳动等。体罚除了直接造成学生的身体伤害外，也会在一定程度上造成学生的心理伤害，变相体罚是直接以学生心理上的痛苦体验为基础的。因此，体罚和变相体罚都会对学生的心理健康及其发展产生一定的危害。一方面，体罚使学生对教师和学校缺乏安全感。从心理学的角度来看，对安全感的需求是每个人最基本的心理需求之一，只有心理上有了安全感，大脑才有可能愉快地接受其他信息，而体罚是对学生安全感的严重威胁。因此，其后果之一就是使学生对教师产生畏惧感，进而导致精神上的紧张不安、忧虑、焦躁。另一方面，体罚和变相体罚会严重挫伤学生的自尊心。中小学生虽然年龄尚小，但他们也有人格尊严，心理上也有了要求别人尊重自己的需求。而体罚和变相体罚使学生在全班同学面前当众受辱，是一种严重伤害学生自尊心、侮辱学生人格的行为。教师要彻底摒弃传统的专制式教育，建立一种科学、民主、平等的新型师生关系，营造宽松和谐的、生动活泼的教育环境和氛围。

本章小结

"爱国守法"就是要求教师热爱祖国、遵纪守法。热爱祖国是每个公民也是每个教师的神圣职责和义务。一名合格的教师，不但要具备一般公民的道德素质，而且要成为践行社会主义荣辱观的表率。因此，"爱国守法"是教师职业的基本要求，是社会对教师的要求，更是"教书育人"对教师的要求。"爱岗敬业"突出"责任"对教师的特殊重要性。"爱岗敬业"就是要求教师对教育事业具有强烈的责任感和深厚的情感。教师承担着为社会主义建设事业培养人才的责任，没有责任就办不好教育，没有情感就做不好教育工作。责任对于教师职业具有特殊重要的意义。教师要始终牢记自己的职责，把个人的成长进步同社会主义伟大事业、同祖国的繁荣富强紧密联系在一起。"关爱学生"就是要求教师要热爱学生、诲人不倦。作为教师要做到能爱、善爱，用行动去播撒爱，用爱去培育心灵；保护学生安全，关心学生身心健康，维护学生权益。

思考题

1. 为什么说关爱学生是师德的灵魂？关爱学生的师德规范对教师提出了哪些具体要求？
2. 为什么说爱岗敬业是教师职业的本质要求？
3. 谈谈教师体罚学生的危害。

案例研究

案例 1

班主任王老师以加强班级管理和严肃校纪、班风为由，在班级管理制度中作了如下规定：学生上课迟到一次罚款 1 元，旷课一次罚款 2 元，不按时完成作业罚款 3 元，损坏公物罚款 10 元，抽烟、酗酒、打架斗殴罚款 20 元。班里的一些同学因为违反了以上规定，已相继向王老师交了罚款。请分析王老师的行为是否违反了教师职业道德规范，谈谈你的看法。

案例 2

一位学生在班里丢失了 10 元钱，班主任让全班 40 名学生投票选举出谁是偷钱的"贼"，结果有 2 名学生因为获得的票数最多而当选。当 2 名学生要求班主任拿出证据来的时候，班主任举起手中的选票说："这就是证据！"

案例思考：

1. 班主任的做法对不对？为什么？
2. 班主任应该怎样处理这件事情？

推荐阅读

1. 唐凯麟，刘铁芳．教师成长与师德修养［M］．北京：教育科学出版社，2007．
2. 檀传宝．走进新师德——师德现状与教师专业道德建设研究［M］．北京：北京师范大学出版社，2009．
3. 卫建国．教育法规与教师道德［M］．北京：北京师范大学出版社，2013．
4. 蔡亚平．教师与学生道德行为的发展［M］．北京：教育科学出版社，2011．
5. 教育部教师工作司．为了未来——教师职业道德读本（中小学教师分册）［M］．北京：高等教育出版社，2013．
6. 苏霍姆林斯基．给教师的一百条建议［M］．北京：教育科学出版社，1984．

第三章 教师职业道德规范（下）

本章重点

- ◆ 识记教书育人的具体要求
- ◆ 明确教书育人是教师的天职
- ◆ 掌握为人师表的具体要求
- ◆ 理解终身学习是教师专业发展的动力

第一节 教书育人：教师的天职

教书育人是指学校教师在教学过程中向学生传授知识、技能的同时，自觉地对学生进行思想品德教育，提高学生的思想道德素质，促进学生的全面发展。教书和育人是不可分割的统一过程，教书必然育人，育人要通过教书，教书是为了育人，育人离不开教书。社会主义教育的根本任务是培养社会主义的建设者和接班人，对教书育人更加重视。列宁说："应该使培养、教育和训练现代青年的全部事业，成为培养青年的共产主义道德的事业。"[1] 苏联著名教育家苏霍姆林斯基也提出，"智育是一个很复杂的过程，它包括形成世界观的信念，形成智慧的思想方向性和创造方向性，它与个人的劳动、社会积极性紧密地联系着，从而又把学校内的教学教育工作跟社会生活和谐地结合在一起"。[2] 他在《给教师的建议》中写道，"我们每一位教师都不是教育思想的抽象体现者，而是活生生的个性，他不仅帮助学生认识世界，而且要帮助学生认识自己本身"。[3] 我国社会主义教育把受教育者在德育、智育、体育等方面都得到全面发展，作为衡量一个学校办学的基本标准，作为教育改革必须遵循的方向，作为教师的神圣职责。教书育人是教师职业道德的重要规范，他集中概括了教师劳动的基本内容和教师应尽的最基本的道德义务。能否自觉地做到教书育人，是衡量教师道德水准高低的重要标志。

一、教书育人是教师的天职

（一）教书育人体现了教育的本质和规律

教育是一种社会现象，是一种培养人的活动。所谓培养人，不是对人某一方面的培养，而是对人的全面培养，使受教育者在德、智、体等方面得到全面发展。古今中外许多思想家、教育家对教育本质的认识和理解有所不同，但在这一点是基本相同的。我国东汉许慎在《说文解字》中说，"教，上所施，下所效也。育，养子使作善也"。美国实用主义教育家杜威更加广义地认为，"教育就是生活、教育即生长"，强调教育不仅要培养受教育者的"智"，也要培养受教育者的"德"。[4] 我国的教育目的也体现了教育的本质思想，并在《中华人民共和国教师法》中明确规定，"教师是履行教育职责的专业人员，承担教书育人，培养社会主义事业的建设者和接班人、提高民族素质的使命"。从教育的本质看，从我国的教育目的和法律规定看，教书育人是教育的基本要求，是教师的基本职责。当

---

[1] 马克思主义经典著作选读[M]. 中共中央马克思，恩格斯，列宁，斯大林著作编译局马列部，译. 北京：人民教育出版社，1999：256.
[2] 苏霍姆林斯基. 苏霍姆林斯基选集（第1卷）[M]. 北京：教育科学出版社，2001：118.
[3] 苏霍姆林斯基. 给教师的建议[M]. 北京：教育科学出版社，1984：422.
[4] 吕达，杜威教育文集[M]. 北京：人民教育出版社，2008：7.

然，在具体实施教育的过程中，按照分工不同，一些教师主要进行知识技能教育，一些教师主要进行思想品德教育。不同方面的教育内容有着内在的联系，在对学生进行思想品德教育时，离不开一定的知识技能基础；同时，在对学生进行知识技能教育时，也会对学生的思想品德产生影响。因为任何传授知识技能的行为都与特定的社会、时代、学生以及教育者本身相联系，都可以反映不同的世界观和方法论，由此对学生思想品德的形成产生影响。所以"教书"过程总是直接或间接、有意或无意地包含着"育人"内容。教师要主动用积极的思想去影响学生，尽量避免在"教书"中可能存在"育人"的被动性、盲目性，从而误导了学生。

（二）教书育人有助于提高教育的效能

从教育经济学的观点看，教育过程也可以看作一个投入产出的过程，教师应该最大限度地开发和利用各种教育资源，提高教育效能。知识、技能的传授过程实际上蕴藏着许多可以进行思想品德教育的资源。比如，教师在对一些科学概念、原理、规律进行分析、解释时，可以贯穿科学的世界观和方法论的影响；可以见"物"，也可以见"人"，因为任何科学技术的发明都离不开具体的人、具体的历史条件和社会背景。因而，教师在对学生传授知识、技能的同时，可以进行思想、品德、情感、社会、历史等方面的教育。至于教师本人的教学态度、工作作风，甚至仪表风度、言谈举止等，更是对学生的思想品德和人格发展有直接影响。因此，从教育经济学的观点看，教书育人有助于有效地开发和利用智育中的德育资源，提高教育效能。同时，由于教书育人是寓德育于智育之中，是通过潜移默化的形式对学生进行教育，因而更容易被学生理解和接受，更容易产生教育效果。专门的德育具有理论化、系统化、专业化特点；教书育人则具有渗透性、针对性、灵活性特点；两者不可替代，却可以互相补充和完善。特别在专门的德育中还存在形式主义、教条主义等不良倾向时，学生容易对生搬硬套、空洞说教产生逆反心理。

（三）教书育人是实施素质教育的需要

素质教育是以提高学生德、智、体等方面素质为目标的教育方式，实施素质教育已经成为教育界和全社会的共识。在我国教育目的实践中，多年来一直存在的最大顽疾就是基础教育中的片面追求升学率的倾向。这一倾向导致中小学教育很大程度上变异成了应试教育，严重偏离了教育的基本精神，损害了学生的健全发展。进入20世纪后，出于提高民族素质和国家创新能力的紧迫感，我国在基础教育中开展了一场声势浩大的以全面贯彻教育方针和全面落实教育目的为主的素质教育运动，以致素质教育已成为国家的一项基本教育政策。经过多年努力，素质教育的实施尽管远未改变中国的教育现状，但其理念和价值取向已被越来越多的人所理解，并对教育产生了积极的作用。要真正实施素质教育，真正使受教育者的综合素质得到全面、和谐、个性化的培养和提高，教师就必须在学校教育中真正做到既教书又育人。

二、教书育人的具体要求

"教书育人"是党和人民赋予教师的神圣使命；教书是手段，育人是目的，教书与育人是有机统一的关系。任何只教不育、重教轻育、割裂教书与育人的教学思想都是错误的。教师应加强修养,树立以德立教,寓德于教的思想;自觉和科学地履行教书育人的职责,为国家和人民培养德、智、体等全面发展的社会主义事业的建设者和接班人,无愧于人类灵魂工程师的光荣称号。

(一) 遵循教育规律,实施素质教育

1. 遵循教育规律

教书育人是一门学问,一门艺术。教师是否卓有成效地教书育人,关键在于能否按教育规律办事。毛泽东说:"不论做什么事情,不懂得那件事情的规律,它的性质,它和它以外的事情的关联,就不知道那件事情的规律,就不知道如何去做,就不能做好那件事情。"① 教师所从事的教育工作也有它自身固有的特殊规律。教师能了解和掌握这些规律,并灵活地运用这些规律,其教育教学活动就会收到良好的效果。反之,如果一个教师不懂教育规律,其教育教学过程中的一些做法就会违反教育规律,其效果自然不会好。有些教师每天忙忙碌碌,看似很辛苦,可是教育的效果却并不理想。其中一个很重要的原因就是这些教师还不懂得、还没有掌握和灵活运用教育规律。相反,许多优秀教师,正是由于遵循并灵活运用了教育规律去教书育人,从而能够在教育工作中取得显著的成绩。因此,遵循教育规律是教师做好教书育人工作的重要保证。

首先,教师要了解教育科学的普遍规律和基本理论,成为一个懂得教育规律的教育内行,而非教育的门外汉。在长期的教育实践中人们已经探索出一些基本规律,这些规律分为若干不同的层次。例如,教育由一定的社会经济基础、政治制度所决定,又反过来为一定社会的经济基础、政治制度服务。教育的发展受社会生产力发展水平制约,又具有促进生产力发展的作用。教育在影响受教育者身心发展的诸因素中起主导作用,而学习又受教育者的身心发展规律的制约等。这些教育的基本规律,对属于教育范畴的各项活动都起到了指导、制约的作用。作为学校教育重要组成部分的教学工作、思想政治教育工作等,一方面要受上述教育基本规律的指导,另一方面它们各有自己的规律。以教学为例,它至少又有这样一些规律:教学是一种特殊的认识过程,即在教学过程中,学生智力和非智力因素以及身体素质都会因教学过程的具体实施情况而受到这样或那样的影响;教学过程是一个由教师的"教"和学生的"学"构成的互相联系、互相制约、互相影响的过程等。上述这些理论,在很多教育科学论著中均有详细论述,教师应该认真学习和掌握教育领域的各种理论,作为自己教育教学实践活动的指南。

其次,教师要善于把教育科学的一般规律和原则与自己的具体教育实践紧密结合起来,把对教育规律的认识转化为教书育人的实际能力和工作艺术。例如,教师在对学生进行思想教育的时候,要先了解当代学生的生理、心理和思想发展变化规律;把握他们的思想脉搏,熟悉当代学生思想教育工作的方法和艺术;采取丰富多彩的、学生喜闻乐见的教育方式,寓教于乐,这样才能够取得良好的教育效果。任何教育规律,都是人们在教育实

---

① 毛泽东选集(合订一卷本)[M]. 北京:人民教育出版社,1964:563.

践中潜心研究、反复总结经验教训后探索出来的。因此，教师一方面要学习和掌握人们已经总结出来的教育规律，同时也要注意在自己的教育教学实践中进一步探索出新的规律和方法。随着教育改革的深入，教育教学中也必然会出现一些新情况、新问题。这就更需要教师结合新的教育形式和新的教育实践，积极对新的教育规律进行探索和研究。总之，教师只有成为教育规律的学习者、探索者和运用者，才能成为一名真正意义上的教育工作者，才能真正履行好教书育人的神圣职责。正如《礼记·学记》所言，"君子即知教之所由兴，又知教之所由废，然后可以为师也"。

2. 实施素质教育

实施素质教育，是提高我国民族素质，实现社会主义现代化的内在需要，是我国教育改革与发展的必然趋向。社会经济的发展必然会对学校教育培养的人才数量、质量、结构等提出要求，这种内在要求的变化，必然要引起整个教育体系的调整与改革，进而必然对传统的应试教育体系提出调整。事实上，传统的应试教育体系的弊端已经表现得越来越明显。所以，实现应试教育到素质教育的转变，是我国经济发展的客观要求。素质教育不是无本之木、无源之水，而是我国长期以来进行的基础教育改革研究的结晶。以今天的观点来看，历史上几乎所有成功的教育改革，其实都是指向素质教育，甚至，我国古代许多著名的教育理论，例如，"举一反三、启发式、有教无类、因材施教"等，也都可以看作是朴素的素质教育。正因为素质教育在我国有着如此深厚的基础，所以，在短短十几年间，素质教育已成为一种政府行为，由国家教育部门以各种方式积极地加以推动，日益显示出它对教育改革与发展的重要意义。

《中华人民共和国义务教育法》第三条明确规定："义务教育必须贯彻国家的教育方针，实施素质教育，提高教育质量，使适龄儿童、少年在品德、智力、体质等方面全面发展，为培养有理想、有道德、有文化、有纪律的社会主义建设者和接班人奠定基础。"《中华人民共和国教育法》第五条明确规定："教育必须为社会主义现代化建设服务、为人民服务，必须与生产劳动和社会实践相结合，培养德、智、体、美等方面全面发展的社会主义建设者和接班人。"1999年为全面推进素质教育，国家颁布了《中共中央国务院关于深化教育改革全面推进素质教育的决定》，该决定提出，"实施素质教育应当贯穿于幼儿教育、中小学教育、职业教育、成人教育、高等教育等各级各类教育，应当贯穿于学校教育、家庭教育和社会教育等各个方面。在不同阶段和不同方面应当有不同的内容和重点，[相]互配合，全面推进。在不同地区还应体现地区特点，尤其是少数民族地区的特点。实施[素]质教育，必须把德育、智育、体育、美育等有机地统一在教育活动的各个环节中。学校[教]育不仅要抓好智育，更要重视德育，还要加强体育、美育、劳动技术教育和社会实践，[各]方面教育相互渗透、协调发展，促进学生的全面发展和健康成长"。这些法律和相关[法规]颁布以后，素质教育在全国范围内得到了全面实施与开展，对于全面推进素质教育改[革具]有非常重要的意义。

[在]教育目的上：素质教育旨在追求学生德、智、体等综合素质的获得和提高。应试教[育追]求升学率，教师为应付考试而教，学生为应付考试而学。

在教育对象上：素质教育强调面向全体学生，面向每一位未来的国民；应试教育则把关注的目光放在少数成绩比较优秀的学生身上。

在教育内容上：素质教育重视德、智、体等全面教育的有机结合；应试教育则只是重视智育，片面强调对知识的传授和学习，忽视对学生能力和品德的培养。

在教育方法上：素质教育强调教师要发挥创新精神，要从学生的学习实际出发设计启发式的、以学生为中心的教育教学活动；而应试教育则让学生跟着考试指挥棒走，在教学方法上以教师灌输、说教、学生被动接受为基本特征。

在教育评价上：素质教育要求从德、智、体等全方位综合评价学生；应试教育则把考试作为唯一的评价方法，将分数作为评价学生的唯一标准。

在教育结果上：素质教育"不求个个升学，但求人人成功"，重视每个学生全面发展；应试教育则只重视少数成绩好的学生，而多数学生的发展被忽视。

从上述比较中可以看出，正是由于应试教育存在着如此众多的负面消极因素，因此才激发、推动了素质教育的理念形成和实践探索。事实上，要真正推行素质教育，使其由理念和口号转变成实际的教育行为和教育结果，绝非一朝一夕之事，也不是一人一己之功，而是需要全社会的共同努力。

（二）循循善诱，诲人不倦，因材施教

1. 循循善诱

古人说：善学者，师逸而功倍；不善学者，师勤而功半。使学生成为"善学者"是教师的心愿，要实现这个心愿，就要指导学生掌握科学的学习方法，而方法的指导不在于全盘授予，而在于相机诱导。教师要发挥情感的激励作用，运用多种方法，激发学生的学习兴趣，调动学生学习的积极性。在传统的教学中，教师将学生害怕自己视为正常现象，甚至到处显耀，他们认为，"学生不怕老师，就不会听老师的话。"殊不知这样的师生关系势必会压制学生学习的主动性和积极性，会压制学生的创造精神，最终会影响学生的健康成长。对于学生的负担，人们往往只看到学习负担，而忽视了精神负担。教师要爱护、信任、尊重学生，要建立民主、平等、友好、合作的师生关系。当学生被教师信任和喜爱的要求得到满足时，便会产生对教师、对集体的亲切感与依恋感，产生一种不努力学习、不遵守纪律就对不起教师和集体的责任感与道德感。这就要求教师在指导学生学习的过程中，要加强情感投入和人际影响，善于把信任和尊重倾注入学生的心扉，以心换心，以情换情，从而优化教育方法，实现提高学生学习效率的目的。

2. 诲人不倦

诲人不倦，要求教师在教育教学活动中要做到忠于职守，勤于执教。孔子不仅强调教师要"学而不厌、不耻下问"，不断提高自己的人格修养和学识水平，更强调教师要"诲人不倦"，始终保持良好的工作态度和工作热情。从这两条师德规范的联系来看，教师"学而不厌"，掌握渊博知识的主要目的是为了把教书育人的工作做好，促进学生的健康成长和全面发展。因此，对于教师来说，"诲人不倦"是比"学而不厌"更高一个层次的道德要求，也是教师正确处理自身与教育劳动关系的一个关键所在。如果一个教师满腹学问,但并不热心教学,缺乏责任心,工作马马虎虎。那么,他的学问再好,也不会给学生、给教育事业带来多少好处。因此这样的行为是不合乎教师道德要求的。王安石说,"为师者不烦,而学者有所得也"。可见,教师的道德责任,并不单单在于勤奋钻研学问,获取知识,更重要的是在认真施教的过程中,把自己所获得的知识传授给学生。教师要真正做好日常的教育教学工作,需要付出很大的精力、智力、体力。然而,正是这些日常平凡的教育教学工作一点一滴地影响着学生。因此,一个教师在教育教学中能否做到"诲人不倦",最能反映其师德水平。

3. 因材施教

所谓因材施教,就是指教师要从学生的实际出发,依据学生的年龄特征和个体差异,有针对性地进行教育教学。不同的学生,因遗传、环境和教育等因素的影响,其个性也互不相同,其知识、能力、情感、意志、性格等方面都表现出不同的特点和发展倾向,其对某一学科知识的兴趣和接受能力也会有很大的差异。因此,在教学中,教师如果按照统一的要求和进度进行,就不能让每个学生都得到充分的发展。这就给教师提出,在统一要求的基础上,要结合学生的个性、心理特点和发展倾向而"因材施教"。

教师要做到因材施教,教育中不仅要促进学生的全面发展,同时也应该促进学生个人特长的发展。全面发展强调的是人的基本素质要素的各个方面都必须获得一定的发展,缺一不可,否则就是片面、畸形的发展;特长发展强调的是以个人特点为基础的独创性的发展,否则教育所培养的就可能是缺乏个性的人。为此,必须处理好全面发展与特长发展的辩证统一关系。首先,个人素质的全面发展是特长发展的基础,没有个人素质的基本的统一、和谐发展,特长发展就会失去平衡,这样的特长发展实际上是片面、畸形发展。其次,个人特长的发展又有助于素质的全面发展。全面发展不是平均发展,特长发展不是畸形发展。

教师一定要从思想上明确因材施教的重要性和必要性,并在自己的教育教学实践中努力做到因材施教,这是教师在教学工作中不能够忽视的道德责任。特别是教师要做好学业不良学生的因材施教,教师对学业不良学生进行指导,必须尽可能认真、仔细分析各种原因,在与其他各科教师、家长的共同协商、通力协作的过程中,主要做好如下几方面工作:激活学习动机,消除厌学情绪,养成良好的学习习惯,改进对学生的评价方式,改善班级环境,促进班级人际互动。

(三)培养学生良好品行,激发学生创新精神,促进学生全面发展

1. 促进学生全面发展是教书育人的出发点和归宿

所谓人的全面发展,就是指人的素质的多方面、多层次和多样化的发展。至于"多"到什么程度才叫"全面",这只能作相对的理解,否则就必然会认为人的全面发展是永远不可能的事情,因而也是一个无法追求的理想。促进学生全面发展是全部教育工作的追求目标,也是每一个教师进行教书育人工作的出发点和归属。也就是说每一位教师都必须关心学生的全面发展,以把学生培养成为"德、智、体、美、劳"全面发展的新人作为自己一切工作的出发点和归宿,只有这样,才算尽到了教书育人的职责。失去这个出发点和归

宿点，就有可能背离教书育人的道德要求。比如，有的教师只关心学生的学习成绩，或只关心学生对他所教的那门课程的学习情况，而不关心学生的思想状况、道德品质、身体状况、心理健康，不重视对学生审美情趣和各种能力的培养，这样的教师就不能说他很好地履行了教书育人的职责。学生的"德、智、体、美、劳"等方面是互相联系、互相影响的，教育中的各项分工、各门学科也是互相影响的，每位教师都可以在自己具体工作岗位上影响学生各个方面。要促进学生全面发展，教师就必须正确理解和处理体力劳动与脑力劳动的关系、德与才的关系、博与专的关系、知识与能力的关系，促使学生的身体、精神、心智和能力等方面得到全面而协调的发展。而当教师将"学习好"与"好学生"等同起来时，当教师对"劳动好"的学生漠然视之时，当教师对某一方面有不足的学生流露否定的眼神时，其所作所为已与促进学生全面发展的道德要求背道而驰，与素质教育的理念南辕北辙。

2. 培养学生良好品行是教书育人的道德责任

要促进学生全面发展，教师首先就必须重视学生良好品行的培养。在全面发展所强调的"德、智、体、美、劳"诸育中，"德"是最重要的方面，是人才素质的灵魂。缺失了"德"，就根本谈不上人的全面发展。如前所述，教书育人是教师的天职，而所谓"育人"主要就是指培养学生的良好品行。因此，培养学生良好品行成为教师非常重要的道德责任。有的教师受社会上"重智轻德"观念的影响，只注重"教书"而忽视"育人"，只关注学生的学习成绩而忽视学生的人格品质。也有的教师认为育人是专职的德育教师、班主任、辅导员、党团组织的事情，自己是专职教学的教师，只要教好自己这门课就可以了，至于学生的思想、品德、人际关系、心理状态等方面的问题和自己没有什么关系，这些观点和做法都是错误的。教书育人是对所有教师的道德要求，而不是只针对德育教师或班主任的要求。事实上，各科教师均担负着教书育人的双重责任，即各科教师在向学生传授所教课程的科学文化知识的同时，还承担着对学生的世界观、价值观、人生观和道德观方面进行正确引导和积极影响的"育人"责任。就"育人"责任而言，各科教师不仅有责任以自己在教育教学工作中表现出来的认真、严谨、求实、负责、公正等良好的工作态度和工作作风直接影响学生的思想品德，还可以结合某些教学内容对学生进行思想教育。即使在和学生的日常接触中，教师也应抓住这些非正式的零散的教育机会，给学生以正面的、积极的思想影响。学生在平时和教师接触时，依然具有"向师性"，依然会受到教师的潜移默化的影响。学生去拜访教师，也是希望能从教师那里获得点什么。特别是当学生带着问题去找教师求教时，教师应该抓住这样的机会，在学习、思想、心理、生活等方面给学生以热心的帮助、正确的引导、积极的鼓励或严肃的批评。苏霍姆林斯基在《给教师的建议》上说："每一位教师不仅是教书者，而且是教育者。由于教师和学生集体在精神上的一致性，教学不是单单归结为传授知识，而是表现为多方面的关系。"[①]

3. 激发学生创新精神是教书育人的时代要求

在"大众创业，万众创新"，建设创新型国家，继续培养创新型人才的当代社会，激

---

① 苏霍姆林斯基. 给教师的建议［M］. 北京：教育科学出版社，1984：422.

发和培养学生创新精神就必然成为当代社会教师职业道德的重要内容。所谓创新精神，是一种勇于抛弃旧思想、旧事物，创立新思想、新事物的精神，是教学创新活动必须具备的一些心理特征，包括创新意识、创新兴趣和热情、创新胆量和勇气、创新决心和意志以及相关的思维活动等。比如，不满足现有的生活、生产方式、方法、材料，根据实际需要，不断进行革新；不墨守成规，敢于打破原有的条条框框，探索新的规律和新的方法；不迷信书本、权威，敢于根据事实和自己的思考，向书本和权威质疑；不盲目效仿别人的想法、做法，不人云亦云，坚持独立思考，说自己的话，做自己的事；灵活地运用已有知识和能力解决问题等，都是创新精神的具体表现。激发和培养学生的创新精神已经成为当前教育教学改革中的实践主题，因此教师在教育教学中除了要注意传播知识外，还应着力培养学生的创新意识，激发学生的创新思维，要让学生时刻有一种创新的强烈自信心和心理准备。教师要鼓励学生标新立异，大胆去想，对任何一件小事情都要鼓励学生想出不同于别人的思路，不要让学生养成懒于思考，只等着教师给出答案的习惯。教师要营造宽松和谐的创新教育环境，以教育者自身的创新火花在学生心灵中点燃创新之火。

（四）科学评价学生，不以分数作为评价学生的唯一标准

1. 教师要科学评价学生

学生评价是教师工作的又一项重要内容，也是提高班级管理和教育水平的重要手段。从教育评价的角度看，有效的学生评价具有诊断、导向、管理、激励、发展等多种功能。随着人们对学生发展和教育评价认识的深化，有关学生评价的目的、类型、方法及其操作程序处在不断的探索和变更之中。就发展的整体趋向而言，学生评价正在以下几个方面发生着重要变化。

第一，倡导以学生发展为本。传统的学生评价注重评价的竞争、比较、筛选功能，因此往往更多地把关注的焦点集中于学生过去或即时的状况或表现。与此不同，以发展为本的学生评价更加关注学生可能的内在潜能，着眼于问题的发现与解决，着眼于未来学习的改进与提高，因而特别重视评价的动态性、层次性、差异性和多样性。

第二，注重质性评价甚于量性评价。随着量化方法的广泛应用，着眼于学生在练习或考试中所获得的以分数来体现"学习成绩"，已经成为评价的一种思维定式，以至于出现了将学生的思想、品行状况转化成分数的做法。鉴于对量性评价的反思，今天的评价开始注重建立在观察、访谈等基础上的质性探究方式，突出学生作为完整的、真实的、具有无限生命力的存在体的意义。

第三，重视过程评价甚于结果评价。依据学生既定的选择或表现进行评价，突出的是结果本身，却忽视了学习过程、思维过程，忽视了行为动机。然而，今天的学生评价在注重结果评价的同时，开始较多地关注学习过程或行为过程本身。

第四，强调评价的真实性和情境性，注重学生的参与性。为了克服标准化考试的弊端，以促进学生发展为目的评价。要更多地注意评价的真实性、情境性，注意学生能够做到的或知道怎么做的，强调学生在具体情境中的真实表现，强调他们在具体情境中发现问题、解决问题的综合能力。

第五，强调多元评价。基于对人及其发展潜能的认识不断深化，特别是多元智力理论的提出及其应用，使得传统的单一性评价正在发生重大改变，注重评价的多种维度、多种方法，已成为一种发展趋向。

第六，鼓励评价中的合作行为。即鼓励教师、家长、学生在评价中的全员参与，特别是家长与教师的密切合作，共同关注学生的学习和生活，共同应对学生成长中的各种变化。

2. 教师要用发展的眼光看待学生

学生时期是人生发展中重要时期之一，作为发展中的人，这个阶段还是动态的、不成熟的。从教育角度讲，学生是在教育过程中发展起来的，学生的成长需要得到教师的指导。因此，要求教师要以动态发展的眼光看待学生，正确对待学生的错误、缺点和不足，允许学生犯错误，给予犯了错误的学生以改过自新的机会，而不是孤立静止地看待学生，将犯有错误的学生一棍子打死。长期以来，一些教师可能习惯给一些有学习困难和行为过失的学生戴上"调皮捣蛋"、"道德败坏"等所谓"坏学生"的标签，其结果往往直接影响了学生的身心健康。

俗话说："人非圣贤，孰能无过。"未成年的学生正处于身心发展阶段，是非观念尚未成熟，对事物有不正确的看法或错误的做法是难免的。教师不能因为孩子犯错误就把他当作坏孩子。实际上，任何一个学生的身上都不同程度地存在着积极因素和消极因素，这两个方面在一定条件下可以相互转化。教师在教育和教学活动中，要坚持用动态发展的观点一分为二地看待学生，既要注意分析他们的消极因素，更要善于发现他们的积极因素。切忌因为学生犯了错误，就把他看得一无是处。

每个学生身上都蕴藏着巨大的潜能，都是一片有待开发或进一步开垦的沃土，都存在着一些"不完善性"和大量的"未确定性"。教师应视之为教育的资源和财富加以开发和利用，通过教育把学生身上存在着的多种潜在发展可能变成现实。

3. 不能以分数作为评价的唯一标准

教书育人的根本问题，是培养什么样的人的问题。那么，如何衡量培养目标的达成情况呢？不以分数作为评价学生的唯一标准，是教师开展教育目标评价的指导思想。这有利于真正实现素质教育，有利于达成培养学生健全人格和创新精神的目标。教师要注重发展性评价，以发展的眼光看待学生。因此，在教育教学过程中，教师要用发展的眼光看待学生。教师以发展的眼光看待学生，就是用动态的眼光看待学生，把学生视为有血有肉、具有独特个性的活生生的人，善于发现学生发展的可能性，为学生的健康成长创造机会和条件。

虽然素质教育的理念日益深入人心，深化基础教育课程改革也在稳步推行，但仍有许多中小学还在走应试教育的老路，进行着花样繁多的分数排名，例如，全校排名、年级排名、班级排名、班级前10名等。这样做，对于成绩较差的学生来说，会让他们无地自容，严重挫伤了他们的自尊心；对于成绩优秀的学生来说，尽管暂时有些荣耀，但是否能保住优秀的成绩也会产生较大的心理压力。可见，用考试分数来衡量学生的学习情况，只会把学生引向极端，影响学生的健康成长。因此，教师应当正确地对待学生的考试成绩，决不能够以分数作为评价学生的唯一标准。

第二节 为人师表：教师职业的内在要求

为人师表是指教师应该在各个方面以身作则，成为学生学习的表率。为人师表主要是指教师在做人和道德上为人师表，但又不局限于此，而是在各个方面，包括政治态度、思想作风、道德品质、治学精神、行为习惯、仪表风度等各方面都能够成为学生的楷模。为人师表最根本的要求就是"言行一致、表里如一、严于律己、以身作则"。教书是教师的天职，而育人则是教师的根本。培养"德、智、体"等全面发展的社会主义事业的建设者和接班人，是当代教师义不容辞的责任。育人崇德，重在身教；只有以身立教，才能赢得家长、学生及社会的信任，才无愧于人类灵魂的工程师这一光荣称号。古今中外许多有成就的教育家既是以身作则、为人师表的倡导者，又是身体力行的实践者。教师的思想、信念和道德，以及态度、仪表和行为等方面，在教育教学过程中，对学生的成长产生着潜移默化的积极影响和教育作用。身教这种教育方式比批评、责骂与训斥效果更好，能达到无声胜有声的教育效果，特别是在培养学生非智力因素方面具有更深远的影响。

一、为人师表是教师职业的内在要求

为人师表之所以成为重要的师德规范和要求，主要基于以下理由。

（一）从学校教育的角度看，教师的师表精神是完成教育的基础

教师应在学生中享有崇高的威信，这是成功开展教育活动的必要条件。教师的威信是建立在教师各方面严于律己、率先垂范、以身作则的基础上的。教师是以自己的思想、学识和言行，以自身道德的、人格的、形象的力量，通过示范的方式直接影响学生。教师的师表精神，会对学生的心灵产生震撼力量，而且这种力量的影响是深刻且久远的，教师的理想追求、思想感情、言行举止、气质性格、对工作的态度和业务能力，对学生都具有熏陶诱导和潜移默化的影响。如教师在教学过程中所表现出来的对教育事业的热爱，对工作的极大热情，往往如润物的细雨一样不知不觉地注入学生的心灵，可以诱发学生的上进心。教师对学生满腔热情的爱，往往会在教学过程中直接转化为学生对教师的尊敬，产生"向师性"。教师知识的渊博和治学态度的严谨，又往往会得到学生的敬佩，成为学生学习的楷模。因此，教师的以身作则，为人师表，在学生中树立自身崇高的威信，这对教育的发展来说是至关重要的问题。正因为教育的成功来源于教师的师表行为，所以古今中外教育家都把师表精神作为教师最重要的品德加以倡导。

（二）从教与学的角度看，为人师表影响着学生身心素质发展的趋向

在学生的心目中，教师是智慧的代表和高尚的人格化身。教师的话就是真理，教师的

言行就是道德标准。教师的劳动具有强烈的直观示范性，教师的言行举止对学生有着巨大的潜移默化的作用。教师品德高尚，行为正直，仪表大方，有利于塑造学生美好的心灵，有利于全面发展学生的素质。教师自身的素质从某种意义上决定着教育的成败得失，任何教育活动都蕴含着教师的价值选择和价值预设，教师的价值理念、行为趋势对学生起着价值引导作用和行为规范作用。这种作用具体体现在三个方面：一是启发，教师良好的思想风范、道德情操、行为举止、语言仪表等可以激励、启发、推动学生去效仿；二是控制，学生有了楷模，可以以此为标准，控制自己的言行；三是调整，学生可以教师为榜样，调整、纠正自己的言谈举止等。

（三）从教育管理的角度看，为人师表是师资管理的客观要求和必然趋势

教育管理的核心问题是加强教师队伍建设，教师队伍建设的关键是弘扬师表精神。教师的"传道、授业、解惑"职责中都有师表精神凝聚其中。《学记》里曾提出何为教师的问题，"教也者，长善而救其失者也；师也者，教之以事而喻诸德者也"。教师既要传授文化知识，又要做社会的楷模。我国把培养教师的学校称之为"师范院校"，何为"师范"，就是"学高为师，身正为范"。无论在任何时候，教师思想道德境界、工作生活方式，总是既立于世俗，又高于世俗，教师代表着社会美好的未来，体现着人类追求的理想人格。教师这种职业的特点和传统，对师道提出了很高的要求，尊师必须首先师尊，这是教育管理的客观要求，这是因为，无论是社会、还是个人，都不能给某种职业施予尊严。尊严不是外在的，而是在实践中赢得的。教师职业要成为"太阳底下最光辉的职业"，首先教师的人要"光辉"，令人敬佩。师尊的根本在于自尊，自尊才能达到尊师，自尊就是以身作则，为人师表。

二、为人师表的具体要求

（一）知荣明耻，严于律己，以身作则

教师是人类灵魂的工程师，是学生人生追求的引领者，实践体验的组织者，健康成长的服务者，合法权益的维护者和良好成长氛围的营造者。教师的师德风范对学生的成长有着深刻的影响。师德是教师职业道德的核心部分，师德是为人师表的灵魂，师德修养是教师职业的永恒主题，高尚的师德、精湛的技艺是培养身心健康的合格社会主义建设者对教师的必然要求。然而由于市场经济大潮的冲击以及思想政治教育的弱化，教师中的师德建设也日益缺失甚至扭曲，如学术不端，弄虚作假；急功近利，心浮气躁；恶意炒作，互相吹捧；"吃""拿"学生，尊严尽失等。

教师队伍中出现的这些问题归根结底就是荣辱观的扭曲甚至是丧失。教师作为人类灵魂的工程师，担负着教书育人的光荣职责，自身的道德规范和行为准则就显得尤为重要，较之于一般人而言，教师具有"学为人师，行为世范"的准则要求，人们通常对教师的道德和作风看得要高于社会，这就要求教师要德才兼备，以德为先，为人师表，立言立行，做到"学高为师，身正为范"。因此，用社会主义荣辱观来武装教师头脑，树立正确的世界观、人生观和价值观，是提升教师道德素养，弘扬高尚师德，力行师德规范的重要途

径，也是提升师德建设水平的重要方式。

（二）衣着整洁得体，语言规范健康，举止文明礼貌

仪表端庄大方、整齐美观，是积极上进的体现。衣冠不整、边幅不修，会被认为生活懒散、工作拖沓，从而难以获得学生的信任。教师可针对自身的特点，将自己的发型、脸型、肤色、身高以及年龄、学校环境等因素作为一个整体来构思，恰到好处地进行自我设计，选择适合自己的服饰、发型，塑造良好的教师形象。教师的衣着仪容应整洁大方，符合教师职业特点。所谓整洁，就是整齐和清洁。教师的服饰无论质量好坏，新旧如何，都要做到端正得体、干净卫生。所谓大方，就是服饰、发式等不宜过分时髦华美、鲜艳刺目，而应庄重明快、素雅含蓄。客观地说，教师使用不文明语言的现象仍然存在。教师使用嘲笑、侮辱、诽谤、诋毁、歧视、恐吓、贬损等不文明语言，致使学生精神上和心理上受到伤害的"语言暴力现象"还常有发生。语言暴力不仅侮辱了学生的人格尊严，使学生失去学习信心和兴趣，严重的还会导致学生丧失生活的勇气，走上违法犯罪道路。

教师应加强自律，自觉规范自己的思想行为，语言应符合教师礼仪要求。教师不仅要杜绝不文明语言，而且要带头使用文明礼貌用语。课堂不仅是传授知识的地方，也是教师撒播文明种子的殿堂。语言文明，待人礼貌，不仅体现了教师对学生的尊重，而且是学生学习文明礼貌的最直接方式。比如上课时，班长喊起立，学生肃立，对老师行注目礼，老师应首先向学生问好："同学们好"！声音要响亮，态度要真诚。正是这响亮的问好，热情的态度能够为整堂课营造了良好的氛围。如果老师上课迟到，应礼貌向学生道歉，并婉言简要说明原因，以得到学生的谅解。下课时，老师应先向学生道别。又如老师提问学生时，最好不要直呼同学姓名，而说"请××同学回答"，让学生感受到自己在老师心中的分量。学生回答完毕，不管对错，老师都应对学生说"请坐。"有的老师在学生回答完问题后，就把学生晾在那儿，让他们站也不是，坐也不是；还有的老师，用手指一点，就是请坐了。这些都是对学生的不礼貌行为，是不符合教师礼仪规范的。

教师要有美的举止，站、坐、行端庄稳重。站姿挺拔端庄，坐姿文雅稳重，步态协调稳健，不仅给人以美感，而且展现了积极向上的精神风貌，为学生提供了站、坐、行的标准榜样。教师情感表现的最重要方式就是面部表情活动。根据讲授内容，教师应适时变化面部表情。丰富的面部表情，有助于激发学生兴趣，达到事半功倍的教学效果。微笑是良好心态的表现，是对他人的宽容和友善，因此，课上课下，教师都应经常面带微笑。表情会因微笑而变得柔和，声音会因微笑而变得亲切，师生关系、同事关系会因微笑而变得美好。教师应避免不恰当的举止，举止不当，是没有风度、缺乏修养的自然表露。教师应避免当着学生的面掏鼻孔、抠眼屎、打哈欠、剔牙等。教师还要做到不要随地吐痰，不乱扔纸屑、烟蒂等。这些看似琐碎的细小事情，实则体现着教师的素质与修养。

（三）关心集体，团结协作，尊重同事，尊重家长

教师生活在集体之中，每位教师的工作、成长都与所在的集体密切相关。如果集体中能够有和谐、融洽的气氛，就能够让身处在集体中的教师积极工作。教师之间的相互配合与帮助，能够让教学工作更顺利地开展，能够促进个人的快速发展。因此，教师要把关心

集体和同事，视为自己应尽的道德义务。教师还要正确认识和处理全局和局部、大集体和小集体的关系，不能够有狭隘的本位主义、小团体主义的思想，做到识大体、顾大局。教师要在顾全大局的前提下，从自己的实际出发，充分发挥自己的主观能动性，让自己的工作充满活力，这样既发展了自己，又促进了集体的发展。

教师团结协作是学校和谐稳定的最集中体现，其价值底蕴是集体主义道德原则。它致力于调节教师集体内部的矛盾关系。不过，从维护集体内部张力，促进教育事业发展这个角度看，单方面强调团结协作是不够的，在团结协作的基础上开展公平、有序的竞争很有必要，对此教师要有深刻的认识。之所以将"团结协作"作为一条重要的师德规范提出来，一方面因为它是化解教师集体内部矛盾的需要，另一方面是因为团结协作体现了对教师劳动特点的尊重。概括起来讲，团结协作具有不可忽视的教育价值。教师劳动既有个体性、独立性，又有集体性、合作性。教育过程中，在大家一致认同的培养目标制约下，教师集体中的每个成员分工负责完成不同的具体教育任务。教师集体内教育合力的形成，意味着每个集体成员在个体性劳动过程中有意识地去排除可能和其他教师形成的对立和冲突，自觉消解工作中的相互抵触和内耗现象，谋求同心协力地完成教育任务。

教师与学生家长交往的过程中，教师应当做到尊重家长，以诚相见、以礼相待。教师要尊重家长提出的合理要求，注意倾听家长对学校工作的意见和建议。同时，教师还要利用与家长交往的机会，向家长宣传一些教育知识，传播一些先进的教育理念，介绍一些科学的育人方法。这样有利于家庭教育水平的提升，促进学校教育与家庭教育的相互配合，并形成教育合力。

(四) 作风正派，廉洁从教

教师是人类灵魂的工程师，要严于律己、以身作则、谨言慎行，不趋炎附势、弄虚作假、拉帮结派。教师要把正派作为自己做人的准则，要做到洁身自爱，自觉维护教师的形象，要在学生面前树立一身正气的良好形象。教师的作风时时刻刻都在影响着自身的工作和生活，所以说，它是一种无形的力量。同时，教师的工作作风也体现了一所学校的精神面貌和办学水平。教师良好作风的形成，不是一朝一夕的事，是一个不断积累和不断提高的过程。学校各职能部门要通力合作、协调配合、齐抓共管，才能够真正把教师作风建设好。教师的廉洁从教主要表现为不搞有偿家教等营利性活动，不收取家长财物，不向学生强行推销教辅资料或文具用品，不在招生、考试、评优、学籍管理等方面徇私舞弊。教师作风正派、廉洁从教，这些都是对教师工作的法律和道德要求，也是为人师表的底线。正如教育家陶行知先生，在教育战线上能够身先士卒，以身作则，为师清廉，淡泊名利。陶行知先生的这种高尚的行为，值得我们广大教师作为榜样去学习。

第三节　终身学习：教师专业发展的动力

1994年于意大利罗马召开的首届"世界终身学习会议"上提出"终身学习是21世纪

的生存概念"的口号。① 世界各国已把终身学习的意义提升到了关乎人类生存发展的高度。这次会议认为,人们如果不具备终身学习的理念,就难以在21世纪生存。随着知识更新速度的加快及信息化、全球经济一体化时代的到来,上述观点的重要性已经得到了充分的印证。由此,终身学习的理念也逐渐在促成社会发展和个体完善的过程中引起政府和社会各界的高度重视与关注。"终身学习"是20世纪60年代"终身教育理论"概念的延伸和拓展,它从另一个角度深化和发展了终身教育的内涵,同时也突出地显示了人们对终身教育理念的认识由量变向质变转化的深入过程。而这一过程又与社会的转型、人口结构的变化、经济科技的发展与竞争,以及现代人类的文化生活的变迁等社会条件的变化,及所产生的深刻国际背景有着密切关系。终身学习理念的形成,是建立在终身教育思想的基础之上,而终身教育作为推动现代社会发展的一股强大教育思潮,已经被世界各国所引入并推崇。

一、终身学习是教师专业发展的动力

(一)终身学习是时代发展的要求

21世纪是一个知识经济时代,知识经济是以知识为基础的经济。在这个时代,经济和社会的发展,比以往任何时候都更加依赖于知识的创新,扩散和应用。那么,在科学技术日新月异,信息爆炸的时代,人们仅凭原有的知识和技术已经不能适应时代的发展,知识经济对人们提出了更高的要求,只有终身不断地学习才能满足社会的需要。知识经济时代,制造业和服务业将逐步一体化,而且服务业将占据越来越重要的地位,特别是提供知识和信息服务将成为社会的主流。因此,知识经济对人们自身素质提出了更高的要求。知识化将成为必然,即知识劳动将是绝大多数人谋生的手段,知识成为人们的基本消费品,知识的占有量将是评判人们富裕程度的基本标准。当人们从事知识性劳动时,只有不断地学习,才能有效地从事知识劳动,从某种程度上讲,知识将是人们谋生的一个基本手段,并且随着旧工种的消失,新工种的出现,"终身职业"则成为明日黄花,一次性"充电"的时代已成为历史。所以,在知识经济时代,终身学习将是人们生存的一种需要。在现代社会中,由于学校教育的普及,家庭经济收入的提高,闲暇时间的增多,人均寿命的延长,学习的需求也不断增强。人们对科学文化知识、生活经验以及生产技术的探索和积累是永无止境的,需要倾注毕生的精力。人格的完善,精神生活的追求也需要不断学习。在知识经济时代,智慧、知识资本将在今后时代扮演更加重要的角色,拥有知识的人才将拥有致富取胜的机遇,不懂得最新生产方式、生产工具和创新方式的人被社会淘汰的可能性将大大增加,因此,终身学习将是个人立足社会的支撑点。

终身学习是职业道德对教师的要求,教师应树立终身学习的理念,不断地学习新知识,才能够促进自身专业的持续发展。知识是经由学习而来,教师需要持续地学习与进修,方能使自身的知识不断地得到更新与完善。教师需要改变参加工作后就不再学习的误

---

① N. Longworth, W. K. Davies. Lifelong Learning— A Survivalconcept for the 21st Century [R]. The First Global Conference on Lifelong Learning, Rome, 1994.

区，要学会在繁忙的工作中挤出时间来学习，教师只要还有一天从事教学工作，就不能够停止学习。因此，随着社会的发展变化，知识的分化与更新，教师需要在工作中不断加强学习，才能在教学相关领域中获得更多新的知识。教师的知识水平提高了，才能够保持良好的教学状态，教学才能够更有效能，直接受益的必然是学生。知识经济的社会，也是终身学习的社会，每位教师应该具备终身学习素养，成为社会终身学习的楷模。特别是在信息科技发达、知识暴增的时代，教师要把握各种正规或非正规学习机会，充实与时俱进的教育新知，强化自己的专业能力。

（二）终身学习是由教师劳动的特点所决定的

教师劳动的一个重要特点就是知识性。教师劳动的过程就是学习知识、储备知识、整理知识、运用知识、传授知识、创新知识的过程。教师职业是知识分子所从事的职业，传道、授业、解惑都离不开知识。没有知识便没有教师，没有教育。这种职业特点必然要求教师学而不厌，掌握精深广博的科学文化知识，并随着社会的发展变化随时更新和补充自己的知识结构。教育发展成功与否的关键在于教师，教师首先要成为知识专家，才能够进一步成长为教学专家。教师必须顺应知识经济的趋势与全球化的潮流，通过不断地学习累积知识。对教师来说，知识结构是否丰富和合理是能否顺利开展教学的前提条件，只有知识渊博、结构合理的教师才能够让学生享受知识学习的乐趣，并习得知识和提高学习能力。

从教师劳动的对象看，教师的劳动对象是青少年学生，他们正处在长知识、长身体的时期，有着强烈的求知欲望，希望自己的教师学识渊博，有真才实学，以便能够从教师那里学到丰富的知识和技能，尽快成才。因此，他们会经常向教师提出多方面的问题，如果教师业务素质低，不具备精深广博的文化科学知识，道之未闻，业之未精，百惑而不得解，就无法满足学生的求知欲，就不是一个称职的教师。教师必须树立终身学习的理念，不断地学习新知识，不断地更新自己的知识。

（三）终身学习是教师保持教育威信和从教之乐的需要

教师要永远保持自己的教育威信和从教之乐，就必须终身学习、不断进步。教师如果停止了学习、探索和发现，就会变得枯燥、呆板，精神世界就会逐步贫乏和僵化。学生从教师身上再也发现不了什么新鲜的东西、"闪光点"，学生就会感到兴趣索然。苏霍姆林斯基说："面对勤学好问的满腔热血的青少年学生，教师只有每天都有新东西表现出来，才能受到他们的爱戴。如果你过了几年还依然如故，如果失去的一天没有使你增加任何新的财富，那你就可能成为一个令人生厌甚至憎厌的人。"[1] 我国著名教育家陶行知说："要想学生好学，必须先生好学。唯有学而不厌的先生，才能教出学而不厌的学生。"[2]

二、终身学习的具体要求

（一）树立终身学习理念，采取终身学习行动

2013年，习近平总书记在致全国教师慰问信中指出，"教师应加强学习，拓宽视野，

---

[1] 苏霍姆林斯基. 和青年校长的谈话 [M]. 赵玮，等译. 上海：上海教育出版社，1983：172.
[2] 顾明远，边守正. 陶行知选集（三卷本）（第3卷）[M]. 北京：教育科学出版社，2011：437.

更新知识，不断提高业务能力和教育教学质量，努力成为业务精湛、学生喜爱的高素质教师。"[①] 总书记明确提出了教师成长成才的途径和方法，对教师素质的持续提升具有重要指导意义。当今世界飞速变化，新情况、新问题层出不穷，知识更新的速度大大加快。对以传道、授业、解惑为己任的教师而言，更要树立终身学习的理念，以使自己拥有源源不断的力量源泉，时刻为学生提供鲜活的成长清泉。

牢固树立终身学习的理念，需要教师不断更新知识。学习如逆水行舟，不进则退。在知识爆炸和新媒体迅速发展的现状下，学生获得知识的途径越来越多元，任何人都不可能垄断所有知识的传授。如果教师不及时更新知识，仅靠"吃老本"是难以胜任教书育人这一神圣职责的。随着科技进步和学习方式的多元化、立体化，教师要与时俱进，不断更新自己的学习方式，这样才能提高自己学习的效率和效益。博览群书是学习，谈话聊天是学习，网络互动是学习，上微信、刷微博也都是学习。只要终身学习的理念渗透于自己的身心，每时每刻都是在学习，每处每地都是在学习。牢固树立终身学习的理念，还需要教师在研究中学习，在实践中学习，在生活中学习。作为教师，仅仅具备专业知识是远远不够的，还必须不断研究教育教学规律，不断研究学生，不断提高自己对教育的理解和对规律的掌握。只有这样，教师才能在教育教学过程中驾轻就熟、举重若轻。与此同时，教师还要在实践中不断改进、提升自己的教育教学能力，在生活中不断领悟、感知生命的美好，将自己的所知所学融进与学生的点滴交往之中，将自己的生命本身塑造成一本书，使自己浑身上下都散发出教育力量。桃李不言，下自成蹊。教师只有牢固树立终身学习的理念，并将其真正内化为自己的生命行动，才能不断提高业务能力和教育教学质量，真正成为业务精湛、学生喜爱的高素质教师。如此，是教育之幸，更是国家之幸。

我国已经进入建设人力资源强国的新时期，国家需要大批创新型人才，随着知识经济时代和信息社会的到来，知识更新日新月异，新技术、新发明不断涌现，新理念、新型专业、新知识、新方法相继出现，创新型人才的培养是教育的要旨。教育的最终目的不是传授已有的东西，而是要把人的创造力诱导出来。深化教育改革，全面推进素质教育，首先要转变教师的教育教学观念。不同年龄和知识水平的新老教师，都必须通过学习，才能转变教育教学观念，树立新的教育观和师生观。通过学习，才能掌握现代化的教学手段，传播先进文化，弘扬学术精神，培养创新人才。当今世界，科技突飞猛进，知识经济已见端倪，国际竞争日趋激烈，人才资源在增强国力方面显示出越来越重要的作用，教育越来越受人类重视。科技进步，知识、经济和信息发展加上政治变迁，意识形态、生活方式和个人潜能的变化是终身教育思潮形成和传播的主要历史背景。终身教育是现代社会的产物。教育不再是随着学校学习的结束而结束，教师不再是知识的权威与垄断者，抱着学历证书、躺在功劳簿上而抱怨"谁动了我的奶酪"的人必将被淘汰，"逆水行舟，慢进则退，不进则亡"。新的教育观念认为，终身学习是当代教师成长和发展的必由之路。新世纪的

---

① 习近平. 正在乌兹别克斯坦访问的习近平向全国教师致慰问信[EB/OL]. http://www.gov.cn/ldhd/2013-09/09/content_2484494.htm, 2013-09-09

教师必须道德高尚，知识渊博，具备扎实的教学基本功，有终身学习和创新教育能力。终身学习是一种知识更新、知识创新的要求。终身学习的主导思想就是要求每个人必须有能力在自己的一生中利用各种机会，去更新、深化和进一步充实最初获得的知识，使自己适应快速发展的社会。

因此，教师应该成为终身学习的楷模。教师强则学生强，教师强则教育强，教师强则民族强。教书者必先强己，育人者必先律己，教师良好的素质并不是表现在一纸文凭上，教师的学历不等于能力，只有持久的学习力，才能使教师的能力不断增长，素质不断提高。只有教师学会读书，才能教会学生学会读书；只有教师的知识不断更新，才能使学生的知识不断更新；只有教师学会终身学习，才能教会学生学会终身学习。

(二) 拓宽知识视野，更新知识结构

为了适应社会发展和教育发展的新要求，教师必须通过加强阅读和终身学习的途径来完善自身的知识体系，更新自身的知识结构。在现代教育背景下，中小学教师究竟需要什么样的知识体系和知识结构，究竟如何更新自身的知识结构？教育理论界对此问题已经提出了各种各样的观点。

根据教师所从事的工作特点，一般认为教师的基本素质要求应涵盖三个方面：即教师专业知识的发展、专业技能的娴熟、专业情意的健全。教师的专业知识包括学科知识、实践知识和教育理论知识。教师必须掌握一定数量的学科知识。教师的实践知识是教师教学经验的积累，实践知识受一个人阅历的影响。教育理论知识是一个教师取得成功教学的重要保障，具体包括学生身心发展的知识、教与学的知识和学生成绩评价的知识三个方面。

理解教师的知识体系和知识结构，简单地说可以理解为处理好两个基本关系，即学科专业知识与教育专业知识的关系以及教育理念与教师技能的关系。

1. 学科专业知识与教育专业知识

学科专业知识和教育专业知识之间是一种既相互区别又紧密联系、相互配合的关系。所有的教师必定都是有一定学科专业背景和基础的，无学科专业基础就无法解决"教什么"的问题。对于一个没有任何学科专业知识基础或背景的人来说，无论如何是无法胜任教师工作的。一个完全不知道数学为何物的人，是无法做数学教师的。语文、历史、物理、生物、化学等学科的教师也是如此。就此意义而言，对于从事教师职业来说，学科专业知识是一个基本的和基础性的条件。可以用"皮之不存，毛将焉附"来比喻学科专业知识的地位和作用。但是，了解教育教学过程的人都清楚，仅有学科专业知识和素养还无法胜任教师工作。具有一定学科专业素养的人要从事教师职业，还必须具备从事教师工作的基本理念和基本技能，解决"怎么教"的问题。这些理念的确立和技能的获得是需要进行专门教育和训练的。教师教育所涉及的主要工作就是促使教师理念的确立和教师技能的获得与提高。教师教育从本质上说是培养一个人从教理念和从教技能的专门化、专业化的教育教学活动。可以说，有专业基础知识和专业素养是从事教师工作的必要条件和基本前提，并非充足条件。没有专业知识和专业素养无法胜任教师工作，仅有专业知识而无教师教育专业知识和技能，同样无法胜任教师工作。

在处理学科专业教育知识与教师教育知识的关系时，要反对两种倾向。一种倾向是过分强调学科专业知识，忽视甚至否定教师教育专业知识。另一种要反对的倾向是过分夸大教师教育知识的作用。对于一个没有任何学科专业知识基础或背景的人来说，教师教育专业知识学得再好，再具有从教的观念和理念，也无法胜任教师工作。

2. 教育理念与教师技能的关系

教育理念是教师职业之根，没有正确而坚定的教育理念，一个人就谈不上是一名合格的教师。同时教师职业在一定意义上又是一项技艺，没有一定的从事教师职业和教育工作的技能和技艺，同样无法做好教师工作。

什么是教育理念？它包括哪些内容？这是一个很大的问题，是全部教育工作者都在关注和探讨的问题。概而言之，与教师职业发展密切相关的教育理念主要包括教师的职业理念、教师的责任理念、教师的"专业情意"、教师的"自我效能感"、教师的"教育"理念、教师的教学理念、教师的学生理念、教师的人才理念等。例如关于教师的职业理念和角色理念，过去的观念认为教师不过是"技术熟练者"，现在的观念认为，教师应当成为"反思型专家"。这一新理念对教师提出了更高的要求，要求教师要同时成为知识的研究者和创造者。再如关于教师的"教育"理念，现在最重要的是必须确立素质教育的理念，确立实践的教育、创新的教育、个性化的教育以及人的独立性教育等教育理念，这些教育代表着世界教育改革的潮流，也是国内从政府主管部门到部分学校正在实践着的教育理念。

教师技能或教师的从教技能包括哪些内容？也是一个无法简单回答的问题。随着社会发展和科学技术进步，对教师的教育教学技能的要求会更多、更高。按中小学的一般教育教学常规来说，教师的基本从教技能包括语言表达能力、书写能力、课堂教学组织能力、班主任工作能力、组织课外活动能力、教育艺术能力、情感能力、沟通能力等。在现代意义上，还要有计算机操作能力、多媒体课件制作能力以及开发和利用网络资源进行教学的能力。从这里看，仅仅就技能而言，做一名合格的中小学教师就不是一件轻而易举的事情。

教育理念和教师技能都不是与生俱来的。但理念可以培养，技能可以训练。如何培养教育理念和训练教师技能，是教师教育改革应当关注的核心问题。事实上，当前教师教育改革和创新的一个重要目标就是要培养具有先进教育理念和坚定信念、掌握现代教育技术、具有熟练教育教学基本技能、具有较强实践能力和创新精神的基础教育师资。

仅仅从更新知识结构的视角看，当前广大教师普遍缺乏的是实践知识、创新思维以及基础教育新课改的理念与方法，这是在教育教学实践和教师培训中应特别予以重视的。师范院校是培养未来教师的，从一个合格的中小学教师的标准看，现在的师范生究竟缺什么？他们缺"规格"意识、课堂落实能力、管理能力以及新课改的理念与方法。这些缺陷是需要在师范院校教师教育改革过程中逐步加以解决的。

> 延伸阅读

教师知识结构的三个层面[①]

一般而言，教师专业素养主要由三部分构成：专业精神、专业知识、专业能力。教师知识结构的具体内容包括三个层面的知识。

（1）有关当代科学和人文两方面的基本知识，以及工具性学科的扎实基础和熟练运用的技能技巧。这是作为人类社会中知识分子的教师所必需的，也是要与充满好奇心、随时会提出各种问题的学生共处，并能进一步激发他的求知欲、胜任教育者角色的教师所必需的，同时还是需要随着时代、科学发展而不断学习、不断自我完善和发展的教师所必需的。

（2）一至两门学科的专门性知识与技能。这是教师胜任教学工作的基础性知识与技能。就这部分知识而言，教师不仅应对所属学科的基础性知识和基础技能有广泛而准确的理解，并熟练掌握相关的技能技巧，而且要对与该学科相关的知识，尤其是相关点、相关性质、逻辑关系有基本了解；教师不仅要了解该学科的发展历史和趋势，了解推动其发展的因素，了解该学科对于社会、人类发展的价值以及在人类生活实践中的多种表现形态，而且要掌握该学科所提供的独特的认识世界的视角、域界、层次及思维的工具与方法，熟悉该学科内著名大家的创造发现过程和成功原因，以及在他们身上展现的科学精神和人格力量，这对于增强学生的精神力量和创造意识具有重要的、远远超过学科知识所能提供的价值。

（3）教育学科类的知识，主要由帮助教师认识教育对象、教育教学活动和开展教育研究的专门知识构成。就这部分知识而言，教师要特别注意学习和掌握有关认识和了解教育对象、形成教育哲理和管理策略、设计教育教学活动、选择教育教学方法、运用现代教育技术手段、进行教育研究活动等方面的知识与技能。教育学科知识的真正掌握和灵活运用，最终发展到创造，与教师教育实践密切相关，也只有在自觉而长期的教育实践中才能完成。

（三）潜心钻研业务，勇于探索创新，不断提高专业素养

社会发展和教育发展不仅要求教师构建新的知识体系和知识结构，而且要求教师深入钻研教学业务，不断探索新的教学方法，提高专业素养和教育教学水平。

1. 做一名"反思型"和"研究型"教师

作为一名现代教师，所面临的挑战，不但具有高度的不可预测性与复杂性，而且越来越找不到一套放之四海而皆准的应变办法。因此，只有随时对自己的工作及专业能力的发展进行评估，不断对自己的教育教学进行研究、反思，对自己的知识与经验进行重组，才

[①] 叶澜. 新世纪教师专业素养初探[J]. 教育研究与实验, 1998 (01): 41-43.

能不断适应新的变革。叶澜教授在对自己的学术探索进行回顾的时候说，"在我看来，没有反思，没有批判性的反思，无论是学术、还是实践、还是自我，都不可能有发展。"[①] 这是身为教师工作、生存和发展的需要。因此，为了提高自己的教育教学能力，就要不断地对自己的教学实践进行反思。记录下课堂教学的精彩片段，总结出成功的经验；也描述出课堂教学的败笔之处，寻找问题的根源。遇到不能解决的问题，多向有经验的教师请教，也多和同课组的教师在一起探讨。如果是大家共同存在的问题，就在一起研究，制订出解决问题的方案。通过"实践—反思—再实践"的过程，实现专业水平的共同提高。教学应当着眼于学生"基本科学素养"的提高。在新一轮的课程改革中，许多新观念，新方法正冲击着我们传统的观念，作为一名教师，在切实转变观念的同时，结合学科自身的特点，在实践中加强反思，努力学习，真正担负起培养下一代"基本科学素养"的重要任务。

伴随全球化的到来，国际政治、经济、文化和教育竞争日趋激烈。中国经济高速发展和人民生活水平日益提高，对于高素质人才和高水平的教育的需求更加旺盛。教育国际化、信息化和民主化的趋势促使教师的角色也要发生相应的变化，要求教师不再只是授业者，而且也是学习者；不再只是施教者，而且也是研究者。

时代呼唤教师从传统经验型转向研究型。教育改革呼唤研究型教师。现代教育处在科学知识剧增、技术革新不断、竞争愈加激烈的背景下，随着时代的发展和科学的进步，原来的某些教育内容已经不适应社会发展，许多新的教育内容正在不断涌现，这就要求教育需要发生与之相适应的改革。国家提出要实施素质教育。素质教育是一种探索性的教育理念，在实施素质教育的过程中，难免会与陈旧的教育思想观念产生碰撞。在探索素质教育途径、方法和手段时，难免会遇到许多从未遇到过的情况和问题。身处素质教育第一线的教师，对这些情况和问题无法回避，只有面对它、分析它、研究它，摒弃其中陈腐的东西，并在新的教育理念的指导下，采取相应措施解决它，从而推进素质教育不断向前发展。

2. 做一个教育创新和教学改革的能手

在"互联网+"时代，改革和创新已经成为时代潮流和世界潮流，成为典型的时代精神。在基层教育领域，教师也不能满足于传统的教育理念和教学方式，而要不断创新教育理念和教学方式。按照联合国教科文组织的观点，教育应当促进每个人的全面发展，即身心、智力、敏感性、审美意识、个人责任感、精神价值等方面的发展，应该使每个人借助于青年时代所受的教育，能够形成一种独立自主的、富有批判精神的思想意识，以及培养自己的判断能力，以便由他自己确定在人生的各种不同情况下应该做的事情。

在身处创新涌动的时代，如果教师不重视创新，还在沿用一些传统教学中的陈规老套，墨守成规，不思进取，肯定是无法得到学生的认同。同样，在强调创新的时代，自主教育、独立性教育和个性化教育越来越成为创新的一个重要源泉，如果教师还在固守满堂灌输知识、一言堂的教学模式，还在试图用一个模式来培养学生，他的教学效果肯定是要

---

① 叶澜. 反思 学习 重建——十五年学术探索的回顾[J]. 天津市教科院学报，2000（04）：4.

大打折扣的。《国家中长期教育改革和发展规划纲要（2010－2020年）》在论及创新人才培养模式时强调，"遵循教育规律和人才成长规律，深化教育教学改革，创新教育教学方法，探索多种培养方式，形成各类人才辈出、拔尖创新人才不断涌现的局面。"做到：一是注重学思结合，倡导启发式、探究式、讨论式、参与式教学，帮助学生学会学习。二是注重知行统一。坚持教育教学与生产劳动、社会实践相结合。开发实践课程和活动课程，增强学生科学实验、生产实习和技能实训的成效。充分利用社会教育资源，开展各种课外、校外活动。三是注重因材施教。关注学生不同特点和个性差异，发展每一个学生的优势潜能。推进分层教学、走班制、学分制、导师制等教学管理制度改革。建立学习困难学生的帮助机制。教师在教学中要贯彻上述教学改革精神，促使教学模式的多元化。

同时，"互联网＋"教学已成为教学发展的时代趋势，也是教学改革的必然。教师要在充分掌握教育信息技术手段的基础上，加大教学改革与创新的力度，为进一步提高教育教学质量做出更大贡献。

本章小结

教师既是人类文明知识的传播者，也是学生道德的启蒙者、美好心灵的塑造者。《中小学教师职业道德规范（2008年修订）》首次将"教书育人"列入基本条目，明确了"教书育人"是教师的根本任务，更强调了教师的"育人"职责。明确了"怎样育人、育什么样的人"。"为人师表"强调教师要"言传身教""以身立教"。学生时代是学生世界观、人生观形成的重要阶段，教师的一言一行对学生成长都具有潜移默化的重要影响。因此，"为人师表"对教师工作具有重要的意义，它是教师职业道德的内在要求。"终身学习"提出了教师专业发展的新理念。终身学习是知识时代发展的要求，更是由教师职业特点所决定的。教师是教育教学活动的组织者，只有高水平的教师才能培养出高素养的学生，只有教师的发展才会促进学校的发展，带动学生的发展，教师的专业素养是新时期师德内涵的应有之义，提高教师的专业素养是师德建设的重要环节。

思考题

1. 教书育人对教师提出了哪些具体要求？
2. 为人师表的具体要求是什么？
3. 教师为什么要树立终身学习的理念？

案例研究

案例1

从做老师的第一天起，赵老师就定下了"干一行、爱一行、精一行"的决心。她认真学习优秀教师的成功教学经验，不断提升自己的教学水平，课堂教学评估每年都优秀。经过多年努力，她成为一名优秀教师。她先后获得市教学竞赛一等奖和省教学竞赛三等奖；

她还主持过多项省、市教改课题，撰写了多篇论文，并多次获得省、市教育成果奖。在日常教育工作中，她以母亲般的爱去关心每一位学生，对于学习差、家庭有困难、父母离异的学生更是关爱有加，赵老师的工作受到了学生、学生家长、同事的一致好评。

案例思考：

请运用教师职业道德的知识对赵老师的工作表现进行分析，你认为做一名合格的教师应具备哪些职业道德素养？

案例2

小明在班上是个"坐不住的学生"，上课的时候他经常会做"小动作"，有时候还会因与同学交头接耳说话而打断了老师的讲课思路，对于老师布置作业也经常不完成。班主任丘老师在一次班会课上，勒令全班同学从今以后不要理睬小明，班集体活动也不准小明参加。

案例思考：

请分析丘老师的行为是否违反了教师职业道德规范，谈谈你的看法？

推荐阅读

1. 张行涛，郭东岐. 新世纪教师素养 [M]. 北京：首都师范大学出版社，2003.
2. 朱小蔓. 教育职场：教师的道德成长 [M]. 北京：教育科学出版社，2004.
3. 唐凯麟，刘铁芳. 教师成长与师德修养 [M]. 北京：教育科学出版社，2007.
4. 蔡亚平. 教师与学生道德行为的发展 [M]. 北京：教育科学出版社，2011.
5. 教育部教师工作司. 为了未来——教师职业道德读本（中小学教师分册）[M]. 北京：高等教育出版社，2013.

第四章 教师职业道德问题

本章重点

- ◆ 认识中小学教师常见的道德问题
- ◆ 明确中小学教师常见的道德问题存在的原因
- ◆ 掌握教师职业倦怠的表现与危害
- ◆ 理解教师职业困惑的表现

随着科教兴国、尊师重教新风尚的日趋形成,教师的地位也明显得到提高。广大中小学教师忠诚党的教育事业,为人师表,无私奉献,为我国基础教育的改革和发展做出了巨大贡献,涌现出了一大批师德垂范,爱岗敬业的优秀教师。然而,随着改革开放的不断深入,教师职业道德受到市场经济负面影响的冲击,当代教师群体中有许多人职业道德素养方面出现不同程度的问题,这对教师职业道德健康发展带来了极大影响。本章重点探讨中小学教师常见的道德问题、存在的原因及师德困惑等。

第一节 中小学教师常见的道德问题

一、中小学教师常见的道德问题

教师职业道德问题指的是教师在教育教学领域、人际交往领域与教育科研领域中违反教师职业道德规范或伤害学生身心健康、损害教师形象的行为或状态,是"教师职业道德范畴内的非正常行为。"[①] 目前,中小学教师在教师道德方面常见的问题主要表现在以下几个方面。

(一)教师与学生关系方面

1. 不尊重学生人格,没有做到关爱学生

现在教师在工作中承受到很大的压力,包括来自社会舆论的压力、生存的压力、安全的压力、升学的压力等,这些压力导致部分教师的情绪调节力、心理承受力、环境适应力等出现了问题。在这种情形下,有些教师把自身的压力转移到学生身上。近年来,随着我国对教育内涵认识的深入,在教育教学过程中,教师不尊重学生人格,特别是辱骂、体罚学生等现象已经明显减少。但是这并不意味着我们不需要再关注这一问题了。不尊重学生的现象在各地依然时有发生,有时表现得还很严重。主要表现在以下几点。

(1)体罚和变相体罚。在实际教育工作中,教师对教育惩罚的适度性和内涵的认识不清导致惩罚过度。教育惩罚是教育者对学生的不良行为予以否定,使其经受不愉快的情感体验以影响其行为或发展的教育方法。它以不损害学生身心健康为原则。合理的教育惩罚是一种正常的教育手段,是国家赋予教师管理学生的应有职权,是教师的专业权力之一,它能够强化学生的道德认知,提高学生辨别是非的能力,培养学生的道德意志,并能够达到说服教育所不能达到的教育效果。一般来说,评价教师惩罚合理性采用两个标准:第一,不伤害学生的身体,也不伤害学生心理;第二,通过惩罚可以矫正学生的某些不好的行为或者促进学生的学习。

体罚主要是指教师对学生的一种有意识的、造成学生身体或者心理上的痛苦来制止和

---

① 马和民. 新编教育社会学[M]. 上海:华东师范大学出版社,2002:167.

预防学生某些问题行为的惩罚方式。体罚分为直接体罚和变相体罚。直接体罚就是教师或教师指使他人伤害学生身体的体罚行为。目前中小学教师、尤其是农村中小学教师体罚学生的现象相对比较常见。据调查,教师直接体罚学生的手段花样百出,包括罚站、罚跑、打手心、揪耳朵、抽耳光、脱裤子、打屁股、踢学生、逼学生下跪、嫌孩子太吵在其嘴上贴透明胶条、发动学生轮流抽耳光、强迫学生自己打自己的耳光、在学生脸上或身体的其他地方刻写字等。变相体罚就是教师利用其他手段,名义上是教育学生,实际上对学生身体尤其心理产生严重伤害的行为,它具有较大的蒙蔽性和危害性。变相体罚的表现主要有两种:一种是辱骂学生,这种体罚尽管没有直接伤害到学生的身体,但有时候对学生心理的伤害却大大超过身体的伤害;另一种是过度处罚,包括罚做清洁、罚留校、赶出教室不让听课、罚抄课文和作业等超过学生正常承受能力的处罚行为。据不完全统计,目前教师体罚和变相体罚学生的形式和方法已达几十种之多。

(2) 对待学生漠不关心。对于一些调皮捣蛋或学习成绩不好的学生,有的教师逐渐失去了耐心,早早给这些学生贴上了"差生""后进生"的标签,以冷漠无情取代了循循善诱,以简单粗暴取代了诲人不倦。其实,再顽劣的学生身上也会有闪光点,他们的内心也充满着美好的追求和向往。少数教师对学生生活和心理健康漠不关心,特别是对家庭生活困难学生和留守儿童不能细致入微地感受他们的情绪变化、生活冷暖,在学生需要关怀和帮助时不能及时地伸出援手。

(3) 不关心学生人身和生命安全。有的教师只是在班会上强调学生安全的重要性,对学生的人身安全和生命安全只是停留在口头上,在实际工作中缺乏对学生人身安全的关注。比如校外人员进校寻衅滋事或者校内学生打架斗殴,有的教师害怕报复或者危险而坐视不管;有的学生翻越围墙、玩弄危险品、进行危险游戏、上下楼推搡冲挤,有的教师缺乏安全责任感,或者麻木不仁,或者视若不见,没有及时采取相应的措施加以教育和制止。尤其是在面临突发事件时,有的教师抛下自己的学生只顾自己的安全。强化教师安全责任,保护中小学生的安全不仅是教师职业道德的底线要求,也是教师的法定义务。《中华人民共和国教师法》《中华人民共和国义务教育法》《中华人民共和国未成年人保护法》对此都有相关的规定。教育部2002年制定的《学生伤害事故处理办法》对学生人身安全也做了具体规定,明确教师相应的教育责任。2008年教育部首次将"保护学生安全"写进《中小学教师职业道德规范》,进一步强化教师对学生安全的责任和义务。

(4) 讽刺、挖苦学生。讽刺、挖苦是对学生人格的侵犯和侮辱,是对学生尊严的侵害,是对学生的软暴力。有的教师不能正确对待犯错误的学生,爱使用鄙视、侮辱性的语言;有的老师对学习成绩不好的学生时常会脱口而说:"这个题都不会做,真是笨蛋!""笨得像猪一样!";有的教师对学生的一些举止看不惯,就用一些讽刺、嘲弄的语言;有些教师看到班级里个别学生穿着破衣烂衫、脏兮兮的,并没有及时去嘘寒问暖,更不会去问清楚这其中的原因,不体谅、关心学生遇到的困难,反而大声呵斥:"瞧你那副样子,脏兮兮的,既影响我的心情还影响班级形象。"各种伤害学生自尊心的行为,使学生产生严重的厌学情绪和心理问题,甚至会导致学生违法违纪等不良行为。

(5)侵犯学生隐私。现在的中小学生比较早熟,尤其是中学生处于青春期,对异性容易产生朦胧的爱意,导致"早恋"现象比较普遍。有的中小学教师在教育这些学生时往往采取监控其信件、日记、短信、微信等做法,一旦发现就公布信件、日记、短信、微信等内容,希望以此作为教育批评的榜样,并引起当事人的耻辱感,以杜绝"早恋"现象的发生。但是,教师却忘记了,这是学生的隐私,这样做严重伤害其自尊心,给学生留下无法愈合的心理创伤,一些心理承受能力差的学生因为觉得丢脸甚至会做出自杀的极端行为。

2. 利用职务谋取不正当利益

市场经济的利益驱动,诱使个别中小学教师也像某些商人一样"重利轻义"乃至"见利忘义"。教师虽然不像政府官员那样掌握国家权力,但拥有教育和管理学生的"便利条件"。于是一些中小学教师便充分利用这个"便利条件"来为自己谋取私利,这也是当前社会对教师职业道德诟病最多的一个方面。教师利用职务谋取不正当利益主要表现为以下几种形式。

一是有偿推荐购买教辅资料。家庭作业、课外作业是要做的,否则如何巩固所学知识?如若是为了巩固提高学生的学业成绩无可厚非,问题是一些老师早就打起了主意开始"创收"。最初是直接收费把购买的教辅资料搬进教室发给学生,自己留下不菲的"手续费"或"回扣"。再后来,出现了一些非常隐蔽的手段,如老师定好了一种教辅资料,指定学生到自己联系好了的书店购买,再由书商把"回扣"返还老师。后来,更为隐蔽的手法应运而生:老师先与书商商量好所需教辅资料,这种书是该书商独家专卖。老师布置学生购买时,也不透露何店有卖。学生及家长跑遍全城,发现只此一家,书商把该班几十个学生悉数"拿下",老师不但拿到丰厚的"回扣",而且无"违纪"之嫌。

二是有偿推荐参加各种校外辅导班。现在许多城市都有着专门针对中小学生(尤其是小学生)的辅导班:奥数班、作文班、书法班、舞蹈班……这些班的学员中确实有一部分是家长、学生自愿参加的,但据说大多数是辅导班主办者采取措施"招"来的。这个"招"的具体手法很多,如主办者给掌握丰富"资源"的在岗教师开出条件,"卖"学生给他收取"劳务费",并按推荐的学生数而开出"劳务费"。主办者还给"招"来的学生诱以"奖品""纪念品"和"奖金"之类,要他们为自己的"班"介绍同学朋友,很有"传销"的味道。还有的主办者业务越做越大,干脆邀请教师给他上课,收入分成。大势所趋之下,家长们生怕自己的孩子输在起跑线上,"老老实实"地把孩子送进各种班"加油"。

三是收受礼金或者索要财物。在人们的印象中,校园是一方净土。然而,在"拜金主义"等不良社会风气的影响下,学校也变得浮躁不安。请客送礼之风吹进校园,迅速蔓延,并悄然变质。每年9月10日的教师节,设立之本义是从精神层面上提倡全社会尊师重教,提升教师的社会地位。但在现实中,节日却在一定程度上背离了预设的意义,演变为学生家长的"送礼节"和教师的"收礼节"。小到贺卡大到高档烟酒、化妆品等,送礼对象主要是班主任或者是语数外等主课老师。在越来越盛的校园送礼表象下,"送"与"收"成为支配学生家长及教师双方观念和行动上的"潜规则"。因为请客送礼,学习不努力、表现乏善可陈的学生竟被评为"三好学生",使教育公正的天平失衡,竞争向上的气氛荡然无存；因为请客送礼，使得孩子攀比心理加重，虚荣心剧增，"有钱能使鬼推磨"的思想在孩子心中扎根……这些无疑将污染孩子纯洁的心灵，影响孩子的健康成长。有的中小学教师利用各种名目向学生或学生家长直接、间接索要财物，收受贿赂。逢年过节，就暗示学生给教师送东西，更有甚者，开出买单，要求班上学生你买这个，他买那个；学生在校表现差，家长要来"拜访"，以期关照。有的教师甚至把"排座位"这一点权力也发挥得淋漓尽致，小小的座次表也可反映出一些"师生关系"，甚至反映出教师与学生家长的"关系"。有些教师热衷于与有权势或管钱管物的家长的交往，你给我实惠，我给你子女以各种方便和各种特殊关照，投桃报李，相互利用，谁有利就对谁好。一些教师每接手一个新的班级着急要做的第一件事就是了解每一位学生家长的工作单位、职务，目的就是为了日后找家长为自己办事。

四是有偿补课。补课作为学校课堂教学的一种补充手段，是每位中小学任课教师工作职责之内的事，完全是教师出于对学生负责的态度而进行的一种额外劳动。但是，一部分中小学教师却利用学生求知欲及家长望子成龙的心理，扮演了一个商人的角色，将自己的知识作为待价而沽的商品，按质论价，明码标价，搞起了有偿补课，借补课之名行创收之实。在教育部门三令五申下，学校公开补课的现象虽然少了，但老师家里的"小灶式"补课之风却愈演愈烈。不仅双休日补、节假日补、寒暑假补，部分教师在下班之余还会利用晚上的时间进行补课。这些教师往往对本职工作草草了事，备课、讲课都匆匆而过，而把主要精力用于校外办班"创收"。甚至有的老师为了保证自己补习的质量，有意在课堂教学中"偷工减料"，故意在正常上课时对其讲课内容有所保留，对重点、难点一笔带过，以增加补习班的"吸引力"。"课上留一手，课外去创收"的教学方式严重影响了教学质量。在这种利益的驱使下，教师的作风严重影响学生课堂上学习的集中力与听课质量。在调查中发现，不少学生尝过补课的"甜头"后容易产生依赖心理。有补课在，即使上课走神漏听知识点也不用怕。当前在职老师从事有偿家教、有偿补课问题在我国基础教育阶段普遍存在，已经成为教育领域不可回避的问题。有偿补课引起了社会和教育主管部门的高度关注，2008年修订的《中小学教师职业道德规范》第五条明确规定教师应"自觉抵制有偿家教，不利用职务之便谋取私利"。2014年，教育部发布的《中小学教师违反职业道德行为处理办法》中明确，中小学教师"组织、要求学生参加校内外有偿补课"属于违反职业道德的行为。2015年6月29日，教育部专门发布《严禁中小学校和在职中小学教师有偿补课的规定》，列举了有偿家教的形式并明令禁止，即"六条禁令"：严禁中小学校组织、要求学生参加有偿补课；严禁中小学校与校外培训机构联合进行有偿补课；严禁中小学校为校外培训机构有偿补课提供教育教学设施或学生信息；严禁在职中小学教师组织、推荐和诱导学生参加校内外有偿补课；严禁在职中小学教师参加校外培训机构或由其他教师、家长、家长委员会等组织的有偿补课；严禁在职中小学教师为校外培训机构和他人介绍生源、提供相关信息。各地也纷纷出台意见、措施整治有偿家教。很多地方性法规对有偿家教做出了禁止性规定。2015年广东省教育厅发布《严禁中小学校和在职中小学教师有偿补课的实施方案》（以下简称《方案》），《方案》指出，中小学教师有偿补课严重者或受到行政处分,严重违规学校或取消评奖资格;严禁中小学校组织、要求学生参加有偿补课,严禁中小学校与校外培训机构联合进行有偿补课,严禁在职中小学教师组织、推荐和诱导学生参加校内外有偿补课,严禁在职中小学教师参加校外培训机构或由其他教师、家长、家长委员会等组织的有偿补课。广东省教育部门对在职中小学教师有偿补课采取"零容忍",着力解决人民群众反映强烈的教师"课上不讲课后讲"等问题,取得了良好的社会效果。

3. 对学生不公正对待,产生教育歧视

公平合理地对待和评价每个学生是教育公正的最基本的要求。陶行知眼中的学生"只觉得各个不同,并找不出聪明人和愚笨人中间有什么鸿沟。"[①] 教师在教育和评价学生的态度和行为上应公正平等,正直无私,对待不同相貌、不同性别、不同智力、不同个性、不同出身、不同亲疏关系的学生,都应从其特点出发,全心全意地去教育好他们。然而,受应试教育的影响,部分中小学教师在教育活动中却有失公正,对学生不能一视同仁,亲疏有别,因人而异从而产生教育歧视。有的教师关爱甚至偏爱学习成绩优秀的学生,忽视学业困难学生;有的教师对学业困难学生和行为不良学生的教育转化工作缺乏耐心,有时甚至讽刺、挖苦这些学生,挫伤了学生学习的信心和积极性,造成师生情绪的对立。同样的错误,发生在班级里学习成绩优秀的学生和让老师头痛的学习后进生身上,教师处理的方式往往大相径庭。对于成绩好的学生,教师喜欢拿放大镜看他们的优点,对他们身上的缺点往往视而不见;而对于学习成绩和思想品德差的学生则时时处处看不上眼。如某班的一位老师在批评一位"差生"时说:"你说学习委员也在睡觉,他是昨天晚上'开夜车'睡晚了,你呢?昨晚到哪儿去野了?"同样犯有错误,教师对自己喜欢的学生批评惩罚得轻,而对自己不喜欢的学生批评惩罚得重。有的教师为了提高班级成绩甚至想方设法把所谓的"差生"赶走,有的学校为了提高升学率,也把毕业班的"差生"提前"送"出校门。在教育教学过程中,有些教师习惯于不平等、不民主的师生关系,常在学生面前盛气凌人,容易把出现的问题归结为学生自身的因素,而不考虑教师自身主观方面的因素。教师往往可以找出学生的能力、性格、家庭等方面的因素,而很少认为这与教师态度和教育教学方法有什么关系。如果一个教师对差生另眼相待、讽刺甚至挖苦、羞辱,对家境一般、家长无特权的学生冷眼相看,往往会使学生产生自卑、孤独的心理,甚至会对人生心灰意冷,生活上萎靡不振。歧视学生往往会导致学生失去自信心,容易产生暗示心理:"也许我真的不行,那也就算了吧",感到自己一无是处,丧失上进心,自暴自弃,甚至产生心理障碍。

4. 只教书不育人

教书育人是教师的天职,教师在向学生传授科学文化知识时,还要教会学生做人的道理,促进他们形成良好的思想道德品质。在教育实践中,教师应当既当"经师",又当"人师"。陶行知先生曾说:"先生不应该专教书,他的责任是教人做人。学生不应当专读

[①] 陶行知. 陶行知全集(第1卷)[M]. 成都:四川教育出版社,1991:141.

书，他的责任是学习人生之道。"① 苏霍姆林斯基说过，"要记住，你不仅是自己教课的老师，而且是学生的教育者，生活的导师和道德的引路人。"② 教书和育人是教学过程中不可分割的两个方面。要培养一个全面发展的人，单靠教师拥有渊博的知识和耐心细致的教学工作是不够的，要有意识地培养学生远大的理想、坚定的信念、高尚的品德、求实的精神和科学的态度，这就要求教师要在教学过程中以身作则、为人师表，给学生以思想和品德上的熏陶。然而部分教师在教书育人问题上存在严重错误，把教书和育人割裂成两个不相关的部分，错误地把自己的职业角色看成是"教书匠"，在教育过程中片面地认为教书是教师的职业责任，而育人是"分外的事"。尤其是在我国应试教育的社会大环境下，很多学校教师认为，学生只要考试通过，就是完成任务，对于与课堂无关的事情一律采取反对和限制的态度。因此，在日常的教育工作中，教师只满足于课堂教学任务的完成，只向学生传授枯燥的书本知识，简单地将课本上的知识灌输给学生，缺乏与实际的结合，更没有从教学内容中挖掘教育因素，不关心学生的思想和道德品质，认为学生的思想道德水平与他们无关，是学校领导、思想品德课老师的职责，从而导致"育人"意识弱化，"全员德育"的理念只是停留在口头。有些教师与学生接触交流的时间很少，家访就更少了。不少学生承认自己除了上课时间，和老师根本没有任何交流，与老师的关系存在代沟。对于一些犯过错误的学生，有很多的教师把教育的责任推给班主任，以至于现在中小学存在一种非常普遍的现象：主观上愿意担任班主任的教师是越来越少。部分学校老师忽略了自己的榜样作用，不能够自觉地用自己的行动和人格去引导学生。他们会讽刺挖苦学生，在学生需要指导的时候袖手旁观，尤其对待学习成绩不是很好的学生更加严重。有些教师在课堂上对学校和社会上某些不良现象大肆渲染，甚至发表一些偏激乃至错误的观点。还有相当一部分老师会给学生起绰号……凡此种种，说明我们的一些教师还没有确立"每一个教师都应是德育工作者"的育人观。这都反映出只教书不育人的现象。教师育人意识的弱化，就很难掌握学生的思想动态，也无法有针对性地对学生进行教育引导。

（二）教师与教师的关系方面

教师的辛勤劳动是一种群体性和个体性相结合的劳动，学生的成长主要是教师集体劳动的结果。因此，为了搞好教育工作，不仅要求教师处理好与学生之间的关系，还要正确处理与教师集体之间的关系。只有团结一致的教师集体，才能保证教育的一致性和完整性，才能使教育工作有序地进行，才能使教师集体给学生集体以良好的道德影响。在植物界有一种"共生效应"，即某种植物单独生长时会枯萎死亡，而与另一种植物一起生长时两者都会生机勃勃。教师之间合作的好也可以产生这种"共生效应"。教师应该试图满足自己需求的同时，也考虑其他教师的需要，肯定其他教师的能力、贡献，主动关心帮助其他教师，同时也获得其他教师的帮助。只有团结一致的教师集体，才能以团结一致、相互尊重的模范行为和良好的风范对学生施以影响，使学生在无声的教育中受到感染和熏陶，

---

① 陶行知. 陶行知全集（第5卷）[M]. 成都：四川教育出版社，1991：174.
② 苏霍姆林斯基. 苏霍姆林斯基选集（第2卷）[M]. 北京：教育科学出版社，2001：648.

为学生养成良好的品德提供榜样。但目前教师之间存在很多问题。

1. 不尊重其他教师

某些中小学教师仍存在"同行是冤家"、文人相轻的旧的职业心理。这些教师不能尊重和信任其他教师,看问题缺乏全面、辩证的观点。总是觉得学生掌握自己传授的知识,完全是依靠个人的知识水平和教学技能,而看不到其他教师的配合作用,常常过高评价自己的贡献,忽视或否定其他教师的作用。有些教师为了片面追求个人的教育威信,无意或有意地贬低、损害其他教师的威信,同事之间相互拆台、相互贬低,甚至为了个人的名利,斤斤计较、见利忘义、挑拨离间,造成一部分教师之间关系对立,不团结。部分中小学教师不能从教育的大局出发在工作上相互配合、相互支持,忽视依靠教师集体。相当一部分教师认为,教师间的关系以竞争为主,互相支持和合作的空间和范围很小。只顾完成自己承担的教学任务,而不顾其他教师教学任务的完成;对其他教师的工作采取不关心、不过问、不主动配合的态度,甚至常常心照不宣地较劲。如新教师不尊重老教师,老教师不接纳新教师;主科教师与副科教师之间、"名师"与其他教师之间抢课、占课、拖堂;班主任与科任教师之间不合作,互相埋怨等。

2. 缺乏合作团结精神和正确的竞争意识

教师不是"孤独的行者",而是一个职能共同体。[①] 不同教师之间在知识结构、教学风格、思维方式、认知水平、品德修养方面均存在差异。通过合作学习、研究,可以帮助教师在知识上取长补短,在情感上互相交融,在思想上互相碰撞,在行为上互相督促,最终有助于教师共同形成科学、适宜的专业理念和师德。教师的职责是教书育人,使学生成为德智体美劳全面发展的人,但是仅仅依靠某一位老师绝不可能培养全面发展的学生,这需要全体教师的共同努力。但是,由于受到应试教育的影响,教师往往以学生的成绩的提高为最终目标,一心只想把自己学科教好,没有确立现代教育缺乏的合作团结精神和竞争意识,不能正确对待竞争,这样教师之间就缺乏交流与合作,造成了集体精神的缺失。特别是在同科目教师间的考核、考评中,某些教师为了保持自己在教学和研究中的"优势地位",对同事搞资料封锁、专题保密,"留一手"。有的教师为了个人在竞争中处于优势地位,诸如评先进、晋升职称等,而诋毁其他教师的人格和声誉,贬低其他教师的劳动成绩,或采用不正当的竞争手段,或弄虚作假。有的教师在本班学生考试时,为了班上能取得好的名次,他们考前就将本班学生座位进行调整,好坏搭配,还启发学生考试要"互相帮助",甚至在考试时,师生协同作弊。有的教师甚至在自己参加职称、业务考核等重大考试时,请人代考,或者考试时营私舞弊。有的教师在迎接检查、总结工作时,经常弄虚作假。有的教师在学术上弄虚作假,捞取名誉。

(三)教师与其从事的职业关系方面

1. 不热爱教育职业,缺乏敬业精神,出现职业倦怠

教师从事的教育事业是神圣而又崇高的,是要全身心地投入和奉献的事业需要为之奋

---

① 陈建."教师专业理念与师德"的定义、内涵与生成——基于《中学教师专业标准(试行)》[J]. 教学月刊(中学版),2014(6):31.

斗。而一些教师由于对自己职业的责任感、使命感认识不足,没有把自己看成是"人类灵魂的工程师",也没有把教育工作看成是传承文化知识、传播科学真理、塑造美好心灵的"太阳底下最光辉的事业",而是把自己从事的工作作为一种谋生手段,从而没有很好地履行职责。正因为如此,有的教师不思进取,得过且过,无意对教育思想、教学内容、教学形式和方法进行探索和研究,存在着墨守成规、满足现状等现象;教育科研意识淡薄,治学态度不端正,比较急功近利、心浮气躁,不愿进行艰苦的探索,甚至还出现一些教师抄袭、剽窃别人读书心得和教育教学论文的行径;不读书、不思考、不重视业务素质的提高和教育教学的改革与创新,甚至教学活动存在随意性,不认真钻研新课程标准和新教材,备课不充分,而是依赖从网络下载课件,上课照本宣科,使得课堂教学缺乏计划性、针对性和实效性;作业批改不认真,起不到信息反馈、巩固学习和检验学习效果的作用,课后辅导应付了事;只注重课时数量,不注重教学质量;有的教师思想不稳定,热衷于跳槽或搞兼职,将个人的主要精力放在了教学之外,而将本职工作看成了"第二职业"。总之,这些人对教师这一职业有无奈,有困惑,有轻蔑,缺乏起码的敬重感,因此,教师职业道德准则或规范在他们看来纯粹是一种令人感到去之而后快的约束,他们履行教师的职责和义务纯粹是出于外在的压力。[①] 一些当初喜爱教师职业的人,在长期没有成就感、职业优越感后,也容易对当初的选择产生动摇、怀疑甚至后悔,由此导致对教师职业的倦怠,失去工作的热情和积极性。

2. 与家长缺乏沟通与交流

现代教育中培养人的任务绝不是学校教育单方面就能完成的,需要学校教育和家庭教育相互协作,共同努力。家庭教育对孩子的成长起着关键性的作用。随着社会的发展,家长越来越重视子女的教育,而家庭教育更是逐步地趋于正规化、科学化,它在教育发展过程中将发挥越来越重要的作用。所以,教师在进行教育教学的时候首先必须考虑的是与家长相互协作,特别是在学生生活上、学习上出现问题的时候,更应该及时的和家长联系,了解学生在家里的学习和生活情况,从而更好地达到教育的目的。教师只有认真努力的处理好与学生家长之间的关系,做到学校教育和家庭教育有机的结合,才能更好地完成教学任务,更有效的为国家和社会培养出优秀的接班人。但是现实中部分教师与家长之间缺少沟通和交流,他们很少与学生家长联系,从不主动向学生家长介绍学生在校的表现及学习情况,很多教师都是在学生出了问题后才与家长联系。在联系过程中不但不尊重学生家长,态度还相当的冷漠,甚至还有的教师指责谩骂学生家长。学校召开家长会的主要目的是为了教师和学生家长之间能够相互交流和沟通,互相了解学生在学校的学习情况和在家里的生活情况,这样,无论是教师还是家长都能够比较全面具体的了解学生成长的状况和学习的具体表现,为培养学生共同努力。然而,大部分学校的家长会并没有真正地达到这一目的,而基本上成为教师的一言堂。在家长会上教师与家长之间很少交流,往往只是教师介绍班级的排名,表扬成绩好的学生,指责成绩差的学生,气氛非常严肃。有的学生家

---

① 赵宏义. 当代教师职业道德[M]. 北京:中央广播电视大学出版社,2003:59.

长虽然会主动找到教师了解自己孩子在学校的学习和生活情况,但有的教师却爱理不理,甚至还有些不耐烦,态度相当冷漠冷淡,还有些教师因为学生成绩差或学生犯的错误而训斥、侮辱家长。显然,这样的家长会很难达到共同教育学生的目的。

3. 奉献意识淡薄

陶行知说过,捧一颗心来,不带半根草去。教师的职业注定要讲奉献,但是在市场经济的冲击下,一些中小学教师把自己的工作商品化,过分看重个人利益,把教育教学工作仅仅当作一种谋生的手段,选择教育不是因为自己热爱教育事业,而仅仅是为了谋生。在有关调查中发现,有的人选择教师作为职业是因为"出于对就业压力过大"这方面的考虑,把教育当作一个避风港,如果有比教师更好的职业,有的教师"毫不犹豫选择改行"。奉献意识的缺乏,使得一些教师心有旁骛,对教育教学的精力投入不够,更有个别把教育教学工作当作"摇钱树",热衷于搞"经济工作",在校内、校外产生了不良的影响。教师抵挡不住金钱的诱惑,不甘于平淡的生活,想用额外的收入改善自己的家庭生活,却忽视了教师的积极向上的进取热情和敬业爱岗的奉献精神。

4. 为人师表差

教师是学生的楷模,教师的思想道德品质、言谈行为举止、业务水平、仪表行为等,对学生都会产生潜移默化的影响。教师的形象和人格往往在学生的心灵深处打下深刻的烙印,学生容易把教师当作榜样去崇拜、模仿和学习,它影响学生的思想品德和文明行为的形成和发展。然而有一些教师不能严格要求自己,在现实中却出现种种不能为人师表的行为,主要表现在:

(1) 教师行为上:有的教师在课堂上随意接听电话,也有的教师在校园内当着学生的面吸烟,甚至在课堂上也吸烟;还有一些教师缺乏起码的社会公德,不讲公共卫生,乱吐、乱扔、乱倒,不遵守公共秩序,缺乏待人接物的基本礼貌;有些教师甚至当着学生的面与学生家长争吵,有些教师还出现赌博、斗殴、酗酒等不良行为;有的老师上课自由散漫,纪律观念差,常常迟到早退、随意调课,有的将分数视为商品,与学生进行"成绩——金钱"交易。

(2) 教师言语上:中小学教师言语上的道德问题主要表现在有的教师不能正确对待犯错误的学生,爱使用鄙视、侮辱性的语言,如"你怎么笨得像头猪""你是弱智吧"……这样的话语不仅会伤害学生的自尊心和自信心,更不利于学生身心健康的成长;有的教师在学生面前有意无意地贬损其他教师,把一些个人成见、怨气带进课堂,不注意自己言行的影响;有的在课堂上讲课随心所欲,信口开河,发牢骚,观点偏激;有的教师过分渲染社会的阴暗面,以自己的片面知识对学生进行误导,不注意自己言论的导向性;有的教师说话随意、甚至不时爆出脏话。

(3) 教师仪表上:有些教师衣冠不整,不注意自己的教师形象;还有的教师穿戴随意,仪表不端庄,服饰不得体,过于注重打扮;有些女教师浓妆艳抹,爱穿奇装异服,追求时尚,把头发染得五颜六色,把发型做得稀奇古怪,这些都会对学生的审美观、价值观造成不良误导。

这些都能反映出当前教师的为人师表存在一定的问题，有待改善。教师要做到为人师表，要处处事事注意严格要求自己，在学生的心目中树立起完美的形象。在穿着上，做到衣着朴素得体，不标新立异，不格格不入，让学生感到可亲可敬；在举止上，端庄大方，不高高在上，尽量缩短与学生之间的距离感；在班级开展的各种有益活动中，力争与学生融在一起；在授课时，循循善诱，耐心讲解，着力激发学生的学习兴趣和求知的欲望，让学生从内心感到老师既是师长又是知心朋友；在找学生谈话或走访学生家长时，不居高临下，不压制不同意见，也不采取告状的态势，指责学生，埋怨家长。

5. 教师故步自封，创新意识不足

在信息化迅猛发展的今天，创新已是一个国家不断进步的动力和永葆生机的源泉，是提升国家竞争力和综合实力的保证。创新主要靠人才，而教育是创新型人才培养的根本所在。随着以培养学生创新精神和实践能力为目的的教育改革的不断深入，要求教师群体紧跟时代的步伐，积极进取，努力学习，转变教育观念，不断汲取新的知识，进行知识的更新换代。为此，创新精神就成为对当代师德的最为鲜明的要求。叶澜教授指出，"没有教师的生命质量的提升，就很难有高的教育质量；没有教师的主动发展，就很难有学生的主动发展；没有教师的教育创造，就很难有学生的创造精神。"[1] 当前新课程改革已步入深水区，教师的教学方式、课堂教学流程和学生学习的方式都发生近乎颠覆性的变化，教师旧有的教育观念、方法、工具受到了强烈的冲击。课程改革需要教师创新精神和创新能力的提升。然而，目前有一些教师仍然抱着一种"学习—工作—退休"的旧观念，从走上工作岗位后，就放松了对自己的要求，不再接受新知识，不再注重自身能力素质的提高，一张嘴、一本教材、一套教案用一辈子。部分教师仍以旧的教育教学观念支配自己的工作，对新知识不闻不问，将新的教学方法及教育理论置于脑后。不创新不进取这一问题在新老教师身上都可能出现。新教师在学习老教师的教育教学方法，积累自己的经验的时候，容易生搬硬套，不结合自己班级的特点形成创新的举措，容易墨守成规，主动性和创造性差。老教师得意于自己原先获得很多次成功经验的教育方法，认为自己可以一劳永逸，教学内容和教育手段几年甚至十几年一成不变，知识结构老化，也不深入学生群体了解学生学习和思想上出现的新情况、新问题，只以自身经验解决问题，这样显然与当今时代呼唤教师的创新精神格格不入。"教育创新不是教育方法的局部改革或是教育内容的简单增删，而是教育功能的重新定位，是带有全局、整体性和结构性的教育革新和教育发展的价值追求。"[2] 教师运用教学智慧，充分调动学生的主动性、积极性和创造性，发掘和反思学生主体的情绪体验，保护学生的好奇心，鼓励学生的质疑和合理的批判，激发学生的想象，培养学生的创造性思维，从而整体提高学生的创新素质和教育质量。

---

[1] 叶澜. 教师角色与教师发展新探 [M]. 北京：教育科学出版社，2001：1.
[2] 孙明英，彭鹏. 教育智慧的开启与教育诗性的回归——论教育创新视野下的师德修养 [J]. 长春工业大学学报（高等教育版），2010（3）：9.

二、中小学教师常见的道德问题存在的原因分析

我国正处在社会转型时期,旧的体制被冲破了,新的体制尚未健全,人们的思想观念、价值取向、道德评价、行为选择、生活方式发生着前所未有的变化,教师的自我发展意识不断增强,对自身个人利益日益注重。在多元化的价值取向、选择机会面前,如何正确处理个人利益、集体利益和社会利益的关系,往往让人感到困惑和迷茫。这使教师的职业道德建设面临严峻的形势。

(一) 社会主义市场经济体制的负面影响

在各种利益格局的市场中,作为中小学老师,有权根据自己的现实需求做出最"理性"的选择,满足自身最大的利益需求。社会主义市场经济的发展给教师职业道德建设提供了新契机,注入了新的活力和时代内容。但是在市场经济发展的初始阶段、新旧经济体制转轨时期,市场经济的弱点和消极方面对教师职业道德观念产生了许多不良的负面影响。

第一,对于市场经济竞争性的误解,导致个人主义的蔓延。市场经济主张竞争,但这种竞争是以公平、合理、合法等为基本原则,是为了促进社会的发展与进步。但是,部分教师出于对竞争的误解,把报酬放在首位,自私自利,不讲义务,不讲奉献,造成了奉献精神的淡化,把社会上庸俗化的人际关系带进校园,严重影响了校风。

第二,对于市场经济等价交换原则的误解。市场经济的趋利性和追求利益最大化的价值取向,对以"奉献"和"取义"为价值取向的师德形成了严重冲击。一些中小学教师偏重"自我设计"和"个人奋斗",实用主义、功利主义有所抬头,只关注眼前利益,不考虑长远目标,只注重个人价值的实现和自我利益的最大化,而不在意社会责任和集体利益。

第三,对市场经济的效率意识的误解,造成了个别教师拜金主义思想的泛滥和敬业思想的淡化,过分强调金钱和物质享受,在本职工作和兼职、搞有偿家教等之间应接不暇,处理不当,在本职工作上投入精力不够,以至于荒废本职工作,影响了教师队伍的稳定。

(二) 学校对教师的评价激励制度不够合理

教师是学校教育的直接执行者和学生心灵的开发者,教师的工作复杂繁重,只有不断激励、调动和强化,才能将教师的智慧与热情,探索与创新能力最大限度地挖掘出来。有效的评价机制的建立不仅是培养优秀教师的保证,也是学校教育成功的保证。目前大多数学校在对教师的教育教学评价上,教书与育人没有真正成为衡量教师教育行为的统一标准。一方面,我们要求培养德、智、体、美、劳全面发展的建设者和接班人;另一方面,教育部门在评价教师的工作上坚持"唯成绩论",以学生的考试成绩作为评价教师优劣的"唯一指标",目前学校对教师的激励侧重教学工作奖励,轻职业道德奖励。从现行奖励机制看,学校重视对及格率、优秀率、升学率等量化教师教学成绩的表彰,忽略了师德水平和教学成绩之间的必然联系。而教师为提高教学质量,在教学过程中所做的转变后进生等大量的思想政治工作则被分数所掩盖。学校在职称评定和晋职的主要依据是教学成绩、科

研与班主任工作等,而教师职业道德的考核因缺乏严格、科学、系统的评价体系,往往采取人际关系与模糊处理的评价方式。这样的激励导致"把德育工作放在首位"难以落到实处,从而使一些教师道德行为出现偏差。因此,教师职业的责任减弱,教师职业的荣誉淡化,无形中助长了教师重业务轻政治的倾向。学校德育工作重点的错位,使得教师的思想教育成为学校的薄弱环节,教师的思想行为缺乏道德规范约束,从而造成教师师德水准的下降。因此,《中小学教师职业道德规范》规定"不以分数作为评价学生的唯一标准。"

(三) 教师自身因素是造成教师职业道德问题的内在原因

1. **教师职业信念动摇,敬业精神淡化**

不少教师只是把教育当成一种职业应付,并没有把教育当成事业来执着地追求,更没有把教育当成一门艺术来全身心的投入。少数教师受到追名逐利、拈轻怕重的市井心理的干扰,缺乏高度的职业自觉性和工作主动精神,急功近利,不安心于自己的职业,平时工作三心二意,敷衍塞责。

2. **教师教育理念陈旧,应试教育思想严重**

长期以来受"师道尊严"的影响,大多数老师都在有意无意中以居高临下的姿态面对自己的学生,师生间缺乏交流和理解,学生畏惧老师,老师不了解学生的内心需要,教学也以升学为最终目的。

3. **忽视自身师德修养**

一些教师片面地认为只要自己不犯大错误,职业道德修养程度高低无所谓。他们不能深刻地认识到自己所担负的历史使命的特殊性和重要性,对加强职业道德修养的紧迫性认识不足。客观地讲,有些教师不能以教师标准严格要求自己,他们虽然已经步入了教师行业,但思想仍处于学生时代,自身的职业道德修养弱;有的教师不能从自身加强职业道德修养,当发现自己在职业道德中犯错误的时候,不能从自身找原因,以各种借口逃避所犯的错误,不能正确地对待自身存在的问题,不愿进行自我反省和自我批评,把所有的责任都归结为社会外部环境的影响。只有自觉地进行道德修养的教师才是一个师德高尚的教师。但是,在实际工作生活中很少有中小学教师重视自身的师德修养,更不会将师德修养放在自己的工作日程之内,他们主观认为只要帮学生提高成绩,稳定好班级就是一个好教师,师德修养只是务虚的,是一种没有必要的形式主义。

4. **教师的角色转换冲突**

我国中小学教师大多来自于师范院校,中小学教师在师范院校就读时心理上对教师工作产生了美好的憧憬与希望,可是从事了教师职业后,发现现实与理想有很大的差别,于是对自己的职业道德定位不准确。还有的教师不是因为个人意愿走上教师岗位,对教师角色不够认同,在从事教育工作后,就会感到力不从心、烦躁不安。有的教师认同教师角色,也有当好教师的主观意愿,但因为自身素质的种种缺陷,例如不善人际交往、语言表达不强、组织教学能力有限等,常会感到束手无策、忧心忡忡。这些角色转换的冲突现象,在工作中经常会造成教师的思想困惑和心理矛盾。

第二节 职业倦怠与师德困惑

随着社会的进步,观念的更新,新世纪的教育理论和实践面临着全新的挑战,从教育思想、教育体制到教学改革,从应试教育到素质教育,无不要求教师从思想观念到行为方式发生重大变化,这些变化既给教师的发展带来了良好的机遇,同时由于多种因素的综合作用引发教师的诸多心理负面效应也是显而易见的,其突出问题之一就是教师的职业倦怠与师德困惑。探索这些问题产生的原因,是我们提高教师职业道德不可回避的现实问题。

一、教师职业倦怠

(一)教师职业倦怠的概念与表现

职业倦怠概念最早是由美国临床心理学家弗登伯格(Freudenberger)提出的。他在1974 年发表的《职业倦怠》一文中认为,"职业倦怠"是一种耗竭与疲劳状态,是由于个体不能确立自己的需要而紧张工作造成的。目前,使用最广泛的是美国社会心理学家克里斯汀·马斯拉奇(Christina Maslach)于 1981 年对职业倦怠的定义,即"职业倦怠是在以人为服务对象的职业领域中,个体所表现出来的一种情绪耗竭、去人性化和个人成就感降低的症状"。他认为职业倦怠由三个维度构成,即情绪衰竭、去人性化(也称为人格解体)和低个人成就感。其中,情绪衰竭(emotional exhaustion)是核心成分,是职业倦怠的压力维度,指个体的情绪和情感处于极度疲劳、极度消耗的状态;去人性化(depersonalization)是职业倦怠的人际关系维度,指个体以一种否定的、消极的、冷漠的、麻木的、疏远的态度对待同事及工作对象;低个人成就感(reduced personal accomplishment)是职业倦怠的自我评价维度,指个体对自己所从事的工作给予负面评价及工作效能感降低。

一般情况认为,教师职业倦怠是指教师在不能顺利的应对教育教学工作压力时所产生的一种极端反应,是教师伴随于长时期压力体验下而产生的情感、态度和行为的衰竭状态。

出现职业倦怠的教师在工作中会表现出一些典型的症状,北京师范大学许燕教授根据多年的调查研究,归纳出教师职业倦怠的 6 大症状:

(1)生理耗竭。表现为精力不济,经常疲惫不堪,极度疲乏或衰弱,身体免疫力下降,易患感冒或其他流行疾病,继而出现腰酸、头痛、肠胃不适、失眠等一些症状。

(2)才智枯竭。表现为记忆力衰退,分析问题、解决问题的能力下降,注意力不集中。有时神情恍惚,脑子一片空白。

(3)情绪衰竭。表现为工作提不起精神,懒懒散散。并经常伴随沮丧、焦虑、敏感、神经质、烦躁、抑郁、无助、无望、消沉等消极情绪。

(4)价值衰弱。表现为对教育工作的价值及意义评价较低,自我效能感低,自我评价不高,时常感到无法胜任工作,对教学丧失信心,工作变得没有意思,得过且过,出现消极怠工,甚至产生离职或转行的想法。

(5) 情感冷漠。以冷漠、孤傲、麻木不仁、猜忌、否定的态度对待学生与同事。总是想方设法回避与学生接触,师生关系不融洽,同事关系紧张。

(6) 行为攻击。一方面表现为对他人的攻击性行为增多,如采用侮辱性、贬损性的语言对待学生;另一方面表现为对自己的攻击,出现自残行为,在极端的情况下甚至会选择自杀。

教师职业倦怠不仅影响教师个人的身心健康,而且会影响教师履行职责,影响教学质量和学生的身心发展。

(二) 职业倦怠对教师职业道德的消极影响

1. 职业倦怠影响教师"关爱学生"道德规范的履行

提倡关怀学生、爱护学生和尊重学生是教师职业道德规范基本要求。而职业倦怠的教师易出现"行为攻击"的症状,有的会冷嘲热讽地"贬损"学生,有的则对学生惩戒过度。这些行为不仅很难让学生感受到爱,而且还可能影响学生的身心健康。

2. 职业倦怠影响教师"爱国守法"道德规范的履行

职业倦怠的教师在管理学生的时候,由于对自身情绪和行为的控制力相对较弱,教育方式有可能会侵害到学生的受教育权、人身权、人格权等,严重的还会触犯《中华人民共和国义务教育法》、《中华人民共和国未成年人保护法》等法律规定。

3. 职业倦怠影响教师"爱岗敬业"道德规范的履行

出现职业倦怠的教师对教育工作的价值认同感和自我教学效能感都较低,长期体验不到价值感、成就感,对各项教学工作疲于应付。这与"发自内心地热爱自己所从事的职业,并且愿意为自己从事的职业勤勤恳恳,任劳任怨,做出奉献"的职业要求相去甚远。

4. 职业倦怠影响教师"教书育人"与"为人师表"道德规范的履行

职业倦怠的教师不热爱本职工作,以敷衍的态度对待教学,用"言语暴力"刺伤学生的自尊心,缺乏钻研精神和创新意识,对学生、家长与同行情感冷漠,缺乏信任、理解和尊重,其上述行为实际上树立了不良的榜样,不利于学生良好品德的塑造。同时也不符合"为人师表"中对教师坚守高尚情操,知荣明耻,"严于律己,以身作则,语言规范,举止文明,团结协作,尊重家长,尊重同事,尊重家长"的要求。

5. 职业倦怠影响教师"终身学习"道德规范的履行

职业倦怠的教师由于"生理耗竭""才智枯竭"及"情绪衰竭",在教育教学活动中表现为"厌学",即更新知识、创新意识和提高能力的动力不足,也缺乏探索精神、求真务实精神和批判精神。无法实现"崇尚科学精神,树立终身学习观念,拓宽知识视野,更新知识结构。潜心钻研业务,勇于探索创新,不断提高专业素养和教育教学水平"的教师道德规范的基本要求。

二、师德困惑

师德问题从不同维度折射出了教师师德发展的"困境"。

（一）师德标准与价值取向：是理想化还是人性化

在人类道德史上，教师职业道德往往处于当时社会道德的最高水准上，代表社会成员道德涵养的最高层次。在世人看来，教师应该去追求而且应该是德行完美的人，是"道德家"。人们常常标榜和追求师德崇高性，过于强调奉献精神，赞扬其默默无闻、牺牲自己。因此，教师头上就有了很多光环：教师是人类灵魂的"工程师"，教师是照亮了别人而燃烧了自己的"蜡烛"，教师是到死丝方尽的"春蚕"，教师是太阳底下最光辉的职业，教师仿佛就是所有"奉献主义"和"自我牺牲"的化身。事实上，这种对教师职业的"圣化"行为，除了教书育人的重要性外，更重要的原因在于某一社会的道德需要与人们对教育的特有观念。社会对教师给予了超高标准的道德期许，这一方面充分肯定了教师在社会中角色的重要和师德的高尚，另一方面也无形中让人们用一种理想化和"神圣化"目标去要求教师。教师就应该高尚，应该具有敬业精神，理当为学生奉献青春和智慧，不容许犯错误……再苦再累也要坚持。传统师德观过分强调教师职业的特殊性而忽视其一般性，实际上是对教师"禁欲"的非人性化要求。过度追求师德的预设"高标"其实忽视了教师的双重身份，着力刻画教师的奉献性，忽视了教师本身的需要，教师被异化为工具，使教师的职业缺乏生活性和主体性，限制了教师的个性发展与创造性发挥。在"伟大"的光环下，人们无法看清教师生命本体的幸福或痛苦。教师首先是一个平凡的有血有肉的人，其次才是教师。社会对于教师的评价和教师角色的思考应基于基本的人性，而不是外界所赋予教师的"神性"。作为普通人的教师，也有对基本生活资料的需求，当教师面临生存危机和市场经济的种种诱惑时，心理出现失衡以及追求正当的物质回报的行为也是可以理解的。有许多无私奉献的教师，不计回报的无偿服务，在他们崇高精神和高尚人格被人们所赞美的同时，他们的生活却捉襟见肘，健康状况每况愈下，甚至屡屡被亲朋好友误解。有时候，我们听到有的人说："老师也是人啊。"大概意思是说社会不要给教师太过分的要求和约束，即使在生活中犯点错误，完全是可以理解的。所有的人都会犯错误的，不能因为他是教师，就给他以过分于常人的谴责。"一个文明社会，一个负责任的政府如果总是让教师处于政治上、经济上的弱势地位，不切实解决教师的待遇问题，却大张旗鼓地提倡教师奉献，这本身就是不道德的，也是不公平的。"① 教师应该有道德，但教师的个人道德的教育性是有限的。一个品德高尚的教师，对于教育的意义无论如何强调都不会过分。我们鼓励教师追求高尚道德，但不能期望教师个人道德的至高无上。很多学校用"耐得住清贫，经得住寂寞，挡得住诱惑"来激励教师的工作，这或许是无奈之举。然而，这种漠视教师基本需要的做法是不合理的。没有任何回报的道德一行为，一般都不会持久。全社会都要关心教师的切身利益，解决教师生活与工作中的各种困难，让教师拥有健康的身体，帮助教师构建幸福的生活，这既是师德教育的前提，又是师德教育的重要组成部分。"因此，管理者决不能高高在上，空喊教师要有高尚的师德，而应多从教师的角度去关注教师的平

---

① 杜时忠．教师道德越高越好吗[J]．中国德育，2010（2）：74．

常生活，了解并满足教师各种正当的需求。"①

（二）教师对学生的发展：是无限责任还是有限责任

在人们看来，作为一名教师，不但要对学生进行思想教育和道德教育，还要传授基本知识和基本技能，启迪思维，培养能力，为学生的终身发展构筑坚实的基础，"教学生六年，为学生六十年着想"，似乎教师对学生的发展具有无限的责任。随着终身教育思想的深入人心，培养学生良好的习惯、兴趣、意志和思维品质，培养学生的全面发展也理所当然成为教师的责任。而一旦学生在学习上、道德上出了什么问题，教师更是成为社会各界"讨伐"的目标之一，成为影响学生发展的主要责任人。特别是随着我国一些学校的布局调整以及农村人口的大量涌入城市，许多中小学生和大量留守儿童离开家庭，寄宿于学校或私人开办的学生公寓等，教师除了承担必要的教育责任外，还不可避免地承担起部分养育、监护、管教的责任，无形中加重了教师的责任。社会和家长对教师期望和要求与教师自身发展的需求，使中小学教师常常处在"两难"境地：对学生要求高了，管严了，担心学生会出现各种问题，甚至自杀；管松了，学生成绩下降，家长不答应，学校也不允许，这常常令中小学教师感到无所适从。实际上，学生的发展需要社会、家庭和学校的合力，教师的责任毕竟是有限的，家庭和社会的教育责任转移无疑是导致教师责任过重的主要原因。基于此，国家应健全和完善教育立法，理清学校、家庭的教育责任，明确家庭、学校和社会的责任分担。对于社会来说，创设有利于学生成长和发展的社会环境，充分发挥社区教育资源等也是其义不容辞的使命。无疑，教育责任的明确归属可以在很大程度上解决教师教育责任无限扩大且过重的问题。

（三）师德修炼层次：理想与现实

在现代社会，教师职业还是一个平凡的岗位，教师本人也是社会中的普通成员，他们的道德形成既不能脱离经济基础，又不能脱离社会的道德基础。并不是每个教师的道德水平都能够成为表率，都能达到理想境界。因此，对当前我国师德师风内涵的界定不能搞简单的"一刀切"，而应该体现出师德水平的层次体系，既有仰望星空的理想，更要有脚踏实地的现实性。根据对教师工作认识、态度要求的不同，可以把师德师风的内涵分为三个层次：责任、情感、信仰。

第一，以责任为基础的层次。这个层次是为师者的职业道德底线，即做一名合格教师所要达到的要求，即完成学校布置的教学任务，遵守各项规章制度，维护教师群体的形象。具体而言，这个层次强调教师的责任，教师可以不热爱教育工作，但不能玩忽职守、误人子弟；可以不热爱学生，但必须把个人的好恶排除在工作之外，尊重并公正地对待每个学生，对学生成长和进步负责。

第二，以情感为基础的层次。这个层次不仅要求教师能够履行自己的职责，还强调教师对工作的热爱，即教师不是把教育工作只当成没有选择的谋生手段，而是一种需要投入个人感情的工作。教师的热情具体到其工作对象上，表现为对学生的爱。我国著名心理学

---

① 李情豪. 社会转型期中小学教师师德教育刍议 [J]. 学校党建与思想教育，2011（15）：47.

家林崇德教授认为，疼爱自己的孩子是本能，而热爱别人的孩子则是神圣。这是因为，"爱生，就是要全方位地关心每一个学生，不只是学习上，而是思想、学习、生活的各个方面。"① 教师对学生的爱是一种没有血缘关系的爱，具体包含理解、宽容、关怀、给予、尊重、平等、责任等要素。这种爱不是无原则的宠人，也不是无目的的给予，而是为了学生身心健康发展，为了学生的成人与成才。所以，在原则上它是一种严慈相济的爱。"爱生并不排斥'严'，某种程度上，严格要求学生是一种更为实在的爱"。

第三，以信仰为基础的层次。这是师德师风的最高境界。它要求教师不能简单地把教育教学看成是自己的职业或工作，而应该当成终身追求的神圣而光荣的事业；对教育事业不仅仅是有一定感情，而是有着宗教般的虔诚。要达到这个层次，教师不但要有孟子"得天下英才而教育之"所体现的浓厚情感，还要有鲁迅先生"俯首甘为孺子牛"的献身精神。在教学过程中，教师能自觉地把个体的人生价值实现与为社会培养栋梁之材的教育目标牢牢联系在一起，甘于贫困，乐于奉献，真正做到循循善诱、诲人不倦，虽呕心沥血却不计得失，虽默默无闻仍能孜孜以求。

（四）教师权限：行使还是放弃

"玉不琢，不成器；人不磨，不成才"，要教育好学生，教师需要一定的管理自主权。对学生不良行为采取的否定性制裁，是一种合理的他律手段。教育部颁布的《中小学班主任工作规定》明确规定："班主任在日常教育教学管理中，有采取适当方式对学生进行批评教育的权利。"但是在具体实施过程中，如何将惩罚、变相惩罚与正常的批评教育加以区分，如何判断是否会影响学生的身心健康无法加以明确区分。2013年，教育部颁布的《中小学教师违反职业道德行为处理办法》规定应处理的师德失范行为：在教育教学活动中遇突发事件时，不履行保护学生人身安全职责的；在教育教学活动和学生管理、评价中不公平公正对待学生的；体罚学生的；以侮辱、歧视、孤立等方式变相体罚学生，造成学生身心伤害等十个类别。这十条被称为"师德红线"。这个处理办法对于师德失范行为处罚有具体的执行标准，但是十个类别的"越线"行为并不都是很好界定，比如不公平评价、变相体罚等。红线作为一种标准来约束师德，在一定程度上容易束缚教师的手脚，难以发挥师者的积极性和主动性。如果教师处在一个动辄得咎的环境中，他最有可能选择的是对学生不良行为的放任不管。因此，对师德红线的划定需在更大的范围来考虑问题。

本章小结

当前，我国中小学教师队伍整体师德水平良好，但违反师德的现象时有发生。中小学教师常见的道德问题具体表现在教师与学生关系方面：不尊重学生人格，利用职务谋取不正当利益，对学生不公正对待，只教书不育人；教师与教师的关系方面：不尊重其他教师，缺乏团结合作精神和正确的竞争意识；教师与其从事的职业关系方面：不热爱教育职业，与家长缺乏沟通与交流，奉献意识淡薄，为人师表差。中小学教师常见的道德问题存

---

① 常爱芳. 论新时期师德内涵和师德监督机制构建[J]. 中国成人教育，2009（13）：57.

在的原因主要是社会主义市场经济体制的负面影响,学校对教师的评价激励制度不够合理,以及教师自身因素。教师职业倦怠是指教师在不能顺利的应对教育教学工作压力时所产生的一种极端反应,是教师伴随于长时期压力体验下而产生的情感、态度和行为的衰竭状态。教师职业倦怠对师德建设产生了消极影响。教师的职业困惑表现为:师德标准与价值取向是理想化还是人性化,教师对学生的发展是无限责任还是有限责任,师德修炼层次是理想层次还是现实层次,教师权限是行使还是放弃。

思考题

1. 当前中小学教师职业道德问题主要有哪些表现?
2. 教育惩罚与体罚或变相体罚有什么不同?
3. 有人说,市场经济发展必然导致教师职业道德滑坡,对此观点你有什么看法?
4. 有的教师认为,"我是在搞好本职工作的前提下从事业余补课,赚取一些额外收入贴补家用,这也是我合法劳动的所得,并没有违法自己的职业道德。其他人可以这么做,为什么教师就不可以这么做呢?"对于这种看法你有什么不同意见?
5. 为人师表缺失主要有哪些具体表现?作为一名教师应如何更好做到为人师表?
6. 结合现实分析教师职业倦怠产生的因素有哪些?
7. 教师职业倦怠对中小学教师职业道德有哪些影响?
8. 当前中小学教师面对不断深化的教育改革出现哪些道德困惑?如果你在教育教学工作中出现这些困惑,将如何应对?

案例研究

"绿领巾"事件

2011年10月18日中午时分,随着下课铃声响起,西安未央区第一实验小学的小学生在老师引领下排队回家。最先走出校门的是一年级学生,队伍自然地被他们佩戴的领巾颜色分成了两类:一部分孩子戴着红领巾,另一部分孩子则戴着绿领巾。顿时学校被分成"红""绿"两个阵营。该校教师解释称,学习、思想品德表现稍差的学生没有红领巾,为教育其上进,学校便为这部分学生发放了绿领巾。"你学习不好,戴绿领巾,我才是真正的红领巾……"学校门口,两个放学的孩子嬉闹起来,来接佩戴绿领巾孩子的家长表现尴尬。

一名一年级学生说,调皮、学习不好的学生就得戴绿领巾,老师要求上学、放学都不能解开,不然就在班上点名批评。但不少绿领巾孩子一出校门就赶紧摘下领巾装进书包里。"孩子年龄再小,也有自尊心,嘴上不说什么,也能看得出戴绿领巾不是啥好事情"。

一位家长认为,此举对孩子心理有极大伤害,学校这种做法带给孩子们的是不公平,伤害了孩子们的自尊。有的家长表示:"绿领巾是很傻很邪恶的教育暴力""小学生戴绿领巾比抽教鞭还恶毒""绿领巾是激励之术还是象形之刑"。这种带有鲜明特征的惩戒型教育，不能不让人联想到宋江的面上刺字，宋江还不忘洗去刺字之辱，何况一群一年级刚刚入学的孩子。校方称此举是为激励学生上进。也许校方的初衷是好的，然而结果往往事与愿违，校方在做出这项决定的时候，显然没有意识到这将给学生们带来什么样的负面影响和心理压力。

事件发生后，社会舆论反响巨大，2011年10月19日央视《新闻1+1》以《这个"绿色"不环保!》为题进行深度报道，白岩松戴绿领带声援学生。社会普遍认为这伤害了孩子们的自尊心，一年级学生正是活泼好动的阶段，他们的发展潜力无限巨大，然而仅仅因为学习差、淘气、不听话，就被划分成三六九等，还被带上绿领巾的标签，这到底是激励还是伤害？知名作家郑渊洁在微博上写道：好的教育让每位学生在学校都有尊严。敬请西安市未央区第一实验小学摘掉"差生"脖子上的"绿领巾"，并由校长向每位戴过"绿领巾"的孩子道歉。小学教辅《创新一点通》的主编陈永梅认为，这种行为不仅是对小学生心灵的伤害，也是对中国基础教育和所有教育工作者的一种伤害。因材施教是我国历来传承的教育方法，老师要根据对学生资质的差异，在教学中有针对性地提供相应的教学方式。如果仅以简单粗暴的"绿领巾"方式来进行所谓的激励，那只能折射出我们基础教育的缺失。

（摘自：①为啥给我娃戴绿领巾[EB/OL]. http://news.hsw.cn/system/2011/10/18/051130874.shtml，2011-10-18；②从绿领巾事件反思中国教育制度[EB/OL]. http://www.ce.cn/cysc/newmain/yc/jsxw/201110/25/t20111025，2011-10-25，作者有删改.）

案例思考：

1. 从职业道德角度如何认识西安未央区第一实验小学的这种做法？
2. 中小学教师如何正确对待学生的差异与差距？

第五章 教师职业道德修炼

本章重点

- ◆ 理解师德修炼的意义
- ◆ 掌握师德修炼的内容
- ◆ 灵活运用师德修炼的各种途径与方法
- ◆ 认识师德修炼的原则与境界

提升教师职业道德素质，是一个系统的生态过程。不仅需要提高对师德建设重要性的认识，制定科学合理的教师职业道德规范，还需要对师德建设中存在的问题进行有效分析。但归根到底，师德的提升需要有效的培养和持续不断的修炼。在当代社会，师德修炼具有重要的意义，其目标就是培养忠实践行《中小学教师职业道德规范》的教师，培养受学生爱戴、让人民满意的教师。

第一节　师德修炼的意义与内容

《国家中长期教育改革和发展规划纲要（2010—2020年）》关于师德建设问题提出："加强教师职业理想和职业道德教育，增强广大教师教书育人的责任感和使命感。"这说明国家和教育部门对师德建设的日益重视。实际上，加强中小学师德建设既是社会道德建设的要求，又是学校精神文明建设的需要；既是学生品德培养的必须，又是师资建设和教师自我修养的必然。

一、师德修炼的意义

教师作为"人类灵魂的工程师"，其对社会发展所起的巨大推动作用早已经被历史所证明。师德，乃教师之魂，无德不能从师已成为人们共识。教育实践表明，教育的成败在很大程度上取决于师德修养。加强师德修炼，增强践行师德的自觉性，对教师、学生和整个教育事业的发展有着极为重要的意义。

（一）师德是教师的根本素质

提高教学质量必须首先提高教师的素质，而教师的素质包括思想道德素质、学科专业素质、教育教学理念和教育教学技能等几个方面的素质。在教师素质结构中，不同的素质各有各的用处，各有各的地位和价值。思想道德素质主要解决教师的工作动力、精神境界和职业操守问题，解决教师愿不愿意从事教师工作、愿不愿教或愿不愿教好等深层次的精神动力问题。学科专业素质主要解决教师"教什么"的问题。教育教学理念和教育教学技能主要解决教师"怎么教"的问题。一方面，师德作为教师素质的重要组成部分，其水平高低直接决定教师整体素质的高低；另一方面，师德素质也是其他因素发挥作用和不断提高的重要条件。教师要完成自身的工作任务，需要具备教师素质结构中各个要素。然而各要素的地位不是平均的，其中师德是教师最重要的素质，是教师素质的核心和灵魂。对此问题，可以从以下三个方面去认识。

第一，这是由教师的地位、作用、职业特点以及教师所担负的特殊责任所决定的。教师是人类灵魂的工程师，是社会主义建设人才的培育者，是先进思想文化与科学技术的传承者。教师是实现"科教兴国"战略的主力军，是落实以德治国、推进素质教育的实施者，是学生增长知识和思想进步的指导者和引路人。伟大的教育家荀子指出，一个社会是否尊重教师,是国家兴亡的一个标志,"国将兴,必贵师而重傅""国将衰,必贱师而轻傅"。① 所以,教育者必须先接受教育,这是每一个教育工作者必须解决的严肃课题。教师的劳动不同于一般的职业劳动,其劳动过程是通过教育活动培养人、塑造人的灵魂。教师的工作对象不是僵硬的被动的物质,而是活生生的、个性能力性情迥异的受教育者,是有不同智力、不同需求、不同期待的学生。教师的基本职责不是创造某种产品,不是种树种草、放牧养殖、采矿冶炼,而是传播人类文明、启迪人类智慧、塑造人类灵魂、培育人类精神、开发人力资源。教师的天职是教书育人。教书意味着传播知识和创造知识,育人则意味着塑造学生精神世界,培养学生的良好品行,激发学生的创新精神,促进学生的全面发展。教师要履行教书育人的职责,没有过硬的思想素质和职业道德水平,没有较高的师德素养,是决然不行的。在现代中国,广大教师肩负着培养社会主义事业建设者和接班人的神圣职责,这是一项十分崇高、神圣和艰巨的责任。教师要完成这样的任务,高尚的师德就是一个最重要的保障。

第二,师德对学生的思想和行为有巨大的影响和教育作用。在社会主义条件下,党和政府把培养青少年一代的重任交给教师,把国家的希望和未来托付给教师,因此教师的道德品质对学生的健康发展有着重要的奠基性的作用。学校教育的对象主要是青少年学生,他们正处于长身体、学知识、立德立志的重要时期,具有很强的模仿性和可塑性。在教师诸多个性因素中,相对于知识、技能因素而言,教师个人的道德品性对教育效果的影响更大。教师道德对青少年学生道德品质具有陶冶作用。学生往往具有"向师性",学生学习的过程也是其世界观、人生观、品德形成过程。教师在与学生的交往和相处的过程中,通过自己良好的道德修养、自觉的道德认知、较高的职业素养,赢得学生的信任,成为学生可以亲近和信赖的人。因为"真正的具有教育效果的不是教育的意图,而是师生的相互接触,真正的品格教育就是师生真正共同相处的教育。"② 在教师教与学的交往过程中,教师的道德品质、道德情操、行为习惯、一举一动、一言一行等,无时无刻不在潜移默化地影响着学生,直接作用于学生心灵。在学校教育中,青少年学生不仅从书本里学习善恶观念,更多的是直接从教师在教育劳动中表现出来的道德意识和道德行为中汲取是非、善恶观念,寻找自己做人的榜样。尤其是年幼的小学生,教师在他们的心目中是比父母还重要的榜样,其一言一行对小学生道德品质的形成起着直接的启蒙作用。教师道德对青少年学生道德行为的养成具有示范作用。在学校教育中,教师的一言一行都处于学生严格的"监督"之下,它能指导学生选择正确的道德行为,培养良好的道德行为习惯。"教师个人的范例,对于学生心灵的健康和成长是任何东西都不可代替的最灿烂的阳光。"③ 因此,教师道德本身就是一种巨大的教育力量。教师道德对青少年学生未来的人生道路具有引领作用。许多学生的兴趣、爱好、人生观乃至于所选择的人生道路,都受到了教师行为的影响。教师道德对学生的学业发展具有激励作用。教师丰富的知识、高扬的理想、虔诚的敬

---

① 荀子.荀子[M].北京:中华书局,1998:62.
② 赵同森.解读人本主义教育思想[M].广州:广东教育出版社,2006:23.
③ 温家宝.努力提高教学水平,做一名合格的人民教师[N].人民日报,2009-9-7(1).

业态度以及为达到教育目的而表现出来的强烈的求知欲，本身就是激励学生积极进取、奋发有为的无声召唤。通过学生的内化吸引，可以转变为一种洋溢在学生胸中的内驱激情、求学创业所必备的动力，激发学生的学习动机。

第三，从教师自身职业发展动力方面看，高尚的师德直接决定教师的工作动力、职业满足感和职业幸福感。教师虽然是人类文明的传承者和知识的重要传播者，教师工作虽然是一项十分崇高、神圣的工作，但在社会生活中，由于各种因素的影响，教师职业并不是人们争先恐后优先选择的职业，更不是社会上的热门职业。广大教师尤其是农村中小学教师在工作和生活中存在着太多的困难、难题和无奈。尤其是在中国社会深刻变革、市场经济深入发展、收入分配差距持续拉大、价值选择日益多元化的历史背景下，教师的精神困惑必然会越来越多。此时，高尚的师德就发挥着为广大教师提供精神支柱和工作动力，使广大教师保持职业满足感和职业幸福感的作用。师德是教师素质的灵魂，是激励教师走向乐业的动力性因素。一个师德素养低下的教师，既不能积极有效地引导学生的道德发展和智力成长，在事务的层次上完成教书育人的使命，做到敬业履职；又难以创造性地提升自己教育生活的品位，美化自己的职业生活，在审美的层次上享用教育生活之美，做到乐业忘我。一个教师仅仅为了不让一个山区的孩子失学，就可以忍受孤独寂寞、甘愿平凡、默默无闻、奉献一生；一个教师仅仅为了不让那些内心充满渴望的孩子和家长失望，就可以奉献自己的全部青春年华。这就是普通教师的伟大形象，这就是高尚师德的巨大魅力。

(二) 师德建设是教师队伍建设的首要任务和灵魂工程

百年大计，教育为本；教育大计，教师为本。教育要发展，关键在于教师素质的高低，这已经成为全社会的共识。建设一支高水平的教师队伍，是发展教育事业，提高教育质量的关键所在。党和国家领导人历来高度重视教师队伍建设。2007年，在全国优秀教师座谈会上，胡锦涛提出："教师是人类文明的传承者。推动教育事业又好又快发展，培养高素质人才，教师是关键。没有高水平的教师队伍，就没有高质量的教育。尊重教师是重视教育的必然要求，是社会文明进步的重要标志，是尊重劳动、尊重知识、尊重人才、尊重创造的具体体现。要进一步在全社会弘扬尊师重教的良好风尚，把广大教师的积极性、主动性、创造性更好地发挥出来。"[①] 2009年，在第25个教师节前夕，温家宝在北京三十五中调研时指出："只有一流的教育，才有一流的人才，才能建设一流的国家"[②]。2014年9月9日，习近平总书记在同北京师范大学师生代表座谈时指出：各级党委和政府要从战略高度来认识教师工作的极端重要性，把加强教师队伍建设作为基础工作来抓，满腔热情关心教师，改善教师待遇，关心教师健康，维护教师权益，使教师成为最受社会尊重的职业。"[③] 这些论述抓住了教育发展的关键环节。

教师队伍建设包含多方面的内容，其中首要的任务和灵魂工程就是师德建设，这是教师一切教育行为的思想基础和行动准则。师德决定了教师的素质，教师没有厚德，就不可

---

① 胡锦涛. 在全国优秀教师代表座谈会上的讲话 [J]. 中国高等教育，2007 (18)：5.
② 温家宝. 努力提高教学水平，做一名合格的人民教师 [N]. 人民日报，2009-9-7 (1).
③ 习近平. 做党和人民满意的好老师 [N]. 人民日报，2014-9-10 (1).

载道。只有德艺双馨的教师才能培养出掌握现代科技、具有现代意识的高素质的优秀人才。各级党委政府以及教育主管部门历来也把师德建设作为教师队伍建设的头等大事来抓。国家也出台了很多文件强化师德建设，并提出师德建设的要求。2005年，教育部颁布的《关于进一步加强和改进师德建设的意见》提出："教师是人类灵魂的工程师，是青少年学生成长的引路人。教师的思想政治素质和职业道德水平直接关系到大中小学德育工作状况和亿万青少年的健康成长，关系到国家的前途命运和民族的未来。因此，我们要从确保党的事业后继有人和社会主义事业兴旺发达的高度，从全面建设小康社会和实现中华民族伟大复兴的高度，从落实科学发展观，落实科教兴国、人才强国战略的高度，充分认识新时期加强和改进师德建设的重要意义"。2013年，教育部还专门出台《关于建立健全中小学师德建设长效机制的意见》，提出："以社会主义核心价值体系为引领，充分尊重教师主体地位，大力弘扬高尚师德，切实解决当前出现的师德突出问题，引导教师立德树人，为人师表，不断提升人格修养和学识修养，努力建设一支师德高尚、业务精湛、结构合理、充满活力的中小学教师队伍。"这些文件对师德建设地位的论述，不局限于师德建设对学生健康成长的和教育工作的影响作用，更是站在国家发展、民族振兴和社会主义事业兴旺发达的高度强调师德建设的意义。事实上，师德建设也是改革发展的内在需要，师德建设水平的高低也是人民群众对教育工作满意与否的重要衡量尺度，是办让人民满意教育的题中应有之义。[1]

（三）青年教师加强师德修炼具有特殊意义

青年教师作为中小学教师队伍的一支重要力量和相对特殊的群体，他们的师德表现如何，直接关系教师队伍的整体师德水平。青年教师的师德问题是近年来教育界比较关注的问题，也越来越引起社会的广泛关注。

1. 青年教师已经成为中小学教师队伍的主力军和重要骨干力量

近几年来，随着中小学教师培养、补充机制的不断完善，我国中小学教师队伍的整体状况发生巨大的变化，其中一个重要的变化就是越来越多的年轻教师加入到教师队伍的行列，教师队伍总体上呈现年轻化发展态势。2014年，我国各级各类学校共录用37万多名应届毕业生充实到教师队伍中。[2]青年教师在各级中小学校所占比例不断增大，已经成为中小学教师队伍的主力军和重要骨干力量。在这种情况下，加强中小学教师师德建设，实际上主要是加强青年教师的师德修炼。青年教师的师德水平提升了，中小学教师队伍整体师德水平提升就有了坚实的基础和可靠的保障。从这个意义上讲，加强青年教师的师德修炼具有特殊的意义和价值。

2. 青年教师处在师德修养的奠基时期

一个教师要形成良好的道德素质，培养稳定、高尚的道德行为，必须需要经过长期的行为积累和实践磨炼。师德培育和师德修养贯穿于一个教师职业生涯的全过程。与中老年

---

[1] 卫建国. 教育法规与教师道德[M]. 北京：北京师范大学出版社，2013：150.
[2] 教育部. 中国教育概况——2014年全国教育事业发展情况[EB/OL]. http://www.moe.edu.cn/jyb_sjzl/s5990/201511/t20151125_220958.html, 2015-11-25

教师相比，青年教师进入教育教学岗位的时间比较短，他们的教育教学经验还比较少，对教书育人、为人师表等教师道德规范的深刻内涵的把握和理解还比较肤浅。这一时期是师德培育和师德修养的起步和奠基时期，是一个教师逐渐学习、体会、认同和接受师德规范、培育师德素质的关键时期。这一时期教师对师德规范和教师风范认识和接受的状况，将直接关系其整个职业生涯过程中的师德修养状况。这一时期，如果一个教师能够认真学习师德规范的基本要求，准确把握师德规范的深刻内涵和精神实质，并不断在教育教学实践中磨炼积累，将会为其整个教师职业生涯奠定坚实基础。

3. 青年教师的特点决定需要加强师德修炼

作为一支特殊的教师队伍，他们相比其他老教师来说有着自身的特点。第一，追求自我价值的实现。他们喜欢在心中树立学习目标和崇拜偶像，渴望事业上的成功，追求自我价值的实现，向往生活的完满。大部分中小学青年教师有个人的奋斗目标，特别在意自身对于幸福的感受。第二，渴望现代知识的学习。青年教师普遍生于20世纪八九十年代，是沐浴着改革开放的春风成长起来的年轻一代。他们是在电视、电脑的陪伴下长大的，大多思想开放，见多识广。在学习方式上，他们更加渴望对现代知识的学习，想要了解最先进的文化和信息，不断更新和充实自己的知识储备。第三，崇尚物质生活的享受。青年教师不再盲目听从精神口号的感召，更加重视自我物质需求的满足，向往享受的物质生活，喜欢下班后与朋友小聚一下，一起吃饭、唱歌、逛街等，喜欢追求时尚。第四，向往多种职业的选择。青年教师们有自己的择业观念，他们不同于父母那一代，选择了一项工作就会一辈子忠诚于自己的职业。大多青年教师并不会把教育事业当作自己终身从事的唯一职业，他们在意自己的工作幸福感，会遵从自己的意向进行多种职业的选择。

4. 青年教师加强师德修炼也是现实的需要

目前，青年教师普遍学历层次高、思想活跃、眼界开阔、勇于探索、富于创新，已成为教师队伍的主体，是中小学校教学、科研、管理的骨干力量。绝大多数青年教师能够做到爱岗敬业、教书育人，表现出良好的职业道德。但我们也应清醒地看到，随着改革开放不断深入和市场经济日益深化，西方一些腐朽落后的思想文化观念和意识形态也在一步一步影响部分青年教师的思想，典型的有享乐主义、拜金主义、功利主义、机会主义、个人极端主义等。与此同时，社会上形成的诸多不良现象也在或多或少地影响青年教师，如权钱交易、以权谋私、贪污腐败、用人唯亲等。由于心理年龄尚不成熟所导致的考虑问题欠全面、思想易波动，青年教师有时对职业前景也会产生忧虑和彷徨。在这些主客观条件的影响下，青年教师群体中少部分人开始偏离正确的人生观和价值观，在他们身上也出现了许多令人担忧的师德问题，如思想上轻视理想信念和职业道德的培养，缺乏爱岗敬业精神；物质上谋求实惠和追求个人价值最大化，缺乏社会责任感和道德使命感；教学上态度浮躁，敷衍塞责，缺乏正确的教书育人观等。这些问题对理想、信念、人生观正在形成和确立中的学生造成了思想上困惑和混乱，甚至形成误导。因此，加强青年教师的师德修炼，提高他们的道德素质和道德水平，是当前中小学教师队伍建设和师德建设的一个紧迫任务。

二、师德修炼的目标与内容

（一）师德修炼的目标

确定师德培育和师德修炼的目标，有很多视角，也有很多标准。在不同历史时代和不同国家，师德培育和师德修炼的目标是不尽相同的；在同一个国家教育发展的不同阶段，师德培育和师德修炼的目标也会呈现出不同的阶段性特征。在现代中国社会，在教育发展的新的历史阶段，确立中小学教师师德培育和师德修炼的目标，可以选择两个视角来进行，即规范层面的考察和社会满意度层面的考察。规范层面主要考察中小学教师能否忠实履行《中小学教师职业道德规范》的要求，社会满意度层面主要考查学生、家长和社会大众对特定教师的品性和德行是否认可和满意。①

1. 培育忠实履行《中小学教师职业道德规范》的教师

规范即标准，规范即目标。在现阶段，由教育部和中国教科文卫体工会全国委员会于2008年重新修订的《中小学教师职业道德规范》就是中小学教师师德培育和师德修炼的具体标准和目标。认真学习和领会《中小学教师职业道德规范》的精神实质和道德内涵，在实践中忠实履行《中小学教师职业道德规范》的具体要求，是广大中小学教师进行师德培育和师德修炼，提升师德境界的基本途径。换句话说，我们进行师德教育和师德修炼的目标，就是要培育忠实履行"爱国守法，爱岗敬业，关爱学生，教书育人，为人师表，终身学习"等规范、具有高尚道德情操的优秀教师，在这些教师身上，要全面体现上述规范的基本要求。能够做到这六个方面的要求，就已经是一个具有较高师德修养的教师了，而做到这一点并不是一件轻而易举的事情。

为什么说忠实履行《中小学教师职业道德规范》就达到了师德培育和师德修炼的目标？可以从以下三个方面理解：

（1）《中小学教师职业道德规范》的六条基本内容，体现了教师职业特点对师德的本质要求。爱国守法是教师职业的基本要求，爱岗敬业是教师职业的本质要求，关爱学生是师德的灵魂，教书育人是教师的天职，为人师表是教师职业的内在要求，终身学习是教师专业发展不竭的动力。可见，《中小学教师职业道德规范》的六条基本内容，每一条都紧扣教师职业的基本特点，反映出教师职业特点对师德的本质要求，因而能够成为中小学教师遵循的职业道德规范，成为中小学教师师德培育和师德修炼的目标。

（2）《中小学教师职业道德规范》的六条基本内容，涵盖了教师职业活动的主要关系和方面。教师职业规范也是用来调节中小学教师职业活动的各种关系的。从《中小学教师职业道德规范》的六条基本内容来看，"爱国守法"调节教师与国家、人民的关系，是教师作为公民的一个基本道德责任；"爱岗敬业"调节教师与教育事业、教师岗位、教学工作的关系，是教师职业的本质要求；"教书育人"调节教师与教育教学、教师与学生的关系，这一条最能体现教师职业的特点，也是教师职业与其他职业最鲜明的一个区别；"为

---

① 卫建国. 教育法规与教师道德[M]. 北京：北京师范大学出版社，2013：152.

人师表"是一个内涵极为丰富的规范,调节教师与集体、教师与同事、教师与家长、教师与社会的关系,同时也体现教师自处的道德要求;"终身学习"调节教师与专业、与知识进步的关系,是教师教书从业的基本保障。从这里可以看出,《中小学教师职业道德规范》的六条基本内容涵盖了教师职业活动的主要关系和主要方面,调节这些关系的道德规范完全可以作为师德培育和师德修炼的目标。

(3)《中小学教师职业道德规范》的六条基本内容,反映了经济、社会和教育发展对师德提出的新要求,具有与时俱进的精神品质。《中小学教师职业道德规范》不因循守旧、落后时代,而是紧跟时代步伐、与时俱进,完全可以指导现代中小学教师的师德培育和师德修炼。可见,《中小学教师职业道德规范》根据经济、社会、科技和教育发展的客观要求,增添和补充了大量体现时代特征的新内容,为师德建设注入了全新的活力。按照《中小学教师职业道德规范》的要求进行师德培育和修炼,不仅体现传统师德的魅力,而且体现时代趋势,反映时代潮流,对于推进师德建设和师德素炼的提高具有重要指导意义。

2. 培育受学生爱戴,让人民满意的教师

一个教师是否具有高尚的道德情操,是否履行了师德规范所规定的各项标准,评判者不应当是教师本人,而是作为受教育者的学生、学生家长以及社会大众。学生是否认同和爱戴教师,家长是否对教师的德行表示满意,一个教师在同事中间或周围群众中是否具有某种声望和影响,这些因素构成衡量培育和师德修炼是否有效的最重要、最有效的尺度。也就是说,那就是受学生爱戴、让人民满意,是评判一个教师职业道德素养的根本标准,也是判定一个教师是否具有高尚师德的价值依据。这里实际上已经阐明了评判师德修养水平的价值依据和标准,学生的崇敬和爱戴是对一个教师的最高褒奖。一个教师能否成为让人民满意的教师,能否成为让学生敬仰和信赖的人,都与其自身的职业道德水准和自身人格魅力有着密切的关系。一个具有人格魅力和学识魅力的老师会永远被学生记住,这种记忆往往能够经得起时间的长久考验。在中小学校我们看到,那些充满人格魅力、诲人不倦、为人师表、默默奉献的教师,是最能让学生和家长肃然起敬的。教师的高尚人格是他们深受学生爱戴的一个根本原因。受学生爱戴,做人民满意的"好老师"标准,这就是"要有理想信念、要有道德情操、要有扎实的学识、要有仁爱之心"。[①]

(二) 师德修炼的内容

师德修炼的内容主要包括提高师德认识、陶冶师德情感、坚定师德信念、锻炼师德意志、培养师德行为和习惯等5个方面。

1. 提高师德认知:师德修炼的基础和前提

师德认知也称师德观念,是指教师个体对教书育人过程中的职业道德理论、规范和要求的理解和掌握,是教师对教育过程中师德行为是非善恶及其意义的认识。师德认知是人们形成和发展师德的认识基础,是师德能力形成和发展的引导机制,使教师更加理智地面对和解决师德问题,并在正确的自我意识和评价的基础上形成自尊、自律。从知和行的关

---

① 习近平. 做党和人民满意的好老师 [N]. 人民日报, 2014-9-10 (1).

系来看，认识是行动的先导。对于一名教师来说，提高师德认知是进行师德修炼的起点和前提，是教师职业道德要求内化的首要环节。提高师德认知，主要包括以下几个方面：一是对教师职业道德价值的认识。教师职业道德修炼的关键在于自觉性，对教师职业道德价值的认识是教师自觉加强师德修炼的前提。一名教师只有深刻认识到自己所从事职业的重要性和特殊性，认识到提高师德修炼对今后有序开展教育工作的意义和价值，他才有可能将外在的教师道德要求变成自己内在的需要和自觉的道德行为。二是对教师职业道德规范的认识。作为一名教师，加强师德修炼，首先要学习和理解教师职业道德的内涵和基本原则，熟悉和掌握教师职业道德的基本规范和范畴，全面了解学校和社会对教师的基本师德要求，这才是师德认识的主要内容。三是提高对教师职业道德的评价判断能力。提高教师职业道德认识，不仅要掌握职业道德的理论、规范和要求，道理上懂得是非、美丑、善恶、荣辱，而且还要在实际教育活动中分清上述各种界限，提高教师职业道德的判断力。

2. 陶冶师德情感：师德修炼的重要因素

师德情感是教师在一定的师德认知的基础上，依据一定的师德标准，对现实社会和教育教学中的师德关系和师德行为的内心体验，是教师个体与外部进行具有道德性质的活动所产生的心理上的情绪反应和内心感受。师德情感是一个潜移默化的过程，教师要产生明显的情感体验，必须经过较长时间的努力。因此，师德情感的陶冶比师德认识的提高更为复杂，但也更加稳定。师德情感一旦形成之后，便成为推动教师献身教育事业的一股强大的动力，促使教师能够几十年如一日，教书育人、兢兢业业、诲人不倦。师德情感是教师积极工作、勇于开拓进取的内在动力，是教师培养优秀道德品质、保持高尚道德行为的重要精神动力。师德情感应从以下几个方面进行培育：

一是对教育事业的追求。教师应充分认识自己所从事的职业是崇高而伟大的事业，它关系人才的培养和国民素质的提高，更关系一个民族的振兴和国家的富强。教师只有培养这种职业情感，才能把自己的命运与前途和国家教育事业紧密联系在一起，才能做到默默无闻、献身教育。

二是对学生的热爱。教师对学生的热爱和关心是教师对教育事业热爱和追求的具体体现，也是师德情感中最重要的内容。热爱一个学生就等于塑造一个学生，而放弃一个学生无异于毁坏一个学生。爱是教育行为的内在动因，爱是教育人生的基础。对教育对象的爱是教师职业道德的核心之一。

三是对同事的尊重。教育工作是一项庞大的系统工程，教师个体很难独立完成对学生全面教育的任务。这就需要加强同事之间的友谊，团结协作，相互尊重，形成教育合力。

四是培养教师的自尊感、责任感、荣誉感。教师的自尊感是一种由自我评价所引起的情趣体验，是教师渴望自己的劳动得到社会的承认和尊重，表现为自重、自爱、自立、自信、自强、自主等多方面。教师的责任感是教师对学生、对社会、对他人应承担的义务和应履行的职责的内心体验。教师的责任感主要表现在自觉对学生负责、对家长负责、对学校负责、对社会负责。责任感是一种高尚的职业情感，是做好教育工作的巨大动力。荣誉是教师在履行自己的职责，对社会做出贡献后得到的评价，意识到自己的社会价值并感到由衷的愉快，这就是荣誉感。教师的荣誉感就像推动器，促使教师认真履行职业道德的义务，发扬拼搏精神，为培养合格的新人贡献出自己的一切。

3. 磨炼师德意志：师德修炼的关键性环节

师德意志是在师德认知和师德情感相结合的基础上形成的一种自我控制能力，是教师在践行道德原则和履行道德义务过程中，自觉的克服困难并做出行为抉择的毅力和坚持精神。在师德实践中，师德意志表现为自律、自控等形式，表现为对教育事业和学生的热爱。[①] 教师所从事的培养人的事业是一项极为光荣而艰巨的事业。在这个过程中，教师不仅要付出辛勤的劳动，做出某些牺牲，而且会遇到来自外界的各种阻力和障碍，包括现实条件的制约、错误舆论的非难、亲朋好友的埋怨等。这就需要教师有顽强的毅力和坚持不懈的精神，以及不断履行师德规范的顽强意志。

师德意志主要表现在道德行为的自觉性、坚毅性、果断性和自制性。

（1）自觉性。自觉性是指对行为目的有明确而深刻的认识，并使个人的行为完全符合正确目的的意志品质。它要求教师对自己所从事的事业有明确而深刻的认识和坚定的信念，积极自觉地献身教育事业。教师在行为上如果偏离了教育目的，就要及时自觉地调整；如果出现外界干扰，无论干扰来自何方或力量有多大，教师都必须有能力抵制和加以排除。

（2）坚毅性。坚毅性就是行动，就是坚持目标，百折不挠地克服困难的品质。教师面对复杂的教育环境，经常会遇到意想不到的困难和干扰，必须以超常的勇气和毅力去克服一切阻力，实现教育目的。

（3）果断性。果断性是指在紧急情况下，教师内心经过复杂的、激烈的思想斗争，立即做出适当的道德决定，取得理想的效果。教育活动的特点要求教师必须具备随机决断的能力，面对突发事件能果断决策，这是教师发挥创造性的表现。但果断不是武断和轻率，果断是建立在正确认识基础上的决断，要求教师能预知行动的后果，并有承担风险和责任的心理准备。

（4）自制性。自制性就是善于掌握和支配自己言行的意志和品质。坚定的自制力是教师对自己的职业道德需要、动机、情感、行动的控制和调节能力。当客观现实诱发不利于实现教育目的情绪冲动时，教师能控制自己的情绪，冷静地把握言行和分寸。现实生活中，总有一些教师对学生是"恨铁不成钢"，有时会爆发出一种不能控制的激动情绪，出现打骂、讥讽学生的现象，给学生造成身体和心理上的伤害。教师自制力越强，其行为越富有理性，不因失败而精神萎靡，不因意外情况变化或教育行为受阻而悲观失望。教师在任何情况下都应理智地控制自己的情绪，把握自己的言行。

4. 坚定师德信念：师德修炼的核心

师德信念是教师通过对社会道德规范和师德规范的认识和了解，在自身强烈的道德情感驱动下，对职业理想、职业人格、职业境界、职业规划坚定不移的信仰和执着追求，是

---

① 李春秋. 中小学教师职业道德修养［M］. 北京：北京师范大学出版社，2012：177.

教师对履行师德义务而产生的强烈的责任感。师德信念是深刻的师德认识、炽热的师德情感和顽强的师德意志的统一,是把师德认识转变为师德行为的中间媒介和内驱力。教师职业道德信念决定了教师行为的方向性、目的性,也影响了师德水平和师德内化的程度,具有稳定性、持久性的特点。

构建良好的师德信念对中小学生具有重要的影响,对社会发展有一定的引领作用。同时,师德信念具有浓厚的教育理想、敬业精神的色彩,是教师个体追求人生价值的一种积极的精神力量。师德信念是教师道德行为内部强大的力量,也是教师自我监督、自我反省和自我强化的重要力量。作为一名教师,只有认识到、体验到自己所从事的工作的重要性,意识到自己肩上担负着祖国和民族的未来,从而树立献身教育事业的坚定信念,他才能做到言行一致,不论遇到多么大的困难,都能处处为教育事业着想,呕心沥血,矢志不渝,为培养社会主义事业的建设者和接班人而默默地奉献自己的一生。

5. 规范师德行为、养成师德习惯:师德修炼的最终归宿

师德行为是指教师在职业道德认识、情感、信念的支配下,在教育活动中对他人、集体、社会做出的有利于或有害于教育事业及他人、集体和社会方面的行为。师德行为就其动机和效果来看,可以分为道德的行为和不道德的行为。良好的师德行为的持续坚持,就形成师德习惯。

师德行为和习惯属于道德品质的外部表现,是教师个体道德的具体表现。在师德品质的构成要素中,师德认识、师德情感、师德意志、师德信念均属于道德意识范畴,它们的作用在于指导和影响师德行为的抉择。但是教师职业道德修炼如果仅仅停留在师德意识的修炼上,不用实际行动去履行道德义务,这种师德修炼就不是知行统一的道德修炼。师德行为和习惯的养成是职业道德品质形成的关键,教师只有在实践中贯彻道德原则和规范并且始终坚持下去,经过长期的锤炼,使其成为个人良好的行为习惯,道德品质才算达到了比较完善的程度。

第二节 师德修炼的途径与方法

人的道德水平与自我修炼关系密切,没有个人的主观努力就不可能形成高尚的道德品质。道德修炼是一种个人自我的道德教育和道德改造的过程,是培养道德的自觉性,使个体不断促进自我向善的方向发展的过程。作为教师,要加强自身的道德修养,在自我规范、自我锻炼、自我改造过程中进行道德品质培养,再用高尚的道德理念指导自己的言行,这样才能成为一个表里如一、德才兼备的合格教师。

一、加强学习,提高师德认知

学习是师德修炼的基本方法,也是师德修炼的道德途径。教育理论和有关师德规范能

否有效地被内化为教师的教育教学理念，转化为"师"之德，学习活动是一个重要环节。教师善于学习、学有成效，可以较快提高道德认识水平和道德判断能力，将外在的道德要求内化为自身的道德信念和追求。

（一）学习教师职业道德有关规定

教师良好的职业道德行为和习惯，来源于对职业道德的正确认识。教师对职业道德认识，包括对教师道德的重要社会作用的认识，对教师道德原则、规范和范畴的认识，以及对教师道德行为善恶、美丑、荣辱、是非的鉴别、分辨和评价。人们的每一项客观实践活动，都是在一定的主观意识或者理论的指导下进行的，教师的道德行为也不例外。如果一个教师对教师职业道德规范的内容都不清楚，其行为怎么可能符合教师职业道德规范的内容呢？高尚的师德觉悟，从根本上说，是以科学的世界观、正确的人生观为指导的。教师只有通过认真学习有关理论，密切联系实际，科学地、全面地、深刻地认识社会，认识人与人之间的正确关系，深刻理解整个社会的公共利益，并通过教师个人的自我锻炼，才能超脱个人或职业集体的狭隘界线，树立科学的世界观和正确的人生观，自觉实践教师职业道德。因此，教师必须认真学习各种伦理道德规范，不仅要将其传授给学生，自己也要潜心地研究和修炼，明晰各种伦理道德规范的要求，在不同的道德情景中做出符合道德的行为选择，把提高职业道德修养与树立科学的世界观和正确的人生观结合起来。教师在学习、研究职业道德理论时，不能仅仅限于课本，不能仅仅满足于掌握某种艰涩难懂的理论，而应该紧密联系实际，重现现实生活当中的道德情景，深入体会和提高。教师在平时的学习、工作、生活中，要用伦理道德思想和理论指导自己的行为，去关心帮助他人，去自我锤炼提高。

（二）学习各项教育法规、政策与教育规范，保证提高师德修养有一个良好的前提

教师提升师德修养的前提是要不断学习各项教育法规。教育法规中涉及的各项行为准则、规范，都是对师德的底线要求。教师只有认真学习，在明确自己应该做什么、怎么做的基础上，才称得上认真践行。因此，必须加强对各项教育法规的学习，尤其是与教师职业行为密切相关的各项法律，比如《中华人民共和国教育法》《中华人民共和国教师法》《中华人民共和国未成年人保护法》等，以及与此配套实施的一系列法律法规，如《中小学教师职业道德规范》等。随着社会实践的不断发展，新的问题会不断出现，国家会适时对原有的法律法规进行调整、完善，也可能出台新的法律法规。教师一定要密切关注各项法律法规的新动态，在不断学习、深刻理解各项法律法规的基础上，严格遵守，依法执教。

（三）学习各项政治理论知识，保证提高师德修养有一个正确的政治方向

教师必须不断学习政治理论知识，加强理论素养。对各项政治理论知识的掌握和理解，有利于教师在提升自身师德修养的过程中把握正确的政治方向，否则，就有可能丧失正确的政治方向，误导学生。目前在各级各类学校中，有些问题已经引起普遍关注：个别教师不分场合，或牢骚怪话，或标榜西方；也有个别教师社会责任感不强，奉献意识较差，价值取向功利化等。以这样的政治水平来教导学生，既不利于培育学生的思想道德品

质,也有可能造成不良的社会影响,让人对教师的职业道德水准发生质疑。教师一定要在认真学习、深刻理解的基础上,树立起中国特色社会主义共同理想,树立起正确的世界观、人生观、价值观,以正确的政治方向来抵制多元文化背景下各种思潮冲击,增强自身的社会责任感和历史使命感,提高尊重学生、爱护学生、保护学生、正确地引导学生的自觉性。在不断学习政治理论、把握正确政治方向的基础上提高自身师德修养。

(四)不断加强对业务知识的学习,保证师德修养的提高有一个坚实的基础

古希腊哲学家苏格拉底说过,知识即美德。教师拥有了知识,就具备了拥有美德的可能性。而要把这种可能性变为现实,并且不断提升这种美德,还需要不断学习各项业务知识,不断增加知识储备。师德既在刻苦钻研、不断学习业务知识中体现,也在不断学习、精益求精中提升。教师作为知识的传播者,其职业道德往往是由渊博的知识来承载的,对于业务知识储量不够的教师而言,师德会失去基础和依托,因为师德经常通过教师的学识得以体现。虽然我们不能简单地把业务知识同教师职业道德画上等号,但丰富渊博的业务知识对教师来讲确实具有一种特殊的道德的意义。教师对学生的教导是通过言传身教完成的。同样是言传,效果不一样。照本宣科,学生昏昏欲睡,难免有误人子弟之嫌;知识渊博、分析透彻,学生醍醐灌顶,教师的职业道德和工作责任心从而得以体现。孔子说:"温故而知新,可以为师矣。"王充说:"温故知新,可以为师。古今不知,称师如何!"只有那些不断扩充新知识,在业务上勇攀高峰,在学术上精益求精的人才担当得起教师的责任。人们经常将教师比做人梯,只有阶梯越高,学生才能看得更远。为了学生的长远发展,教师必须不断学习业务知识,开阔视野,这也是一种师德的体现。除了言传,身教对学生的影响也不可忽视。孔子说的"其身正,不令而行,其身不正,虽令不从",就指明了身教对学生影响的深刻性。教师身上那种不断学习、刻苦钻研业务知识的精神对学生来讲无疑能发挥一种感召和示范的作用。很难想象一个不求上进的教师能教出刻苦钻研的学生。要想学生好学,必须教师好学,唯有学而不厌的教师,才能教出学而不厌的学生。可见,无论从言传的角度还是从身教的角度讲,教师都应当不断学习业务知识,充实自己,为师德修养的提高打下坚实的基础。

(五)提高教师的道德认知,还要虚心向模范教师学习,学习先进教师的优秀品质

榜样的力量是无穷的。教师应该努力学习历史上那些教育家的崇高师德,从他们身上汲取前进的力量,自觉地提高自身的师德修养境界。教师作为一种职业,历史久远,在几千年的历史长河中,涌现出了许多严守师德、教书育人、学为人师、行为世范的优秀教师典型。他们作为恪守师德的榜样,推动着教师职业的发展。陶行知先生就是其中杰出的代表。他那"捧着一颗心来,不带半根草去"的无私奉献精神;他那"人生之最大快乐,是创造值得自己崇拜的学生"的博大胸怀和"甘为人梯"的精神;他那"敢探未发明之新理,取入未开化的边疆"的创造精神和开拓精神;他在国民党反动派两次通缉、一次次暗杀威吓、迫害面前,大义凛然,"富贵不能淫,贫贱不能移,威武不能屈"的大无畏精神;他那执着追求真理,为民族解放事业战斗不止,奋不顾身,成为"无保留追随党的党外布尔什维克"的政治坚定性,等等,都在他的道德实践中得到了充分的体现。这些闪耀着光

辉的崇高师德，至今仍是我们学习的榜样。确切地说，陶行知的师德既是时代的产物，又不受时代的局限，将与世长存，光照千秋。从2010年开始，教育部每年举办"全国教书育人楷模"评选活动，在全国教育系统引起了强烈反响，并迅速掀起了向全国教书育人楷模学习的热潮，营造了尊师重教的浓厚氛围。"全国教书育人楷模"，是新时期对人民教师良好职业精神和道德修养的集中反映，这些人物蕴涵着崇高的理想信念、真挚的爱、无私的奉献等，具有强大的感染力、说服力、震撼力，是建设高素质的教师队伍的重要资源，在当代教师的道德观念、道德情操、道德意志和道德品质等方面具有重要的引导作用。

二、反思与慎独

师德作为教师的行为规范，主要通过教师内心的信念来起作用，依靠教师在师德修炼过程中的自我意识和自尊、自律来实现。教师在独处且存在多种道德选择的情况下，能够自觉地、自愿地、主动地限制自己，约束自己，纠正自己，能够始终如一地严格按照道德要求行事，不是出于勉强，而是出自内心的要求。这种自我意识和自律主要有反思和"慎独"两种方法和途径。

反思是一种优秀的品质，也是一种重要的修炼方法和途径。反思对教师尤为重要。常言道：金无足赤，人无完人。再伟大、杰出的人物也不可能处处伟大、样样杰出。教师虽然是教育者，也不可能完美无缺，还存在自我完善的问题。教师改正错误和克服缺点就要有反思精神。所谓反思精神，就是在实践中经常地、冷静地寻找自身的缺点和错误的精神。反思精神不仅表现了谦虚和冷静，而且表现了聪明才智。愚者经常夸耀其成绩，而智者经常发现其不足。从古至今，反思精神一直被有识之士所称道。孔子主张日三省吾身；毛泽东主张经常想一想自己的弱点、缺点和不足。毫无疑问，作为一名教师，也应具有反思精神，对同志，应严于律己，宽厚待人；对学生，应以身立教，教学相长。只有时时处处剖析自己、常常修正自己，才能堪为师表。反思在一定程度上可以使教师的行为发生刻意的改变，可以使教师改变自身实践中的无效能行为。反思还可以提高教师的自我监控能力。教师的自我监控的核心是"反思性思维"。在不断尝试反思的过程中，教师对自己的行为有了自觉的意识，对自我评价的习惯和能力不断提高，自己教学方法和技能也相应提高，从而自如地应对教学过程中的各种问题。反思实践有赖于教师的监控力，反过来，教师的监控力在反思实践的过程中也可以得到锻炼和提高。

反思需要开展批评与自我批评，严于剖析自己。教师道德修炼的本质是教师在心灵深处进行自我认识、自我教育、自我改造和自我提高。道德修炼中的批评与自我批评，相对而言，自我批评更重要，这是教师道德修炼的根本方法之一。那么怎样才能开展好自我批评呢？首先，对自己的思想道德提出高标准、严要求，也就是要"立志"，下决心做一名具有高尚师德、献身教育的优秀人民教师。这是攀登师德高峰的起点，也是克服师德修炼过程中各种艰难险阻的精神动力。在这方面，许多杰出前辈和优秀教师已经为我们树立了光辉榜样。其次，要正确认识自己，也就是正确认识自己的优点和不足。有了自我认识，道德修炼就有了目标和前提。除了自我认识之外，还需要很好地听取别人的意见。要抱着虚怀若谷的态度来接受领导、同事、学生的意见和建议。教师应该善于从学生的反馈信息中审视自己、反思自己，寻找不足并加以改进。再次，要善于控制自己或"战胜自己"。道德修养过程是一个漫长的过程，要坚持不懈，持之以恒，具备坚强的意志和毅力，要从大处着眼，小处着手，长期努力。教育实践中要将感性的、具体的教育经验上升为理性、抽象的专业理念，要从具体的根本任务对象、工作内容、工作过程中总结并展现出教师的职业道德规范，是一个含认知变化、情感投入、行为反馈的逐级递进、逐步内化的过程。①所以，教师的道德修炼也应该从点滴做起，从小事做起，循序渐进。

"慎独"是我国的传统美德，历来为杰出的思想家所称颂。慎独最早见于《礼记·中庸》："道也者，不可须臾离也，可离非道也。是故君子戒慎乎其所不睹，恐惧乎其所不闻。莫见乎隐，莫显乎微，故君子慎其独也。"② 意思是说，最隐蔽的行为，最能看出人的品质，最微小的行为，最能显出人的灵魂。慎独是一个人在独身自处、无人监督的情况下，仍能坚持道德信念，按道德原则办事。慎独不仅是一种道德修炼方法，而且是道德修炼应该达到的一种境界，一种崇高的道德境界，其根本特点是具有高度的自觉性和内在约束力。教师要做到"慎独"就应该做到：第一，坚定道德信念是"慎独"的灵魂。道德信念在道德修炼的实践中起着重要的作用。在坚定的道德信念支配下，道德主体把道德规范作为主体自身的当然之则，自觉、自愿、自由地使自己的一言一行都合乎道德规范，自觉摒弃各种杂念，自觉抵制来自外界的名、利、情等诱惑，做到"富贵不能淫，贫贱不能移，威武不能屈"，达到"从心所欲不逾矩"的理想境界，从而达到心灵的纯净。

第二，要严格要求自己，坚持在"隐""微"和"恒"处下功夫。道德主体要达到慎独的境界，除具有坚定的道德信念外，还必须在隐蔽和微小之处下功夫。对于我们教师来说，慎独对个人发展至关重要。人的高风亮节往往是从慎独培养起来的，而腐化堕落也往往是从不能慎独开场的。所以，道德主体在修炼的实践中，要注重自觉地按照道德规范约束自己的思、言、行，特别是别人看不见、听不着、监督不到的情况下，仍能小心谨慎、一丝不苟、自觉自愿地进行道德修炼，始终做到独善其身。做到"勿以恶小而为之，勿以善小而不为"。在"恒"字上着力，做到生命不息，修养不止。

第三，"静"中体悟。作为教师，应能时常处于"静"的状态，即人的身体、心灵处于祥和、安宁的状态。"非宁静无以致远"，教师只有学会"静"，善于"静"，才能体悟人生的真谛，文化的真谛。如钱学森所说的"守一份读书人的宁静"。

第四，自觉履行师德规范，养成良好的道德行为习惯。慎独要求忠诚老实，言行一致，表里如一，做到人前人后、公开和私下完全一样。慎独也是一种道德修炼境界，它标志着道德修炼已经达到自觉的程度。当一个人处于即使做了某些坏事而永远不会被人发现，不会受到社会舆论谴责的情况下，能够完全靠内心信念的力量约束自己，不做坏事。这样的人才是真正高尚纯洁的人、有道德的人。慎独作为一种道德修炼的方法，它靠自我

---

① 陈建."教师专业理念与师德"的定义、内涵与生成——基于《中学教师专业标准（试行）》[J]. 教学月刊（中学版），2014（6）：30-31.
② 王文锦. 大学中庸译注[M]. 北京：中华书局，2013：19.

监督和自我调节去磨砺人的品行，调动个人修养的自觉性，锻炼道德意志，因而能够在人的内心筑上一道不可逾越的长城。

三、注重实践磨炼

实践是人类有目的地能动地改造和探索现实世界的社会性的客观物质活动。师德修炼不能仅停留在理论上与书本上，必须在实践中予以体现。实践与理论相结合的方法是师德修炼的根本方法和途径。实践是检验真理的试金石，当然，实践也是检验师德修炼的试纸，脱离了教育实践的师德修炼是纸上谈兵。只有在教育实践过程中，师德修炼才能不断提升。从表面上看，师德修炼是一种精神实践，容易落入唯心论范畴，但师德修炼着重强调教师的心灵参与，但绝非纯粹性的心理过程，它需要付诸实践，在生动的实践活动中历练品行。如果只是"闭门思过"、"坐而论道"，脱离实践去修炼，那么教师道德修炼就要成为一句空话。"修于心"、"践于行"是教师进行师德修炼的基本原则。师德修炼与教育实践的关系主要体现在以下几个方面。

首先，教育实践是优秀师德品质产生的土壤。教师职业道德原则、规范都源于教育实践。只有紧紧抓住教学、科研、社会服务等每一个实践环节，师德修炼才能找到基点和支点。离开具体的教育实践，师德修炼就失去了根基。

其次，教育实践是师德修炼的归宿。教师学习修养理论，并努力提高自己的修养水平，其目的不是为了别的，根本上是为了指导自己更好地投入教育教学实践。学、问、思、辨最终都要回归到笃行上，并在实践中不断完善自身。如果离开这一根本目的，提高修养水平又有什么价值呢？

再次，教育实践是检验师德修炼客观效果的标准。师德修炼的内容和要求是否符合时代精神？修炼水平是否适应教育教学工作需要？只有通过教育教学实践去检验。一个教师在教育教学实践中取得的成果越大，说明这个教师的修炼水平越高，反之则越低。师德修炼的程度如何，到了什么境界，不能靠良好的自我感觉和别人的迎合吹捧来判断。师德修炼只有在教师从事的教学科研中体现，只能靠教育实践去检验。离开了教育教学实践，教师修炼便失去了客观的评价标准，这样的"修炼"又有什么意义呢？

最后，教育实践是师德修炼发展的动力。教师在教育实践中，一方面教育学生，塑造学生灵魂，另一方面又在改造自己。在实践过程中，教师原有的修炼水平与教育教学工作需要不相适应时，就需要进一步提高修炼水平，以达到新的适应。但适应总是相对的、暂时的，不适应则是绝对的，教师必须通过不断加强修炼，才能使自己的修炼水平不断适应教育教学工作新需要，这种适应—不适应—适应，以至往复无穷，构成了事物内部的矛盾运动，是推动教师提高修炼水平的根本动力。而适应—不适应—适应的反复过程始终是实践的过程。师德修炼只有通过教育实践，才能真正感受到教育中的各种新情况、新问题；只有通过教育实践，才能找到解决新变化、新问题的途径和方法。师德修炼正是在这样不断发现问题、解决问题中，得到更新、提高，实现师德境界的升华。

怎样实践呢？第一，要理论联系实际，做到学习和实践的辩证统一。即根据教育教学实践需要学习师德理论，坚持在实践中学习，同时在师德理论的指导下有目的地进行教育教学实践。第二，要有勇气，敢于实践。俗话说："万事开头难。"这里既有开头缺乏经验的意思，也有缺乏勇气的意思，但归根结底是勇气。因为经验来自实践，而只要勇于实践，经验终究是可以获得的。"千里之行，始于足下"，我们一定要勇敢地迈开第一步，并且一步一个脚印地去大胆实践，才能获得真知。第三，提高教师修炼要从一点一滴、一言一行抓起，对任何微小的有损教师形象的缺点、错误都要认真改正，用教师的道德行为规范严格对照和要求自己，真正做到为人师表。第四，要持之以恒。修炼是一个长期的、刻苦磨炼的过程，需要有坚强的意志、坚韧不拔的毅力、持之以恒的精神。教师只有在长期的实践过程中，经受无数次成功的激励和失败的考验，才能逐步形成百折不挠的坚强意志，这种意志既是教师进行修炼的条件，也是教师修炼的重要内容。教师应做到生命不息，修炼不止。

四、自我激励

社会心理学研究成果表明，人的正确道德行为需要不断加以强化才能巩固、维持，进而形成良好的道德习惯。强化的主要手段之一就是激励。在师德教育与修炼的过程中，同样离不开激励。自我激励就是客观评价自己的优点和缺点，成绩和错误，进行自我激发、自我鼓励，以增强战胜困难的勇气和信心，提高自我修炼能力和水平。中小学教师在面对自己的优劣、得失时，应保持清醒冷静的态度，客观理智地进行分析、反思，从困难和挫折中汲取力量，用明确的目标和任务提醒自己，用正确的自我观念暗示自己，从而增强自己的信念、信心和勇气，以战胜困难，实现预定的工作和学习目标，提高自我修炼水平。自我激励是提高自我修炼的一条重要途径，也是教师进行自我修炼的内在动力。对于教师，自我激励的方法有以下几种。

1. 目标激励法

人们在认识和改造客观世界的征途中不能没有目标。同样，人们在认识和改造主观世界的过程中也不能没有奋斗目标。奋斗目标作为一种职业道德理想而出现时，它就成为教师如何做人的一面旗帜，就会给教师指明前进的方向，并成为教师生活中的精神支柱，随时给教师力量，不断推动和鼓舞教师朝着既定的奋斗目标前进。

2. 成果激励法

任何一个教师只要在本职工作中认真地进行教师道德修炼，坚持下去，必有收获。这种收获，一方面可以通过学生的健康成长和社会各方面的肯定评价反映出来；另一方面，也可以通过教师自身心理上的满足、欣慰和幸福感反映出来。反过来，这一切又会转化为宝贵的精神动力，进一步激发和鼓舞教师去争取更大的收获。因此，不断总结经验，肯定成绩，增强信心，也是进行教师职业道德修炼的好方法。

3. 反思激励法

教师在职业道德自我修炼过程中，往往会遇到一些困难和障碍，也常常会因主观和客观的不一致遭到挫折或失败，还会因一些人的不理解或嫉妒而受到讥讽、误解或非难。这一切并不奇怪，重要的是不能因此就消沉、抱怨、妥协和退缩，而应当从挫折和失败的反思中，从克服困难和阻力的磨炼中，提高抗挫折能力，使自己更加成熟起来，从而走上成功之路。

4. 对比激励法

对比是认识客观事物时普遍采用的方法，这种方法也适用于教师职业道德修炼。教师的自我修炼是在社会关系中进行的，现实生活中的教师，在师德修炼的程度上必然会存在差异。一般来说，每个教师都是既有优点又有缺点、既有长处又有短处的。因此，虚心进行师德修炼的教师，应当既善于向优秀教师学习，又善于向身边的普通教师学习。要在与他们的对比中，寻找自己的不足和差距，认真弥补和改进。当然，正确地进行对比是件不容易的事情，它不仅需要正确对待别人，严格剖析自己，还要认识深刻，方法对头。

五、构建师德的监督机制

完善教师监督机制，构建多方位的、系统的师德监督体系，构建"教师自身、学生、家长、学校"多位一体的监督网络，以促进教师职业道德的自律。师德监督主要包括以下几个方面：

第一，学生监督。学生监督是构建师德监督机制中重要的一环。学生对教师的监督主要体现在课内、课外两个方面。课内监督主是指对教师在课堂上的教学活动进行监督，如对教师在课堂上的教学方式、教学态度、语言方式、行为举止等情况的监督。课外监督是指对教师在课堂以外的日常生活进行监督，通过对学生进行调查问卷、教师满意率测评，收集学生师德的评价意见等方式，监督教师的言行举止是否符合教师职业道德规范的要求，监督教师在对待学生时有无失德行为。如：歧视学习成绩不好的学生及有问题的学生，明示或暗示向学生或学生家长索要财物，向学生收取辅导费用等行为。

第二，家长监督。家长对教师的监督主要是从家长的角度对教师行为进行监督，特别是在学生家长和教师接触时，通过听取学生反映、教育教学活动观摩、家长教师座谈和亲自调查相结合的方式，对教师是否违背教师职业道德和社会公德行为进行监督。中小学校成立家长监督委员会，负责对教师的职业道德进行监督与反馈。

第三，教师监督。教师监督是指在教育教学的实践中教师与教师之间相互监督。教育劳动不仅是个体的独立劳动，还是教师与教师之间相互协作的劳动，这就要求教师在教学工作中不但要处理好与学生、家长之间的关系，更重要的是教师与教师之间的关系，他们在对彼此的敬业精神、工作态度、师生关系、同事关系、劳动成果都十分了解的基础上对教师的教育教学质量、教师之间是否团结协作、是否认真地对待学生、是否尊重家长等采取公开和不公开的形式进行相互监督，合理而有效地促进教师遵守师德行为规范。教师监督方式包括相互间的师德评议、师德测评、问卷调查、召开学生座谈会、家长座谈会、互相听课评教等方式。

第三节 师德修炼的原则与境界

一、师德修炼的原则

师德修炼的原则是指师德修炼的基本指导思想。这些原则确定师德修炼过程中应该要正确处理的一些基本关系，划定相应的道德界限，揭示师德修炼的不同境界，提供师德素养评价的标准和尺度。认识和把握这些原则，对于有效进行师德修炼具有重要的指导意义。

（一）以生为本和以师为本相结合的原则

"以人为本"是科学发展观的本质和核心，具有三层基本含义：其一，它是一种对人在社会发展中的主体作用与地位的肯定，既强调人在社会发展中的主体地位和目的地位，又强调人在社会发展中的主体作用；其二，它是一种价值取向，强调尊重人、解放人和塑造人；其三，它是一种思维方式，着眼于人的发展，强调尊重与服务，体现人文关怀与情感陶冶，实施个性化发展。以人为本，反映了社会主义现代化建设的客观要求，体现了新时期教师职业道德修炼的内在规律，是社会主义师德修炼必须长期遵循的重要原则。在师德修炼中秉承"以人为本"的理念，顺应并发展人的秉性，挖掘并提升人的潜能，完整而全面地关照人的发展，将大大提高新时期师德修炼的有效性与科学性。

提倡以人为本的师德，是提倡回归教育的本源，其价值取向一方面体现着新的全面的学生发展观，尊重学生个体的多样性发展；另一方面体现着关怀教师的幸福生存和终身发展，这是教育的本意，也是构建和谐社会的呼吁。[①] 贯彻"以人为本"的原则应该做到以下几点。

第一，以学生为本，解决好师生关系问题。育人既是教师的首要职责，也是教育工作的核心所在。传统的师生关系是服从与被服从的关系，其结果使学生成了被动受教育的客体，不利于学生创新精神的形成和个性化的发展。随着教学管理模式改革的深入，要求教师从学生的差异入手，尊重个性，培养学生的主体意识、创造精神和实践能力，构建起以学生为本、新型的、民主平等的师生关系。通过这种转变，可以充分调动学生的主动性和创造性，使教与学在互动中进行，既融洽了师生关系，又能取得较好的教学效果。教师只有坚持"一切为了学生，为了学生的一切"的教育理念，把"爱满天下""乐育英才"作为自己的崇高理想，对所有的学生都充满爱心，才能激发做好教育工作的高度责任感，才能坚定不移地辛勤耕耘，获得丰硕的育人成果。

第二，以教师为本，处理好教师的利益关系问题。传统师德教育价值观认为，师德教

[①] 程素卿. 和谐社会中师德建设的原则和途径 [J]. 学校党建与思想教育，2009（21）：53.

育的主要价值在于提高教师的思想道德素质，发挥教书育人作用，获得理想的教育效果。在教育中重视教师的人格魅力，强调道德自律性，但忽视教师自身的个人价值，过度凸显师德规范、教师职业行为和保证教育教学效果的工具性价值，割裂了师德教育和教师专业化发展的内在联系，很少考虑师德对教师自身发展的意义和作用，忽视教师的接受能力和心理需要。以教师为本，就是要求尊重教师自身的价值，使教师的合法权利得到保障，使其合理需要得到满足。对于教师，管理者要充分尊重教师自身的价值，调动教师的能动性，最大限度地发挥其潜能，把教师的工具价值降到最低。换句话说，教师应成为主动参与建设的主体，而不是工具性的建设对象，教师的自身需要应得到充分重视。事实上，教育事业也应该是教师成就自我的事业。教师在燃烧自己，照亮别人的同时，其实也照亮了自己。教师在奉献中也成就了自我。从另外一个角度讲，师德建设并非是把全体教师都塑造成千篇一律的楷模，而是使教师在达到社会公认的道德标准的同时，都能自由充分地发展，使每个教师都形成自己的特色。过去，"以师为本"的口号被无私奉献、自我牺牲的口号所掩盖，较少考虑教师自身发展需要，使师德建设按照"一切为了学生，为了一切学生"的工作需要展开，教师仅仅成为师德建设的工具性对象，从而使教师丧失了价值感和主动感，师德建设也就常常流于表面。为了改变这一状况，国家、学校应关心、理解教师，帮助他们解决一些困难和实际问题，尊重教师自身价值的实现，使他们的积极性、主动性得到有效的保护和发挥，这样，师德建设的号召力和影响力才会在全心全意为教师服务中得到增强。

（二）知与行统一原则

师德修炼重在目标明确、每日精进；重在岗位磨砺、日积月累；更重在身体力行、知行合一。所谓"知"就是指对师德的认识及其在这一基础上所形成的观念等，这是师德修炼的前提。所谓"行"就是指行为，即教师把职业道德的理论认识付诸行动，这是师德修炼的目的。

在道德修炼中，要求知和行是统一的。道德认知如果不能够见之于具体行动，就无法评价道德水平的高下。在师德修炼中，一个教师如果缺乏必要的道德知识，连起码的道德善恶、是非也分不清，不知道哪些言行与自身职业道德相符合，哪些言行与自身职业道德相违背，是不可能形成正确师德观念的。明代思想家王阳明认为，人们的道德理论、道德意识必须与自己的道德行为相一致，做到"言行一致""笃实躬行"。因此，一个教师仅仅学习了师德理论也并不能说明他具备了某种职业道德，如果只学不用、不说不做或者言行不一，说得冠冕堂皇也只能是徒有其名，培养高尚的师德言行只是一句空话。坚持知行统一的原则，就是要把学习道德理论、提高师德修炼认识同自己的行动统一起来，使理论与实践相结合。教师在师德修炼过程中更要注重品德实践，自觉培养道德行为习惯，真正成为道德高尚者。总之，只有坚持知和行的统一，才能真正提高师德修炼。

（三）内省性与约束性相结合的原则

内省性也称自律性，是指教师依靠发自内心的信念对自己教育行为的选择和调节，自觉主动地内化道德的有关原则、规范和要求，并自觉地付诸行动。约束性也称他律性，是指教师在接受职业道德的有关原则、规范和要求的过程中，其意志受到外在因素的干扰和驱使，凭借外在动力对其行为进行的调节和控制。任何事物的发展都是外因和内因共同作用的结果。良好的师德的形成也是内外因相统一的结果。外在规范和教育要求是师德修炼的外因，教师个体的内在信念是师德修炼的内因。"从师德建设所要达到的根本目标看，自律和他律二者在本质上是一致的，只是表现形式与采取的方法不同而已。师德自律是就教师内在责任而言，他律则是从教师外在义务上来提出要求。"[①]

中小学教师职业道德品质的培养是一个循序渐进的过程。教师良好的职业道德品质的培养，一般经历三个阶段：第一个阶段，个体道德的他律时期，即个人道德的认识，道德义务和道德价值仅仅受外界支配，与主体的意向无关；第二阶段，个体道德的自律时期，即道德行为从他律变为自律，核心是道德义务向道德良心转化；第三阶段，个体道德人格形成时期，即以良心为核心的教师职业道德自律时期。实现道德行为从他律变为自律，塑造优秀品质，追求崇高精神境界，培养高尚的道德人格。师德问题既是一个个人问题，又是一个社会问题，它是当今各种社会价值观、价值取向的折射和反映。就教师道德本身来说，由于一方面它是社会客观要求的体现，因此具有他律的内容；另一方面它又必须借助于教师的自觉意识，由教师主动付出，因此具有自律的内容。师德是自律与他律的统一。在加强师德修炼他律的同时，又要努力引导广大中小学教师修炼道德自律，使师德规范由"他律"要求变为"自律"需求。因此，加强师德修炼建设，离不开他律与自律的有机结合和交互作用。

（四）先进性和广泛性相结合的原则

教师专业化的发展是需要一个过程的，这个过程又表现出一定的阶段性。不同的发展阶段，教师的职业道德修炼处于不同的水平。叶澜教授根据教师职业的存在划分了三种不同状态："生存型、享受型和发展型"。师德发展的不同特点规律要求我们在中小学教师师德教育过程中要关注教育对象的层次性，充分考虑不同阶段的教师由于年龄、所处的社会环境和从事的教育工作经历不同，在接受外部教育、自我修养、社会影响、个性特征等方面也表现出较大的差异，这种差异反过来会影响不同层次教师所具备的职业道德基础、构成、发展水平、师德境界、职业状态，因此在培养目标的定位、培养内容的设计、培养要求的提出方面应体现一定的层次性。在师德修炼中，不能把师德的崇高性作为对每一位教师的普遍要求，而应该在要求教师遵守最基本的职业道德规范的基础上，引导教师向更高层次的道德境界迈进。教师道德体系理应是一个多层次的系统结构，鼓励先进、带动后进，是同一体系中并存的师德现状，也只有这样才能真正体现出师德先进性与广泛性的结合。首先，师德建设应有共同的道德标准，这是师德建设的必要前提，也是先进性与广泛性相统一的前提。其次，在当前阶段为广大教师所接受和实行的广泛性师德要求，体现了特定历史时期下社会对教师道德的基本要求。师德是一个历史性、发展性的概念，在社会转型时期师德也正处于演变之中，广泛性要求的提出为师德建设实践操作的有效性奠定了

---

① 奚婷. 以强化"两律"来促进师德的整体提升 [J]. 天津市工会管理干部学院学报，2015，3：57.

基础。最后,当前对师德的先进性要求,是对教师队伍中先进分子的高层次要求,虽然现阶段这一要求不能广泛实行,但应大力提倡,它集中体现了师德建设的性质和未来发展的方向,体现着教育专业至善至美的道德境界,虽大多数教师难以企及,却能给教师整体树立一个不断追求的终极目标。一句话,我们应要求教师在遵守最基本的职业道德规范的基础上,引领教师个人的从教行为与教师群体的道德修养逐渐向更高层次的道德境界迈进。

(五)继承与创新相结合的原则

几千年积淀的中华传统师德文化,经过中国历代思想家、教育家如孔子、孟子、韩愈、朱熹、王阳明等人的丰富、完善、创新,其丰富的内容已形成一种比较系统的、完整的师德理论体系。和谐社会建设中的师德修炼,既是民族的又是现代的。只有继承和发扬优秀的师德传统,才能保持浓郁的民族特色;只有努力探索与和谐社会相适应的师德规范,才能体现鲜明的时代气息。中华传统师德中"水善利万物而不争"的无私奉献精神,"诲人不倦"的敬业精神,"学无常师"的谦虚好学精神……这些传统师德精神的生动写照与当今一些教师的消极思想状况形成鲜明对比。师德与其他道德一样,具有极强的继承性,这是因为教育活动遵循的规律具有共性。教师职业的特殊性和教育规律的客观性,决定着不同社会形态中师德要求有某些共同性。我们今天的师德建设也应当继承和发扬这些经历千百年历史检验积淀下来的师德传统。通过对传统师德精髓理念的传承,可以有效地规范和引导教师学为人师、行为世范,促成他们优良师德的形成。

师德有历史的继承性,也有鲜明的时代特征。世界上的任何事物,都是不断变化发展着的,师德修炼必须跟上时代的步伐,时代变化了,师德修炼也要跟着变化。一成不变的方式最终必然走向失败。师德修炼在对于传统的继承和对于新时代的适应中不断与时俱进。如果只有继承,没有创新,师德修炼就会墨守成规、故步自封,最终被时代所抛弃。而如果脱离历史,背弃传统去创新,也会使师德修炼流于形式,最终被现实所抛弃。在新时期,我们更要跟上时代,适应新时代的需要,适应教育新形势、新任务的要求,借鉴世界先进文明成果,在内容、形式、方法、机制等方面努力改进创新,努力探索新形势下师德建设的特点和规律,使师德建设不断达到新的境界。师德修炼的创新既要有观念创新,要坚持以人为本,因材施教,以公平、发展的观点对待学生;而且应当让自己的教学方法与时俱进,主动了解现代教育模式,并在熟悉现代教育模式的基础上进行实际操作。对于自己所任教的课程,应注意做到教学相长,积极与其他同行交流学科最新发展成果,从而有效解答学生的问题以及使学生的求知欲得到满足。为了能够使教学方法能够满足课程改革需要,教师还应不断进行自我"充电",让自身知识结构及时得到调整与补充。实践证明,只有不断创新才能够为社会输送更多的栋梁之材,并从而使师德修养得到提高。

二、师德修炼的境界:乐业与职业幸福

作为教师,不仅需要以自身积极的教育实践为学生创造美好的精神家园,同时也要积极为自己拓展人生的空间,享受美好的教育生活和职业人生的快乐与幸福,达到自我完善的境界。"幸福和教育有着内在的联系;幸福应该是教育的一个目的,好的教育应该对个

人和集体的幸福有所贡献。"[1] 这种自我完善使教师不仅仅把教学当成谋生的手段,甚至无须以道德良心和所谓的奉献精神为依据,而是出于自然、出于精神的充实与满足、出于自身生命成长的需要。

(一) 乐业是一种积极的职业态度

《论语·雍也》提出:"知之者不如好之者,好之者不如乐之者。"人能从自己的职业中领略出趣味,生活才有价值。教师的职业是崇高而神圣的,但又是平凡而艰苦的。一个有良好职业道德的教师,不仅仅是忠诚于教育事业,而且以教为乐,以学生发展为乐。像苏霍姆林斯基、杜威、孔子、陶行知以及当代的魏书生、霍懋征等古今中外的教育名家,无不是把教育当作享受幸福、品味快乐的过程。乐业指向的并不只是职业本身,而是教师自身的生命状态,即一种从教师职业中获得生命的充实、和谐、完满的生命状态。乐业的根本是一种生命境界的提升。乐业的核心是教师职业对于教师个人生命的安顿,即教师个人能从教师职业中找到人生的精神依据,妥善地安顿自己的心灵生活。

乐业,即以业为"乐",享受职业生活,从中获得人生的快乐与幸福。教师乐业具体指教师把教育作为一种职业体验,乐于与学生分享知识、经验、智慧、情感,与学生共成长,从教育这种职业中获得人生的乐趣。梁启超在《敬业与乐业》一文中认为"敬业即是责任心,乐业即是趣味"。[2] 教师的职业趣味使教师将教育职业当作生活的一部分,发自内心地享受教育过程和教育结果,其乐趣主要来源于:学生的发展,教育教学活动本身的乐趣,自身成长的喜悦。

这种积极的职业态度取向和情感体验作为一种道德情感,产生于对教师职业活动的内在兴趣、职业理想、对职业的理解。教师的职业兴趣是教师在从事教师职业的活动中所表现出来的特殊个性倾向,它使教师对教育职业具有向往的倾向,乐于去从事这种职业,在此基础上产生愉悦的情感体验。只有当我们把这份工作当成一种乐趣,由此人生变得丰富的时候,我们才可能成为真正的好教师。这种"好"不仅仅是道德意义上的"好",更是教师生命状态的充实与完善。

(二) 乐业与职业幸福:师德修炼的理想境界

我们之所以称乐业为师德修炼的理想境界,是从道德的利人、利己两个角度来讲的。从利人的角度讲,师德修养的理想境界指教师在师德修炼的积极实践中,最大限度地促进学生的发展。乐业的教师由于能以一种积极的态度从事教育工作,能更深刻地认识和理解教育活动,把握教育活动过程和结果的意义,因而在同等的专业水平下,他们会用自己的生命去从事教育,用生命点燃生命,用生命启发生命,用人格感染人格。因而学生所获得的不仅仅是知识与能力,学生学习的过程不仅仅是发展的过程,同时也是享受、感悟生命,欣赏生活的过程。从利己的角度讲,乐业使教师的师德遵从成为一种自觉自愿的愉快行为,而不再是仅仅出于一种社会责任、良知和理性自觉。乐教境界的教师会把教师职业

---

[1] 候晶晶. 关怀德育论 [M]. 北京:人民教育出版社,2005:129.
[2] 梁启超. 饮冰室合集(第十四册)[M]. 北京:中华书局,2015:3763.

作为一个追求幸福的最美好的人生舞台，并能从中感知人生的自由和灵魂的愉悦。在这种愉快的教育行动中，教师将充分享受到自身生活的幸福与职业人生的完满。处于乐教境界的教师，其职业情感达到了很高的境界，在教育劳动中始终会具备崇高的职业尊严感、成就感、荣誉感和人生价值的实现感，并不断感受着作为教师所带来的幸福感。"教师的最高境界是把教育当作幸福的活动。"①

（三）教师如何乐业

乐业不是一种规定，而是一种修养，一种扎根于教师职业、用心从事教师职业并且懂得创造、欣赏教师职业、感受教师职业欢乐的积极的生命状态。教师的乐业，既有赖于合理的物质回报、和谐的社会环境，更取决于教师自身的努力。一位教师能否真正找到教师职业的内在乐趣，关键在于教师的内在素养。

1. 用心理解教育

梁启超在《敬业与乐业》一文中说："我老实告诉你一句话：凡职业皆是有趣味的，只要你肯继续做下去，趣味自然发生。为什么呢？第一，因为凡一件职业，总有许多层累、曲折，倘能身入其中，看它变化，进展的状态，最为亲切有味"。② 具体到教育，指教师应用心去理解教育、感受教育，从中发现教育的趣味。用心理解教育，除能使教师发现教育的亲切有味外，还能使教师在自觉的状态下理解教育的意义和宗旨，使自身生命的意义与教育活动的意义相互关涉，从而提升教师职业活动的质量和境界。

2. 用心从事教育

既然选择了教育事业，就应全力以赴，以饱满的热情，强烈的责任感，用心从事教育，主动去创造、提升教育实践的丰富性，在用心从事教育的过程中感受教育实践的乐趣。

（1）乐于教学。乐于教学是指教师认真做好备、教、批、改、辅等常规教学工作，这种认真不是出自一种外在规范的驱动——纯粹是为了完成任务和履行某种职责，尽管一丝不苟；也不是为了某种功利；更不是机械地投入，而是发自内心，在教学过程中饱含热情和志趣。只有这样，教师才可能在每个教育环节之中，都充满着对学生、对人的真实而鲜活的关怀和期待。教师在备课过程中要用心投入，做到三精：精读教材，精选教法，精心研究学生。只有用心投入，教师才能将教材变成其内在素质，他所传授的知识才会充满生命和意义，才能点燃学生内心的热情和渴望，并唤醒他们对自然、人类、社会、人生和生活的热爱。教师在上课时需要做到三境界：第一境界是"形动"，即千方百计吸引学生，让学生喜欢上你的课；第二境界是"心动"，即用自己的真情打动学生，刻意创设特定的课堂情感氛围；第三境界是"神动"，即把自己的领悟变成学生的思维和情感。

（2）乐于育人。乐于育人是指教师不仅仅是传授知识和发展技能，而且热心于引导学生做人和明事理，促进学生精神成人。乐于育人的教师不仅善于传授知识和发展技能，而

---

① 刘次林. 幸福教育论 [M]. 北京：人民教育出版社，2003：201.
② 梁启超. 饮冰室合集（第十四册）[M]. 北京：中华书局，2015：3762.

且热心抓住课堂内外的一切教育契机来丰富学生的精神世界，启迪学生为人处世的道理，增进他们人生的智慧。当然，这种学生的精神和人格的引导不是一种外在的刻意灌输，而是师生在教育过程中平等交往的结果，是教师教育智慧与教育真情的自然表达。

（3）乐于和学生交往。学校不仅是知识的乐园，更是生命的乐园，是师生交往、共同生活的乐园。师生交往不仅是教育教学方面的交往，在教学以外的时间里，在生活上也需要教师扩大与学生的交往，而不是来去匆匆，上完课就对学生不闻不问。扩大师生交流，可以增进师生情感，有利于师生间的有效沟通，更好地了解学生，走进学生的内心世界，和他们成为真正的朋友，从而实现现代型的教学相长，教师和学生人格共同发展。师生交往的途径非常广泛。下课时观察一下学生们在玩什么；可以抽个空和学生一起跳绳，打球，切磋球艺；甚至可以用QQ或微信与学生一起网上聊天。

（4）乐于和同事、家长进行交流合作。从学生发展的角度出发，一个人的成长是多种影响相互协调的结果。乐于和同事、家长、相关的社会人员交往，不仅可以扩大教师的教育视野，增进教育合力，而且可以在互相沟通中增进对学生的了解，改善教育的效果。

（5）乐于学习、反思和研究。苏霍姆林斯基在《给教师的建议》中说："把每个学生引导到书的世界中去，培养他们热爱书籍，使书籍成为智力生活的指路明灯——这有赖于教师，有赖于书籍在教师本人的精神生活中占什么地位。"[①] 今天当教师，需要我们乐于学习、反思和研究。教师的自我反思，是指教师在教育教学实践中，批判地考查自我的主体行为表现，通过回顾、诊断、自我监控等方式，或给予肯定、支持、强化，或给予否定、思索、修正，从而不断提高其教学效能的过程。所谓十年树木，百年树人，育人是一个长效性的事业，它需要教师有足够的远见和卓识。很多教师强调，要把快乐建立在孩子的进步之上。问题在于，孩子的进步绝不是一朝一夕的事情，你对孩子的帮助和影响，也许要等到几年或十几年之后才能看到效果。常常因为等待时间太长，我们痛苦焦虑，或因失去耐心，而做出些让人不快的事情。

3. 用心享受教育

一个用心去从事教育的教师是甘于奉献的，但这仅仅是问题的一个方面。"有一种'无私'的教师认为不需要任何东西，他甘于奉献，只是为了学生而活着，他认为他自己无足轻重，只要学生幸福，宁肯做牛做马。但是使他百思不得其解的是，尽管他是无私的，他却并不幸福。"[②] 这样的教师还不算是真正乐业的教师。真正乐业的教师还应当心中装着自我，自觉享受教育过程和教育结果。

（1）享受学生成长带来的喜悦。教师的首要职责是育人成人，教育的成功和职业理想的实现是教师幸福的重要源泉。教师不仅可以拥有生活中最大的乐趣，而且还拥有其他职业不曾有的乐趣，那就是学生的爱和成长。学生是教师生命的发展和延续。"学生的生命就是教师的生命，学生的成败深切地牵动着教师的心灵。"[③] 教师把自我生命情感、态度以

---

① 苏霍姆林斯基. 苏霍姆林斯基选集（第2卷）[M]. 北京：教育科学出版社，2001：624-625.
② 刘次林. 幸福教育论 [M]. 北京：人民教育出版社，2003：210.
③ 同上，207页.

及人格、智慧都投入到育教学实践中，将自己的人格精神融入学生的心灵，潜移默化地引导学生个体未来的生活，在学生的生命世界扩展自己。试问还有什么东西比自我生命的增值更让人幸福的呢？还有什么比看到自己的学生茁壮成长更让教师感到幸福的呢？

（2）享受"教学生活"。教学不仅仅是学生获得美好生活的途径或手段，也不仅仅是教师谋生的手段，而且，它本身就是学生与教师的一种生活。当教师在努力开启学生的心灵和智慧时，也就是在追求自己有意义的人生。他在追求这样有意义的人生的过程中，体味到教学本身的乐趣。我们完全可以从教师职业生活过程中体会到人生的幸福和意义。同样是上课，如果教师是为上课而上课，教师的心就只是在机械地等待，等待学生的回答，等待结果与预设答案的契合。如果教师是以欣赏的姿态进入课堂，上课的同时也享受教学的乐趣，我们就能在课堂上尽可能地放松自己，和学生心心相印。

（3）享受教育的自由与幸福。教师在很大程度上张扬自己的个性，在与学生的交流中肯定自我，充分展现自我的多才多艺，让自己的生活和精神世界更加丰富多彩。当一个教师超越纯粹的物质追求，把自己所做的平凡工作与自我价值的实现联系在一起时，他就会获得精神上的自由，从职业中获得生命的幸福。孔子毕生诲人不倦，似痴似狂，成就了"万世师表"；孟子以"得天下英才而教育之"为人生幸事，被尊为"亚圣"；于漪、魏书生等当代名师，无不表现出对教育的热爱，无不以教育为乐、以教育为幸福。以教育为乐的教师，才会不断挖掘教育生活的内在魅力，不断引发教育生活的诗意，把教育中的所有人引向对诗意人生的超越之途，引向幸福的人生。

（4）在"学习、反思与研究"中享受职业幸福。教师的学习不仅是为了提高专业化水平，努力使自己保持良好的思维状态，而且，更重要的是通过学习思考来拓展自己的精神境界，在应对现实的事务之中获得心灵的安顿，在与外界不断的精神联系中得以安身立命，使生命充盈，享受职业幸福、人生乐趣。教师从事反思与研究也不仅仅是为了提高教育水平，研究本身即是一种乐趣。"只有研究和分析事实，才能使教师从平凡的事物中看出新内容、新特征、新细节，才能感受教育工作的真正意义，享受教育的快乐和幸福。"[①]研究可以使我们从生活的喧嚣和浮躁中解脱出来，获得心灵的宁静和充实。当我们把教育作为一项事业去追求，而不仅仅作为一种谋生的手段去看待时，我们才能真正领悟"学而不厌、诲人不倦"的境界和乐趣，才能真正体验到"得天下英才而教育之"的自豪感和幸福感。教育的乐趣和幸福一旦与教育者的神圣职责、要求结合起来，工作就不会是负担，而是一种享受，是一种崇高的实践。

本章小结

教师职业道德的提升关键是教师自身加强道德修炼。师德的价值体现在它是教师的根本素质，师德建设是教师队伍建设的首要任务，对于青年教师加强师德修炼具有特殊意义。教师职业道德修炼的内容主要包括提高师德认知、陶冶师德情感、磨炼师德意志、坚

---

① 肖川. 教师的幸福人生与专业成长 [M]. 北京：新华出版社，2011：31.

定师德信念、规范师德行为。教师职业道德修炼的方法和途径主要有加强学习、反思与慎独、注重实践磨炼、自我激励、构建师德的监督机制。教师职业道德修炼的原则要坚持以生为本和以师为本相结合、知与行统一、内省性与约束性相结合、先进性和广泛性相结合、继承与创新相结合。教师职业修炼的境界是达到乐业，直至职业幸福。

思 考 题

1. 中小学教师加强职业道德修炼的意义是什么？
2. 如何理解教师不仅是"经师"，更是"人师"的含义？
3. 中小学教师在教育实践中如何坚持"以人为本"的教育理念？
4. 教师职业道德修炼的内容包括哪些？
5. 中小学教师如何做到"慎独"？
6. 中小学教师职业道德修炼的方法有哪些？
7. 教师职业道德修炼应坚持什么原则？
8. 如何理解"教师的职业是幸福的职业"？

案例研究

案例 1

2015 年 9 月 7 日，教育部与中国教科图文卫体工会在庆祝教师节暨全国师德楷模座谈会上，授予魏亚建"全国师德楷模"称号。魏亚建的老家在南日主岛。师范毕业后，他主动放弃了优越的工作，奔赴南日罗盘小学任教。但任教的学校比想象中的条件还差：岛上唯一的交通工具就是一艘小舢板，柴米油盐要行驶近 1 个小时到南日主岛去购买；只有 3 间低矮的教室、3 位教师、5 个班级、72 位学生……面对这样的情况，魏亚建决心迎难而上。他一门心思钻研教材，分析学生的知识漏洞，针对不同学生设计不同的补漏方案，力促罗盘小学教学质量提升。多媒体教室、网上名师讲坛等对海岛学生来说比较陌生。魏亚建便随时上网查阅教学资料，掌握新动态，领会新教法，让罗盘小学保持着与主岛一样的教学计划、教学进度。这些年来，魏亚建曾有机会调离，但他选择了留下来。27 年来，魏亚建为小岛培养了 50 多名优秀的大学生。27 年啊，何其漫长！人生有几个 27 年？可是，为了小岛教育事业，魏亚建一待就是 27 年。如今，他韶华已逝，青春不在。

（摘自：谢庆胜，吴一阳. 海岛师魂——魏亚建［EB/OL］. http：//www. xyxc. com/xiuyu/94－3/3186. htm，2015-8-30.）

案例 2

"在最崎岖的山路上点燃知识的火把，在最寂寞的悬崖边拉起孩子们求学的小手，19 年的清贫、坚守和操劳，沉淀为精神的沃土，让希望发芽。"这是 2008 年感动中国组委会赋予李桂林、陆建芬夫妇的颁奖词。19 年的坚持，悬崖绝壁一道狭窄天梯上几千次的来回,为一个十几年没有学校的小山村的孩子们搭建起通往美好生活的知识桥梁。在这个物欲横流的时代,坚守一份清贫已是可贵,坚持奉献更是难得。为了那些渴望知识的孩子,他们放弃更好的工作机会,离开自己的儿女,尽力为山区的孩子们创造更好的学习条件,让他们了解外面的世界。他们为偏远山区的教育事业撑起了一片蓝天。烛照深山,19年的坚持,难能可贵。

[摘自:蒋伟. 李桂林、陆建芬:19年撑起悬崖小学[N]. 新华日报,2009-2-27(B6)]

案例思考:

1. 作为一名小学教师,魏亚建、李桂林、陆建芬为什么会赢得如此的尊重与殊荣?
2. 魏亚建、李桂林、陆建芬的人生事迹对于师德修炼有哪些启示?

推荐阅读

1. 刘次林. 教师幸福论[M]. 北京:人民教育出版社,2003.
2. 苏霍姆林斯基. 给教师的建议[M]. 北京:教育科学出版社,2002.
3. 李春秋. 中小学教师职业道德修养[M]. 北京:北京师范大学出版社,2012.
4. 叶澜. 教师角色与教师发展新探[M]. 北京:教育科学出版社,2001.
5. 朱小蔓. 教育职场——教师的道德成长[M]. 北京:教育科学出版社,2004.
6. 教育部师范教育司. 中小学教师职业道德规范学习手册[M]. 北京:高等教育出版社,2008.
7. 檀传宝. 走向新师德——师德现状与教师专业道德建设研究[M]. 北京:北京师范大学出版社,2009.

下编 教育法规

第六章 教育法规基础

本章重点

- ◆ 了解教育法规的内涵与特征,把握教育法规的结构体系
- ◆ 理解教育法律关系的概念及特征,掌握教育法律关系的构成要素
- ◆ 明确教育法律责任的归责要件与归责形式
- ◆ 能运用相应的教育法规原理分析教育实践中的相关问题

教育法规属于教育法学的学科范畴。教育法学是以教育法、教育法律现象及其发展规律为研究对象，即运用法学理论研究和解释教育法律现象及其产生、发展规律的一门法学分支学科。教育法规是国家教师资格考试的必考内容，也是中小学教师和校长培训的一门必修课程，其重要地位和作用正日益显现出来。国家发展教育事业，需要通过教育法规来协调和制约。依法治教、依法治校、依法执教，这是国内外教育法规实践反复证明了的一条共同经验。学习教育法规既是教师岗位职责的要求，又是搞好教育教学工作的需要。只有掌握一定的教育法规基本知识与基本原理，才能树立依法治教的观念，增强在办学和执教中执行各项教育法规的自觉性，懂得并能正确维护学校、师生的正当权益。

第一节 教育法规概述

一、教育法规的内涵

一般意义的法，体现统治阶级意志，由国家制定或认可并以国家强制力保证实施的行为规范的总称。教育法规是国家法律体系的一个重要组成部分，它具备法的基本要素，同时又具有自身的特点和调整对象。教育法规是由国家制定或认可，并以国家强制力保证实施的，调整教育活动中各种社会关系的法律规范的总称。教育法规（即广义的教育法）指国家机关制定或认可的一切有关教育方面的法律、法规的规范性文件的总称，具体包括宪法中的教育条款、教育法律、教育行政法规、地方性教育行政法规和教育行政规章等。作为教育基本法的《中华人民共和国教育法》通常被认为是狭义的教育法。教育法规的调整对象是教育社会关系，它包括国家机关、教育行政部门、各级各类学校及其他教育机构、教职工、学生、学生家长、社会团体和公民在教育活动中形成的各种社会关系。

教育法规是现代国家管理教育的基础和基本依据。我国自1997年9月中共十五大提出依法治国的方略以来，我国教育事业不断加快依法治教的进程。我国的教育法规是社会主义教育的法律管理手段，是人民利益和意志的体现。制定和实施教育法规，是国家管理教育的重要方式，它对于推进我国教育事业改革与发展的规范化、制度化具有重要的意义。

二、教育法规的特征

教育法规作为法的重要组成部分，除具有法的一般特征，即程序性、规范性、确定性、普遍约束性和强制性外，还具有其自身的特征。

（一）主体的多样性

这里的"主体"指教育法律主体，是教育法律关系的参加者或者权利义务的承担者，包括自然人、法人和其他组织。教育活动包括举办教育，管理教育，实施教育，接受教育,参与、支持和帮助教育等诸多方面。这些活动往往涉及国家机关、教育行政机关、社会团体、社会组织、学校和学生、学生家长等相关主体,这些主体在教育活动中享有广泛的权利,承担着多方面的义务,他们都可以成为教育法律关系的主体,这就使教育法规的主体呈现出多样性和复杂性。

（二）调整范围的广泛性

教育法规主体的多样性直接决定了教育法规调整范围的广泛性。从教育对象上看,我国《宪法》赋予了每个公民有受教育的权利。目前我国实行九年义务教育制度和实施终身教育,这意味着接受各种形式、不同层次的教育和培训的教育对象,都享有教育的权利和承担相应教育的义务。教育已经变成同广大人民群众的切身利益息息相关的伟大事业。我国教育法规不仅确立了教育系统内部的学校、教师、学生等各主体的行为规范,而且也确立了教育系统外部的各级人民政府及其有关部门、企业、事业单位和其他社会组织、学生家长等各主体与教育相关活动的行为规范,它的调整范围包括举办、实施、管理、接受和参与教育等活动,这些活动的各种利益关系只能以体现国家意志的法律加以调整。这就决定了教育法规调整范围的广泛性。

（三）法律关系的复杂性

在社会主义市场经济条件下,伴随着办学体制、管理体制、投入体制、招生就业制度、学校内部管理体制等方面的全面改革,教育领域中的社会关系发生了重大变化。如,在改革办学体制、优化教育资源配置中,教育机构之间的协作、各种社会组织之间的联合办学,需要界定产权关系；民办教育机构的举办者、管理者、教师、学生之间的关系；学校与用人单位之间的委托培养关系；学校内部人事制度改革中学校与教师之间的聘任关系；高等学校融入国家创新体系,科研机构、企业之间基于"产学研"一体,职业学校与企业之间基于"产教结合"而产生的合作关系；金融机构与学生之间的学生贷款关系；教育机构与境外组织或个人之间的合作办学关系；学校科研成果转化中的风险与利益分配,学校事故中的责任归属和赔偿主体认定,等等。这些社会关系的调整有着深刻的利益背景和复杂的利益体系,充满着利益矛盾与冲突。在市场经济条件下,对各种利益关系只能以体现国家意志的法律加以调整,这就是法律关系的复杂性。

（四）法律关系的行政主导性

教育法规调整的教育关系以行政法律关系为主,具有行政主导性,这一点与民事关系所特有的双向性和刑事关系的触犯刑律性有重要区别,而与行政规范有很强的关联。现实中出现的许多涉及教育的矛盾和纠纷,可以在现行的法律框架内找到合适的解决方案,但是最终的解决与政府在教育领域内的角色转化有密不可分的关系。

（五）法律后果的特殊性

这主要表现在对违反教育法规行为的处理方式,与其他法律相比,教育法规具有自身的特殊性。

1. 注重保护受教育者,尤其是青少年学生

可以说,全部教育法规的核心是保障公民的受教育权,尤其是保护权利能力和行为能

力不一致的儿童、少年。对学生错误行为的处理主要是采取批评教育的方式，例如，对不按时入学或流失的适龄儿童，更主要是进行耐心的说服教育，只要他们入学或返校就读即可，对他们本人并不进行处罚，而是要处罚其家长或其他监护人。

2. 注重保护教师的特殊职业权利

在教育活动中，教师享有《中华人民共和国教师法》所规定的特殊权利，包括教育权、教学权、科学研究权、指导学生发展权、带薪休假权、进修培训权等。在具体的教育实践和对教师的违法行为的处理中，要把保护教师的权利和工作积极性等方面因素统一起来考虑。

3. 注重维护学校的正当权益

教育是国家的公共事业，学校是培养人的主要场所，教育法规对之给予特殊的保护。教育法规规定任何组织或者个人不得侵占、克扣、挪用义务教育经费，不得扰乱教学秩序，不得侵占、破坏学校的场地、房屋和设备。对违反者，要根据不同情况，分别给予行政处分或行政处罚；造成损失的，责令赔偿损失；情节严重构成犯罪的，依法追究刑事责任。在具体处理过程中，一般应该从快、从严，体现对学校正当权益的特殊重视。

三、教育法规的结构体系

教育法规的结构体系是指教育法规作为一个专门的法律部分，按照一定的原则组成的一个相互联系、相互协调、完整统一的法律有机整体，一般分为横向结构和纵向结构。

（一）教育法规的横向结构

教育法规体系的横向结构是指依据教育法规所调整的教育社会关系的特点或教育关系构成要素的不同，划分出若干处于同一层级的部门教育法，形成法规调整的横向覆盖面。它的存在有两种关系：一是部门法之间的并列关系，二是部门法之间的交叉关系。我国教育法规体系的横向结构主要包含以下几个部类：教育基本法、义务教育法、教师法、学位法、职业教育法、高等教育法、师范教育法、特殊教育法等各种基本法和部门法。

（二）教育法规的纵向结构

教育法规的纵向结构，也就是其渊源体系。教育法规的渊源不是指法的历史渊源、理论渊源等，而是指教育法规的法律效力的来源，包括教育法规的创制方式及其外部表现形式。教育法规渊源的研究包括两个方面的问题：一是教育法规的创制机关、创制权限和创制方法（如制定、认可），即哪些国家机关可以在什么领域内以何种方式创制教育法规；二是教育法规有哪些表现形式，不同形式的教育法规之间的效力等级和相互关系如何。依据教育法规的效力、级别和适用范围，使教育法规的所有法律形成高低不同的层次，即构成教育法规的纵向结构。我国教育法规的渊源结构排列顺次为：宪法、教育基本法律、教育单行法（以上全国人民代表大会制定）、教育行政法规、部委教育规章（国务院制定）、地方性教育法规、地方性教育规章（地方人大、地方人民政府制定）。

1. 宪法中有关教育法规的条款

宪法是国家的根本大法，在我国法律的渊源体系中占据首要地位，具有最高的法律效力。《宪法》作为教育法规的渊源，规定了我国教育的社会性质、目的任务、结构系统、办学体制、管理体制，规定了公民有受教育的权利和义务，规定了对少数民族、妇女和有残疾的公民在教育方面予以帮助，规定了对未成年人的保护，规定了学校的教学用语，规定了宗教与教育的关系，这些都是各种形式和层级的教育立法的主要依据和最高依据。任何形式的教育法规都不得与《宪法》相抵触，否则便是违宪。

2. 教育基本法律

教育基本法律是由全国人民代表大会制定，调整教育内部、外部相互关系的基本法律准则。对整个教育全局起宏观调控作用，或称为"教育宪法""教育母法"。我国的教育基本法律为《中华人民共和国教育法》（1995年颁布，2009年第一次修正，2015年第二次修正）。

3. 教育单行法

一般由全国人民代表大会或者全国人民代表大会常务委员会制定，它是调整某类教育或教育的某一具体部分关系的法律。我国这类法律有：《中华人民共和国学位条例》（1980年颁布，2004年修正）、《中华人民共和国义务教育法》（1986年颁布，2006年修订并于同年9月1日起施行，2015年修正）、《中华人民共和国教师法》（1993年颁布，1994年1月1日起施行，2009年修正）、《中华人民共和国职业教育法》（1996年颁布并于同年9月1日起施行）、《中华人民共和国高等教育法》（1998年颁布，2015年修正）、《中华人民共和国民办教育促进法》（2002年颁布，2003年9月1日起施行）。

4. 教育行政法规

教育行政法规是指由国家最高行政机关国务院制定或批准的有关教育方面的行政法规，是国家行政法规的重要内容。教育行政法规的名称一般有三种：条例、规定、办法或细则。如，国务院发布或批准的：①《中华人民共和国学位条例暂行实施办法》（1981年5月20日国务院发布）；②《普通高等学校设置暂行条例》（1986年12月15日国务院发布）；③《幼儿园管理条例》（1989年8月20日经国务院批准，国家教委令第4号发布）；④《扫除文盲工作条例》（1988年2月5日国务院发布，根据1993年8月1日国务院关于修改《扫除文盲工作条例》决定修正）；⑤《高等教育自学考试暂行条例》（1988年3月3日国务院发布）；⑥《学校体育工作条例》（1990年2月20日经国务院批准，国家教委令第8号发布）；⑦《学校卫生工作条例》（1990年6月6日经国务院批准，国家教委令第10号发布）；⑧《教学成果奖励条例》（1994年3月14日国务院令第151号发布）；⑨《残疾人教育条例》（1994年8月23日国务院第161号发布，2011年1月8日修订）；⑩《征收教育费附加的暂行规定》（1986年4月28日国务院发布，1990年6月7日国务院令第60号修改，2005年国务院令448号修改）；⑪《教师资格条例》（1995年12月12日国务院发布）；⑫《社会力量办学条例》（1997年7月31日国务院发布）等30多个教育行政法规。

5. 地方性教育法规

地方性法规是地方国家权力机关制定的规范性文件的专称。制定地方性教育法规，须报全国人民代表大会常委会备案。地方性教育法规只在该行政区域内有效，不得同宪法、法律行政法规相抵触，其名称通常有条例、办法、规定、规则、实施细则等。

6. 教育规章

教育规章主要是指国务院教育行政部门（教育部）根据法律和行政法规在本部门权限内所制定的关于教育的规范性文件。相对于教育法律和教育行政法规而言，部委教育规章的数量是很大的，三者在数量上呈金字塔状。这类文件主要是就国家有关教育的法律、行政法规的实施问题制定出相应的实施办法、条例、大纲、标准等，以保证相关法律、法规的实施。如《学生伤害事故处理办法》《教育行政处罚暂行实施办法》《中小学教师继续教育规定》等。

（三）教育法规的文本结构与教育法律规范

每一部法律都是由若干部分组成的一个统一整体。一部好的法律文件，除了在内容上应能正确体现国家意志之外，法律的文本结构是否科学、合理也是极重要的因素。构成法律文本整体的各个组成部分称为法律结构的要件，一般来说可以由法律名称、法律规范、制定机关、效力等级、时间效力、适用范围、法律文本等要件组成。

法律规范又称为法律规则，教育法律规范是指通过一定的教育法律条文表现出来的，具体规定教育主体的权利和义务及法律后果，具有自己内在逻辑结构的教育行为标准或准则，具有普适性、明确性和肯定性的特点。因此，在起草法律草案、审议立法议案时，应注意教育法律规范的特点，避免在法律文件中出现不具有普适性而只针对个别人、个别事项的规定；避免出现不明确性、不肯定性而表现出含糊不清、可伸可缩的规定；不应把法律文本写成文章。

法律规范由三个要素构成，即假定、处理和奖惩。假定是指法律规范适用的条件和范围。只有合乎特定的条件，出现特定的情况，才能适用特定的法律规范。如，《中华人民共和国教育法》第九条第二款规定："公民不分民族、种族、性别、职业、财产状况、宗教信仰等，依法享有平等的受教育机会。"其中的"公民不分民族、种族、性别、职业、财产状况、宗教信仰"就是这一法律规范的假定部分。处理是指法律规范要求的作为和不作为。它是法律规范的基本部分，因为它具体规定了人们的行为，即允许做什么、禁止做什么或要求做什么。奖惩是指人们做出或不做出某种法律规范规定的行为时，在法律上引起的后果。法律后果按性质可以分为两类，一类是奖励，即国家根据法律对人们的行为的有效性加以肯定，对各种合法行为加以保护、赞许和奖励；另一类是惩罚，即国家根据法律对人们行为的有效性加以否定，对各种违法行为予以制止和惩罚。奖惩是教育法法律结构中不可缺少的一个组成要素。假定、处理和奖惩是构成法律规范的三个组成要素，但是这三个要素并不一定都同时出现在同一法律条文中，甚至也不一定出现在同一法律文件中。

四、执行教育法规应注意的问题

（一）正确处理大法与小法、母法与子法的关系

宪法是国家的根本大法，一切教育法律、法规不得与它相抵触。教育基本法是母法，

高于其它单项教育法律、法规。

（二）后定法规优于先定法规

在执行教育法规过程中，如遇到具有同等效力的两种或两种以上的法规，在内容上出现矛盾时，应以后制定的法规为有效。

（三）特别法规优于一般法规

在少数民族地区、在经济建设特区或国家处于非常时期，都可以根据特殊情况制定特别法规。特别法规与一般法规相比较，要先执行特别法规。

（四）要把执法、守法和法制教育结合起来

执行教育法规，应以说服教育为主，行政强制为辅。事先要广泛宣传法规内容，使人们自觉遵守。

第二节 教育法的制定、实施和监督

要保证教育事业健康有序地进行，必须走依法治教之路。教育法的制定是依法治教的前提，它解决的是教育"有法可依"的问题。在教育法治的过程中，除要有法可依外，还要"有法必依、执法必严、违法必究"，即有效实施教育法。

一、教育法的制定

（一）教育立法的含义

教育法的制定又称教育立法，有广义和狭义两种解释。广义的教育立法是指国家机关依据法定的权限和程序，制定、修改、补充和废止规范性教育法律文件的活动。狭义的教育立法是指最高国家权力机关及其常设机关依据法定的权限和程序，制定、修改、补充和废止教育法律的活动。教育立法是加强教育法制建设、依法治教的前提，为实现教育法律的调整提供根据。对教育关系的法律调整取决于教育立法的质量和水平，法律调整的效果信息反馈又影响新的教育法的创制。

（二）教育立法程序

立法程序是指由宪法和法律规定的享有立法权限的国家机关制定、修改、补充和废止法律或规范性法律文件的步骤。教育立法也应依据相应的立法程序。最高国家权力机关及其常设机关的立法程序可分为以下四个步骤。

1. 法律议案的提出

法律议案的提出是指依法享有专门权限的国家机关或人员向立法机关提出制定、修改、补充和废止某项法律的有效建议，这是立法程序的第一阶段。提出法律议案是一种法定权力，通常叫作提案权或立法提案权。立法提案权是法律规定的有关国家机关、组织或人员的一项专门职权，未经法律或立法机关授权者不具有提案权。

根据我国《宪法》和法律的规定，享有立法提案权的机关和人员如下：全国人民代表大会常委会、全国人民代表大会代表、全国人民代表大会主席团、全国人民代表大会各专门委员会、国务院、中央军委、最高人民法院、最高人民检察院。

法律议案形成后，经过审查、讨论，被通过的法律议案则作为拟定法律草案的依据，依此形成可以提交法律制定机关审议的正式法律草案。

2. 法律草案的审议

法律草案的审议是指法律制定机关对列入议程的法律草案正式进行讨论和审议的活动。这是立法程序中最关键的阶段，其结果不仅直接关系到法律草案的命运，而且直接关系到法律草案被通过后的社会效果。对法律草案审议的程序一般分为两步：其一，听取提案人关于法律草案的解释、说明，包括法律草案的立法理由、起草经过、指导思想和原则以及立法中的主要问题。其二，通过各种具体形式，审议法律草案。向全国人民代表大会提交的法律草案，一般要先经过全国人民代表大会常务委员会的审议再提交全国人民代表大会审议。向全国人民代表大会常务委员会提交的法律草案，一般采取初步审议和再次审议，然后由全国人民代表大会常务委员会会议决定是否通过。此外，全国人民代表大会各代表团全体会议、代表小组会议、主席团会议和大会全体会议也是审议法律草案的具体形式。

3. 法律草案的通过

法律草案的通过是指立法机关对于经过审议的法律草案正式表示同意与否的活动。这是具有决定性意义的阶段。《中华人民共和国宪法》第六十四条第一款规定："宪法的修改，由全国人民代表大会常务委员会或者五分之一以上的全国人民代表大会代表提议，并由全国人民代表大会全体代表的三分之二以上多数通过。"又根据《中华人民共和国宪法》第六十四条第二款规定："法律和其他议案由全国人民代表大会以全体代表的过半数通过。"法律议案的通过方式，一般采取无记名投票方式或举手表决方式或其他方式。目前我国在全国人民代表大会会议和全国人民代表大会常务委员会会议中，经常采取电子计算机的表决方式，不仅提高了效率，而且增加了准确性。

4. 法律的公布

法律的公布是指立法机关将通过的法律以法定形式公布出去，这是立法的最后阶段。根据《中华人民共和国宪法》第八十条的有关规定，"中华人民共和国主席根据全国人民代表大会的决定和全国人民代表大会常务委员会的决定，公布法律。"《中华人民共和国立法法》第五十八条第二款规定："法律签署公布后，及时在全国人民代表大会常务委员会公报和在全国范围内发行的报纸上刊登。"

二、教育法的实施

法律的制定只是将社会关系上升为法律规范，而更重要的是使已经制定的法律规范在社会生活中得以贯彻实施，规范人们的行为，调整社会关系，维护国家利益。

（一）教育法实施的含义及其实施方式

教育法的实施是指教育法在现实社会中的实现。教育法的实施主要有两种方式：即教育法的适用和教育法的遵守。

教育法的适用通常有广义和狭义之分。从广义上讲,教育法的适用是指国家权力机关、国家行政机关、国家司法机关及其公职人员依照法定的权限和程序,将教育法运用于具体的人或组织的专门活动。从狭义上讲,教育法的适用是专指国家司法机关依照法定的权限和程序,运用教育法处理各种案件的专门活动。无论是广义的解释还是狭义的解释,教育法的适用都是国家机关及其公职人员以国家的名义实施教育法律规范的活动。因此,当学校及其他教育机构或人员在行使教育法赋予的权利、履行教育法所规定的义务、需要取得有权适用教育法的国家机关的支持时,必须由有专门权限的国家机关来适用教育法。

教育法的遵守是指教育法律关系主体严格按照教育法律规范行事,使教育法得以实施的活动。守法是针对一切组织和个人的义务。《中华人民共和国宪法》第五条第四款规定:"一切国家机关和武装力量、各政党和社会团体、各企业事业组织都必须遵守宪法和法律。一切违反宪法和法律的行为,必须予以追究。"《中华人民共和国宪法》第三十三条第四款规定:"任何公民享有宪法和法律规定的权利,同时必须履行宪法和法律的义务。"

(二)教育法的解释

教育法的解释是指对教育法的内容和含义所作的说明。这种说明要根据一定的标准和原则,按照一定的权限和程序进行。教育法的解释可以帮助人们理解教育法,保证教育法的适用和遵守。根据解释的效力不同,教育法的解释可以分为正式解释和非正式解释。

1. 正式解释

正式解释又称法定解释、有权解释或官方解释,是指特定的国家机关依照宪法和法律所赋予的权力,对法律所作的具有法律效力的解释。正式解释又分为立法解释、行政解释和司法解释。

立法解释是指国家立法机关对法律所作的解释,依据《中华人民共和国宪法》第六十七条和《中华人民共和国立法法》第四十五条的规定,全国人民代表大会常务委员会有解释宪法的权力。国务院、中央军事委员会、最高人民法院、最高人民检察院和全国人民代表大会各专门委员会以及省、自治区、直辖市人民代表大会常务委员会可以向全国人民代表大会常务委员会提出法律解释要求。

行政解释是指国家行政机关依法对有关的法律、法规、规章如何具体应用的问题所作的解释。国务院及其主管部门有对不属于审判和检察工作中的其他法律如何具体应用的问题进行解释的权力。省、自治区、直辖市人民政府主管部门有对属于地方性法规如何具体应用的问题进行解释的权力。

司法解释是指国家的审判机关和国家的检察机关,即最高人民法院和最高人民检察院依法对如何具体应用法律法规的问题所作的解释。最高人民法院有对属于法院审判工作中具体应用法律的问题进行解释的权力;最高人民检察院有对属于检察院检察工作中具体应用法律的问题进行解释的权力。

2. 非正式解释

非正式解释又称学理解释、无权解释,是指学术界、社会团体及公民个人对有关法律所作的法理性和学术性的解释。这种解释一般来说属于研究性质，不具有法律上的约束力，但它对于正确理解和实施法律，提高公民的法律意识，增强法制观念，加强社会主义法制建设具有重要的意义。

三、教育法的监督

（一）教育法的监督的含义

教育法的监督的含义有广义和狭义之分。从广义上讲，是指各类国家机关、政治或社会组织和公民依法对教育法运行情况进行的审查、督促、纠正等活动。从狭义上讲，是指国家专门法制监督机关依照法定权限和程序对教育法运行情况进行的审查、督促、纠正等活动。在教育法学领域通常使用广义上的监督概念。实施教育法的监督的目的是防止和纠正教育法实施中出现的失误和偏差，保障依法治教的顺利进行，促进我国教育事业的健康发展。

教育法的监督包括监督主体、监督对象和监督内容。监督主体是指教育法律监督权的实施者，它又有来自国家机构内部的自上而下或自下而上的国家监督和来自国家机构以外的各种组织和个人的社会监督之分。国家监督是由国家权力机关、行政机关和司法机关进行的具有国家强制力并能直接产生相应法律后果的监督；社会监督是由执政党、民主党派、社会团体和公民个人依法进行的不具有国家强制力而具有舆论作用的监督。监督对象是指在教育法运行过程中负有责任和义务的组织和个人。监督内容是指教育法的运行情况，主要就行为的合法性进行监督。

（二）教育法的监督的类型

如前所述，教育法的监督从横向的角度来看，可以分为国家监督和社会监督；从纵向的角度来看，国家监督可以分为国家权力机关的监督、行政机关的监督以及司法机关的监督。社会监督可以分为中国共产党的监督、民主党派的监督、其他社会组织的监督、社会舆论的监督、人民群众的监督。它们互相交错、互相结合，构成我国的教育法的监督体系。

第三节 教育法律关系

一、教育法律关系的概念及特征

（一）教育法律关系的概念

教育法律关系是教育法律规范在调整人们有关教育活动的行为过程中形成的权利和义务关系。这一关系应从以下几个方面理解。

(1) 教育法律规范是由国家机关制定或认可，并以国家强制力保证实施的关于教育方面的行为规则。

（2）教育法律关系的产生以教育法律规范的存在为前提，只有适用教育法律规范调整的教育关系才能转化成为教育法律关系。

（3）教育法律关系是一种权利义务关系。所谓的权利义务关系，首先要以法律规范为前提，在法律规范的基础上调整主体之间的利益关系。

（二）教育法律关系的特征

教育法律关系不同于习惯、道德、信仰等形成的社会关系，它具有以下特征。

1. 教育法律关系是以教育法律规范为前提而形成的社会关系

教育法律关系的存在是以教育法律规范的存在为前提的，没有教育法律规范的存在，就没有教育法律关系的存在；一旦社会关系纳入教育法律规范调整的范畴，这种社会关系就成为一种教育法律关系。

2. 教育法律关系是主体之间以权利与义务为核心而形成的社会关系

教育法律规范的确定，就是要通过权利与义务的确定将当事人纳入教育法所调整的范围之内，使之成为权利与义务的享有者与承担者。明确当事人的权利与义务，也就明确了相互之间由法律所调整的社会关系。除此之外，当事人之间所具有的其他社会关系，不属于教育法律关系。

3. 教育法律关系的存在以国家强制力为保障

教育法律规范要明确当事人可以做什么、不得做什么和必须做什么，这是国家意志的体现，有国家强制力作保障。但当教育法律关系受到破坏时，国家强制力是否立即发挥作用，则要取决于教育法律关系的性质。这种性质有强制性的，有任意性的。前者受国家强制力直接保障，后者则需通过权利人的请求，国家强制力才会发挥作用。

二、教育法律关系的分类

（一）依据教育法律关系主体的社会角色不同，可以分为教育内部的法律关系和教育外部的法律关系

教育内部的法律关系主要是指适用教育法律规范调整的教育系统内部各类教育机构、教育工作人员、教育对象之间的关系。例如，学校与教师的关系、学校及其管理人员与教育行政机关及其工作人员之间的关系等。教育外部的法律关系主要是指适用教育法律规范调整的教育系统与其外部社会各方面之间发生的法律关系，这种关系的具体表现也是多种多样的。

（二）依据主体之间关系的类型，可以区分为隶属型教育法律关系和平权型教育法律关系

隶属型法律关系又叫纵向法律关系，是一方当事人可依据职权而直接要求他方当事人为或不为一定行为的法律关系。隶属型教育法律关系是以教育管理部门为核心，向外辐射，与其他主体之间形成的教育法律关系。隶属型教育法律关系通常是指教育行政法律关系。教育行政关系与一般行政管理之间的领导与服从、命令与执行的隶属关系不同，它必

须同时体现教学民主和学术民主。平权型教育法律关系是法律地位平等的教育关系主体之间产生的教育法律关系，通常视为教育民事法律关系。这是一类具有教育特征和民事性质的教育法律关系。随着教育民主化的发展，平权型教育法律关系的范围将会逐步扩大。

（三）根据教育法律规范的职能，可以区分为调整性教育法律关系和保护性教育法律关系

调整性法律关系是不需要使用法律制裁，主体权利就能正常实现的法律关系，它建立在主体的合法行为的基础上，是法的实现的正常形式。如，学生按照规定入学，教师按照《中华人民共和国教师法》允许或要求的限度行使教育职权等。保护性法律关系是在主体的权利与义务不能正常实现的情况下通过法律制裁而形成的，它是在违法行为的基础上产生的，是法的实现的非正常形式。最典型的保护性法律关系就是刑事法律关系。保护性法律关系的主体一方是国家，另一方是违法者。

三、教育法律关系的构成要素

教育法律关系的构成要素有主体、客体和内容，三者相互制约、缺一不可，其中任何一个要素的改变，都会导致原有法律关系的变更。

（一）教育法律关系的主体

1. 含义及其种类

教育法律关系主体是指教育法律关系的参加者，即在教育法律关系中享有权利或承担义务的人。法律上所称的"人"主要包括自然人和法人。自然人是指有生命并具有法律人格的个人，包括公民、外国人和无国籍的人。法人是与自然人相对称的概念，指具有法律人格，能够以自己的名义独立享有权利或承担义务的组织。

教育法律关系主体的种类繁多，有国家、教育行政机关及其工作人员、学校及其他教育机构、教职员工、学生及其家长、用人单位、其他国家机关、企事业单位、社会团体组织，还有外国人和无国籍人。这些概括起来主要有三种：一是公民（自然人），二是机构和组织（法人），三是国家。

（1）公民（自然人）。公民包含两类：一类是中国公民，另一类是居住在中国境内或在境内活动的外国公民或者无国籍人。中国公民享有中国法律规定的公民所享有的所有权利，因此能够参加相关的教育法律关系。而外国人和无国籍人则只能参加我国的部分教育法律关系，其范围由我国法律以及我国与其他国家签订的条约及国际公约规定。

（2）机构和组织（法人）。机构和组织主要包含两类：一类是国家机关，例如，权力机关、行政机关、司法机关等，其特点具有权力特征；另一类是社会组织，包括政党、企事业单位和社会团体等。这些组织参加的教育法律关系广泛，无论是在教育民事法律关系中，还是在教育行政法律关系中，都可以依法成为教育法律关系的主体。

（3）国家。国家也是教育法律关系的主体。从国际法方面讲，国家主体主要以国际法主体的名义参与国际教育活动、签署国际教育协议等。从国内法方面讲，国家主体主要通过各级权力机关、各级司法机关、各级行政机关等来行使国家的教育立法权、教育司法权

和教育行政权，从而成为具体的教育法律关系主体。

2. 教育法律关系主体构成的资格：权利能力和行为能力

教育法律关系主体只有同时具备权利能力和行为能力，才具有主体的资格。不具备行为能力的人，只能由其父母或者其他监护人代替其承担主体的资格。

（1）权利能力。权利能力是指能够参与一定的法律关系，依法享有一定权利和承担一定义务的法律资格。它是法律关系主体实际取得权利、承担义务的前提条件。在这里，值得一提的是，权利能力有公民的权利能力和法人的权利能力之分，二者有很大区别。首先，公民的权利能力始于出生，终于死亡；而法人的权利能力始于依法成立，终止于法人消灭。其次，公民的权利能力具有平等性，而法人的权利能力因其成立的宗旨和业务范围的不同而各有所别。最后，公民的权利能力和行为能力具有不一致性，而法人的权利能力和行为能力则具有一致性。

公民的权利能力可以从不同角度进行分类。首先，根据享有权利能力的主体范围不同，可以分为一般权利能力和特殊的权利能力。其次，按照法律部门的不同可以分为民事权利能力、政治权利能力、行政权利能力、劳动权利能力、诉讼权利能力等。

（2）行为能力。行为能力是指法律关系主体能够通过自己的行为实际取得权利和履行义务的能力。公民的行为能力问题，是由法律予以规定的。一般而言，公民的行为能力划分为三类。完全行为能力人，是指达到一定法定年龄、智力健全、能够对自己的行为负完全责任的自然人。限制行为能力人，是指行为能力受到一定限制，只有部分行为能力的公民。无行为能力人，是指完全不能以自己的行为行使权利、履行义务的公民。因此，公民是否达到一定年龄、神智是否正常，就成为公民享有行为能力的标志。如，婴幼儿、精神病患者，因为他们不可能预见自己行为的后果，所以在法律上不能赋予其行为能力。不具备行为能力的人，不能独立承担主体资格，必须由其父母或者其他监护人代为承担。

（二）教育法律关系的内容

教育法律关系的内容是教育法律关系的主体依据法律规定而享有的权利与义务。教育法律关系一旦产生，其主体间就在法律上形成了一种权利与义务关系。

权利与义务是法律关系的核心，它由法律规范所确认并由国家强制力保证实施，是教育法律关系的重要构成要素之一。权利与义务相互依存，不可分割。

教育法律权利指的是教育法律关系的主体依据教育法律规范享有的某种权能或利益，表现为教育法律关系的主体可以做出一定的作为或不作为，也可以要求他人做出一定的作为或不作为。

教育法律义务是指教育法律关系的主体依据教育法律规范的规定必须承担或履行的某种责任，表现为教育法律关系的主体必须做出一定的作为或不作为。

（三）教育法律关系的客体

教育法律关系客体是教育法律关系主体的权利与义务所指向的对象。教育法律关系的客体一般包括物质财富、非物质财富、行为三个大的方面。教育领域中存在的法律纠纷，往往都是因之而引起的。

(1) 物质财富。物质财富简称物。它既可以表现为自然物，如森林、土地、自然资源等，也可以表现为人的劳动创造物，如建筑、机器、各种产品等；既可以是国家和集体的财产，也可以是公民个人的财产。物一般可分为动产与不动产两类，不动产包括土地、房屋和其他建筑设施，动产包括资金和教学仪器设备等。

(2) 非物质财富。非物质财富包括创作活动的产品和其他与人身相联系的非财产性的财富。前者也被称作智力成果，在教育领域中主要包括各种教材、著作在内的成果，各种有独创性的教案、教法、教具、课件、专利、发明等。其他与人身相联系的非物质财富，包括公民或组织的姓名、名称，公民的肖像、名誉、身体健康、生命等。

(3) 行为。行为是指教育法律关系主体实现权利义务的作为与不作为。一定的行为可以满足权利人的利益和需要，也可以成为教育法律关系的客体。在教育领域中，教育行政机关的行政行为、学校的管理行为和教育教学行为都是教育法律关系赖以生存的最基本的行为。

学校、教师、学生的物质财富和非物质财富以及这些主体依法进行的教育行为和教育活动都受法律的承认和保护，都是教育法律关系的重要客体。

四、教育法律关系的发生、变更和消灭

(一) 教育法律关系发生、变更和消灭的概念

教育法律关系的发生，是指教育法律关系主体之间形成了一定的权利义务关系。如，某个适龄儿童进入某校学习，即和该校发生了一定的权利义务关系。

教育法律关系的变更，是指教育法律关系构成要素的改变，包括主体、客体或内容等要素的改变。如，甲乙两校签订了联合办学合同，在履行合同的过程中，由于遇到了新情况，甲乙两校经过协商修改了合同中的某些条款，从而引起了原合同关系内容的部分改变。

教育法律关系的消灭，是指教育法律关系主体、客体的消灭，主体间权利义务的终止。如，学校向某一企业借款而形成了民事法律关系（债权关系），学校为债务人，企业为债权人。届时学校依照合同返还了借款，则与该企业的债权债务民事关系归于消灭。

(二) 法律事实是教育法律关系发生、变更和消灭的根据

教育法律关系的产生、变更和消灭是由一定的客观情况的出现而引起的，即教育法律事实。教育法律事实是由教育法律加以规定的，能够引起法律后果的事实，而不是普通的事实。教育法律事实是教育法律关系产生、变更和消灭的根据。它主要分为两种形态：一是教育法律事件，二是教育法律行为。

教育法律事件是指不以个人意志为转移而发生的事件，由于它的发生而导致一定的后果。如，洪水、地震等自然事件引起校舍倒塌而导致学生伤亡是不以人的意志为转移的。教育法律行为是指依据当事人的意愿而做出的可以引起法律后果的活动，它包括合法行为和违法行为。合法行为引起肯定性的法律后果，违法行为引起否定性的法律后果。法律行为是引起法律关系形成、变更和消灭的最普遍的法律事实。例如，教师体罚学生是一种违

法行为，这种行为导致教师对学生受教育权、人身权等权利的侵犯，从而使教师不得体罚学生的法律规范所确认的教师与学生之间的法律关系，从可能变为现实。

第四节 教育法律责任与法律救济

一、教育法律责任

(一) 教育法律责任的概念

法律责任有广义、狭义之分。广义的法律责任与法律义务同义，如，每个公民都有遵守法律的责任（义务），人民法院有责任（义务）保护当事人的合法权利等。狭义的法律责任，专指违法者对自己实施的违法行为必须承担的某种法律上带有强制性、惩罚性的责任。这种法律责任同违法行为密切联系，即凡是进行了违法行为的人，都必须对国家和受害者承担相应的法律责任。这是一种追溯性的责任。教育法律责任主要是指教育法律关系主体因实施了违反教育法的行为，依法应承担的带有强制性的法律后果。这一概念主要包含以下几层含义：

第一，存在违法行为是承担教育法律责任的前提，是因违反法律上的义务（包括违约等）关系而形成的责任关系。

第二，教育法律责任具有内在逻辑性，即存在前因与后果的逻辑关系。

第三，法律责任与法律制裁紧密相连。法律责任的追究是由国家强制力实施或者潜在保证的。法律责任作为一种否定性的法律后果，体现在国家对违反教育法律、法规的行为的制裁方面。

(二) 教育法律责任的类型

教育法根据违法主体的法律地位和违法行为的性质，规定了承担法律责任的三种主要类型，即行政法律责任、民事法律责任和刑事法律责任。

1. 行政法律责任

行政法律责任是指行政法律关系主体因违反行政法律、法规而应承担的法律后果，简称行政责任。根据我国的教育法规的有关规定，承担违反教育法规的行政法律责任的方式主要有两类：行政处分和行政处罚。

行政处分是由国家机关或企事业单位对其所属人员予以的惩戒措施，包括警告、记过、记大过、降级、降职、降薪、撤职、留用察看、开除等。行政处分有时也称纪律处分。

行政处罚是指国家行政机关依法对违反行政法律规范的组织或个人进行的行政制裁。行政处罚的种类有很多，根据1998年国家教委发布的《教育行政处罚暂行实施办法》的规定，教育行政处罚的种类主要有十种：①警告；②罚款；③没收违法所得，没收违法颁发、印制的学历证书、学位证书及其他学业证书；④撤销违法举办的学校和教育机构；⑤取消颁发学历、学位和其他学业证书的资格；⑥撤销教师资格；⑦停考、停止申请认定资格；⑧责令停止招生；⑨吊销办学许可证；⑩法律、法规规定的其他行政处罚。

2. 民事法律责任

民事法律责任是指行为人由于民事违法行为所应承担的法律后果。教育法的民事法律责任是教育法律关系主体因违反教育法规，破坏平等主体之间正常的财产关系或人身关系，依照法律规定应承担的民事法律责任，是一种以财产为主要内容的责任。

根据《中华人民共和国民法通则》的规定，承担民事责任的主要方式有：停止侵害；排除妨碍；消除危险；返还财产；恢复原状；修理、重作、更换；赔偿损失；支付违约金；消除影响；恢复名誉；赔礼道歉。以上方式可以分别适用，也可合并适用。

3. 刑事法律责任

刑事法律责任是指行为人刑事违法所应承担的法律后果。教育刑事法律责任是指行为人实施了违反教育法和刑法的行为，达到犯罪程度时，所应承担的法律后果。刑事责任是一种惩罚最为严厉的法律责任。

根据《中华人民共和国教育法》第七十一条、第七十二条、第七十三条、第七十七至第八十一条的规定，对挪用克扣教育经费，扰乱学校教育教学秩序，破坏校舍、场地及其他财产，明知校舍或教育教学设施有危险而不采取措施，造成人员伤亡或重大财产损失，在招生、考试工作中徇私舞弊等，且构成犯罪的，对其直接责任人员依法追究刑事责任。此外，《中华人民共和国义务教育法》第六十条，《中华人民共和国教师法》第三十五条、第三十六条、第三十七条、第三十八条中也规定了违法情节严重、构成犯罪的行为要承担的刑事责任。

在具体到某一违反教育法的行为时，追究法律责任的方式并不限于一种，可以同时追究两种甚至三种法律责任。如，在招生工作中徇私舞弊的，对直接负责的主管人员和其他直接责任人员，可依法给予行政处分；构成犯罪的，可依法追究刑事责任，这就同时规定了行政责任和刑事责任两种责任形式。

（三）教育法律责任的归责要件

所谓归责，是指法律责任的归结，它要解决的是法律责任应该由谁来承担的问题。教育法律关系主体只有具备以下五个教育法律责任的归责要件，才被认定为教育法律责任主体，并要承担相应的法律后果。

1. 有损害事实

有损害事实是指行为人有侵害教育管理、教学秩序及从事教育教学活动的公民、法人和其他组织合法权益的客观事实存在。这是构成教育法律责任的前提条件。

违法对社会所造成的损害有两种情况：一种是违法行为造成了实际的损害，例如，体罚学生致学生身体受到伤害；另一种是违法行为虽未实际造成损害，但已存在这种可能性，例如，有关部门明知学校房屋有倒塌的危险，却拒不拨款维修。

违法行为造成的损害后果表现为物质性的后果和非物质性的后果。物质性的后果具体、有形、能够计量，例如，挪用学校建设经费，其数额可以计算。非物质性的后果抽象、无形、难以计量，例如，教师侮辱学生，造成学生精神上、心理上长期的伤害，则无法计量。

2. 损害行为必须违法

行为违法即行为人实施了违反法律、法规的行为，是构成教育法律责任的前提条件。这个条件包括两个方面的含义：一方面是指行为的违法性，只有行为违反了现行法律的规定才是违法行为；另一方面，违法必须是一种行为。如果内在的思想不表现为外在的行为，则并不构成违法。社会主义法制原则不承认思想违法。

3. 行为人有过错

所谓过错是指行为人在实施行为时，具有主观上的故意或过失的心理状态。所谓故意的心理状态，是指行为人明知自己的行为会发生危害社会的结果，但希望或放任这种结果的发生。如，招生办公室主任收受贿赂后，有意招收分数低的学生，不招收分数高的学生，致使分数高的学生落榜。所谓过失的心理状态，是指行为人在本应避免危害结果发生时，由于疏忽大意或者过于自信而没有避免，以致发生危害结果。如，教师教育方式不当，对学生进行人格侮辱，学生因不堪忍受而自杀，该教师的行为即有过失的因素。

4. 违法行为与损害事实之间具有因果关系

违法行为是导致损害事实发生的原因，损害事实是违法行为造成的必然结果，二者之间存在着内在的必然的联系。前者决定后者的发生，后者是前者的必然结果。因果关系是承担法律责任的重要条件之一。

5. 行为人具有法定的责任能力（权利能力和行为能力）

公民和法人要能够成为法律关系的主体，享有权利和承担义务，就必须同时具有权利能力和行为能力，即具有法律关系主体构成的资格。

(四) 教育法律责任的归责形式

1. 教育法律责任主体的含义

教育法律责任主体，是指承担教育法律责任的对象。根据我国教育法律、法规的有关规定，教育法律责任主体的范围包括国家教育行政机关和其他国家机关及其工作人员，实施教育教学活动的学校、校长和教师、就学学生，义务教育阶段适龄儿童、少年的父母或其他监护人，其他负有遵守教育法义务的公民和法人。

2. 教育法律责任的归责形式

教育法律责任的归责形式也就是教育法律责任主体的归责形式。从教育法律关系的角度来看，各教育法律责任主体可能承担的责任形式如下：

(1) 教育行政机关及其他国家机关。行政机关承担法律责任主要是补偿性的，其承担法律责任的形式主要包括：承认错误、赔礼道歉、恢复名誉、消除影响、纠正不正当行政行为、返还权益、行政赔偿等。

(2) 教育行政机关及其他行政机关的工作人员。对行政工作人员的制裁性法律责任主要有：警告、记过、记大过、降级、降职、撤职、开除公职等。

(3) 实施教育教学活动的学校、校长与教师。学校承担的教育法律责任形式主要包括：通报批评、整顿、停办、停止招生、取缔、取消学校发放学业证书资格或举办考试资格、没收违法所得、赔偿损失等。校长承担的法律责任，就其性质而言，包括民事责任、行政责任和刑事责任等。具体形式主要包括：行政处分、撤销行政职务、罚款、刑事制裁等。教师承担教育法律责任的形式主要包括：取消教师资格、行政处分、解聘、赔偿损失、刑事制裁等。《中华人民共和国教师法》第三十七条、《教师资格条例》第十九条、《中华人民共和国未成年人保护法》第六十条都有相应的规定。

(4) 就学学生。由于学生是特殊的教育法律责任主体，一般采用纪律处分，如警告、记过、留校察看等。学校纪律处分就其实质而言，是对违反教育法法定义务的一定处罚，应视为学生承担教育法律责任的一种形式。学生承担法律责任有其自身的特点，《中华人民共和国刑法》《中华人民共和国民法通则》《中华人民共和国治安管理处罚条例》都有相应的规定。

(5) 家长或者其他监护人。家长或者其他监护人本身并不负有接受义务教育的义务，但由于其监护对象是处于义务教育阶段的适龄儿童和少年，因而家长或者其他监护人负有义务使被监护人按时入学接受规定年限的义务教育。

(6) 其他负有遵守教育法义务的公民和法人。其他社会组织和公民，有义务遵守教育法的有关规定。如果违反了教育法律规范，应依法承担相应的法律责任。

二、教育法律救济

(一) 教育法律救济的概念及特征

教育法律救济，是指教育法律关系的主体的合法权益受到侵犯并造成损害时，获得恢复和补救的法律制度。教育法律救济的特征如下：

(1) 权利受到伤害是教育法律救济存在的前提，如果权利未受损害，就无所谓救济。在法律救济中，必须有侵权行为的存在，相对人只有在合法权益受到侵害的基础上才可提出救济的请求。

(2) 教育法律救济具有弥补性，它是对受损害的权利的弥补。包括司法救济的方式、行政救济方式、组织内部或民间渠道进行救济的方式。

(3) 教育法律救济的根本目的是实现合法权益并保证法定的义务履行。教育法律救济作为一项重要的法律制度，对于保护教育法律关系主体的合法权益，促进依法行政，推动我国社会主义教育法制建设等方面具有重要的意义。

(二) 教育法律救济的途径

教育法律救济的途径是指相对人认为其合法权益受到损害时，请求救济的渠道和方式。一般意义上讲，一是诉讼渠道，即司法救济渠道；二是行政渠道，即行政救济渠道；三是其他渠道，主要是机构内部或民间渠道。后两种渠道相当于诉讼渠道来说，又通称非诉讼渠道。

1. 诉讼渠道

从我国现行法律制度看，凡符合《中华人民共和国民事诉讼法》《中华人民共和国刑事诉讼法》和《中华人民共和国行政诉讼法》受案范围的,都可以通过诉讼渠道求得司法解决。

2. 行政渠道

我国规定了明确的行政申诉、行政复议和行政赔偿制度。

(1)《中华人民共和国教育法》规定了教师和学生都享有申诉权,受教育者申诉和教师申诉制度两种行政救济方式。教育行政申诉,即指作为教育法律关系主体的公民,在其合法权益受到损害时,向国家机关申诉理由、请求处理的制度。从教育行政申诉的类别看,可分为诉讼上的教育行政申诉和非诉讼上的教育行政申诉。诉讼意义上的教育行政申诉,是指教育法律关系当事人对已经发生法律效力的判决、裁定不服,向人民法院或人民检察院提请重新处理的申诉。非诉讼上的教育行政申诉的范围较为广泛,既可以是向纪律检查委员会的申诉,政府检察部门的申诉,又可以是向权力机关的申诉,还可以是向作出具体行政行为的行政机关的上一级行政机关或其设置的专门机构的申诉等。

(2)教育行政复议是指教育行政管理相对人认为教育行政机关作出的具体行政行为侵犯其合法权益,依法向作出该行为的上一级教育行政机关或原处理机关提出申诉,受理行政机关对该具体行政行为进行复查并作出裁决的活动和制度。

(3)教育行政赔偿,是指教育行政机关及其工作人员在执行职务过程中,侵犯了公民、法人或其他组织的合法权益并造成损害,依照法律规定,由国家承担损害赔偿责任的制度。

3. 其他渠道

在人民调解制度的基础上,随着教育法制的健全,根据《中华人民共和国教育法》和《中华人民共和国教师法》的基本精神,正在逐步建立校内调解制度。

本章小结

本章简要概括了"教育法规"学科的基本原理与基本知识问题。理解教育法规的基本原理,首先要把握教育法规的含义、特征、结构体系;其次,要了解教育法的制定、实施和监督的含义,理解教育法的制定、实施、监督等发挥作用的原理;再次,要理解教育法律关系的含义与特征,把握构成教育法律关系的三大要素:教育法律关系的主体、客体和内容。最后,要理解教育法律关系主体违法必须承担相应的教育法律责任。当教育法律关系的主体的合法权益受到侵犯并造成损害时,必须进行教育法律救济。

思考题

1. 教育法规的内涵是什么?如何理解它与其他方面法律的不同特征?
2. 我国教育法规的结构体系是如何构成的?
3. 结合实际谈谈如何做好教育法规的实施工作。
4. 教育法律关系是什么?构成教育法律关系的三要素的含义分别是什么?
5. 教育法律责任是什么?教育法律责任的分类和归责要件包括什么?

6. 简述教育法律救济的含义及其渠道。

案例研究

案例 1

程某是浙江某县的一名五年级小学生,性格内向,学习很好。他十分喜欢文学作品,甚至到了痴迷的程度。一次上数学课,他正专心致志地读小说,被老师叫起来回答问题。由于回答不上来,老师把他拽到讲台前,打了他两个耳光,又让坐在前排的两名男同学接着打他的耳光,之后把他逐出教室。此后又连续三天,上数学课时老师让他在黑板前罚站。在以后的近一个月时间里,家长和班主任老师发现程某神情大变,目光涣散,反应迟钝,不爱讲话,常常盯着一个地方发呆……后经医院诊断,他患了心因性精神病,不得已,只好退学。

在数学老师无力支付全部医药费的情况下,程某的家长找到了学校。他们认为学校对此负有责任。可校长却说此事与学校无关。后经媒体曝光,学校才不得不对程某进行了相关的赔偿。

案例思考:

1. 试分析本案例中所涉及的教育法律关系主体有哪些?教育法律关系客体有哪些?
2. 当事人违反了什么法律?其应当承担什么责任?
3. 本案例对你有什么启示?

【案例分析】

本案中涉及的教育法律关系主体:A. 程某(小学生、未成年人、受教育者),其权利主要是受教育权、人身(及财产)不受非法侵害的权利,(未成年人的法定义务基本没有,不需要承担什么法律责任的);B. 程某的家长(因程某系未成年人,家长是未成年人的法定监护人),不是独立的教育法律关系主体之一,其监护的权利义务均依附于程某,没有其自己的、直接的权利义务(仅指在本案中的情形);C. 学校(教育组织,法律上属于事业法人单位,教师的管理者),是教育法律关系主体之一,应对于其管理的教师的职务行为(包括错误的职务行为)以及产生的后果承担法律责任;D. 数学老师(受学校管理的教师,教育授课的执行者),也不是独立的教育法律关系主体之一,教师的权利义务(授课、管理学生等)来源于学校给其的授权。当然,从教师管理的角度来看,其又是教师管理的主体之一。

教育法律关系客体主要就是行为。本案例中教育法律关系客体:程某上课不认真听讲的行为;教师的体罚(打耳光、让学生打耳光)行为和变相体罚(罚站)行为;程某因患精神病而退学的行为。其他的(如医院诊断、媒体曝光等)不属于本案例中的教育法律关系客体。

本案例中,程某(及其家长),上课不听讲,只是构成课堂纪律,属于教育管理的问题,不构成违法行为,也不必承担任何教育法律责任;根据《中华人民共和国教师法》第三十七条的规定，教师体罚学生，品行不良，侮辱学生，影响恶劣的，由所在学校、其他教育机构或者教育行政部门给予行政处分或者解聘。因此，数学老师应承担行政处分或者解聘的法律责任。学校对于教师的错误行为承担管理失职的责任，违反了《中华人民共和国教师法》《中华人民共和国义务教育法》《中华人民共和国未成年人保护法》《中华人民共和国民法通则》中学校应承担的法定职责，应对教师的过错职务行为所造成的后果承担赔偿责任。

本案例启示：可以从"为人师表""教书育人""教师的法定职责""关心爱护学生（未成年人）"以及"严令禁止体罚或变相体罚学生的法律规定"的角度，阐述自己的感想。

案例2

某初中一年级学生甲和学生乙因贪玩上网，上学迟到了半小时。班主任王老师非常生气，对他们进行了严厉批评，并责令他们写检查，不准进教室上课。两个学生趁王老师不注意跑到学校附近的小河洗澡，结果学生甲溺水而死。

案例思考：

王老师应负什么法律责任？说明理由。

【案例分析】

王老师应负行政责任和民事责任。王老师对学生批评教育是应该的，但擅自决定学生停课，侵犯了学生的受教育权，属违法行为。王老师的行为是学生甲死亡的一个条件，应负一定的法律责任。王老师的行为不是导致学生甲死亡的必然原因，因此不负刑事责任。

推荐阅读

1. 杨颖秀．教育政策法规专题［M］．长春：东北师范大学出版社，2005．
2. 李晓燕．教育法学［M］．北京：高等教育出版社，2006．
3. 余中根．小学教育政策与法规［M］．北京：教育科学出版社，2013．
4. 卫建国．教育法规与教师道德［M］．北京：北京师范大学出版社，2014．
5. 吴志宏．教育政策与教育法规［M］．上海：华东师范大学出版社，2003．

第七章 国家——依法治教

本章重点

- ◆ 理解依法治教的内涵
- ◆ 了解教育的基本原则
- ◆ 了解我国教育经费投入体制
- ◆ 了解我国教育行政机关及教育行政行为

最近这些年教育法律纠纷频频见于报端,从"云南的马加爵"事件,到"吉林的郭力维"事件,再到"北京科技大学的段晓宇、赵秋瑞"事件……随着校园恶性暴力事件不断地见诸报端,如何依法治教,避免这些恶性案件再次在校园发生,维护校园的安全,便成为一个现实问题。纠纷的实质是教育者法律意识的淡漠和学生日益崛起的主体权利意识之间的冲突,是关于学生权利的法律规定与学生管理制度中不当因素的冲突。冲突的焦点是学生的权利是否得到尊重或侵害。实践表明,只有依法治教,才能维护和保障学校和同学的利益,使得教育工作有序进行。

第一节 依法治教概述

一、依法治教的内涵

现代社会是法制社会,现代社会的教育是在法制轨道上运行的教育,教育法制是现代教育的重要特征。依法治教是教育法制的内在要求。依法治教是指依照法律管理教育事业,它既包括国家和国家机关对教育事务的管理,也包括学校的内部管理。即全部的教育活动都应当符合有关教育法律的规定,所有教育法律关系主体在从事各类教育活动时都应当遵守或不违背教育法律的规定和精神,使教育工作逐步走上法制化、规范化、科学化。

二、依法治教的意义

依法治国反映了党在新的历史条件下领导方式和执政方式的基本特征。依法治教是依法治国方略在教育领域的体现,是社会主义市场经济条件下教育法律关系日趋复杂化的必然要求,是教育在社会主义现代化建设中的地位和自身不断发展的需要。作为依法治国方略的重要组成部分,依法治教就是要紧紧围绕社会主义现代化建设的全局,通过教育法制建设,保证教育工作按照党和人民的意志全面依法进行,保证教育的社会主义方向和国家教育方针的贯彻实施,保障教育优先发展战略地位的落实,推动和保障教育改革与发展的健康有序进行。

(一)依法治教是发扬社会主义民主,加强党的领导在教育领域的直接体现和必然要求

在党的十五大报告中,江泽民同志从社会主义的本质属性出发,揭示了依法治国的基本含义,概括了依法治国的基本内容和基本要求。他深刻指出:"依法治国,就是广大人民群众在党的领导下,依照宪法和法律规定,通过各种途径和形式管理国家事务,管理经济文化事业,管理社会事务,保证国家各项工作都依法进行,逐步实现社会主义民主的制度化、法律化。"教育事业是人民的事业,受教育的权利是《宪法》赋予我国公民的基本权利,教育同广大人民群众的切身利益息息相关,是实现社会主义民主的广阔的、重要的领域。广大人民群众密切关注着教育的发展,对接受高质量、多层次的教育,有着越来越

强烈的需求。因此，依法保障人民群众在党的领导下，通过各种途径和形式参与管理教育事业，既是贯彻依法治国方略的必然要求，也是在教育领域发扬社会主义民主的具体体现。

（二）依法治教是在社会主义市场经济条件下，教育进一步改革与发展的客观需要

我国社会主义市场经济体制的逐步建立与完善，使教育领域的社会关系与管理范畴发生了深刻变化。目前正在由权力高度集中的教育行政管理体制向分级管理、中央与地方共同负责的管理体制转变；学校与教育行政部门，正在由单纯的隶属关系转变为自主权与行政权相互协调、相互制约的关系；学校之间，学校与教师、学生以及其他社会组织之间，正在不断产生大量的民事关系和新型的权利义务关系。此外，社会力量办学的迅速发展、教育国际交流与合作的日益广泛等教育领域的新变化，出现的新情况、新问题，已经不是单纯靠行政手段可以解决的；只能在法治的基础上，综合运用法律的、行政的、经济的手段，予以调整和解决。纵观世界现代教育的发展历程，加强法制建设，也是各国为促进教育适应经济和社会变革的要求普遍采取的重要措施。借鉴发达国家发展教育的经验，从中国国情出发，依靠法治来调整教育活动中各方面的关系，保障教育在增强综合国力中的基础地位。

（三）依法治教是教育行政部门改变领导方式，依法行政，提高行政管理效率与水平的必然选择

依法行政是实施依法治国基本方略的基础。实践证明，在教育行政管理领域日趋复杂，管理对象日趋多元的情况下，只有按照法律的规定，统一行政行为，建立完善的监督与制约机制，才能保证贯彻执行党和国家方针、政策的连续性和稳定性，切实提高行政效率和管理水平。推进依法治教对教育行政部门来讲最主要的要求就是要严格依法行政。只有依据法律的规定，减少对学校直接、微观管理过程的干预，通过制定规章等立法手段确立教育活动的规则，通过执法和监督手段规范各有关各方面的教育行为，才能提高教育行政管理的效率与水平，使教育事业健康、有序发展。教育行政管理涉及的面非常广泛，热点难点问题很多，涉及学校、教师、学生和广大公民的切身利益。当前，随着法制的逐步健全和公民法律意识的日益提高，教育领域的诉讼案件呈上升的趋势，教育部门不依法行政就要承担相应的法律责任。

（四）依法治教是培养未来高素质人才的有力保证

要保证教育方针和一系列教育改革决策的贯彻落实，需要全党、全社会以及广大教育工作者共同努力，形成依法治教的宏观环境，以法制手段巩固改革的成果，推进改革的进程。同时，现代的法律意识、法治观念及法律知识也是未来高素质人才必须具备的基本素质。在社会、学校中创造良好的法治环境，让广大青少年学生在日常学习、生活的潜移默化中，逐步培养法律意识、树立法治观念、养成守法习惯，提高依法保护自身权利、参与国家和社会事务的能力，既是实施素质教育的重要内容，也必将对提高国民素质、推进我国的民主法制进程，产生重大而深远的影响。

三、依法治教的主体

依法治教的主体，就是参与教育法律关系的主体。能够成为教育法律关系主体的有：

（1）各级权力机关，即各级人民代表大会及其常务委员会，它们有权制定教育方面的法律法规，听取政府有关教育工作的报告，审议有关教育经费的预算和决算；对政府的教育工作提出质询；检查、监督教育法的实施情况。

（2）各级行政机关，即各级人民政府及其职能部门，各级教育行政部门及其他有关行政部门。它们在各自的职责范围内，行使自己的管理职权，履行自己的管理责任，依法行使教育管理职能。

（3）各级审判机关、检察机关，即各级人民法院和人民检察院。其中，人民法院依法审理有关教育的案件，人民检察院依法进行检察监督。

（4）各级各类学校及其他有关机构，学校及其他教育机构依法进行学校管理。

（5）企事业单位、社会团体、公民个人等。企事业单位、社会团体及公民，依法参与教育事业的管理和监督。

四、依法治教的内容

依法治教的内容主要包括教育立法、教育普法、教育执法、教育司法、教育守法、教育法律监督、教育法律救济等方面。其中，依法治校是依法治教的核心体现。

教育立法就是教育法的制定，是指一定的国家机关依照其法定职权制定（修改和废止）教育规范性文件的活动。根据我国《宪法》和有关法律的规定，全国人民代表大会及其常委会行使国家立法权，有权制定教育法律；国务院作为国家最高行政机关有权制定教育行政法规；国务院各部、各委员会有权制定部门教育规章；省、自治区、直辖市的人民代表大会及其常务委员会，省、自治区人民政府所在地的市和经国务院批准的计划单列城市人民代表大会及其常委会，根据本地的具体情况和实际需要，在不与宪法、法律相抵触的前提下，有权制定地方性教育法规；省、自治区、直辖市，省、自治区人民政府所在地的市和经国务院批准的计划单列城市人民政府有权根据法律和行政法规，制定地方政府教育规章。

教育普法主要指教育法律法规常识的宣传与普及，增强人们的教育法律法规意识，培养人们维护和遵守教育法律法规的行为习惯以及遵守教育法律法规的习惯养成、评价活动。促进教育守法建设的一个重要手段是教育普法。教育普法是全民法制宣传教育的重要组成部分，开展此项活动，对增强公民的教育法律意识，提高教育管理人员和教育工作者的法律素质，保证教育法律法规的贯彻实施，具有重要意义。

教育执法是教育法实施的关键所在。法律一经制定，就应付诸实施。国家有关机关应按照法定的职权和程序适用教育法律规范，依法行政。教育行政执法主要包括教育行政措施、教育行政处罚、教育行政强制执行等形式。

教育司法是国家机关依照法定权限和程序运用法律处理教育违法案件和裁决教育纠纷

的专门活动。这里所言的教育司法不仅包括国家司法机关处理教育案件的专门活动,还包括国家行政机关依法作出裁决的活动。我国的教育司法处于起步阶段,很多地方都在进行积极探索。

教育守法即教育法的遵守。遵守法律是针对一切组织和个人而言的。一切国家机关及其公职人员、社会团体、企事业组织和全体公民应自觉按照教育法律规范行为,正确行使自己的权利,严格履行自己的法定义务。

在加强教育立法、教育执法的同时,必须进行教育法律监督,以保证教育法律的有效实施。国家机关、社会组织和公民有权对教育法律、行政法规、规章、地方性法规的实施情况予以监督。我国目前教育法律监督的方式主要有权力机关监督、行政机关监督、司法机关监督、政党监督、社会组织监督、社会舆论监督、人民群众监督等。

当教育法律关系主体的合法权益受到侵犯并致损害时,可依法通过法律救济途径使得自己的合法权益获得恢复和补救。教育法律救济的根本目的就在于补救受损者的合法权益,为其合法权益提供法律保护。我国的教育法律救济制度主要包括教育申诉制度、教育行政复议、教育行政诉讼、教育民事诉讼、教育刑事诉讼、教育行政赔偿制度等。

五、实现依法治教应具备的条件

借鉴国外依法治教的经验,结合我国的实际情况,全面实现依法治教,应当具备以下条件。

(一) 完备的教育法体系

依法治教的重要条件是有法可依。在此意义上,教育立法是依法治教的基础。只有健全完备的教育法体系,才能为依法治教工作提供全面的法律依据,才能使依法治教工作做到有法可依,有章可循。

(二) 严格依法行政,健全严格、公正的教育执法制度

依法行政是依法治教的重要组成部分,是对教育行政部门及其他有关部门提出的基本要求。是否具有严格而公正的教育执法制度,具有一支秉公廉洁的执法队伍,是决定依法治教能否全面实现的关键因素。而要做到依法行政、严格执法,必须具备以下条件。

1. 实现教育行政机关职能的转变

教育管理工作要真正由主要依靠行政手段转变为主要依靠法律手段,并综合运用多种手段。要善于运用法律手段,推动、促进、深化教育改革。

2. 具有健全的教育行政机关法制工作机构

明确其承担的综合执法职能,在教育行政执法中由其牵头组织办理重大和涉及综合性的行政执法案件,审核业务职能机构做出的行政处罚决定,承担对本部门提出的行政复议、行政赔偿请求的受案和处理工作。

3. 法律职责明确

在教育执法过程中,各有关部门及其工作人员必须依据现行法律、法规,明确各自的职责、权限与程序,做到各司其职、各负其责,确保教育经费投入及其他物质保障条件,

依法保障学校正常的教学秩序,依法调解和处理各类教育纠纷,积极维护学校、教师、学生等教育法律关系主体的合法权益。

4. 教育执法队伍高效

法律制定出来以后,能否得到全面贯彻执行,与执法者的业务素质、道德素质及工作态度、能力等直接相关,教育执法人员的素质是依法治教的关键。因此,必须建立新的运行机制,不断提高教育行政部门依法行政能力与水平,不断提高行政执法人员的政治素质和业务水平,建设一支法律素养较高、品质优良、秉公执法的教育执法队伍。

5. 具备严格的教育行政执法程序和完善的监督机制

严格执法,不仅要求有明确的法律依据,而且处理程序必须合法。因而必须具有完备的规范行政行为的实体性与程序性制度,形成完善的行政权力制约机制与监督机制。为此,必须依照法律要求,继续推进教育法律的实施与监督工作,建立完备的教育行政处罚制度、行政复议制度、教育申诉制度、教育仲裁制度、教育行政诉讼制度、教育行政赔偿制度等一系列教育法律制度,以及行政许可程序、行政裁决程序、行政听证程序、采取行政强制措施程序等一整套教育行政执法程序,建立对行政权力的制约机制,确保教育执法活动的有效实施,依法保护公民在教育领域内的合法权益。

(三)教育司法作用得到充分发挥

依法治教要求充分发挥司法机关解决教育纠纷、制裁违法行为的作用。司法机关应认真查处教育违法案件,运用司法手段合理、公正解决教育纠纷,制裁违法行为,并对教育行政机关的具体行政行为予以监督,做到有法必依、执法必严、违法必究。

(四)健全的教育法律监督制度

建立对教育工作进行监督的各项制度和有效的监督机制。充分发挥国家权力机关监督、行政监督、司法监督、社会监督的作用,明确监督标准和程序,综合运用各种监督手段,保证做到监督工作经常化、制度化。

(五)社会成员具有较强的教育法律意识与法治观念

教育法律意识是人们对于教育法律现象的思想、观点、知识和心理的总称,不仅包括人们对教育法律的本质和作用的理解和评价,而且也包括对教育执法和司法的信任程度以及守法、用法的自觉性等。公民具有良好的教育法律意识与法治观念,才能够对教育法律进行正确的认识和评价,具有较高的守法、用法的自觉性。

(六)全面实现依法治校

依法治校是依法治教的重要组成部分和标志之一,也是依法治教在学校管理工作中的具体体现。各级各类学校及其他教育机构应依照有关的法律法规组织实施教育教学活动,实现学校管理与运行机制的制度化和规范化。全面实现依法治校,需要具备以下条件:

1. 学校具有明确的法律地位

学校的法律地位,主要是指学校在法律上具有的主体资格,包括在民事法律关系中作为民事主体的法律地位,在教育行政法律关系中作为行政相对人的法律地位,以及在教育刑事法律关系中作为刑事法主体的法律地位。如,在民事法律关系中,首先,学校可以是法人。根据《中华人民共和国教育法》第三十二条规定,"学校及其他教育机构具备法人条件的,自批准设立或者登记注册之日起取得法人资格""学校及其他教育机构在民事活动中依法享有民事权利,承担民事责任"。具备法人条件的学校,一旦依法取得法人资格,就意味着学校能够以独立的法人身份广泛地参与民事和经济活动,同时也意味着学校必须以独立法人身份依法承担一切因自己的民事行为引起的民事责任。其次,学校是特殊法人。由于学校具有公益性特征,相对于一般法人而言,学校法人是一种特殊法人。如,学校法人与企业法人就有所不同,虽然学校以独立民事主体资格参加学校与社会的各类关系中,但学校不能像企业那样去营利,不能用学校资产进行抵押、担保等,学校的民事行为受到一定的限制。

2. 依法行使学校权利,严格履行学校义务

依法行使学校的权利和义务是依法治校的核心条件。学校作为专门的教育机构和场所,是教育法律关系的重要主体之一,有其特定的权利和义务。依照《中华人民共和国教育法》及有关法律的规定,学校在教育活动中,可以按照章程自主管理;可以按照国家规定,自主确定、实施本机构的教学计划,全面组织实施教育教学活动;有权依照国家有关规定,制定具体的招生办法,确定本机构招生的具体数量及招生范围;有权根据主管部门的学籍管理规定和国家有关学生奖励、处分的规定,结合本校实际,制定具体的学籍管理办法和奖励、处分办法,并对受教育者实施具体的管理;有权依照国家有关规定,向其学生颁发相应的学业证书;有权根据国家有关教师及其他职工管理方面的法规及主管部门的规定,制定本校教师及其他职工的聘任办法,自主决定聘任、解聘,并有权对教师及其他员工实施包括奖励、处分在内的具体管理活动;学校对其占有的场地、房屋、设施、设备、经费及其他有关财产,享有管理权和使用权,必要时可对其占有的财产进行处分;学校对来自社会上的其他组织及个人等任何方面的非法干涉教育教学活动的行为,有权加以拒绝和抵制。权利和义务是统一的,学校及其他教育机构在享有权利的同时,也必须履行自己的义务:学校必须遵守法律、法规;认真贯彻执行国家的教育方针,执行国家教育教学标准,保证教育教学质量;采取积极措施,维护受教育者、教师及其他职工的合法权益;通过合法、有效的途径,为受教育者及其监护人了解受教育者的学业成绩及其他有关情况提供便利;学校要从办学的公益性质出发,严格按照国家有关收费规定收取费用,并公开收费项目;学校对于权力机关、行政机关依法进行检查、监督等职务行为以及社会各界依法进行的社会监督,应积极予以配合,不得无理阻挠和拒绝。

3. 依法管理学校各项事务

学校在教学、管理和服务等方面实行依法管理。具体地讲,就是依法进行教学管理、教职工管理、学生管理等。在学校教学管理方面,应按照《中华人民共和国教育法》《中华人民共和国教师法》《教师资格条例》《教学成果奖励条例》及教育部有关教学方面的计划和规定去执行,严格贯彻执行国家的教育方针,遵循国家规定的教育教学标准,科学地进行课业组织、师资配备、教学环节管理、学籍管理、科研管理及课外活动的管理等,充分调动教师、学生的教与学的积极性和主动性,提高教学质量。在对教师管理方面,学校应根据《中华人民共和国教育法》《中华人民共和国教师法》及其他有关法律法规实施管理，学校不仅要尊重教师的权利，同时还要注意改善教师的工作、生活条件，提高教师素质，充分发挥教师在学校管理中的主体作用。在学生管理方面，要正确认识和处理学校与学生的法律关系，重视学生在教育法律关系中的主体地位，充分发挥学生的主体作用，尊重和保护学生的权利，并督促他们依法履行其义务。

4. 依法保护学校及师生员工的合法权益

学校应严格遵守法律法规，用法律规范自己的行为，不得侵犯教师、学生的合法权益，也不得侵犯社会上其他组织和个人的合法权益。当社会上其他组织或个人侵犯了学校的合法权益时，要敢于运用法律的手段，依法保护自己；当教师、学生的合法权益受到侵害时，要积极协助有关单位，查处违法行为的当事人，保护师生的合法权益。

第二节　国家的权利与义务

一、教育的基本原则

教育的基本原则是指法律规定教育事业必须遵循的基本要求与准则。根据《中华人民共和国教育法》的规定，教育应遵循的基本原则如下：

（一）坚持教育社会主义方向的原则

《中华人民共和国教育法》第三条规定："国家坚持以马克思列宁主义、毛泽东思想和建设有中国特色社会主义理论为指导，遵循宪法确定的基本原则，发展社会主义的教育事业。"《中华人民共和国教育法》第五条规定："教育必须为社会主义现代化建设服务、为人民服务，必须与生产劳动和社会实践相结合，培养德、智、体、美等方面全面发展的社会主义事业的建设者和接班人。"这些规定保障了社会主义方向的原则。

（二）受教育机会平等的原则

《中华人民共和国教育法》第九条规定："中华人民共和国公民有受教育的权利和义务。公民不分民族、种族、性别、职业、财产状况、宗教信仰等，依法享有平等的受教育机会。"这一规定确定了公民受教育机会平等原则。

受教育机会平等原则一般包括受教育起点上的机会平等、受教育过程上的机会平等和受教育结果上的机会平等三个层面。首先，受教育起点上的机会平等是指每个公民在入学机会上享有平等的权利。《中华人民共和国宪法》第四十六条规定："中华人民共和国公民有受教育的权利和义务。"这一规定，以国家根本法的形式明确了公民受教育起点上的机会平等性。其次，受教育过程上的机会平等是指公民在接受教育的过程中，有获得教育条件、教育待遇等方面的平等权利。再次，受教育结果上的机会平等是指公民在接受教育后，有获得学校和社会公正评价的平等权利。这种平等主要体现为学业成绩和品行评价上的平等、进一步求学机会上的平等、就业机会上的平等。《中华人民共和国教育法》第三十七条规定:"受教育者在入学、升学、就业等方面依法享有平等权利。学校和有关行政部门应当按照国家有关规定,保障女子在入学、升学、就业、授予学位、派出留学等方面享有同男子平等的权利。"

(三) 教育活动符合国家和社会公共利益的原则

《中华人民共和国教育法》第八条第一款规定:"教育活动必须符合国家和社会公共利益。"教育的公共性,是现代教育的重要特征之一。我国是社会主义国家,教育活动必须符合社会主义国家和社会公共利益的原则。其主要体现在以下几个方面:第一,在我国境内举办学校与其他教育机构应当坚持公益性,不得以营利为目的举办学校及其他教育机构。第二,教育必须面向全体公民,对国家、人民和社会公共利益负责。第三,教育活动应当依法接受国家、社会的监督,任何人从事教育活动,必须遵守宪法和法律,不得违背和损害国家利益、人民的利益和社会公共利益,否则,将会受到法律的制裁。第四,《中华人民共和国教育法》第八条第二款规定:"国家实行教育与宗教相分离。任何组织和个人不得利用宗教进行妨碍国家教育制度的活动。"即在国民教育和公共教育中,不允许宗教团体和个人办学进行宗教教育,不允许利用宗教进行妨碍国家教育制度的活动。此款也是对"教育活动符合国家和社会公共利益原则"的体现之一。

(四) 扶持特殊地区和人群教育的原则

《中华人民共和国教育法》第十条规定:"国家根据各少数民族的特点和需要,帮助各少数民族地区发展教育事业。国家扶持边远贫困地区发展教育事业。国家扶持和发展残疾人教育事业。"我国地域辽阔,民族众多,区域之间的经济、文化、教育的发展很不平衡,教育的基础也有很大差别,尤其是少数民族地区和边远贫困地区,教育条件更为艰苦,教育水平也相对较低。这些地区的教育不仅关系到我国整体教育事业的发展,而且关系到民族团结和社会安定。为了提高这些地区的教育发展水平,促进各民族、各地区共同繁荣,国家必须对少数民族地区给予特殊的扶持与帮助。

残疾人作为我国公民的一部分,其与正常人一样享有受教育权、发展权。《中华人民共和国宪法》第四十五条第三款规定:"国家和社会帮助安排盲、聋、哑和其他有残疾的公民的劳动、生活和教育。"因此,必须对残疾人教育采取特殊扶持和帮助的政策,以保护这一弱势人群的受教育权。

(五) 继承优秀文化成果的原则

《中华人民共和国教育法》第七条规定:"教育应当继承与弘扬中华民族优秀的历史文化传统,吸收人类文明发展的一切优秀成果。"中华民族历史悠久,创造了光辉灿烂的历史文化。这些文化至今仍显示着巨大的生命力与积极的影响。继承与发扬中华民族的优秀历史文化,这是人类文明向前发展的不竭动力,也是中国经济和社会发展的重要支撑。

(六) 通用语言文字的原则

《中华人民共和国教育法》第十二条规定:"国家通用语言文字为学校及其他教育机构

的基本教育教学语言文字,学校及其他教育机构应当使用国家通用语言文字进行教育教学。民族自治地方以少数民族学生为主的学校及其他教育机构,从实际出发,使用国家通用语言文字和本民族或者当地民族通用的语言文字实施双语教育。国家采取措施,为少数民族学生为主的学校及其他教育机构实施双语教育提供条件和支持。"这一规定既有利于沟通与交流,也有利于社会进步与经济发展,也是我国团结统一的象征。

二、教育投入与条件保障的法律规定

《中华人民共和国教育法》第七章"教育投入与条件保障"中对教育经费筹措体制进行了较为全面的规定,构建了我国筹措教育经费体制的基本框架,即以国家财政拨款为主,其他多种渠道筹措教育经费为辅的教育投入体制。

(一)教育经费筹措体制的基本框架

1. 国家财政性教育经费支出

这是筹措教育经费的主要渠道,包括中央财政拨款和省、市、县各级地方政府的教育拨款、城乡教育费附加、企业用于举办中小学的经费和校办产业减免税部分。《中华人民共和国教育法》第五十五条规定:"国家财政性教育经费支出占国民生产总值的比例应当随着国民经济的发展和财政收入的增长逐步提高。具体比例和实施步骤由国务院规定。""全国各级财政支出总额中教育经费所占比例应当随着国民经济的发展逐步提高。"各级人民政府要做到"全国各级财政支出总额中教育经费所占比例应当随着国民经济的发展逐步提高",就必须遵循《中华人民共和国教育法》第五十六条第二款规定的"三个增长",即,"各级人民政府教育财政拨款的增长应当高于财政经常性收入的增长,并使按在校学生人数平均的教育费用逐步增长,保证教师工资和学生人均公用经费逐步增长"。"三个增长"原则从根本上保证了教育投入绝对量和相对量的增加。

2. 城乡教育费附加

教育费附加是根据国务院有关规定,在全国城乡普遍征收的主要用于实施义务教育的专项费用,分为城市教育费附加和农村教育费附加,并分别征收。其作用是发展地方性教育事业,扩大地方教育经费的资金来源。教育附加费作为专项收入,由教育部门统筹安排使用。《中华人民共和国教育法》第五十八条规定:"税务机关依法足额征收教育费附加,由教育行政部门统筹管理,主要用于实施义务教育。省、自治区、直辖市人民政府根据国务院的有关规定,可以决定开征用于教育的地方附加费,专款专用。"

3. 校办产业与社会服务收入

《中华人民共和国教育法》第五十九条规定:"国家采取优惠措施,鼓励和扶持学校在不影响正常教育教学的前提下开展勤工俭学和社会服务,兴办校办产业。"需要指出的是,学校的一切工作均要以教学为中心。所以,开展勤工助学、兴办校办产业,要在不影响正常的教育教学秩序的前提下进行,而且,这项工作的开展,应有利于学校教学条件的改善、教学质量的提升及教师福利待遇的提高。

4. 社会力量捐资

《中华人民共和国教育法》第六十条规定:"国家鼓励境内、境外社会组织和个人捐资助学。"随着社会经济的发展、对外交流的增多、社会各界对教育的日益重视与支持,境内外民间组织及个人捐助教育事业的逐年增多。这对于增加教育投入、改善办学条件起到了积极的作用。捐资是属于高度主动性与自觉性的行为,捐资助学应遵循自愿原则,对捐助的数额、用途等应充分尊重捐助者的意愿,同时也应注意捐赠的方式和内容应符合中国的法律、法规和政策,不能妨碍教育事业的发展。

5. 金融与信贷手段融资

《中华人民共和国教育法》第六十二条规定:"国家鼓励运用金融、信贷手段,支持教育事业的发展。"运用金融与信贷手段融资,通常是设立教育银行、教育投资公司等金融机构,开展以为筹措教育积累资金为目的的存取、信贷、投资等多种业务,所得利润除用于自身发展外,应用于教育事业。

6. 设立教育专项资金

《中华人民共和国教育法》第五十七条规定:"国务院及县级以上地方各级人民政府应当设立教育专项资金,重点扶持边远贫困地区、少数民族地区实施义务教育。"教育专项资金主要是指扶持边远、贫困地区、少数民族地区实施义务教育的专项资金。设立教育专项资金,一是有利于推动贫困地区基础教育的发展,二是有利于引导与推动地方政府与人民群众办学的积极性。

(二) 教育经费的管理与监督

目前教育经费投入与使用之间存在着突出的矛盾,一是教育经费投入的有限,二是教育经费使用中存在挤、挪、占等问题。要顺利促进教育事业的健康发展,必须解决这些问题,即必须加强教育经费的管理与监督。

《中华人民共和国教育法》第五十六条第一款规定:"各级人民政府的教育经费支出,按照事权和财权相统一的原则,在财政预算中单独列项。"这项规定保障了教育经费依法落实到位,并为教育经费管理体制的改革和长期以来教育事业管理存在的财权和事权相分离的状况的改变提供了法律依据。

(三) 教育条件保障

《中华人民共和国教育法》第六十四条规定:"地方各级人民政府及其有关行政部门必须把学校的基本建设纳入城乡建设规划,统筹安排学校的基本建设用地及所需物资,按照国家有关规定实行优先、优惠政策。"这一规定为加快学校基本建设、保障学校的权益提供了法律依据。第六十五条规定:"各级人民政府对教科书及教学用图书资料的出版发行,对教学仪器、设备的生产和供应,对用于学校教育教学和科学研究的图书资料、教学仪器、设备的进口,按照国家有关规定实行优先、优惠政策。"第六十六条规定:"国家推进教育信息化,加快教育信息基础设施建设,利用信息技术促进优质教育资源普及共享,提高教育教学水平和教育管理水平。县级以上人民政府及其有关部门应当发展教育信息技术和其他现代化教学方式,有关行政部门应当优先安排,给予扶持。国家鼓励学校及其他教育机构推广运用现代化教学方式。"

三、教育的社会责任与参与

（一）教育的社会责任

《中华人民共和国教育法》第四十六条规定："国家机关、军队、企业事业组织、社会团体及其他社会组织和个人，应当依法为儿童、少年、青年学生的身心健康成长创造良好的社会环境。"《中华人民共和国未成年人保护法》《中共中央关于加强未成年人思想道德建设的决定》对广播电视、文化体育、新闻出版等相关领域都提出了严格的要求，为青少年创设健康的社会环境提供了法律依据。

（二）社会对教育的参与与支持

社会参与教育，国家一方面通过法律赋予其权利，另一方面又要求社会承担一定的义务与责任。《中华人民共和国教育法》第四十八条规定："国家机关、军队、企业事业组织及其他社会组织应当为学校组织的学生实习、社会实践活动提供帮助和便利。"

社会对教育的参与形式是多种多样的，如，图书馆、博物院、少年宫、报刊、社会文化传媒、历史古迹等。值得注意的是，社会参与教育有时也会带来一些消极的影响，如网恋、网游，这些严重影响了学生的正常学习和身心发展。

第三节 教育行政管理

一、教育行政机关

（一）教育行政机关的职责

教育行政机关是国务院和地方各级人民政府担负教育行政管理职能的专门机关，是国家行政机关中专门从事教育行政管理的行政机关。按照其权限与管辖范围，可分为国家教育行政机关和地方教育行政机关。国家教育行政机关即现在的中华人民共和国教育部，地方教育行政机关即各省、市、自治区教育厅（教育委员会）、各地级市教育局、各县（市、区）教育局。《中华人民共和国教育法》第十五条第一款规定："国务院教育行政部门主管全国教育工作，统筹规划、协调管理全国的教育事业。"第二款规定："县级以上地方各级人民政府教育行政部门主管本行政区域内的教育工作。"

教育行政机关是依法成立的、代表国家行使教育行政管理职能的行政机关。学校、其他组织与个人在教育管理中处于被管理的地位。我国教育行政机关按照相关法律确定的"分级管理、分工负责"原则，领导和管理教育工作。

（二）教育行政机关的权力

教育行政机关的权力是公共权力，具有国家强制性。我国教育行政机关主要有教育行政决定权、教育行政强制权、教育行政处罚权、教育行政执行权、教育行政监督权等。

1. 教育行政决定权

教育行政决定权即教育行政机关依法对教育行政管理中的具体事件的处理权，以及教育法律、教育行政法规和教育规章未明确规定的事项的规定权。教育行政决定权主要涉及特定当事人能否取得某项权利或应否承担某项义务，能否取得某种资格以及教育机构人员的任免、处分等。

2. 教育行政强制权

教育行政强制权指在教育行政管理中，法定义务人或某项具体行政法律关系的义务人若不履行义务时，教育行政机关有权采取一些法定的强制措施，以促使法定义务的履行。

3. 教育行政处罚权

教育行政处罚权是教育行政机关执法职能的重要体现。教育行政处罚权即指在特定的国家行政机关对违反教育法律规范的公民、法人或其他组织给予的制裁处理。需指出的有两点：一是被处罚者违反了教育法规，但尚未构成犯罪；二是教育行政处罚权是由特定行政机关实施的，主要是教育行政管理机关。

4. 教育行政执行权

教育行政执行权即教育行政机关或其工作人员根据有关法律规定或上级决定、命令具体执行的行为。这是教育行政机关及其公务员具体适用教育法律、法规的行为，法律保障教育行政机关独立行使教育行政执行权。

5. 教育行政监督权

教育行政监督权主要是指上级教育行政机关对下级教育行政机关的教育行政执法活动进行的检查和监督。

二、教育行政行为

教育行政行为是教育行政主体在实施行政管理活动，行使行政职权过程中所做出的具有法律意义的行为。这种行为只能由教育行政主体做出。至于是教育行政主体直接做出，还是行政主体通过公务员或其他工作人员或依法委托其他社会组织做出，均不影响行政行为的性质。教育行政行为种类繁多，内容庞杂；根据不同的标准，可以作不同的分类。在此，我们主要探讨抽象教育行政行为和具体教育行政行为，这是以其管理对象是否特定为标准划分的。抽象教育行政行为，是以不特定的人或事为管理对象；具体教育行政行为的管理对象是特定的人或事。

（一）抽象教育行政行为

所谓抽象教育行政行为，是指国家教育行政机关针对不特定的人或事制定具有普遍约束力的规范性教育文件的行为，如制定教育行政法规和教育行政规章的行为。抽象教育行政行为相对于具体教育行政行为而存在，其核心特征就在于行为对象的不特定性，即行为对象具有抽象性，属于不确定的某一类人或某一类事项，并具有反复适用的效力。

按照抽象教育行政行为的规范程度和效力等级，通常可分为教育行政立法行为和其他抽象教育行政行为。

1. 教育行政立法行为

教育行政立法行为即行政机关制定教育行政法规和教育行政规章的行为，二者具有不同层级和效力，其制定权也为一定的行政机关专属。

教育行政法规是国家最高行政机关为实施、管理教育事业，根据宪法和教育法律制定的规范性文件，教育行政法规在内容上是针对某一类教育管理事务发布的行为规则，而不是针对某个具体的事件和具体问题做出决定，在形式和结构上比较规范，在时效上有相对的稳定性。

2. 其他抽象教育行政行为

教育行政立法行为是一种最重要的抽象教育行政行为，但在教育行政立法之外，还存在着一种与之密切联系的抽象教育行政行为，即行政机关制定具有普遍约束力的决定、命令，规定教育行政措施的行为，也就是制定教育行政法规、教育行政规章以外的其他规范性教育文件的行为。如，1998年1月8日国家教委制定《教师和教育工作者奖励规定》，就是一种制定其他规范性教育文件的行为。

（二）具体教育行政行为

具体教育行政行为，是指在教育行政管理过程中，行政主体针对特定的人或特定的事采取具体行政措施的行为，其行为的内容和结果将直接影响某一个人或组织的权益。具体行政行为一般包括行政许可与确认行为、行政奖励行为、行政征收行为、行者处罚行为、行政强制行为、行政监督行为、行政裁决行为等。

在日常的教育行政工作中，比较常见的具体教育行政行为有如下几种。

1. 通知

通知是教育行政机关依职权将已存在的教育法律事实或教育法律关系及可能采取的措施通知相对人，使之知悉的教育行政行为。此外应注意，作为具体教育行政行为的"通知"和作为规范性教育文件的"通知"，是两种不同的教育行政行为，前者针对特定的人或事，属具体教育行政行为，后者针对的是不特定的人或事，具有普遍性，是抽象教育行政行为。

2. 批准（拒绝）

批准是教育行政机关应相对人的申请，根据教育法的有关规定，同意相对人实施某种行为或赋予相对人实施某种行为能力的教育行政行为。前者如依相对人的申请，批准筹建或举办各级各类学校，批准建校招生等。后者如依相对人的申请，批准授予教育系统的专业技术职务等。在法的意义上，批准举办教育机构或招生，起着使这种行为生效的作用。相对人提出申请但未获得批准就举办教育机构或招生，不仅其行为无效，而且应承担相应的教育法律责任。

与批准相对应的是拒绝，它是教育行政机关对相对人申请事项不同意的意思表示。批准与拒绝是教育行政机关实施对相对人一定行为的控制和管理的有效方式，在日常工作中大量存在。

3. 许可

许可是教育行政机关应相对人申请，依法赋予其从事某种活动的法律资格或实施某种行为的法律权利的行政行为。

以许可的目的形式为标准，可分为行为许可和资格许可。行为许可是禁止的解除，即教育行政机关依法许可特定的相对人实施法禁止一般人实施的行为。资格许可是指教育行政机关应申请人的申请，经过一定的考核程序后，给合格者核发证明文书，允许其享有某种资格或具备某种能力的许可，如，教育行政部门应申请人的申请，经认定合格后，颁发相应的教师资格证书，申请人便具备了从事教师职业的资格，拥有了从事教育教学工作的基本条件。如果没有取得教师资格而从事这个职业，其行为是非法的，是在从事法律禁止其从事的工作。

4. 注册（登记）

注册是教育行政机关应对人申请，登记相对人的某种情况或事实，并根据教育法予以承认的教育行政行为。《中华人民共和国教育法》第二十八条规定："学校及其他教育机构的设立、变更和终止，应当按照国家有关规定办理审核、批准、注册或者备案手续。"在此明确规定了国家对学校设置的程序性规范，也就是说，学校及其他教育机构的设立，除具备法律规定的一般实体要件外，还要符合程序性规定，才能取得合法的地位。再如，教育行政机关在其登记册上记载其管辖的学校毕业生，并在其毕业证上验印，也属注册的教育行政行为。

注册也叫登记，但并不是人们所误解的那种履行简单的登记手续，它是一种羁束的行政行为，应严格依法进行。对相对人来说，注册既是一种权利，又是一种义务。相对人具备某种情况或事实，符合法定条件，有权申请注册，教育行政机关不得拒绝。相对人取得教育行政机关的注册，意味着其注册的行为或事实获得注册机关的认可或证明，具有了行政法上的意义。相对人认为教育行政机关违法拒绝注册申请或逾期不予答复，有权提起行政复议或行政诉讼。

5. 免除

免除是教育行政机关应相对人的申请，依法免除相对人教育法义务的教育行政行为。教育行政机关只有在相对人提出免除申请，并且经审查确认相对人具有教育法上规定的免除义务的某种特定条件后，才可以依照职权程序做出免除决定。

6. 发放

发放是教育行政机关为相对人拨付退休金、补助金和各种津贴的教育行政行为，教育行政机关拨付民办教师补助费、中小学班主任津贴、学生的助学金和奖学金、普通高等学校的学生贷款等，都属于教育行政机关采取的"发放"行为。发放通常是教育行政机关应相对人的申请而采取的行政措施，相对人通过教育行政机关的发放行为取得退休金、各种津贴或补助，是其依法享有的一种权利，对这种权利，相对人可以享有，也可以放弃，但教育行政机关不得任意剥夺相对人的这种权利。

第四节 教育行政机关的法律责任

一、教育行政机关承担法律责任的方式

教育行政机关不依法做出行政行为,应承担一定的法律责任。教育行政机关承担法律责任的具体方式主要是行政处分与行政处罚。如果行为人在行政法律关系中涉及对他人人身权与财产权的侵害,则还要承担赔偿责任及其他一些附带的民事责任。行政责任承担的具体方式主要有:①通报批评;②赔礼道歉、承认错误;③恢复名誉、消除影响;④返还权益;⑤恢复原状;⑥停止侵害;⑦履行义务;⑧撤销违法的行政行为;⑨纠正不当的行政行为;⑩行政赔偿。从上可以看出,行政主体行政责任承担的方式主要是补偿性的。

二、教育行政侵权与赔偿责任

(一)教育行政机关的侵权行为

1. 教育行政机关对学校的侵权行为

教育行政机关对学校的侵权行为,较常见的是侵害学校的办学自主权、财产所有权与土地使用权。

2. 教育行政机关对教师的侵权行为

在教育行政管理当中,教师作为教育行政管理的相对人,其合法权益也易受到教育行政机关的侵害。较常受到侵害的权益有教育教学权、获得报酬待遇和进修培训权等。

3. 教育行政机关对学生的侵权行为

教育行政机关在教育行政管理过程中对学生的侵权行为经常发生,如,乱收费行为对学生财产权的侵害;考试工作组织不善,侵害学生获得公正评价的权利等。

(二)教育行政机关的赔偿责任

教育行政机关赔偿是指教育行政机关及其工作人员在教育行政管理过程中,违法行使职权,侵犯公民、法人或其他组织的合法权益并造成损害,依照《中华人民共和国国家赔偿法》相关规定由国家给予的赔偿。

教育行政赔偿的主要特征:

(1)教育行政机关及其工作人员是侵权主体,这是教育行政赔偿的前提。

(2)侵权损害发生在执行职务过程中,职务行为是构成教育行政赔偿的基础。

(3)侵权行为源于教育行政机关及其工作人员的违法行政。

(4)教育行政赔偿的主体是国家,即教育行政侵权行为由国家向受害者承担责任,但这并不等于可以不对违法执行职务的工作人员进行纪律责任的追究。教育行政机关工作人员的职务行为是受教育行政机关委托并以行政机关的名义做出的,其行为视为教育行政机关的行为。

(5) 教育行政赔偿是一种法律责任。这种责任通常有相关法律规定,如《中华人民共和国国家赔偿法》或其他法律法规的侵权责任规范。这种责任的承担形式通常具有法律上惩戒的意义,如经济赔偿等。这种责任的承担是法律上的救济,即补救、恢复受害者的合法权益。

本章小结

加强教育事业的管理与规范,促进教育改革与发展的深入,必须依法治教。本章主要阐述了依法治教的内涵、意义、主体、内容及其应具备的条件;重点探讨了教育的基本原则;教育投入与条件保障的法律规定;教育的社会责任与参与。随着依法治教的推进、教育法规体系的完善及人们教育法律意识水平的增长,人们对教育行政机关的教育执法水平也提出了新的要求。依法治教,教育行政机关的权力与教育行政行为就要有法可依,有章可循,执法必严。教育行政机关不依法做出行政行为,应承担一定的法律责任。

思考题

1. 如何理解依法治教?
2. 根据我国教育发展现状,论述依法治教的重要性与必然性。
3. 依法治教应具备哪些条件?
4. 教育的基本原则有哪些?
5. 我国教育投入与条件保障的法律规定是什么?
6. 常见的具体教育行政行为主要有哪几种?
7. 教育行政机关的权力主要有哪些?
8. 教育行政法律责任承担的具体方式有哪些?

案例研究

案例1

2012年12月18日,某中学在上第三节课时,高二(五)班任课教师张某因故未到教室上课,也未向学校领导请示派人代课,而是自己安排本班班长李某看管学生自习,并示意说:"哪个学生捣乱,用棍子敲!"上课没十分钟,该班学生王某斜坐在座位上削铅笔,李某以为他在吃东西,遂从讲台上将教师常用的教棍扔下打王某。王某出于本能,用手一挡,棍头正好刺往后排坐着的女同学严某的左眼。造成严某左眼失明。经市公安局法医鉴定,其左眼珠已萎缩,需摘除并安装义眼,属于重伤乙级,需花医药费数万元,而严某家庭困难,父母带着严某四处求医,累计费用达3.5万多元。严某父母于2013年3月起诉到县人民法院,请求依法赔偿。

案例思考：

1. 本案中，法律责任如何承担？依据是什么？
2. 教师张某违反了哪些规定？学校或教育行政部门对其应做如何处分？

【案例分析】

该中学在上课期间由于教师擅离职守，造成学生伤害，学校应负主要责任；王某在李某用教棍打自己时，用手护头，出于本能，其正当防卫没有超过必要的限度，依法不承担民事责任；严某在学校期间受到伤害，请求赔偿，有理有据，应予以支持。法院依法判决学校赔偿严某各项费用4.4万元，李某赔偿严某各项费用1.1万元。在该事件中，学校的职责和任务是由一个个管理员和教师去履行和实现的。管理人员和教师在从事管理和教育教学活动时所代表的不是自己而是学校，其行为是职务行为而非个人行为，对于职务行为给别人造成的损害，民事赔偿责任应该由行为人所在的教育机构来承担。学校应坚持防重于治的原则，平时作好教师和学生的安全教育工作，通过积极行动尽可能减少学校伤害事故的发生。本案中，任课教师张某违反了《中华人民共和国教师法》第三十七条有关规定，教师故意不完成教育教学任务而给教育教学工作造成损失的，应该由所在学校、教育行政部门对该教师给予行政处分或者解聘。当然，在学校赔偿之后，学校可根据实际情况，向有过失的行为人李某行使追偿权，要求教师张某承担部分或全部赔偿费用。

案例2

2015年5月，某小学进行了期末考试。六年级某班班主任将学生考试成绩进行了排榜。该班女生张某原来是班级尖子生，成绩一直名列前茅。但是这次期中考试却排在中游。班主任在全班同学面前公布排榜名次时，不问青红皂白，严厉地批评了张某。张某因为妈妈住院而影响学习成绩自觉委屈，老师当面批评使她抬不起头。孩子回家后，神情沮丧、少言寡语，茶不思饭不想，躲进自己小屋不出来，并告诉父母她不想念书了。

案例思考：

1. 本案中班主任的这种行为侵害了学生的哪些权利？依据是什么？
2. 学校应如何处理这件事？

【案例分析】

该班主任考试排榜行为违反了《中华人民共和国教育法》第三十条第四项有关规定，学校应履行"以适当方式为受教育者及其监护人了解教育者的学业成绩和其他有关情况提供便利"的义务和《中华人民共和国教育法》第四十三条第三项有关规定，受教育者享有"在学业成绩和品行上获得公正评价"的权利以及《中华人民共和国教师法》第八条第四项有关规定，教师应"关心、爱护全体学生，尊重学生人格，促进学生在品德、智力、体质等方面全面发展"。所以，该名班主任构成了侵害学生的知情权和名誉权。学校应责令班主任撤销排榜并向学生本人及家长赔礼道歉。

推荐阅读

1. 黄才华. 依法治教概论[M]. 北京：教育科学出版社，2002.

2. 黄崴. 教育法学 [M]. 广州：广东高等教育出版社，2002.
3. 张维平. 教育法学基础 [M]. 沈阳：辽宁大学出版社，2000.
4. 张济正. 教育行政学通论 [M]. 上海：华东师范大学出版社，1991.
5. 张乐天. 教育政策法规的理论与实践 [M]. 上海：华东师范大学出版社，2002.

第八章 学校——依法治校

本章重点

- ◆ 理解依法治校的内涵
- ◆ 理解学校的法律地位及其特点
- ◆ 了解学校举办的条件
- ◆ 了解学校的权利与义务

随着我国科教兴国战略的不断推进和依法治国方略的确立,依法治教成为我国教育管理和办学活动纳入轨道的重要保证。依法治校是依法治国、依法治教的重要组成部分,依法治校是贯彻党的十八大精神,推进依法治国基本方略的必然要求,是教育事业深化改革、加快发展,推进教育法制建设的重要内容,更是学校加强管理的必然选择。应该说,依法治校缘自"依法治国"的基本方略,是依法治国派生出来的学校管理战略。实施依法治校,就是对"依法治国"方略的具体落实。依法治校是社会文明进步的表现,是教育按照自身规律发展的必然要求,是教育事业兴旺发达的根本保证。近年来,随着教育法制建设的逐步完善,各地依法治校工作有了一定程度的进展,创造了一些好的经验和具有地方特色的依法治校工作思路。但是从总体上看,学校的法治观念和依法管理的意识还比较薄弱;依法治校的制度和措施还不健全;依法治校还没有完全成为学校的自觉行为,与依法治国基本方略的要求还有一定的差距。因此,我们必须把依法治校放在教育发展的基础性地位来认识,促进学校管理与运行机制的根本转变,保证学校教育在法制的轨道上规范运行。

第一节　依法治校概述

一、依法治校的内涵与外延

(一)依法治校的内涵

依法治校是依法治教的重要组成部分。依法治校,顾名思义,即依照法律管理学校,其是相对于传统意义上的学校管理方式产生的新的科学的管理方式。依法治校就是要在依法理顺政府与学校的关系、落实学校办学自主权的基础上,实现学校管理与运行机制的制度化。概括地说,应当包括领导体制、主体、客体、依据、方式、标准、指导思想、根本目的等。具体地说,依法治校应当先行建立校长(第一责任人)负总责,党组织、行政、工会、共青团等共同参与的领导体制。依法治校的主体是指与学校具有法律关系的公民和法人,包括教育行政部门、校长、教师、学生、家长以及相关的法人组织,应该明确他们的权利义务。客体是主体的权利义务所指向的对象,主要是指学校的物质财富、非物质财富和人的行为。依法治校的依据是指宪法、法律、法规、地方性法规、政府规章、部门规章以及教育行政部门和学校依据在不违背上述法律法规的前提下,结合实际制定的各项规章制度。

因主体和客体的不同,对依法治校的理解也不同。以学校为对象进行管理的角度而言主要指各级政府及教育部等,这些依法治校的责任主体,都应依法支持学校,依法行政,确保学校工作的顺利开展。也相当于从外部依法管理和规范学校行为,管理和学校有关的事务,以保护学校的有关权益。对学校管理者而言是以学校的内部事务为对象,依法管理学校。

（二）依法治校的外延

依法治校的外延是指为确保依法治校的实现而采取的方法和措施。它主要包括：制定章程，使学校的一切工作纳入规范化、制度化轨道；加强普法，不断增强依法治校的责任意识；依法运行，逐级落实岗位职务责任制；明确标准，对依法治校各项工作提出相应的具体要求；监督检查，确保依法治校工作的全面落实，等等。弄清了依法治校的概念，划定了依法治校的责任范围和界限，有利于依法治校的规范化和制度化。

综上，实行依法治校，就是要全面贯彻教育方针，坚持教育为社会主义现代化建设服务，为人民服务，与生产劳动和社会实践相结合，培养德智体美全面发展的社会主义建设者和接班人。实行依法治校，就是要严格按照教育法律的原则与规定，开展教育教学活动，尊重学生人格，维护学生合法权益，形成符合法治精神的育人环境，不断提高学校管理者、教师的法律素质，提高学校依法处理各种关系的能力。实行依法治校，就是要在依法理顺政府与学校的关系、落实学校办学自主权的基础上，完善学校各项民主管理制度，实现学校管理与运行的制度化、规范化、程序化，依法保障学校、举办者、教师、学生的合法权益，形成教育行政部门依法行政，学校依法自主办学、依法接受监督的格局。

二、依法治校的依据及意义

（一）依法治校的依据

1982年修订的《中华人民共和国宪法》从根本上规定了我国教育法律法规的基本指导思想和立法依据，也为我国教育教学活动确定了基本的法律规范和具体规则。后来又制定了一系列法律法规促进我国的现代化教育发展，为我国学校提供了法律依据和准则。其中，《中华人民共和国教育法》的颁布和实施是由国家制定或认可并以国家强制力保证实施教育活动的行为规范，其所确立的我国全部教育立法和一切教育活动应遵循的基本准则，反映了我国教育制度的基本性质和要求，也反映了教育工作的基本规律。教育部于2003年7月17日发布的《关于加强依法治校的若干意见》中进一步明确了依法治校的概念、目标和任务，确定了依法治校的主体和客体、权利和义务，亦阐明了政府与学校、学校与教师、学校与学生等之间的法律关系。

（二）依法治校的意义

依法治校既是教育改革与发展的必然要求，也是实现教育为人民服务宗旨的重要保障。依法治校有利于推动教育行政部门进一步转变职能，严格依法办事；有利于全面推进素质教育，提高国民素质；有利于保障各方的合法权益；有利于运用法律手段调整、规范和解决教育改革与发展中出现的新情况和新问题，化解矛盾，维护稳定。

第二节 学校的法律地位概述

一、学校的法律地位

（一）学校法律地位的含义

学校是指经教育行政主管机关批准或登记注册，以实施学制系统内各阶段教育为主的教育机构。我国学制系统内的基本教育阶段分为幼儿教育、初等教育、中等教育和高等教育。每一教育阶段，根据教育对象和培养目标的不同而设立不同类型的学校。主要包括幼儿园、小学、初级中学、高级中学或完全中学、各类中等专业学校、职业学校、技工学校、普通高等学校、具有颁发学历证明资格的成人学校，以及其他专门实施学历性教育的教育机构。

（1）学校是法律、法规的授权组织。首先学校是享有国家权力的法律、法规的授权组织；其次学校能以自己的名义行使行政职权；最后学校能独立承担行政法律责任。

（2）学校具有民法上的法人地位，即学校具有法人的民事权利能力、行为能力、责任能力。

（3）学校是行政相对人，即排除违法行政的请求权和行政介入权、参与指定教育法规或计划的权利、听证的权利。

从法律意义上讲，学校是专门从事学制系统内教育教学活动的社会组织。所谓学校的法律地位，是指法律根据学校这种社会组织的目的、任务、性质和特点而赋予其的一种同自然人相似的"人格"。我们可以从以下几方面进一步理解这个概念的基本含义。

（1）学校法律地位的实质是其法律人格。我们知道，作为生命体的自然人具有自己独立的人格。法学上借用"人格"一词，把社会组织体看成一个"人"（民法上称"法人"），其人格主要是指该社会组织从事某种活动的权利能力、行为能力及相应的责任能力，并主要以这三种能力在某种法律关系中取得主体资格。学校的法律人格，主要从其从事教育教学活动的权利和义务中反映出来，是其办学自主权的抽象化、形象化。

（2）学校法律地位的内容体现其任务、条件和特点。从民法意义上讲，学校的法人权利能力的范围决定于成立该法人的宗旨和业务范围，法人无权进行违背它的宗旨和超越其业务范围的民事活动。《中华人民共和国教育法》规定的学校的具体权利，体现了学校培养社会主义建设者和接班人的育人宗旨。而对不同条件和特点的学校，如，中小学和高等学校，其权利义务内容也不完全相同。

（3）学校法律地位在形式上是由法律赋予的。学校是相对独立的组织教育活动的实体，必须具有相应的法律地位，这是毋庸置疑的。学校成为法人的实体要求是必须符合《中华人民共和国民法通则》规定的条件：①依法成立；②有必要的财产或者经费；③有自己的名称、组织机构和场所；④能够独立承担民事责任。同时，《中华人民共和国教育法》第三十二条明确规定了"自批准设立或登记注册之日起取得法人资格"。这些规定，为进一步落实学校的法律地位，扩大学校依法办学的自主权，促使教育机构广泛参与民事活动，提供了基本的法律依据。应当指出，学校的法律地位不仅包括它在民事法律关系中的法人地位，也包括它在行政法律关系中的法律地位。学校在行政法律关系中法律地位，则由宪法和行政法所规定。

（二）学校法律地位的特点

1. 学校法律地位具有公共性

在许多国家，都有"公法人"的概念。所谓公法人，一般指行使、分担国家权力或依属于公法的行政法等特别法，以公共事业为成立目的的法人。换言之，是按照涉及公共利益的法律建立的，能够作为公权力并承担义务的组织，是为公共利益而存在的主体。国外教育立法中或明文规定学校为公法人，或强调其公共性。例如，德国规定，学校是公共机构，同时也是国家机构。日本《教育基本法》规定："法律所承认的学校，具有公共性质。"我国虽然没有"公法人"的概念，但学校却体现了"公"或者说国家的特点。主要表现是：

（1）学校法律地位是依据有行政法性质的《中华人民共和国教育法》确立的，学校设立、变更、终止有特殊的注册登记程序，必须经国家教育行政部门审批决定。

（2）学校设立的目的是提高全民族素质，培养人才，促进物质文明和精神文明建设。因此，国家有权根据本国国情建立相应的教育制度，并为提高国民素质而采取必要的教育措施，同时，它也要为教育的发展提供必要的财政来源及其他条件。国家对教育的投入也体现了国家的利益。

（3）学校行使的教育权，实质上属于国家教育权的一部分。《中华人民共和国教育法》第二十九条中明确规定学校享有教育教学权、招生权、对学生进行学籍管理、实施奖励或处分权、对学生颁发相应的学业证书权等。对学校来说，这种教育教学实施权，即是国家授予的权利，又是国家交予的任务，只能正确行使，而不能放弃。

2. 学校法律地位具有公益性

根据《中华人民共和国民法通则》，我国民法上的法人，依法人创立的目的和活动内容的不同可以分为企业法人和事业法人。企业法人是进行生产、经营活动，以扩大社会积累、创造物质财富为目的的各类经济组织，包括全民所有制和集体所有制企业法人以及联营法人。事业法人是指从事经济活动以外，从事社会公益事业，以满足群众文化、教育、卫生等需要为目的的各类社会组织，包括科学、文化、教育、卫生、艺术、体育等事业单位法人。把学校规定为公益性机构是世界各国的惯例。《中华人民共和国教育法》第二十六条第四款规定："以财政性经费、捐赠资产或者参与举办的学校及其他教育机构不得设立营利性组织。"同时，在许多方面规定了对学校的优惠政策，如，勤工俭学、学校用地、教学仪器设备的生产和供应、图书资料的进口等，体现了学校公益性的法律地位。

3. 学校法律地位具有多重性

我国学校在其活动时，根据条件和性质的不同，可以有多重主体资格。当其参与教育行政法律关系，取得行政上的权利和承担行政上的义务时，它就是教育行政法律关系的主体；当其参与教育民事法律关系，取得民事权利和承担民事义务时，它就是教育民事法律关系的主体。所谓教育行政法律关系，是指学校在实施教育活动中，与国家行政机关，或是当学校享有法律法规授权的某些行政管理职权，取得行政主体资格时，与教师、学生发生的关系；所谓教育民事法律关系，是学校与不具有行政隶属关系的行政机关（此时行政机关以机关法人身份）、企事业组织、集体经济组织、社会团体、个人之间发生的社会关系，这类关系涉及面颇广，例如，涉及学校财产、人身、土地、学校环境乃至创收中所涉及的权利，都会产生民事所有和流转上的必然联系。教育行政法律关系和教育民事法律关系是两类不同的法律关系。学校在这两类不同的法律关系中的法律地位是不一样的。在教育行政法律关系中，学校是作为行政管理相对人出现的。当然，这并不排除学校作为办学实体享有自己的权利和义务。在教育民事法律关系中，学校与其他主体处于平等地位。

除了这两种主要法律关系外，学校还与国家发生涉及国家对学校的财政拨款、国家对学校兴办产业给以税收优惠等经济法律关系，成为经济法律关系主体，具有经济法上的权利和义务。

二、学校的举办与学校法人

（一）学校举办的条件

《中华人民共和国教育法》第二十七条规定："设立学校及其他教育机构，必须具备下列基本条件：（一）有组织机构和章程；（二）有合格的教师；（三）有符合规定标准的教学场所及设施、设备等；（四）有必备的办学资金和稳定的经费来源。"

1. 组织机构与章程

举办者申请设立学校，应当有权责分工明确的管理机构和人员，以保证机构的正常运转。同时，还必须有组织机构的章程，作为自律协调机构内部关系的依据。这是学校成为法人组织的必备条件。

2. 合格的教师

教师是学校办学的主体，在学校教育教学活动中担当着重要角色。因此，拟设立的学校，应具备一支数量结构合理、质量符合《中华人民共和国教师法》及国家其他有关规定的教师队伍。

3. 符合规定标准的教学场所及设施、设备等

各级各类学校的设立应具备国家制定的有关办学物质条件的具体标准，如，校舍、场地、设备、教学仪器等，在申请设立学校时必须使所设学校的教学场所及设施、设备等达到相应的标准。

4. 必备的办学资金和稳定的经费来源

在申请设立学校时，必须有明确、稳定的教育经费来源说明。举办者要保证通过合法渠道筹措到设立学校必需的最低启动金和运转资金，以保证学校设立后有稳定的经费来源。

以上四点是设立学校必须具备的一般实体条件。但并不意味着学校只在拟举办时和办学之初具备这些条件即可,而是同时要求在办学过程中能够维持这些条件并不断得到改善。

(二)学校举办的程序

《中华人民共和国教育法》第二十八条规定:"学校及其他教育机构的设立、变更和终止,应当按照国家有关规定办理审核、批准、注册或者备案手续。"即,学校及其他教育机构的设立,除具备法律规定的一般实体要件外,还要符合程序性规定,才能取得合法地位。

我国对学校设立、变更和终止的管理根据机构性质的不同,分别实行审批制度和登记注册制度。其中,审批制度通常适用于各级各类正规学校。审批程序一般包括审核、批准、备案等环节。只有经过批准,发给批准书或办学许可证,拟办的学校才能取得合法地位。同样,只有经过批准,才能变更或终止学校。根据目前我国实行的教育管理体制,中小学校的设立规划与审批主要由县、县级市、市辖区人民政府教育行政部门负责。由于各地方情况不同,审批程序也不完全一样。登记注册制度适用于幼儿园教育机构。主管机关对申请者提出的设立教育机构的报告进行审核,只要拟申请设立的办学机构符合设立条件和设置标准,就予以登记注册。

(三)学校的法人地位

《中华人民共和国教育法》第三十二条规定,"学校及其他教育机构具备法人条件的,自批准设立或者登记注册之日起取得法人资格。学校及其他教育机构在民事活动中依法享有民事权利,承担民事责任。"确立学校法人地位的意义在于确立学校在民事法律行为中的法律地位。

学校具备了法人资格,有利于保障学校享有的民事权利。任何组织和个人都不应侵犯学校的民事权利,学校主管部门也不应非法干涉,学校应享有较充分的办学自主权。

学校具备了法人资格,有利于学校以独立法人的身份参与一些民事活动,使其民事权利能力和民事行为能力得以运用。当然,学校作为一个法人参与民事活动,并不只享有民事权利,学校也应依法承担一切因自己的违法行为而引发的民事责任。

依据相关法律或法人组织章程规定,代表法人行使职权的负责人,是法人的法定代表人。学校法定代表人一般为学校的校长,学校的法定代表人对外代表学校参与民事活动,享有民事权利并承担民事义务。

第三节 学校的权利与义务

一、学校的权利

学校的权利是指其在教育活动中依法享有的权利,即学校在教育活动中能够做出或不做出一定行为,并要求相对人相应做出或不做出一定行为的许可和保障。学校的权利有以下三个基本方面：①从学校自身说，它是教育机构特有的基本的教育权，是学校成为教育法律关系主体的前提。不享有教育权，也就意味着在法律上不享有实施教育教学活动的资格和能力，也即不成为教育机构。②从学校与国家机关的关系以及学校及其他教育机构所担负培养人才的任务角度，学校的教育权在许多方面是国家教育权的重要体现，在本质上是一种公共权利。因此，学校行使此种权利时，必须符合国家和社会的公共利益，必须贯彻国家的教育方针，遵守法律和国家主管机关规定的条件与程序，不得根据自己的主观意志滥用这种权利，也不得自行放弃和转让。③从学校与受教育者的关系角度，学校的教育权是在教育活动中与教育对象的一种管理、教育、教学的权利，是一种与民事权利既有区别又有联系的权利。区别在于民事主体可以根据自己的独立意志，行使民事权利，甚至可以放弃某些民事权利。而学校是不能随意放弃自己的教育权的。联系之处主要表现在，教育机构享有民事权利，特别是享有使用、管理财产和办学经费的民事权利，本身也是行使教育权的一个具体体现，是进行正常教育教学活动的保证。

根据《中华人民共和国教育法》第二十九条规定，"学校及其他教育机构行使下列权利：（一）按照章程自主管理；（二）组织实施教育教学活动；（三）招收学生或者其他受教育者；（四）对受教育者进行学籍管理，实施奖励或者处分；（五）对受教育者颁发相应的学业证书；（六）聘任教师及其他职工，实施奖励或者处分；（七）管理、使用本单位的设施和经费；（八）拒绝任何组织和个人对教育教学活动的非法干涉；（九）法律、法规规定的其他权利。"

（一）按照章程自主管理

章程是指学校为保证正常运行，对内部管理进行规范而制定的基本制度，是实行依法治校，提高学校管理水平和效率的重要保证。学校依法制定章程，确立其办学宗旨、管理体制及各项重大原则，制定具体的管理规章和发展规划，自主地做出管理决策，并建立、完善自己的管理系统，组织实施管理活动，这是建立现代学校管理体制的重要前提。主管部门或举办者对学校的符合其章程规定的管理行为无权干涉。

《中华人民共和国教育法》规定学校享有这样的权利，是基于学校作为法人在依法批准设立时，必须具有符合国家规定的组织章程。法人本身是一个组织机构，组织机构的运转活动必须有自身内部的管理章程，这是设立学校及其他教育机构所必须具备的四个基本条件中的第一个。学校一经依法设立，即意味着具备得以设立的全部条件，也就是说其章程得到确认，因此学校按照被确认的章程，管理自身内部的活动即成为学校及其他教育机构所行使的法定权利。依据各级各类学校的任务不同，章程的内容各有不同，但其共同点应主要包括：办学宗旨、教育教学活动管理规则、校内管理体制、财务管理制度、安全保卫制度、民主管理与监督制度、修改章程的程序等。

学校章程制定应注意以下几点：①要与现行的法律法规相一致；②代表改革与发展的方向并为学校的各项教育教学、管理工作提供保证；③建立与章程相配套的各项规章制度，形成一整套学校管理的规范性文件；④制定的规章制度用语应准确、规范，不应使执行者和遵守者产生歧义。此外，在制定章程中还要遵循必要程序，一般应包括以下几项：

①由校长主持该项工作,并应组成各方代表参加的学校章程起草小组,必要时可请教育法方面的专家、学者做顾问;②经充分讨论后,由教职工大会通过;③报请教育行政主管部门依法审核。

(二) 组织实施教育教学活动

这是学校的一项最基本权利。学校之所以成立,就是要实施教育教学活动。因此,这项权利的内容主要是,学校有权根据自己的办学宗旨和任务,依据国家教育行政主管部门有关教学计划、课程、专业设置等方面的规定,自行决定和实施自己的教学计划,决定具体课程、专业设置,决定选用何种教材,决定具体课时和教学进度,组织教学评比、集体备课,对学生进行统一考核、考试等。这项权利是学校作为以培养人、教育人为宗旨的法人,被《中华人民共和国教育法》确定的从事教育教学活动的权利能力;其他领域不是依《中华人民共和国教育法》成立的法人,均不具有从事教育活动的权利。

(三) 招收学生或其他受教育者

学校有权依据国家招生法律、法规和主管部门的招生管理规定,根据自己的办学宗旨、培养目标、任务以及办学条件和能力,制定本机构具体的招生办法,发布招生广告,决定具体数量和人员,确定招生范围和来源。招生是一种属于教育活动的特殊活动。招生权是教育机构的基本权利。学校一旦为教育法确认为具有进行教育活动的权利能力的法人,那么作为其组织实施教育活动之一部分的招收学生的活动,就被认定为学校所具有的特殊的法定权利。同时,学校招收学生必须符合国家有关规定,其招生简章和广告内容必须真实、准确,严格按规定履行审核手续。不得制发虚假招生简章和广告。

(四) 对受教育者进行学籍管理,实施奖励或者处分

所谓"学籍管理",主要是指学校针对受教育者的不同层次、类别,制定有关入学与报名注册、纪律与考勤、休学与复学、转学、退学等具体的管理办法,并对其实施具体的管理活动。"奖励"是指学校针对受教育者有德、智、体等方面的突出表现,给予精神的、物质的奖励,如颁发荣誉证书,给予奖学金等。"处分"是指学校对违反校纪校规的受教育者,给予的校内处分,包括警告、记过、留校察看、勒令退学、开除学籍等处分形式。

学校根据教育部关于学籍的管理规定,制定相应的具体学籍管理办法。根据国家有关学生奖励、处分的规定,结合本校的实际,制定具体的奖励与处分办法;并可以根据这些管理办法,对受教育者进行具体的管理活动。但学校制定管理制度,应符合有关教育的法律、法规、规章的规定,且制定的对学生的处分不得重于现行法律法规、规章的规定。

学籍管理权是学校代表国家行使对受教育者教育活动的权利的重要组成部分,是普通公民和一般社会组织所不能行使的公共权力,是加强对受教育者的教育、管理职能,维护教学秩序,保证教育教学质量的需要。公民作为受教育者一旦进入学校及其他教育机构,其受教育的权利即依法实现,而这个权利的实现过程又是公民依法履行受教育义务的过程。所以,受教育者有义务接受其所在学校及其他教育机构的、法律确认的学籍管理和纪律要求。值得强调的是,学校在运用国家赋予的这一专项权力时,应严格遵守国家有关学籍管理的规定,不仅要遵守法律、法规及规章所规定的实体性的管理规定,而且在对学生

进行学籍管理时要注重程序，要将其处理决定进行告知，并应允许被处理者本人提出申诉、申辩和保留意见，并且对本人的申诉，学校有责任进行复查。但要注意，不能侵犯受教育者的受教育权等相关权利。

（五）对受教育者颁发相应的学业证书

学校依据国家有关学业证书的管理规定，根据自己的办学宗旨、培养目标和教育教学任务要求，有权对经考核、成绩合格的受教育者，按其类别，颁发毕业证书、结业证书等学业证书。学业证书制度是我国的教育基本制度之一。学校作为从事教育教学活动的事业法人，法律授予了学校行使对受教育者颁发学业证书、学位证书的行政权力，这种权利是代表国家行使的在学位、学历证书方面的行政管理职权。

凡经国家批准设立的学校，就具有了《中华人民共和国教育法》所确认的按国家规定颁发学历证书或其他学业证书的权利。学校在行使这一权利时，应该严格依据法律法规、规章的规定维护学生的受教育权利。

（六）聘任教师及其他职工，实施奖励或者处分

学校根据国家有关教师和其他教职工管理的法规、规章规定，从本校的办学条件、办学能力和实际编制情况出发，有权自主决定聘任、解聘有关教师和其他职工，可以制定本校的教师及其他职工聘任办法，签订和解除聘任合同，并可以对教师及其他员工实施包括奖励、处分在内的具体管理活动。教育机构在聘任、奖励、处分教师和其他职工时，应根据教师和其他职工的职责要求，重点考虑本人的表现及业绩。此项权利，是学校实施教育活动的保证，也是学校作为法人被法律所确认的权利之一。

（七）管理、使用本单位的设施和经费

学校对其占有的场地、教室、宿舍、教学设备等设施，办学经费以及其他有关财产，享有财产管理权和使用权，必要时可对其占用的财产进行处置或获得一定的收益。同时，学校行使此项权利，也应遵守国家有关国有资产管理、教育经费投入及学校财务活动的管理规定，符合国家和社会公共利益，有利于学校发展和实现学校的办学宗旨，有利于合理利用教育资源，不得妨碍学校教育和管理活动的正常进行，不得侵害举办者、投资者等有关权利人的财产权利。

（八）拒绝任何组织和个人对教育教学活动的非法干涉

学校有权"拒绝任何组织和个人对教育教学活动的非法干涉"，即学校对来自行政机关（包括教育行政机关）、企业事业组织、社会团体、个人等任何方面的非法干涉教育教学活动的行为，有权拒绝和抵御。所谓"非法干涉"，是指行为人违背法律、法规和有关规定，做出的不利于教育教学活动的行为。如，强行占用教室，随意冲进教室抓人，随意要求学校停课，以行政命令干涉具体的教学活动，要求学校向学生家长收费等。当前，社会对学校的乱摊派以及某些教育行政部门中的业务机构，对学校教学的随意检查、干预过多，这是侵犯学校实施教育教学自主权的行为，干扰了正常的教育教学秩序。对此，学校有权抵制，并应要求教育行政部门会同当地公安、司法、纪检、检察等部门，及时地予以查处。

（九）法律、法规规定的其他权利

《中华人民共和国教育法》规定的"法律、法规规定的其他权利"，是指除前述八项权

利外，现行法律、行政法规以及地方性法规，赋予学校的《中华人民共和国民法通则》中规定的一般法人的权利和其他法律法规规定的权利。同时，还包括将来制定的法律、法规确立的有关权利。此项规定，是对学校享有除前述八项权利外的其他合法权利的概括。做出此项规定，有利于将来制定有关教育的法律法规，进一步完善学校的办学自主权。

二、学校的义务

学校的义务是指其在教育活动中必须履行的法律义务，即学校在教育活动中必须做出一定行为或不得做出一定行为的约束。它根据法律产生，并以国家强制力保障其履行。规定学校的义务，一是为保证学校实现育人宗旨、实施教育教学活动的需要；二是保障学校相对一方特别是学生受教育权利和教师的合法权益的需要。从深层次上说，它也是权利义务一致的体现。《中华人民共和国教育法》第三十条规定："学校及其他教育机构应当履行下列义务：（一）遵守法律、法规；（二）贯彻国家的教育方针，执行国家教育教学标准，保证教育教学质量；（三）维护受教育者、教师及其他职工的合法权益；（四）以适当方式为受教育者及其监护人了解受教育者的学业成绩及其他有关情况提供便利；（五）遵照国家有关规定收取费用并公开收费项目；（六）依法接受监督。"

（一）遵守法律、法规

这项义务是基于《中华人民共和国宪法》的有关规定确立的，是法律对一般法人的要求。《中华人民共和国宪法》第五条第四款规定："一切国家机关和武装力量、各政党和各社会团体、各企业事业组织都必须遵守宪法和法律。一切违反宪法和法律的行为，必须予以追究。"第五款规定："任何组织或者个人都不得超越宪法和法律的特权。"学校是培养人的社会组织，遵守法律、法规是其必须履行的基本义务。此项义务中的"法律"，包括宪法和国家权力机关制定的法律；"法规"包括国务院制定的行政法规和地方性法规。《中华人民共和国教育法》做出此项规定，并不是对《中华人民共和国宪法》有关内容的简单重复。它包括两层含义，既包括学校在一般意义上的守法，不得违背法律；也包括教育法律、法规、规章中为学校及其他教育机构确立的特定意义上的义务，这些义务与实施教育教学活动，实现其办学宗旨有密切联系。

（二）贯彻国家的教育方针，执行国家教育教学标准，保证教育教学质量

这项义务的内容是：①学校及其他教育机构在整个教育教学活动中，要坚持社会主义办学方向，贯彻《中华人民共和国教育法》第五条确立的国家教育方针，走教育教学与生产劳动和社会实践相结合的办学道路，要使受教育者把学习科学文化与加强思想修养、学习书本知识与投身社会实践、实现自身价值与服务祖国人民，树立远大理想与进行艰苦奋斗统一起来。从德、智、体等方面全面教育、培养学生；②要执行国家教育教学标准，努力改善办学条件，加强育人环节，保证教育教学活动和培养学生的质量达到国家的教育教学质量要求，并不断提高教育教学质量。所谓"国家教育教学标准"，是指国家对各级各类教育的教育内容、教育教学质量及办学条件等规定必须达到的一般标准，它是国家评估和指导教育活动的基本依据，是一国教育水平的集中反映。国家教育教学标准通常由国家

组织编订或者经国家审定批准,由各级各类教育机构具体实施。

确立此项义务,有利于保证学校教育的社会主义性质,促使学校努力为社会主义现代化建设培养德、智、体全面发展的各类人才,要把当前学校教育中出现的"片面追求升学率"、唯"智育"等不良倾向,扭转到以提高国民素质为根本宗旨,以培养学生的创新精神和实践能力为重点上来,全面推进素质教育。从法律意义上讲,《中华人民共和国教育法》施行后,不履行此项义务,出现上述违背国家教育方针的办学行为,或者不执行国家教育教学标准,已不再是单纯的教育思想和教育方针错误问题,将被作为违法行为对待,学校及有关直接责任人员要承担相应的法律责任。

(三)维护受教育者、教师及其他职工的合法权益

这项义务的内容包括:①学校自身的行为不得侵犯受教育者、教师及其他职工的合法权益,如不得克扣、拖欠教职工工资,不得拒绝合乎入学标准的受教育者入学,尊重学生的受教育权,包括学籍权,学历、学位证书权,上课权等;②当教育机构以外的其他社会组织和个人侵犯了本校学生、教师及职工合法权益时,学校应当以合法方式,积极协助有关单位查处违法行为的当事人,维护受害者合法权益。这项义务的确立,有助于形成一种学校爱护教师、学生、教师关心、爱护学校的良好教育教学关系,保持校园秩序乃至社会秩序的稳定,也有助于维护学生、教师的合法权益。对学校侵犯教师、学生合法权益的,教师、学生有权依法提起申诉或诉讼。

(四)以适当方式为受教育者及其监护人了解受教育者的学业成绩及其他有关情况提供便利

这项义务的实质,是学校保障受教育者及其监护人了解受教育者本人学业成绩和在校表现等的知情权,是加强学校教育与家庭教育的联系和沟通的需要,也是保证学生在学业方面受到公正评价的一种途径。所谓"适当方式",是指学校通过设立"家长接待日""家长会议""教师家访"等合法的、正当的方式,保障家长及其他监护人、学生本人的知情权。但不得采取"考试成绩排队""公布学生档案"等非法的、侵犯学生合法权益的方式。所谓"监护人",是指未成年人的父母,父母没有监护能力或者不能履行监护职责时,由未成年人的其他成年亲属或者所在基层组织担任监护人。所谓"提供便利"一般包括两方面:一是学校不得拒绝受教育者及其监护人了解学业成绩、在校表现等情况的请求;二是学校应当提供便利条件,帮助受教育者及其监护人行使此项知情权。学校在履行此项义务时,要特别注意不得侵犯受教育者的隐私权、名誉权等合法权益。

(五)遵照国家有关规定收取费用并公开收费项目

即学校应依据中央和地方各级政府及其有关部门的收费规定,从办学公益性质出发、按照成本分担原则,公平、合理确定本校收取学费和杂费的标准(其中义务学校是执行国家标准),并向家长、社会及时公布收费的项目。我国现行关于学校收费的法规、政策文件的基本精神是:国家举办的实施义务教育的学校,不得收取学费,但可酌情收取杂费;非义务教育的学校可以适当收取学费。中小学的收费项目和标准,一般由省一级教育、物价主管部门根据本地实际具体确定;高等学校以及一部分部属、省属中等专业学校,一般

由各中央主管部门或省一级教育、物价主管部门具体确定。幼儿园一般由县、市教育、物价主管部门确定收费标准。《中华人民共和国教育法》确立此项义务，使国家现行有关学校及其他教育机构收费的一系列政策、规章具有法律效力。学校应向社会公开收费项目，包括收费的具体名称和标准，必要时还应公开所收费用的账目，以便于家长和广大人民群众给予监督。在国务院办公厅转发原国家教委等部门《关于1996年在全国开展治理中小学乱收费工作实施意见》的通知中，要求不准义务教育阶段的公办小学和初中招收"择校生"，坚持就近入学原则；不准举办以各种名目收费用的补习班、超长班等；不准以行政手段强制学生购买复习资料和其他商品等；不准把社会上对学校的乱摊派转嫁到学生头上，严格控制代收费项目；不准未经政府批准擅自出台新的收费项目或自行提高收费标准。对所有面向学生发行的教学用书（含各科辅导材料和课外读物等），都必须经省、自治区、直辖市教材审定委员会审定。教学用书的征订范围，要限定在省、自治区、直辖市教育行政主管部门发布的图书目录之内，未经省、自治区、直辖市教材审定委员会审定的教学用书不准在学校面向学生发行。对代收费项目要加以规范，代收费的项目应严格限定在必须由学校统一购买的学习用品。除课本以及确需统一购买的作业本外，学生个人学习、生活、娱乐用品，学校和教师不准统一收费代购。代收费的具体范围由省级物价、财政和教育行政主管部门规定。各中、小学不得擅自扩大代收费的范围。学校代收费应遵循"随时发生、随时收取、多退少补、不得盈利、及时结算"的原则。所有与学生有关的社会保险，均由学生及其家长自愿到保险机构办理。学校及其教职人员一律不准代办。不履行此项义务，不执行各级政府有关主管部门的规定，巧立名目，乱收费用，甚至把学校变成牟利的工具，都是非法行为，学校及其直接责任人员须承担相应的法律责任。

（六）依法接受监督

这项义务是指学校对各级权力机关、行政机关依法进行的检查、监督以及社会各界依法进行的监督，应当积极予以配合，不得拒绝，更不得妨碍检查、监督工作的正常进行。这是学校作为行政管理相对人和独立法人应承担的法定义务。特别是符合《中华人民共和国教育法》第八条确立的"教育活动必须符合国家和社会公共利益"原则的基本要求，有利于促进学校自觉地把教育教学和管理活动置于主管部门和社会的监督之下，全面贯彻国家的教育方针。

第四节 学校的管理

一、校长的法律地位

（一）相关法律的规定

《中华人民共和国教育法》第三十一条规定："学校及其他教育机构的举办者按照国家

有关规定,确定其所举办的学校或者其他教育机构的管理体制。学校及其他教育机构的校长或者主要行政负责人必须由具有中华人民共和国国籍、在中国境内定居、并具备国家规定任职条件的公民担任,其任免按照国家有关规定办理。学校的教学及其他行政管理,由校长负责。学校及其他教育机构应当按照国家有关规定,通过以教师为主体的教职工代表大会等组织形式,保障教职工参与民主管理和监督。"《中华人民共和国教育法》第三十二条规定,"学校及其他教育机构具备法人条件的,自批准设立或者登记注册之日起取得法人资格。"

《中华人民共和国义务教育法》第二十六条规定:"学校实行校长负责制。校长应当符合国家规定的任职条件。校长由县级人民政府教育行政部门依法聘任。"

(二)校长是学校的法定代表人

校长是学校的法定代表人,全面负责学校的教育、教学、行政管理等各项工作。校长应具备国家规定的任职资格。其职权和职责是:

(1)贯彻执行国家的教育方针,执行教育法律法规和教育行政部门的指示、规定,遵循教育规律,提高教育质量;

(2)拟定发展规划,制定具体规章制度和年度工作计划并组织实施;

(3)组织开展教学活动、教育研究、师资队伍建设和项目合作与交流;

(4)拟订校内组织机构的设置方案,推荐副校长人选,按干部任免权限任免校内组织机构的负责人;

(5)依照法律和学校规定对教职员工和学生实施奖励或者处分;

(6)拟订和执行年度经费预算方案,保护和管理学校资产,维护学校合法权益;

(7)落实党支部的有关决议,提出需报请党支部或教代会审议的重要事项;

(8)审议职能部门提交的重要事项,处理教代会等有关行政工作议案;

(9)法律、法规规定的其他职权和职责。

二、校长的权利与义务

中小学校实行校长负责制。校长的职责、权利和义务在基层呈现一体化的特征。校长是学校法定代表人,对外代表学校,对内主持学校工作。校长依法履行职责,受法律保护。校长的主要职责是:正确贯彻执行党和国家的教育方针、法律、法规和政策,全面负责学校工作及履行法律规定的其他职责。《中华人民共和国义务教育法》当中没有关于校长权利的明确界定,这造成了校长权利的模糊性。纵览全国各地对公办中小学校长权利与义务的规定大同小异,都在国家法律许可的框架之内。

(一)中小学校长依法享有的权利

(1)履行校长职责应当具有的职权和工作条件。

(2)依照法律法规和教育政策,组织制定、实施学校发展规划和学校具体规章制度。

(3)主持召开校务会议,对学校教育教学和管理工作中的重要问题进行决策。

(4)依照国家有关规定聘任、考核、奖惩教职工,推荐或选聘副校长,确定学校内设机构和内设机构负责人人选，经教育局批准聘任教师。

（5）依照国家有关规定使用经费和管理校产。

（6）参加培训。

（7）对上级教育行政部门的工作提出意见和建议。

（8）行使国家和上级教育行政部门授予的其他职权。

（9）非因法定事由、非经法定程序，不被免职、辞退或者处分。

（二）中小学校长必须履行的义务

（1）遵守宪法、法律和法规。

（2）依照国家法律法规和教育方针、政策，履行校长职责。

（3）维护学校、教职工和学生的合法权益。

（4）关心、尊重教职工，组织和支持教职工参加必要的学习、培训和进修，调动教职工工作的积极性和主动性。

（5）严格执行财务制度，管好校产和财务。

（6）努力学习，钻研业务，不断提高工作能力和水平。

（7）充分发挥教职工代表大会在民主管理和民主监督及共青团、少先队等群众组织在办学育人中的积极作用。

（8）建立与家长及社区的联系制度，发挥家长委员会、社区教育委员会等对学校工作的参谋、咨询与监督作用，促进学校教育、家庭教育、社区教育的密切合作，形成协调一致的育人环境。

（9）接受法律监督、上级行政机关监督、专门监督机关监督和人民群众监督。

需要指出的是，法律赋予学校及其他教育机构的权利和义务是公办中小学校长权利与义务的基础。学校及其他教育机构没有的权利和义务，中小学校长也没有。换言之，法律赋予公办中小学校长权利与义务是有限的。《中华人民共和国教育法》第三十一条有关规定，"学校的教学及其他行政管理，由校长负责"，那么，"教学及其他行政管理"之外的事项，校长未必负责。例如，《中华人民共和国教育法》第三十二条有关规定，"学校及其他教育机构中的国有资产属于国家所有。学校及其他教育机构兴办的校办产业独立承担民事责任。"校长对学校的国有资产只有使用的权利和保护的义务，没有处置权。学校及其他教育机构兴办的校办产业独立承担民事责任，校长不承担校办产业的民事责任。此外，公办中小学校长权利与义务是受限的。《中华人民共和国教育法》第三十一条第三款规定："学校及其他教育机构应当按照国家有关规定，通过以教师为主体的教职工代表大会等组织形式，保障教职工参与民主管理和监督。"这就表明：校长的工作要受群众监督。公办中小学校长是党员的要遵守党的纪律，公办中小学校长按公务员管理的要遵守公务员的纪律。

由上可以看出，公办中小学校长的权利与义务是复杂多样的。《中华人民共和国教育法》第三十二条第一款规定："学校及其他教育机构具备法人条件的，自批准设立或者登记注册之日起取得法人资格。"作为法人代表，校长必须遵守法律对法人代表的约束，学校是基层单位,必须把党和政府的方针政策落到实处。例如,按照治安管理的要求抓校园治安管理,按安全生产的要求管学校(特别是学生)安全,按《中华人民共和国食品安全法》的要求抓好食品安全工作,按人口和计划生育的政策抓计划生育,按教师法的要求管理教师,按劳动法的要求做好劳动和社会保障工作,按教育行政部门的要求落实教育教学工作,按财务管理规定花钱,按资产管理办法管理国有资产。

三、依法治校的举措

(一)转变法治观念,提高依法治校的意识

依法治校的关键在于转变观念,以良好的法律意识、法制观念指导学校管理和教育教学活动。为此,全体教育工作者要认真贯彻落实《中共中央关于全面推进依法治国若干重大问题的决定》的基本精神与依法治国的基本方略,牢固树立法治至上的法治意识,坚持依法治校,推进学校治理法治化的法治思维,把法制工作融合到学校的教育教学的管理之中,规范办学行为,切实提高学校领导和广大教职工依法治校的意识,坚持依法管理、依法育人,不断提高依法治校工作的整体水平与依法办事的能力。现在,一方面,部分学校和教师缺少法治观念,甚至缺少法律常识,在办学过程中有法不依、违法不纠;另一方面,不少学校遇到纠纷又不能通过法律途径解决。个别社会单位和家长采取在学校闹事的办法来扩大影响,有的行政部门又以息事宁人为原则,结果往往采取不依法办事的方式,私下甚至用完全不合理的方法解决矛盾纠纷。

(二)转变行政管理职能,切实做到依法行政

依法行政是依法治校的前提和保障。因此,各级教育行政部门要按照依法治教和依法治校的要求,切实转变不适应形势需要的行政管理方式、方法,依据法律规定的职责、权限与程序对学校进行管理,切实维护学校的办学自主权;要按照行政审批制度改革的要求,精简审批项目,公开审批程序,提高办事效率;要探索综合执法机制和监督机制,依法监督办学活动,维护教育活动的正常秩序;要依法健全和规范申诉渠道,及时办理教师和学生申诉案件,建立面向社会的举报制度,及时发现和纠正学校的违法行为,特别是学校、教师侵犯学生合法权益的违法行为;积极配合有关部门开展校园及其周边环境的治理工作,依法保护学校的合法权益,为学校教育教学活动创造良好的环境。

(三)加强制度建设,依法加强管理

学校要依据法律法规制定和完善学校章程,经主管教育行政部门审核后,作为学校办学活动的重要依据。学校要根据法律和国家的有关规定,建立健全学校教育教学制度,保障国家教育方针的贯彻落实。学校要依法健全校内管理体制,依法健全校长负责制,完善校长决策程序,并发挥学校党组织的政治保障作用。学校要保证学校的发展规划、章程和各项管理制度、对外签订的民事合同等符合法律的规定;严格执行国家有关收费的规定,健全监督机制,依法管理好学校法人财产。对违反法律、法规规定的学校管理制度和规定,要及时修改或者废止。

(四)建立健全依法治校的机制体制

完善以依法治校为基础的学校各项管理制度和学校章程配套制度的运行机制,依法规

范办学行为，依法实施教育教学活动，依法维护学校、教师和学生的合法权益，全面提高学校依法治校水平。

（1）加强领导和教师的普法规范化、制度化建设，提高学校普法的针对性、系统性和计划性，建立健全学校领导干部的学法制度，不断提高依法决策、依法管理、依法治校的能力和水平。

（2）建立完善教职工代表大会制度，实行校务公开，明确学校重大事务和涉及教职工切身利益事项的议事、决策与监督程序，充分发挥教代会在学校民主管理，民主监督中的重要作用，切实依法维护教职工和学生的合法权益。

（3）切实加强学生法制教育和安全管理，贯彻《学生伤害事故处理办法》和有关校园安全的法律法规及规章，完善各项安全防范措施，积极预防学生犯罪和学生校内伤害事故的发生。

（4）依法贯彻国家的教育方针，严格执行国家规定的教育教学标准，健全各项校内管理规范，依法规范教学、人事、财务、安全保卫、总务和学籍管理。

尽管依法治校是一项长期、系统、全方位、立体式，有诸多因素、条件参与的复杂工程，例如，依法治校需要教育行政部门法治意识增强，形成依法行政的工作格局；需要学校建立依法决策、民主参与、自我管理、自主办学的工作机制和现代学校制度；需要各级各类学校校长、教师和受教育者的法律素质有明显提高；需要建立完善的权益救济渠道，教师和学生的合法权益依法得到保障，形成良好的学校育人环境；需要保证国家教育方针的贯彻落实，实现教育的公平，保证学校正确的办学方向，为教育改革与发展创建良好的法制环境。如此等等，不一而足。但是依法治校不必回避也无须回避。尽管困难重重，但值得期待。相信，随着依法治校的不断深入，依法治校一定能得到较为圆满的实现。

本章小结

本章主要探讨了依法治校的一些主要问题。依法治校是依法治教的重要组成部分，是推进依法治国理念的必然要求，是深化教育事业改革与发展、推进教育法制建设的重要内容。依法治校就是要在依法理顺政府与学校的关系、落实学校办学自主权的基础上，实现学校管理与运行机制的制度化。本章重点阐述了学校的法律地位及其特点，学校举办的条件，学校的权利与义务，校长的法律地位、权利与义务，依法治校的举措，为依法治校提供了基本的法律依据。

思考题

1. 依法治校的依据与意义是什么？
2. 学校法律地位及其特点是什么？
3. 学校举办的条件是什么？
4. 学校的权利与义务是什么？
5. 校长的法律地位是什么？

6. 如何依法治校？
7. 我国目前依法治校实践中还存在哪些挑战？
8. 依法治校是一个怎样的过程或事件？

案例研究

案例1

某校教师赵某参加了县教研室举办的为期一天的学术研讨会。事先未向学校请假，也没有和教同班课程的其他教师串课，致使他所任教的两个班各有一节化学课没有上。学校按旷职论处，按照本校的有关规定，扣发其当日的工资和本月全勤奖，并在全校职工大会上提出批评。教师赵某依据《中华人民共和国教师法》第七条有关规定，教师享有"从事科学研究、学术交流、参加专业的学术团体、在学术活动中充分发表意见"的权利。认为教师参加的是县教育学会学术活动，学校对其进行处罚侵犯了其合法权利。对学校做出的处理决定不服，向这所学校的主管部门提出了申诉。要求返回扣发的工资和奖金，在全校职工大会上取消对其所做的批评。

案例思考：
1. 学校做出的处分决定是否合法？依据是什么？
2. 本案给我们的启示是什么？

【案例分析】

教育行政部门对此进行了调查，教师所述情况基本属实。但认为，教师既享有法律赋予的权利，也应当完成法律规定的义务。《中华人民共和国教师法》第八条有关规定，教师应当履行"贯彻国家的教育方针，遵守规章制度，执行学校的教学计划，履行教师聘约，完成教育教学工作任务"的义务。赵老师只强调了权利的方面，而没有遵守学校的规章制度和执行教学计划，没有很好地完成教育教学工作任务。学校做出的决定符合权限和程序，使用法律法规正确，事实清楚。因此决定：维持学校原处理结果。教师赵某在接到《教育行政案件处理决定》后，15日内未向有关部门提起行政复议和诉讼。作为教师，法律法规赋予其特定的权利，但其权利的行使应以履行相应法定义务为前提，权利的享有与义务的履行是统一的，不能强调权利而不去履行义务，违反学校的规章制度，这是法律所不予保护的。

案例2

某日课间，学生休息，三年级某班的两名男生甲、乙在楼道里追跑打闹，当经过两个楼梯间时，甲跑在前面，随手将楼门带上，以阻截乙的追打。可两人追跑的速度很快，就在甲关门的瞬间，乙也跑过来了，一时控制不住速度，径直撞了上去，导致玻璃门破碎，并且乙的左脸被划伤。事情发生后，老师及时联系了双方家长，乙的家长十分愤怒，准备状告学校。

案例思考：
1. 本案中，你认为学校有什么样的责任？依据是什么？
2. 学生伤害事故的责任承担的法律依据是什么？本案中责任如何承担？

【案例分析】

本案例发生的地点是校园，家长状告的原因也在此，那么我们根据法律规定来看此事，究竟学校有什么责任。《学校伤害事故处理办法》第五条第一款规定："学校应当对在校学生进行必要的安全教育和自护自救教育；应当按照规定，建立健全安全制度，采取相应的管理措施，预防和消除教育教学环境中存在的安全隐患；当发生伤害事故时，应当及时采取措施救助受伤害学生。"第六条规定："学生应当遵守学校的规章制度和纪律；在不同的受教育阶段，应当根据自身的年龄、认知能力和法律行为能力，避免和消除相应的危险。"第八条规定："学生伤害事故，造成学生人身损害的，学校应当按照《中华人民共和国侵权责任法》及相关法律、法规的规定，承担相应的事故责任。"因学校、学生或者其他相关当事人的过错造成的学生伤害事故，相关当事人应当根据其行为过错程度的比例及其与损害后果之间的因果关系承担相应的责任。若当事人的行为是损害后果发生的主要原因，则当事人应当承担主要责任；若当事人的行为是损害后果发生的非主要原因，则承担相应的责任。所以乙的家长不应该把责任都推到学校身上，乙也有过错，对他造成直接伤害的是甲，应追究甲的主要责任。

> **推荐阅读**

1. 褚宏启．学校法律问题分析［M］．北京：法律出版社，1998．
2. 张乐天．教育政策法规的理论与实践［M］．2版．上海：华东师范大学出版社，2009．
3. 劳凯声．教育法论［M］．南京：江苏教育出版社，1993．
4. 张维平，马桂新．教育法学基础［M］．沈阳：辽宁大学出版社，1994．
5. 张维平．平衡与制约——21世纪的教育法［M］．济南：山东教育出版社，1995．

第九章 教师——依法执教

本章重点

- ◆ 理解教师法律地位
- ◆ 了解教师的权利与义务
- ◆ 知道教师权利的法律保障
- ◆ 了解我国教师管理相关制度

第一节 教师的法律地位

在"依法治国""建设社会主义法治国家"的时代背景下,了解相关的法律知识,增强法制意识,形成法治观念,是提升教师依法执教的基础与保证。依法执教就是教师要依据法律法规履行教书育人的职责。其含义有二,一是教师的教育教学行为要在法律法规所允许的范围内进行;二是教师要善于利用法律手段来维护自身的合法权益。

依法执教,首先要守法,即严格遵守《中华人民共和国教育法》《中华人民共和国教师法》《中华人民共和国未成年人保护法》等法律法规,尊重少年儿童的合法权益和人格尊严,关心爱护全体学生,不歧视后进生。学生是未成年人,是受教育者,就难免有这样那样的缺点或问题,尤其是在面对所谓的"问题学生"时,更应当帮助他们分析原因,找准症结,制定措施,并建立平等、民主、融洽的师生关系。同时,还要有耐心,做好"学生的问题会反复、反弹"的心理准备,再次帮助他改正缺点。众所周知,改正缺点、养成好习惯绝不是一蹴而就的,特别是对十几岁的学生来说,更是如此。如果采取高压政策,动辄发火、甚至打骂学生,这不仅侵犯了学生的合法权益,而且伤害了学生的心灵。例如,有的学生上课开小差,有的老师就罚抄课文;有的学生上课不遵守纪律,则被罚站、被赶出教室、被挖苦嘲讽,如此等等,不一而足。

教师违法,法律上的后果自不必说,在教育实践中也与教师自己的初衷背道而驰,而且"严重伤害了他们的心灵",进一步激化师生矛盾,加深学生和学校的对立情绪。这是教育的失败,是学生的不幸,更是教师的悲哀。然而,如果教师心中有了法律意识,树立了"依法执教"的理念,在要求与约束教师教育行为的同时,也有效保护与规范了教师自己。也就是说,只有教师按照法律执教,自己的合法权益才会得到充分的保证。

一、教师法律地位的含义

在《中华人民共和国教师法》和《中华人民共和国教育法》未颁布前,"教师"是在学校从事教育教学工作人员的总称。随着《中华人民共和国教师法》和《中华人民共和国教育法》的相继颁布,赋予"教师"以特定的法律含义。法律意义上的"教师"是指履行教育教学职责的专业人员,承担教书育人、培养社会主义事业建设者和接班人、提高民族素质的使命。

二、对教师法律地位的理解

对《中华人民共和国教师法》上教师的概念,要侧重从以下三个方面来理解。

（一）教师是履行教育教学职责的专业人员

这是教师地位的本质特征,是教师概念的内涵。其含义有二:①履行教育教学、教书育人职责是教师的职业特征。只有直接承担教育教学工作职责的人,才具备教师的最基本的条件。对于学校中,不直接从事教育教学工作,未履行教育教学职责的行政管理人员、校办产业公司人员、教学辅助人员(包括后勤服务人员等),就不能认为是教师,而应分属教育职员或其他相应的专业技术职务系列。②专业人员是教师的身份特征。同医生、律师一样,教师是一种从事专门职业活动的专业人员,即教师必须具备专门规定的从事教育教学活动的资格,符合特定的要求。这里的"专业人员"包括三层含义:一是教师要达到符合规定的相应学历;二是教师要具备相应专业知识;三是教师要符合与其职业相称的其他有关规定,如语言表达能力、身体健康状态等。

(二)教师必须从教于各级各类学校或者其他教育机构

《中华人民共和国教师法》第二条规定:"本法适用于各级各类学校和其他教育机构中专门从事教育教学工作的教师。"这个适用范围是教师的形式特征,也是法律意义上教师概念的外延。所谓"各级各类学校"是指实施学前教育、普通初等教育、普通中等教育、职业教育、普通高等教育以及特殊教育、成人教育的学校。所谓"其他教育机构"是特指的,包括研究生、少年宫以及地方教研室、电化教育馆机构等。教师包括公办学校教师,也包含公办学校中由集体支付工资、国家予以补助的民办教师,还包括由社会力量举办的学校的教师。

(三)教师具有特定的权利义务

在法律上,教师具有两种身份:一方面,他们是普通公民;另一方面,他们是从事教育工作的专业人员。教师的权利和义务是基于特定的职业性质而产生和存在的,其具有如下特点。①在教育教学活动中产生并由教育法律规范所设定。教师的基本权利义务既不同于宪法赋予每个公民具有的政治权利和义务,也不同于教师作为普通公民所具有的民事权利和义务,而是一种职业特定的法律权利和职业特定的法定义务。②与教师职务和职责紧密相连。它具有两层含义:一是教师的权利义务始于其取得教师资格并在学校或者其他教育机构任职,终于解聘。未取得教师资格而任职的,不具有此项基本权利义务。同时,各级各类学校教师的权利义务内容,亦因其履行教育教学职责的具体情况而有所不同。二是教师的权利义务是其履行教育教学职责的要求和基本保证。当教师以教育者身份出现时,其与职责相关的权利义务从某种意义上说是代表国家和社会利益,带有一定的"公务"性质,是不能随意放弃的。如果教师随意放弃指导学生的学习和发展、评定学生的品行和学习成绩的权利,实际上是没有履行教师的职责。③一定社会物质生活条件能予以保证。各国关于教师基本权利义务的规定,都是同该国当时的社会、经济发展水平和文化传统等所适应并能予以保证的权利和义务。随着社会的发展,必然会对教师的权利、义务产生新的要求,并通过制定或修改法律来加以实现。

第二节 教师的权利与义务

教师作为一个特定的职业群体,在与国家、学校、学生的相互关系中,既享有一定的权利,也必须履行相应的义务。明确教师的权利、义务是依法治教所要解决的重要问题之一。从法律的角度对教师权利和义务进行解读,是依法治教所要解决的重要问题之一。其意义在于,一方面可以使教师明确所享有的法定权利及界限,更好地行使权利,自觉抵制各种侵害教师合法权益的现象;另一方面又可以使教师更加清晰地认识到其必须履行的法定义务,增强教育教学的自觉性和责任感。

一、教师的权利

教师的社会地位主要是通过教师享有的权利来实现的。教师依法享有各种权利,是提升教育教学质量和促进教师成长与发展的重要保证。教师的各种权利应当受到法律的切实保护,依法保护教师的合法权利对于维护教师的职业尊严和社会声望、提高教育教学质量、实施科教兴国战略具有重要的现实意义。虽然《中华人民共和国教师法》《中华人民共和国教育法》颁布已有很多年了,但现实中侵犯教师权力和利益的事件屡屡发生。因此,探讨教师的权利及其法律保护很有必要。

(一)含义

教师在法律上的权利分为两部分,一是教师作为一般公民所享有的权利,二是教师作为教育者的权利。作为普通公民,教师享有《中华人民共和国宪法》所规定的公民的基本权利,如公民的政治权利、宗教信仰和自由、社会经济权利、受教育权利等。作为专业人员,教师在从事教育教学活动中有其特殊的权利。这是一种职业特定的法律权利。而这里所谈的教师权利是针对教师的职业而言的。

教师权利是指教师在教育教学活动中依法享有的权益,是国家对教师能够做出或不做出一定行为,以及要求他人相应做出或不做出一定行为的许可与保障。法律上的教师权利包括教师实施某种行为的权利以及要求义务人履行义务的权利。当教师的权利受到侵害时,有权诉诸法律,要求确认和保护其权利。

(二)教师的基本权利

关于教师的权利,《中华人民共和国教育法》规定,教师享有法律规定的权利,履行法律规定的义务。依据《中华人民共和国教师法》第七条规定:"教师享有下列权利:(一)进行教育教学活动,开展教育教学改革和实验;(二)从事科学研究、学术交流,参加专业的学术团体,在学术活动中充分发表意见;(三)指导学生的学习和发展,评定学生的品行和学业成绩;(四)按时获取工资报酬,享受国家规定的福利待遇以及寒暑假期的带薪休假;(五)对学校教育教学、管理工作和教育行政部门的工作提出意见和建议,通过教职工代表大会或者其他形式,参与学校的民主管理;(六)参加进修或者其他方式的培训。"

1. 教育教学权

进行教育教学活动,开展教育教学改革和实验,简称教育教学权。这是教师的最基本权利。作为教师,有权依据其所在学校的教学计划、教育工作量等具体要求,结合自身教学特点自主地组织课堂教学;有权依照教学大纲的要求确定其教学内容、进度,不断完善教学内容;有权针对不同的教育教学对象,在教育教学的形式、方法、具体内容等方面进行改革和实验。任何人不得非法剥夺在聘教师行使这一基本权利。而不具备教师资格的人不得享有这项权利。虽取得教师资格,但尚未受聘或已被解聘的人员,此项权利的行使处于停顿状态,待任用时方能行使这一权利。学校及其他教育机构依法解聘教师,不属于侵犯教师权利的行为。

2. 科学研究权

从事科学研究,学术交流,参加专业的学术团体,在学术活动中发表意见,简称科学研究权。这是教师作为专业技术人员所享有的一项基本权利。作为教师,在完成规定的教育教学任务的前提下,有权进行科学研究、技术开发、撰写学术论文、著书立说;有权参加有关的学术交流活动,参加依法成立的学术团体并在其中兼任工作;有权在学术研究中发表自己的学术观点,开展学术争鸣。教师在行使此项权利时,要注意处理好教学与科研的关系,使之相辅相成,更好地提高教育教学质量。

3. 管理学生权

指导学生的学习和发展,评定学生的品行和学业成绩,简称管理学生权。这是与教师在教育教学过程中的主导地位相适应的一项基本权利。作为教师,有权根据教育规律和学生的身心发展特点,因材施教,有针对性地指导学生的学习,并在学生的升学、就业等方面给予指导;有权对学生的思想品德、学习、文体活动、劳动等方面给予客观公正的评价;有权运用正确的指导思想和科学的方式方法,使学生的个性和能力得到充分发展。教师在行使管理学生权时,要注意加强对学生的各方面管理,将关心爱护学生与严格要求相结合,促进学生德、智、体等方面全面发展。

4. 获取报酬待遇权

按时获取工资报酬,享受国家规定的福利待遇以及寒暑假期的带薪休假,简称获取报酬待遇权。这是教师的基本物质保障权利。教师的工资报酬,一般包括基础工资、职务工资、课时报酬、奖金、教龄津贴、班主任津贴及其他各种津贴在内的工资性收入。福利待遇主要包括教师的医疗、住房、退休等方面的各项待遇和优惠,以及寒暑假期的带薪休假。作为教师,有权要求所在学校及其主管部门根据国家教育法律、教师聘任合同的规定按时足额地支付工资报酬;有权享受国家规定的福利待遇。要动员全社会力量,采取有效措施,依据法律的规定,切实保障教师这一基本权利的行使。

案例

某学校,因翻修校舍,急需一部分资金,2006 年扣留了全体教师从 7 月份到 9 月份的全部工资款额共计 4.32 万元。全体教师对学校的行为极为不满，联名向教育行政部门提出申诉。其申诉依据是：《中华人民共和国教育法》第三十四条："国家保护教师的合法权益，改善教师的工作条件和生活条件，提高教师的社会地位。教师的工资报酬、福利待遇，依法律法规的规定办理。"《中华人民共和国教师法》第七条第四款规定，教师享有"按时获取工资报酬、享有国家规定的福利待遇以及寒暑假期带薪休假"的权利。要求学校马上归还扣留教师的全部工资。

经教育行政部门深入调查，查明该校拖欠教师 3 个月工资的情况属实。教育行政部门责令该校及其责任人限期归还被挪用的教师工资，修建校舍的经费由该校另行解决。并决定对该校领导及其直接责任人员给予行政处分。

【案例分析】

拖欠教师工资，违反了《中华人民共和国教育法》《中华人民共和国教师法》有关规定，侵犯了教师的合法权益。它不仅侵害了教师获取劳动报酬的基本权利，危及教师及其家庭生计，还严重影响了教师队伍的稳定和教育教学工作的正常进行，不利于教育事业的健康发展。

5. 民主管理权

对学校教育教学、管理工作和教育行政部门的工作提出意见和建议，通过教职工代表大会或者其他形式，参与学校的民主管理，简称民主管理权。这是教师参与教育管理的民主权利，是《中华人民共和国宪法》中所规定的"公民对任何国家机关和国家工作人员，有提出批评和建议的权利"的具体体现，有利于调动教师参政议政的自觉性和积极性，发挥教师的主人翁作用，加强对学校和教育行政部门工作的监督。作为教师，有权通过教职工代表大会、工会等组织形式以及其他适当方式，参与学校民主管理，讨论学校改革、发展等方面的重大事项，保障自身的民主权利和切身利益，推进学校的民主建设。以教职工代表大会形式为例，教师的参与管理权体现在以下方面：听取校长的工作报告，讨论学校年度工作计划、发展规划、改革方案、教职工队伍建设等重大问题；讨论职工奖惩办法以及其他与教职工有关的基本规章制度；讨论其他有关教职工的一些福利事项；监督学校管理工作。教师在行使民主管理权时，应注意遵循民主集中制的原则，并充分发挥自己对学校、教育行政部门工作的监督作用。

案例

某市一中在 2012 年上半年向初三年级 400 名学生违规收取补课费 3.248 万元。这所学校的老师张某夫妇认为学校的做法不符合相关规定，因而向上级部门举报。因为举报学校乱收费，学校校长做出对张某夫妇俩停课的决定。

这个学校的做法侵犯张某夫妇的哪些权利？

【案例分析】

《中华人民共和国教师法》第七条第五项规定教师享有"对学校教育教学管理工作和教育行政部门的工作提出意见和建议，通过教职工代表大会或者其他的形式，参与学校的民主管理"的权利。教师张某夫妇举报学校,如果事实属实,那么则是其合法权利的正当行使,二人应受到法律的保护,二人的工作也应依法恢复。而关于校长的报复做法,应按照《中华人民共和国教师法》的第三十六条规定:"对依法提出申诉、控告、检举的教师进行打击报复的,由其所在单位或者上级机关责令改正;情节严重的,可以根据具体情况给予行政处分。国家工作人员对教师打击报复构成犯罪的,依照刑法有关规定追究刑事责任。"对其进行处理。

6. 进修培训权

参加进修或者其他方式的培训,简称进修培训权。这是教师享有的继续教育的权利。现代社会和科技的飞速发展,要求教师及时更新知识,不断提高自身素质。作为教师,有权参加进修或其他多种形式的培训,以提高思想政治觉悟和业务水平。教育行政部门、学校及其他教育机构,应采取多种形式,开辟多种渠道,努力为教师的进修培训创造有利条件,切实保障教师权利的实现。当然教师培训权的行使,要在完成本职工作的前提下有组织有计划地进行,不得影响正常的教育教学工作。

二、教师的义务

(一) 含义

如同教师的权利一样,教师的义务也分为两部分。一是教师作为公民应承担的义务,二是教师作为教育者应承担的义务。这两部分义务既有联系又有区别。一方面教师作为公民应承担的一部分义务体现在教师的特定义务之中,另一方面教师特定义务中的一部分又是公民义务的具体化和职业化。还有一部分内容是相互独立的。

教师的义务是指依照法律规定教师从事教育教学工作必须履行的责任。表现为必须做出或不做出一定行为。依据不同的标准可以进行多种划分:①积极义务和消极义务。积极义务是必须做出一定行为的义务,消极义务是不做出一定行为的义务。②绝对义务和相对义务。绝对义务是一般人承担的义务,相对义务则指特定人承担的义务。③第一义务和第二义务。第一义务是指不侵害他人的义务,第二义务则指由于侵害他人的权利而发生的义务。

(二) 教师的基本义务

关于教师的义务,《中华人民共和国教师法》第二章第八条专门对教师的义务作了具体规定:"教师应当履行下列义务:(一)遵守宪法、法律和职业道德,为人师表;(二)贯彻国家的教育方针,遵守规章制度,执行学校的教学计划,履行教师聘约,完成教育教学工作任务;(三)对学生进行宪法所确定的基本原则的教育和爱国主义、民族团结的教育,法制教育以及思想品德、文化、科学技术教育,组织、带领学生开展有益的社会活动;(四)关心、爱护全体学生,尊重学生人格,促进学生在品德、智力、体质等方面全面发展;(五)制止有害于学生的行为或者其他侵犯学生合法权益的行为,批评和抵制有害于学生健康成长的现象;(六)不断提高思想政治觉悟和教育教学业务水平。"

(1) 遵守宪法、法律和职业道德,为人师表。

宪法是国家、社会组织和公民活动的基本行为准则。任何组织和公民都必须遵守。教师要教书育人，就应模范地遵守宪法和法律，而且要在教育教学工作中，自觉培养学生的法制观念和民主精神。教师职业是一种专门化的职业，有着自身的职业道德准则，教师应当自觉遵守职业道德。教师是人类灵魂的工程师，担负着培养下一代的任务，他们在传授科学文化知识的同时，对学生的思想品德、个性形成有着重要影响，所以教师要注意言传身教，做到为人师表。

（2）贯彻国家的教育方针，遵守规章制度，执行学校的教学计划，履行教师聘约，完成教育教学工作任务。

教师在教育教学活动中，应当全面贯彻国家关于教育必须为社会主义现代化建设服务、为人民服务，必须与生产劳动与社会实践相结合，培养德、智、体、美等方面全面发展的社会主义事业的建设者和接班人的方针；自觉遵守教育行政部门和学校及其他教育机构制定的教育教学管理的各项规章制度；认真执行学校依据国家规定的教学大纲、教学计划或教学基本要求制订的具体教学计划；严格履行教师聘任合同中约定的教育教学职责，完成规定的教育教学任务，保证教育教学质量。

（3）对学生进行宪法所确定的基本原则的教育和爱国主义、民族团结的教育，法制教育以及思想品德、文化、科学技术教育，组织、带领学生开展有益的社会活动。

这是对教师教育教学工作内容方面的全面规范。作为教师，应结合自身教育教学业务特点，将政治思想品德教育贯穿于教育教学过程之中。对学生进行政治思想品德教育，不仅是政治思想品德课教师的职责，也是每一位教师的基本义务。在对学生进行政治思想品德教育的内容上，教师要遵循我国宪法确定的坚持社会主义道路，坚持人民民主专政，坚持中国共产党的领导，坚持马克思列宁主义、毛泽东思想四项基本原则，并将其作为对学生进行思想政治教育的首要内容。教师应当有意识地对学生进行爱国主义教育、民族团结教育、法制教育、文化科学技术教育，弘扬中华民族优良传统，引导学生逐步树立科学的人生观和世界观，教育学生热爱祖国、爱人民、爱劳动、爱科学、爱社会主义，把学生培养成为有理想、有道德、有文化、有纪律的社会主义新人。在德育的形式和方法上，应注意根据学生身心发展的特点，采用灵活生动的形式，注重实效，反对形式主义。

（4）关心爱护全体学生，尊重学生人格，促进学生在品德、智力、体质等方面全面发展。

人格尊严是宪法赋予公民的一项基本权利。由于学生在教育教学活动中居于受教育者的地位，其人格尊严往往容易受到侵犯。作为教师要关心爱护全体学生，对学生应一视同仁，不因民族、性别、残疾、学习成绩等因素歧视学生，尤其是对那些有缺点的学生，教师应给予特别关怀，要满腔热情地教育指导，绝不能采取简单粗暴的办法，不能侮辱、歧视学生，不能体罚或变相体罚学生，不能泄露学生隐私。因污辱学生影响恶劣或体罚学生经教育不改的，应依法承担相应的法律责任。

（5）制止有害于学生的行为或者其他侵犯学生合法权益的行为；批评和抵制有害于学生健康成长的现象。

保护学生的合法权益和身心健康成长，是全社会的共同责任。作为教师自然更负有此项义务。教师履行此项义务具有特定的范围，主要是制止在学校工作和与教育教学工作相关的活动中，对侵犯其所负责教育管理的学生合法权益的违法行为；批评和抵制社会上出现的有害于学生身心健康成长的不良现象。

(6) 不断提高思想政治觉悟和教育教学业务水平。

教育教学工作是一项专业性较强的工作，担负着提高民族素质的使命，这就要求教师具有较高的思想觉悟和业务水平。同时，这也是社会进步和科学技术发展对教师提出的要求。为此，教师应加强学习，调整知识结构，不断提高思想政治觉悟和教育教学业务水平，以适应教育教学的实际需要。

教师的基本权利、义务基于教育活动产生，由教育法律法规所设定，是一种职业特定的法律权利和职业特定的法律义务。它们之间是对立统一、相互依存的关系。"没有无义务的权利，也没有无权利的义务"。作为教师，既是权利的享有者，又是义务的承担者。因此，应正确行使自己的权利，严格履行自己的义务。

三、教师权利的法律保护

我国有关法律对教师应该享有的权利进行了具体的规定，同时为了使教师权利得到落实，在法律保护方面也作了相关规定。

《中华人民共和国教师法》对教师的权利作了较为详细的规定，上述教师的权利作为教师法定的不可剥夺的权利，其实现不仅有赖于权利主体的积极作为，更需要义务主体尤其是政府积极创造条件为其提供制度上和法律上的保障。目前的法律保障主要是从以下两个方面实施的。

(一) 实体法对教师权利的保障

实体法是指以成文法或判例法等不同法律形式明确教师的身份、权利、义务和法律责任。我国教师的许多权利是有法律保障的，除了《中华人民共和国教师法》外，《中华人民共和国教育法》也规定"教师享有法律规定的权利""国家保护教师的合法权益，改善教师的工作条件和生活条件，提高教师的社会地位""教师的工资报酬、福利待遇，依照法律、法规的规定办理""违反本法规定，侵犯教师的合法权益，造成损失、损害的，应当依法承担民事责任"。另外，还有许多根据《中华人民共和国教师法》的相关内容制定的教育行政法规，例如，为中小学教师继续教育权利得到保障而制定的《中小学教师继续教育规定》；为防止教师资格认定和聘任过程中侵犯教师权利而制定的《教师资格条例》；还有《教学成果奖励条例》《教师和教育工作者奖励规定》等。除了这些专门的教育法规外，教师还可以引用许多一般性法律来保障自己的权利，如《中华人民共和国劳动法》和《中华人民共和国劳动合同法》的一些条款，《中华人民共和国民法通则》对教师的合法收入、人身权利具有明确的保障作用。

(二) 程序法对教师权利的保障

如果仅有实体法而无程序法，那么实体法赋予教师的各项权利就无法实现，当其受到侵害时也无法得到法律救济。程序法必须密切结合实体法才能最终保障实体法所赋予教师的各项权利真正得到实现。程序保障包括教师权利受到损害时有关法律责任追究的规定和法律救济。教师的权利保障离不开责任追究,我国的相关法律已作了明确规定,如,《中华人民共和国教育法》第八十三条规定:"违反本法规定,侵犯教师、受教育者、学校或其他教育机构的合法权益,造成损失、损害的,应当依法承担民事责任。"《中华人民共和国教师法》第三十五、三十六、三十八条有关规定,对侵犯教师权益、造成损害的要依法承担民事责任或追究刑事责任。我国的一般性法律,如《中华人民共和国刑法》《中华人民共和国民法通则》《中华人民共和国民事诉讼法》《中华人民共和国刑事诉讼法》《中华人民共和国行政处罚法》中的一些条款也适用于教师的权利保障。在法律救济方面,《中华人民共和国教师法》确立了教师申诉制度,《中华人民共和国教师法》第三十九条确立了教师申诉制度的法律地位,使其成为保障教师权利的一项重要措施。教师还可使用《中华人民共和国行政复议法》《中华人民共和国行政诉讼法》及《中华人民共和国国家赔偿法》等救济性法律来获得法律救济。

第三节 教师的管理制度

一、教师的资格制度

(一)教师资格与教师资格制度

教师资格是国家对专门从事教育、教学工作人员的基本要求,它规定着欲从业者的专业水平、教育水平、道德水平和身体素质等基本标准。教师资格分为幼儿园、小学、初级中学、高级中学、中等职业学校、高等学校教师资格等七种类型。我国教师资格证书规定了各种教师资格适用于哪一层次的学校,并且可以向下融通。《教师资格条例》第五条规定:"取得教师资格的公民,可以在本级及其以下等级的各类学校和其他教育机构担任教师;但是,取得中等职业学校实习指导教师资格的公民只能在中等专业学校、技工学校、职业高级中学或者初级职业学校担任实习指导教师。高级中学教师资格与中等职业学校教师资格相互通用。"

教师资格制度是国家对教师实行的一种特定的职业许可制度,是《中华人民共和国教师法》颁布以来配套法规中最为完备的法律体系。教师资格制度也是依法治教、依法管理教师队伍的重要保障,是社会文明进步、教育改革与发展进入新阶段的重要标志。它的实施旨在教师职业专业化,从而也使教师任用走上科学化、规范化和法制化轨道。

20世纪90年代以来,我国相继出台了一系列不断提高教师素质的法律法规,逐步形成了教师资格制度的法律法规体系。1993年颁布的《中华人民共和国教师法》,首次把教师定性为"教师是履行教育教学职责的专业人员",并首次规定"国家实行教师资格制度",以确保教师职业的专业性。1995年国务院颁布《教师资格条例》,2000年教育部颁发了《〈教师资格条例〉实施办法》,规定自2001年起我国全面实施教师资格考试制度,只有通过教师资格考试且持有证书者,方能被各类教育机构聘任为教师。

进入21世纪以来,《国家中长期教育改革和发展规划纲要(2010—2020年)》,提出要"完善并严格实施教师准入制度,严把教师入口关。国家制定教师资格标准,提高教师任职学历标准和品行要求,建立教师资格证书定期登记制度"。为此,教育部相继制定了《中小学和幼儿园教师资格考试标准(试行)》《幼儿园教师专业标准(试行)》《小学教师专业标准(试行)》《中学教师专业标准(试行)》。从2011年秋季开始,国家进行了教师资格制度的改革,教育部首先以浙江、湖北两省为试点,开始实施教师资格全国统考,建立"国标,省考,县聘,校用"的教师准入和管理制度。按照2013年教育部颁发的《中小学教师资格考试暂行办法》《中小学教师资格定期注册暂行办法》,2015年起,教师资格考试纳入全国统考。教师资格考试是评价申请教师资格人员是否具备从事教师职业所必需的教育教学基本素质和能力的考试。参加教师资格考试合格是教师职业准入的前提条件。申请幼儿园、小学、初级中学、普通高级中学、中等职业学校教师和中等职业学校实习指导教师资格的人员须分别参加相应类别的教师资格考试。可以说,2011年开始试行的资格考试改革和定期注册制度改革不仅提高了教师准入门槛,破除了教师资格终身制,而且提升了教师队伍的质量和水平。这标志着我国教师职业专业化发展的又一新高度,具有里程碑式的历史意义。

(二)教师资格考试

国家教师资格考试改革针对报考条件、报考对象、考试科目、考试形式、考试题型、考试导向、组织管理等都进行了大幅度调整,而且使考试的公平性和难度都得到大幅度提升。其调整主要包括以下七个方面。

1. 报考条件

(1) 符合以下基本条件的人员,可以报名参加教师资格考试:

① 具有中华人民共和国国籍;

② 遵守宪法和法律,热爱教育事业,具有良好的思想品德;

③ 符合申请认定教师资格的体检标准;

④ 符合《中华人民共和国教师法》规定的学历要求。

高等学校在校三年级以上学生,可凭学校出具的在籍学习证明报考。

(2) 申请人应在户籍或人事关系所在地报名参加教师资格考试。普通高等学校在校生可在就读学校所在地报名参加教师资格考试。

(3) 被撤销教师资格的,5年内不得报名参加考试;受到剥夺政治权利,或故意犯罪受到有期徒刑以上刑事处罚的,不得报名参加考试。曾参加教师资格考试有作弊行为的,按照《国家教育考试违规处理办法》的相关规定执行。

2. 报考对象

国家教师资格考试意味着,不论师范生、非师范生今后要申请教师资格证,都必须统一参加国家教师资格考试。

3. 考试科目

《中小学和幼儿园教师资格考试标准（试行）》中明确指出：中小学和幼儿园教师资格考试主要考查申请入职人员从事教师职业所必需的职业道德、专业知识与基本能力。笔试和面试是有机的统一体。国家教师资格考试，按照四个学段不同的考核要求，分学段、分学科地设置考试科目，各级各类教师考的科目及其学科（专业）都强调一一对应（见表9-1）。

表 9-1 各级各类教师资格考试的科目

类别		笔试科目			面试
		科目一	科目二	科目三	
幼儿园		综合素质	保教知识与能力	—	教育教学实践能力
小学		综合素质	教育教学知识与能力	—	教育教学实践能力
初级中学		综合素质	教育知识与能力	学科知识与教学能力	教育教学实践能力
高级中学					
中职	文化课教师				
	专业课教师			各省自行组织	各省自行组织
	中职实习指导教师				

注1：科目三分为语文、数学、英语、思想品德（政治）、历史、地理、物理、化学、生物、音乐、体育与健康、美术、信息技术等13个学科。

注2：幼儿园面试不分科目，小学面试科目分语文、英语、社会、数学、科学、音乐、体育、美术等8个学科，中学面试科目与科目三相一致。

注3：中职类的科目三及面试由各省自行组织。

4. 考试形式

国家教师资格考试包括笔试和面试两部分。笔试和面试试题由教育部考试中心（教育部教师资格考试中心）统一命制。笔试部分科目采取计算机化考试，部分科目采取纸笔考试。由于计算机考试存在一些客观的缺点，目前只有一些科目的选择题采用计算机考试。笔试各科成绩均合格并在有效期内的，方可报名参加面试。国家教师资格考试的面试采取结构化面试、情景模拟等方式，通过抽题、备课（活动设计）、回答规定问题、试讲（演示）、答辩（陈述）和评分等环节进行。面试考试时间为20—30分钟。申请面试学科（学段）应与笔试学科（学段）一致。幼儿园面试不分科目。小学面试科目按照国家统一设置的面试科目确定。初级中学、普通高级中学和中等职业学校文化课教师资格面试科目与笔试的《学科知识与教学能力》科目相同。国家未统一提供的中等职业学校专业课和实习指导教师资格面试题，根据申报情况，由省自主命题，学科考试大纲由省教育考试院另行制定。这里须注意的是，国家确定笔试成绩合格线后，各省级教育行政部门确定各省面试成绩合格线。

5. 考试题型

国家教师资格考试的试题题型多样化，强化能力考核。题型分为选择题和非选择题。其中，非选择题包括简答题、论述题、解答题、材料分析题、课例点评题、诊断题、辨析题、教学设计题、活动设计题。

6. 考试导向

《中小学教师资格考试暂行办法》规定，考试坚持育人导向、能力导向、实践导向和专业化导向，突出考查申请教师资格人员从事教师职业所必需的职业道德、专业知识与基本能力。这些导向和要求均与《幼儿园教师专业标准（试行）》《小学教师专业标准（试行）》《中学教师专业标准（试行）》所秉持的师德为先、学生为本、能力为重、终身学习这四大理念，以及其中对专业理念与师德、专业知识、专业能力这三大维度的具体内容（60多项要求）一脉相承。因此，国家教师资格考试凸显能力导向和实践导向的考核，来源于相应层次的《教师专业标准》。

7. 组织管理

笔试一般在每年3月和11月各举行一次。面试一般在每年5月和12月各举行一次。教育部依据教师专业标准和教师教育课程标准，制定教师资格考试标准，组织审定教师资格考试大纲。教育部考试中心（教育部教师资格考试中心）负责国家教师资格考试的组织实施。省级教育行政部门全面负责本行政区域内教师资格考试工作。可成立教师资格考试领导小组，由省级教育行政部门的主要领导兼任领导小组组长，指定专业化省级教育（教师资格）考试机构，省级教师资格考试机构按照《中小学教师资格考试考务工作规定》《中小学教师资格考试机考考务细则》组织实施笔试考务工作；按照《中小学教师资格考试面试工作规程》，制定面试实施细则，组织实施面试工作。省级教师资格考试机构使用教师资格考试考务管理信息系统进行笔试和面试的报名受理、考点设置、考场编排等考务管理工作。笔试和面试考生通过教师资格考试网站进行报名后，需携带省级教师资格考试机构规定的相关材料，到指定考点进行报名审核，并现场确认报考信息。教师资格考试以市（地、州、盟）为单位设立考区。各考区的教师资格考试的组织实施由市（地、州、盟）教育行政部门和教师资格考试机构负责。教师资格考试费用按照财政部、国家发展改革委《关于同意收取教师资格考试考务费等有关问题的通知》（财综〔2012〕41号）规定收取。

（三）教师资格认定

笔试和面试考生均须通过国家中小学教师资格考试网报名，并按规定缴纳考试费。笔试单科成绩有效期为2年。笔试和面试均合格者由教育部考试中心（教育部教师资格考试中心）颁发教师资格考试合格证明。教师资格考试合格证明有效期为3年。教师资格考试合格证明是考生申请认定教师资格的必备条件。

教师资格认定应当提交教师资格认定申请表和下列证明或者材料：①身份证明；②教师资格考试合格证明；③教育行政部门或者受委托的高等学校指定的医院出具的体格检查证明；④户籍所在地的街道办事处、乡人民政府或者工作单位、所毕业的学校对其思想品德、有无犯罪记录等方面情况的鉴定及证明材料；⑤申请人提交的证明或者材料不全的，教育行政部门或者受委托的高等学校应当及时通知申请人于受理期限终止前补齐；⑥教师资格认定申请表由国务院教育行政部门统一格式。

（四）教师资格证书管理

教师资格证书作为持证人具备国家认定的教师资格的法定凭证，由国务院教育行政部门统一印制。教师资格认定机构建立教师资格管理数据库。教师资格证书遗失或损毁影响使用的，由本人向原发证机关报告，申请补发。依照《教师资格条例》有关规定，丧失教师资格的，不能重新取得教师资格。为进一步完善教师资格制度，健全教师管理机制，建设高素质专业化教师队伍，根据《中华人民共和国教师法》《教师资格条例》《国家中长期教育改革和发展规划纲要（2010—2020年）》《中小学教师资格考试暂行办法》，制定了《中小学教师资格定期注册暂行办法》。教师资格定期注册是对教师入职后从教资格的定期核查。中小学教师资格实行5年一周期的定期注册。定期注册不合格或逾期不注册的人员，不得从事教育教学工作。中小学教师资格定期注册的对象为公办普通中小学、中等职业学校和幼儿园在编在岗教师。国务院教育行政部门主管教师资格定期注册工作。县级以上地方教育行政部门负责本地教师资格定期注册的组织、管理、监督和实施。

二、教师职务制度

中小学教师职务制度是中小学教师队伍建设和管理的重要制度，它直接关系到中小学人事制度、分配制度的改革，更直接关系到中小学教师的切身利益。

教师职务是指从事教师职业人员的专业技术职务，教师职务制度是关于教师任用的制度。这一制度涉及教师的聘用、职责、待遇、考核等多方面环节。通过教师的职务评聘，可以明确教师的地位及其权利义务。国家实行教师职务制度，其目的就是为了充分调动和发挥教师为社会主义教育事业服务的积极性和创造性，激励教师不断提高政治思想觉悟、文化业务水平、学术教育水平和履行职责的能力，努力完成本职工作，促进人才合理流动。教师职务是各级各类学校依据教育和教学的需要而设置的教师工作岗位，有明确的职责；有高、中、初级职务的结构比例；有经相应的评审委员会认定的任职资格；由行政领导根据岗位设置和限额实行期限聘任；有一定的任期；领取相应的职务工资。

我国在国家干部任用体制下于1986年建立教师职务制度，于1987年首次实施中小学教师职务制度。1986年，为了满足经济体制对人事分配制度的改革要求，中央决定改革职称评定方式，实行专业技术职务聘任制度，我国各级各类学校相继实行了教师职务制度。教师职务聘任的前提是具有一定资格标准的教师。《中华人民共和国教师法》第十六条规定："国家实行教师职务制度，具体办法由国务院规定。"第十七条规定："学校和其他教育机构应当逐步实行教师聘任制。教师的聘任应当遵循双方地位平等的原则，由学校和教师签订聘任合同，明确规定双方的权利、义务和责任。实行教师聘任制的步骤、办法由国务院教育行政部门规定。"这两条规定与对教师资格的规定共同被放在《中华人民共和国教师法》第三章——资格和任用。这也表明了教师职务制度与教师资格制度的承继关系。

2015年9月2日经国务院同意，人力资源和社会保障部、教育部近日联合印发《关于深化中小学教师职称制度改革的指导意见》（以下简称《意见》），明确中小学教师职称制度改革在全国范围全面推开。《意见》指出，深化中小学教师职称制度是落实《中华人民共和国义务教育法》的重要任务，是推进职称制度分类改革的重要内容。改革将围绕健全制度体系，拓展职业发展通道，完善评价标准，创新评价机制，形成以能力和业绩为导向，以社会和业内认可为核心，覆盖各类中小学教师的评价机制，建立与事业单位岗位聘用制度相衔接的职称制度。《意见》强调，要健全制度体系，改革原中学和小学教师相互独立的职称（职务）制度体系，建立统一的中小学教师职务制度，分为初级职务、中级职务和高级职务，在新的中小学教师职称系列设置正高级职称。要完善评价标准，坚持育人为本、德育为先，注重师德素养，注重教育教学工作业绩，注重教育教学方法，注重教育教学一线实践经历，切实改变过分强调论文、学历的倾向，引导教师立德树人、爱岗敬业，积极进取，不断提高实施素质教育的能力和水平。具体评价标准条件要对农村教师适当倾斜。要创新评价机制，建立以同行专家评审为基础的业内评价机制，注重遴选高水平的教育教学专家和经验丰富的一线教师担任评委会成员，改革和创新评价办法，采取说课讲课、面试答辩、专家评议等多种方式，对中小学教师的业绩、能力进行有效评价。全面推行评审结果公示制度。要实现与事业单位岗位聘用制度的有效衔接，明确中小学教师职称评审在核定的岗位结构比例内进行，不再进行与岗位聘用相脱离的资格评审。中小学教师岗位出现空缺，教师可以跨校评聘。在乡村学校任教3年以上，表现优秀并符合条件的教师，同等条件下优先评聘。要健全完善评聘监督机制，确保评聘程序公正规范，评聘过程公开透明。

新的中小学教师职称制度适用于普通中小学、职业中学、幼儿园、特殊教育学校和工读学校等。民办中小学教师可参照《意见》参加职称评审。

三、教师聘任制度

（一）教师聘任制的含义

教师聘任制，是在符合国家法律制度的情况下，聘任双方在平等自愿的前提下，由学校或者教育行政部门根据教育教学岗位设置，聘请有教师资质或教学经验的人担任相应教师职务的一项教师任用制度。

《中华人民共和国教师法》明确规定，学校和其他教育机构应当逐步实行教师聘任制。由学校或者其他教育机构与教师签订聘用合同的制度，只有签订了聘用合同，取得教师资格的公民才能够从事教育教学活动，相关教师的权利义务才变为现实的权利义务。推行教师聘任制对建立一支合格稳定的教师队伍，提高学校办学的自主性，调动广大教师教书育人的积极性，提高教师的社会地位和待遇，提高教育和教学质量以及推动学校内部管理体制改革，促进教师合理流动，增强教师队伍活力，具有重要意义。

《中华人民共和国教师法》同时还规定，教师聘任应当遵循双方地位平等的原则，由学校和教师签订聘任合同，明确规定双方的权利、义务和责任。这里应该强调的是，学校和教师双方必须意思表示一致，才能形成聘任合同关系。聘任合同以教师和学校在教育教学过程中的权利和义务为基本内容，教师按合同履行义务，学校按合同为教师提供教育教学、科学研究、进修等方面的条件，并支付工资。实行聘任制的学校要对受聘教师的业务水平、工作态度和成绩进行考核，作为提职、调薪、奖惩和能否续聘的依据。

（二）教师聘任制的优缺点

教师聘任制有以下优点：第一，教师聘任制的好处是可以提高教师的责任感，并淘汰不具备任教能力的庸才；第二，可以充分利用社会人力资源，减少人力资源的浪费；第三，打破传统教师任用制度，增进各地区教学经验的传播；第四，增加就业岗位。

教师聘任制的缺点主要是由于当前考核标准不健全，尤其在初中和高中，往往以升学率作为标准，对素质教育产生了一定的不利影响。

（三）教师聘任制的形式

教师聘任制依其聘任主体实施行为不同，可以分为以下几种形式。

1. 招聘

招聘，即用人单位面向社会公开、择优选择具有教师资格的应聘人员。

2. 续聘

续聘，即聘任期满后，聘任单位与教师继续签订聘任合同。

3. 解聘

解聘，即用人单位因某种原因不适宜继续聘任教师，双方解除合同关系。

4. 辞聘

辞聘，即受聘教师主动请求用人单位解除聘任合同的行为。

（四）教师聘任制度的步骤

教师聘任制是分为聘用、任用两个步骤。

聘用制是以合同的形式确定事业单位与职工基本人事关系的一种用人制度，即事业单位工作人员在本单位的身份属性通过与单位签订聘用合同确定。事业单位传统的用人制度是职工一旦被调入或分配到其单位，就终身成为该单位的职工。聘用制就是要将传统的用人制度改革成为合同契约式的用人制度，简单地说就是学校用某人做教师。

聘任制是事业单位内部具体工作岗位的管理制度，是相对委任制而言的是指用人单位通过契约确定与人员关系的一种任用方式。一般的做法是由用人单位采取招聘或竞聘的方法，经过资格审查和全面考核后，由用人单位与确定的聘任人选签订聘书，明确双方的权利义务关系和受聘人员职责、待遇、聘任期等。受聘人拟任工作岗位或职务一般通过竞争取得，确定的形式可以签订聘任合同，也可以签订聘约，或颁发聘书，也可以签订目标责任书。在事业单位人事制度改革中，对某一职工既要通过聘用制确定基本人事关系，又要通过聘任明确具体岗位职务。简要地说就是学校确定教师的工作岗位和工作职责。

教师聘任实际上反映的是教师作为个体和学校这一社会机构的一种雇用关系。学校在其权限范围内，可以决定教师雇用和解雇，向教师布置任务，监督评价教师的工作；教师在任用期限内享有教育自由权以及公民应享有的权利，对于校方侵害教师权利的行为，教师可依法提出申诉。

四、教师考核制度

《中华人民共和国教师法》第二十二条规定："学校或者其他教育机构应当对教师的政治思想、业务水平、工作态度和工作成绩进行考核。教育行政部门对教师的考核工作进行指导、监督。"第二十三条规定："考核应当客观、公正、准确，充分听取教师本人、其他教师以及学生的意见。"第二十四条规定："教师考核结果是受聘任教、晋升工资、实施奖惩的依据。"

五、教师培训制度

我国中小学教师培训制度是伴随其培养制度的不断完善和中小学师资水平的逐步提高应运而生的。

自20世纪90年代以来，我国中小学教师培训制度建设开始走上规范化和法制化轨道。1991年12月原国家教委印发了《关于开展小学教师继续教育的意见》在总结十一届三中全会以来中小学教师培训工作的基础上，提出了今后十年，在有计划地提高小学教师学历层次的同时，要大力开展小学教师继续教育，有步骤地将中小学教师培训工作重点从学历达标转移到开展继续教育上来。通过新教师见习期培训、教师职务培训和骨干教师培训等形式使每个教师的政治和业务素质不断提高，从中成长出一批教育教学骨干，有的逐步成为小学教育教学专家。为了开展好这项工作，原国家教委1993年印发了《关于加强小学骨干教师培训工作的意见》，1994年又印发了《关于开展小学新教师试用期培训的意见》。为尽快提高中学教师的学历达标率，1992年5月原国家教育委员会印发了《关于加快中学教师学历培训步伐的意见》，要求建立函授、卫星电视教育、自学考试"三沟通"的培训方式，最大限度地把不具备合格学历但能参加自学的教师组织起来，按照分类指导的原则，分期分批进行培训。

1993年2月31日中共中央、国务院颁布了《中国教育改革和发展纲要》，明确指出"振兴民族的希望在教育，振兴教育的希望在教师"，要求"进一步加强师资培养培训工作""到本世纪末，通过师资补充和在职培训，绝大多数中小学教师达到国家规定的合格学历标准，小学和初中教师中具有专科和本科学历者的比重逐步提高"。这一纲领性文件为中小学教师培训制度的建设指明了方向，奠定了基础。

《中华人民共和国教师法》确立了教师的资格、聘任、培养、培训、考核等一整套法律制度。《中华人民共和国教师法》第七条第六项规定，教师享有"参加进修或者其他方式的培训"的权利，第十八条规定，"各级教师进修学校承担培训中小学教师的任务。"第十九条规定，"各级人民政府教育行政部门、学校主管部门和学校应当制定教师培训规划，对教师进行多种形式的思想政治、业务培训"。

《中华人民共和国教育法》是我国教育发展的根本大法，它明确规定了建立和完善终身教育体系。这是中国第一次以法的形式对终身教育做了规定，使社会各界对教师培训的重要性达成了共识，也使在职教师将传统的"一次性教育"观念变成"终身教育"的思想，为建立和完善体现终身教育思想的师资培训制度奠定了法制基础。1999年6月13日中共中央、国务院发布了《关于深化教育改革全面推进素质教育的决定》（以下简称《决定》），提出："把提高教师实施素质教育的能力和水平作为师资培养、培训的重点。……2010年前后，具备条件的地区力争使小学和初中阶段的专任教师的学历分别提升到专科和本科层次""开展以培训全体教师为目标、骨干教师为重点的继续教育，使中小学教师整体素质明显提高"。

为贯彻《决定》精神，根据《中华人民共和国教育法》和《中华人民共和国教师法》，1999年9月13日教育部发布了《中小学教师继续教育规定》（教育部第7号令）（以下简称《规定》）。明确指出："中小学教师继续教育，是指对取得教师资格的中小学在职教师为提高思想政治和业务素质进行培训。""参加继续教育是中小学教师的权利和义务。""各级人民政府教育行政部门管理中小学教师继续教育工作，应采取措施，依法保障中小学教师继续教育工作的实施。"《规定》还对中小学教师继续教育的内容、类别、组织管理、条件保障、考核与奖惩做了具体规定。

为适应当前教师培训的需要，2011年1月6日，教育部发布的《关于大力加强中小学教师培训工作的意见》在总体目标、培训课时、培训模式方法、制度、服务体系、保障等方面作了明确的规定，提出："当前和今后一个时期中小学教师培训工作的总体目标是：以实施'国培计划'为抓手，推动各地通过多种有效途径，有目的、有计划地对全体中小学教师进行分类、分层、分岗培训。今后五年，对全国1000多万教师进行每人不少于360学时的全员培训；支持100万名骨干教师进行国家级培训；选派1万名优秀骨干教师参加海外研修培训；组织200万名教师进行学历提升；采取研修培训、学术交流、项目资助等方式，促进中小学名师和教育家的培养，全面提升中小学教师队伍的整体素质和专业化水平。""以农村教师为重点，有计划地组织实施中小学教师全员培训。全员培训要按照基础教育改革发展的要求，遵循教师成长规律，着力抓好新任教师岗前培训、在职教师岗位培训和骨干教师研修提高。"这是我国近年来出台的一部有着明确和具体培训要求的有关中小学教育继续教育的行政法规，它对今后一段时期中小学教师的继续教育工作将产生极大的指导作用。

本章小结

本章主要讨论了有关教师依法执教的一些主要问题。掌握教师依法执教，第一要理解教师的法律地位。教师的法律地位主要是通过教师的权利与义务等规定集中体现出来的，《中华人民共和国教师法》从法律上明确规定了"教师是履行教育教学职责的专业人员"。第二要了解教师的权利与义务。教师的权利包括其作为公民所享有的一切权利以及作为教师所享有的权利：教育教学权；科研权及学术交流权；指导评价权；按时获取报酬权；参与学校管理权；培训进修权。教师的义务：遵纪守法的义务；教育教学的义务；思想教育的义务；尊重、爱护学生的义务；保护学生合法权益的义务；提高自身综合素质的义务。第三要了解我国目前教师管理的一系列相关制度：教师资格制度；教师职务制度；教师聘任制度；教师考核制度；教师培训制度。这些制度有益于保护教师权益。

思考题

1. 如何理解教师的法律地位？
2. 依据《中华人民共和国教师法》规定，我国教师享有哪些基本权利？
3. 依照《中华人民共和国教师法》规定，我国教师应当履行哪些义务？
4. 我国目前有哪些教师管理制度？

案例研究

案例

张某系某高中教师，在教育战线上奋斗了二十余载。由于他对工作认真负责，刻苦钻研业务，努力提高自己的教学科研水平，先后在教育报刊上发表论文若干篇，探讨教学方法的改进。其中某篇论文主张在根据学生的性格特点、学习基础上因人施教，教学工作要有针对性，而不能不顾对象，千人一面，生搬硬套，那样只会把工作搞砸，误人子弟。此文见报后，受到教育界同人的一致好评，被评为教学论文二等奖。张某本人不仅刻苦钻研理论，更重要的是他能把自己的科研成果付诸实践，他利用自己的心得体会，在班上因材施教，对症下药。张某以自己的言传身教在学生中树立了崇高的威信。由于张某在工作中取得了巨大的成绩，2005年他被评为县模范教师，获得县教育局颁发的荣誉证书和奖金500元。2005年年底，县教育局某位领导找到张某，想让他的侄子进入张某任教的毕业班，但由于该领导侄子的成绩较差，张某按照学校的规定婉转地拒绝了该领导的要求。事隔不久，县教育局突然收回张某所获的模范教师称号，收回所得奖金，理由是教学模式老化，学生反映意见挺大，张某不配得模范教师称号。张某得知此事后大为吃惊，立即找县教育局交涉，要求县教育局承认自己的教学科研能力，保护自己辛苦得到的荣誉称号。但县教育局不予理睬。张某所在学校议论纷纷，人们传说张某出了问题，要不怎么会被剥夺"模范教师"称号？张某为此精神恍惚，精神压力很大，以致住院月余，花去医疗费5 000余元。张某向县人民法院提起诉讼，称县教育局非法剥夺自己的荣誉称号，给自己造成了精神损害和经济损失，要求人民法院判令县教育局返还荣誉证书及奖金，并在原有范围内消除影响，并赔偿经济损失和精神抚慰金。

案例思考：
请依据所学相关知识，分析县教育局侵犯张某的什么权利？

【案例分析】
县人民法院经审理认为：张某对工作认真负责，刻苦钻研，勇于探索，在长期的实践中摸索出一套成功的方法，用它来促进教学水平的提高，效果十分显著。这已经被实践所证实。张某所撰写的教育方面的论文,受到广大教师的好评,具有一定的科研价值,对实践有较好的指导作用。他提出的因材施教,有针对性地教育学生的观点,发展了前人的理论,具有很强的操作性和实用性,其已在实践中得到广泛应用、重视,证明是可行的。县教育局所说的"张某撰写的论文哗众取宠,没有实际效果;张某的教学模式老化,学生反映意见挺大"的观点,是站不住脚的。县教育局未经认真调查,只凭领导个人好恶(本案中所提到的领导在剥夺张某荣誉的称号过程中起了决定性作用),未依法定程序便剥夺张某的模范教师荣誉称号及奖金,构成对张某荣誉权的侵害,应当承担侵权的民事责任。判令:县教育局返还张某模范教师的荣誉证书及奖金500元;在原有范围内为张某消除影响,恢复名誉,并赔偿经济损失和精神抚慰金4000元等。

教师依据法律规定享有进行教育教学活动,开展教学改革和实验的权利,这是国家赋予教师职业的特定权利,任何人都无权干涉或阻挠。本案县教育局的某领导打击报复教师张某的行为,侵犯了教师享有的合法权益,县教育局对此应承担相应的法律责任。

推荐阅读

1. 劳凯声. 教育法学 [M]. 沈阳:辽宁大学出版社,2000.
2. 公丕祥. 教育法教程 [M]. 北京:高等教育出版社,2000.
3. 张乐天. 教育法规导读 [M]. 上海:华东师范大学出版社,2000.
4. 褚宏启. 教育法制基础 [M]. 北京:北京师范大学出版社,2002.
5. 人力资源和社会保障部. 教育部《〈关于深化中小学教师职称制度改革的指导意见〉的通知》.

第十章 学生——权益保护

本章重点

◆ 理解学生法律地位的含义
◆ 了解学校与学生的教育法律关系
◆ 理解学生的权利与义务
◆ 知晓未成年学生权益的保护

第一节 学生的法律地位

学生是中小学教育教学活动的重要主体之一。依法保护中小学学生的合法权益是中小学的基本职责。

一、学生法律地位的含义

学生是教育法律关系中的重要主体。学生的受教育活动是学校教育教学的中心，没有学生，学校、教育机构、教师及相关的行政机关就失去了其存在的价值。可以说，学生的法律地位问题及其所享有的权利义务是教育法律领域的重要研究对象。

法律意义上的学生，一般是指在各级各类学校及其他教育机构中登记注册并有其记录学业档案的受教育者。学生作为公民，享有其国家宪法、民法、婚姻法等法律法规及其有关教育法律法规中规定的权利，同时，也要相应承担公民的义务。但学生因其年龄、身份等方面的因素，他们又是社会关系中一个特殊的群体，与此相应的享有特殊的权利和应履行相应的义务。例如，按有关规定获得奖学金、贷学金、助学金，有使用学校教育教学设施仪器，图书资料等方面的权利。从深层次意义上说，学生的法律地位集中表现在受教育权的享有，它是学生具体权利与义务的基础。因此，为了能更深刻地理解学生的法律地位，有必要对学生的受教育权进行概要阐述。

二、学生法律主体地位的演变与确立

（一）受教育权的含义和发展历史

所谓受教育权是指公民接受教育的权利，即公民从国家那里获得均等的受教育条件和机会的权利，也是法律上公民的基本权利之一。最早把受教育权作为权利写进宪法的是1791年的法国大革命时期。资产阶级出于反对封建专制、发展资本主义经济的需要，把受教育权规定在宪法当中。但当时生产力的发展及学校的规模都不足以使每个儿童实现普遍、平等的受教育权利，国家也无力承担普及教育的责任，因而受教育权利在当时是具有个人权利的特点。20世纪初，随着社会经济的发展及无产阶级反剥削、反压迫斗争不断高涨，受教育权与其他权利一起被写进各国的宪法，成为法定的不容剥夺的公民权利。伴随受教育权转化为普遍公民权利，国家要承担相应义务，保证教育的普及和教育机会的均等。第二次世界大战后，民族民主解放运动蓬勃兴起，大批新兴起独立国家的建立，进一步促进受教育权利的发展。发展教育不仅需要个人、社会与国家的共同努力，也需要国际社会的干预、合作与援助才能实现。在此背景下，1989年11月20日，联合国第44届大会一致通过《儿童权利公约》。该公约对儿童的界定是指18周岁以下的任何人。该公约规定了儿童出生后具有姓名权、国籍权、生存权、受教育权、获得发展及参与权、不受剥削

和虐待等各种权利,并规定了保护儿童的基本原则:即儿童最佳利益原则,指任何事情凡是涉及儿童,必须以儿童利益为重;尊重儿童的生存和发展权利,以儿童的健康生存和发展为重;尊重儿童的观点与意见的原则,指任何涉及儿童的事情,应当听取儿童的意见;无歧视原则,即不受种族、肤色、性别、语言、宗教信仰、政治主张等影响。我国政府于1990年8月29日正式签署了这一公约,成为公约第105个签字国。

(二) 我国对受教育权的规定

受教育权是《中华人民共和国宪法》规定的权利,公民享有受教育的权利与义务是指公民在国家提供的各类学校和机构中学习文化科学知识的权利,有在一定条件下依法接受相应形式教育的义务。《中华人民共和国宪法》如此规定公民有受教育的权利和义务,是基于如下因素:公民接受教育是整个科学文化发展的基础;公民接受教育是进行物质文明和精神文明建设的前提条件。要提高科学文化的发展水平、促进科学技术的进步,必须大力发展教育事业,使人人都有受教育的机会。因此,一方面国家有义务创办各种教育机构和文化设施,以保证公民享有受教育的权利;另一方面,公民也有义务通过各种形式的教育,去提高文化和业务水平,以适应国家现代化建设的需要。为了保证公民受教育权利的实现,改变我国教育事业比较落后的状况,《中华人民共和国宪法》总纲中规定:"国家举办各种学校,普及初等义务教育,发展中等教育、职业教育和高等教育。受教育既是公民的权利,又是公民的义务。"为了使《中华人民共和国宪法》规定的各种权利在社会生活中落到实处,在《中华人民共和国教育法》第九条第二款规定:"公民不分种族、性别、职业、财产状况、宗教信仰等,依法享有平等的受教育机会。"第三十七条规定:"受教育者在入学、升学、就业等方面依法享有平等权利。学校和有关行政部门应当按照国家有关规定,保障女子在入学、升学、就业、授予学位、派出留学等方面享有同男子平等的权利。"第三十八条规定:"国家、社会对符合入学条件、家庭经济困难的儿童、少年、青年,提供各种形式的资助。"第三十九条规定:"国家、社会、学校及其他教育机构应当根据残疾人身心特性和需要实施教育,并为其提供帮助和便利。"

此外,还对国家、社会、家庭、学校及其他教育机构应当为有违法犯罪行为的未成年人接受教育创造条件等方面做出了规定,并从企业及个人的可持续发展,以及建立国家终身教育体系方面分别规定了国家机关、企业事业组织和其他社会组织,应当为本单位职工的学习和培训提供条件和便利。国家鼓励学校及其他教育机构、社会组织采取措施,为公民接受终身教育创造条件。在《中华人民共和国义务教育法》中,对保障义务学校的建立和适龄儿童的就学权利等作了法律上的具体规定。

(三) 我国受教育权的内容

我国教育法律法规规定的受教育权的具体内容,大致有以下几个方面。

(1) 受教育者根据身心发展的特点或其他情况选择学校、专业、教育形式。这是受教育权的重要内容。在法律规定的义务教育阶段内,一般来说受教育者及其监护人没有选择的权利。在完成义务教育阶段后的学生,可以享有比较充分的选择权。在学制系统内的基本教育阶段中,幼儿教育是学校教育的预备阶段,未成年人的父母或其他监护人可代为选择进行学习，接受教育。小学和初级中等教育，未成年人必须按照《中华人民共和国义务教育法》规定的义务教育的修业年限、学科进行学习。完成义务教育的公民有选择普通高级中学、职业学校继续学习的权利，有选择进入不同高等学校各个专业进行学习的权利，其父母或监护人可根据学生身心发展的特点、爱好、志向、学习成绩等情况帮助其选择或尊重学生自己的选择。

（2）受教育者在就学和完成规定学业发生困难时，享有获取国家、家庭、社会、学校等方面援助的权利。例如，低收入家庭的子女享有申请贷学金的权利；身体残疾的受教育者享有接受特殊教育的权利等。

（3）受教育者在教育活动中享有法律法规以及学校章程所规定的广泛的权利。

受教育者在有关教育活动中，认为受到不公正的待遇时，享有提出申诉和提起诉讼的权利，也被认为是受教育权的重要方面。

三、学校与学生的法律关系

如上所述，学生是教育法律关系的重要主体。没有学生，也就没有学校。可以说，学校里的主要工作是直接或间接为培养学生成才服务的。但就学校与学生的法律关系而言，一般包括两个方面：一方面是学校与学生存在着的管理与被管理的关系，这是由相关的法律法规所设定的，例如，学校对学生的纪律处分、颁发学历证书、学位证书，制定学校规章制度等；另一方面学校与学生是平等的，即学生从注册时起，就有权享受学校为其提供的教育教学的环境与服务。同时，也应遵守学生的法定义务及学校的管理规章制度，学校有为学生提供良好教育环境，保证教学质量等法定义务，学校与学生之间是平等的。下面我们将从这两个方面来具体阐述学校与学生之间的法律关系。

（一）学校与学生之间的管理关系

这种法律关系一方面是基于学校的宗旨和任务，即贯彻国家的教育方针，执行国家教育教学标准，保证教育教学质量，维护受教育者的合法权益。要实现这一教育目标和教育效果，学校必须享有一定的管理权限，其中包括对学生的各项管理。例如，依据《中华人民共和国教育法》的有关规定，学校有对学生实施教育教学活动的权利；有对受教育者进行学籍管理，实施奖励或者处分的权利；有对受教育者颁发相应的学业证书的权利。

值得指出的是，学校与学生之间的管理关系是与学校法律地位紧密相连的。学校作为事业单位法人，带有强烈的公务法人的性质，它与学生之间的关系也无疑具有行政法律关系性质，因此，学校的办学行为必然要是受到行政监督。例如，学校对学生的纪律处分、退学或不发毕业证学位证等决定。对于这些决定不服，学生完全可以通过行政诉讼等途径解决。实践当中，司法机关也将此纳入行政诉讼范围之内。

除此之外，《中华人民共和国教育法》还特别对学校在女子、残疾人、违法犯罪未成年人的教育方面给予了明确的法律规定，例如对女子的教育，学校和有关行政部门应当依法保证女子享有与男子平等的受教育权利，特别在义务教育阶段，应当不分性别，凡年满六周岁的儿童都有接受义务教育的权利。对残疾人的教育，残疾人作为学生中有特殊困难的群体，《中华人民共和国教育法》《中华人民共和国义务教育法》等法律法规都规定各类特殊教育学校应实施适合残疾人身心特点的教育。例如，实施义务教育的特殊教育学校应当坚持思想教育、文化教育、劳动技能教育和身心补偿相结合；并根据学生残疾状况和程度，实施分类教学，有条件的学校，实施个别教学，并在适当阶段对残疾学生进行劳动技能教育、职业教育和职业指导。实施义务教育的普通学校对招收的残疾儿童、少年应提供其特殊的帮助，包括设立专门辅导室。随班就读的学生的义务教育，可以使用普通教育的课程计划、教学大纲和教材，但对其学习应有适度弹性；对违法犯罪未成年人的教育，学校应重视对违法犯罪未成年人的教育和挽救。对有轻微违法行为尚不够送工读学校的未成年学生，应进行耐心细致的教育工作，要尊重其人格和自尊，不能予以开除处分或勒令退学。工读学校作为实施义务教育的学校之一，也要全面贯彻执行教育方针，在加强对未成年学生的思想政治和管理工作的同时，根据实施义务教育的要求，提高未成年学生的文化科学知识，并强化职业技术教育。

（二）学校与学生之间的平等关系

如上所述，学校管理学生是为了教育，严格管理也是必要的，但学生并非是被"管教"的对象。即学校应使学生在平等、民主的环境、气氛中接受教育。这也是现代教育改革的趋势之一。这种平等关系不仅表现在教育观念、教育行为、教育教学活动中，而且体现在相关的法律法规规定中。例如，学校应树立正确的教育价值观，尊重学生的个性，将学生的个性发展和全面发展结合起来；尊重学生的人格尊严，禁止体罚学生；学生有权要求学校在学业成绩和品行上给予公正评价，并享有在完成规定的学业后获得相应学业证书、学位证书的权利；学生有对学校给予的处分不服而向有关部门申诉的权利，对学校侵犯其人身权、财产权等合法权益，学生有权提出申诉或依法提起诉讼的权利，等等。

我们知道，在教育法律关系中，学生是教育教学活动中最活跃、最广泛的主体，它区别于其他教育法律主体，享有特定的权利，履行特定的义务。长期以来，由于人们包括学校对学生受教育的权利和义务的观念较为淡薄，特别是没有把学生当作公民对待，不清楚学生与公民享有同样的权利，包括：姓名权、身份权、肖像权、名誉权、荣誉权、智力成果权、受教育权、财产权等，对学生的权利尊重和保护不够；甚至有的出现严重后果，学生本人也缺乏相应的受教育的权利和义务的意识，不能很好地行使其在教育方面的权利和履行相应的义务，因此，《中华人民共和国教育法》明确规定了受教育者的权利和义务，充分体现了受教育者与其他教育法律关系主体所具有的法律地位上的平等性。

应该补充的是，就义务教育而言，由于家长是未成年学生的监护人，学校与学生的关系就会涉及学校与家长的相应关系。《中华人民共和国教育法》第三十条第四项明确规定，学校应以适当方式为受教育者及其监护人了解受教育者的学业成绩及其有关情况提供便利，即学校有义务帮助学生的监护人（含学生的家长）了解学生本人的学业成绩、在校表现情况等，学校不能拒绝学生的监护人行使此项请求的知情权。但学校在履行此项义务时，要特别注意不得侵犯受教育者的隐私权、名誉权等合法权益。对学生教育而言，家长和学校是从各自不同的角度，教育、管理、保护学生，其关系应互为补充，达到共同培养好学生的目的。

第二节 学生的权利与义务

在教育法律关系中，学生区别于其他教育主体，享有特定的权利，履行特定的义务。

一、学生的法定权利

学生的权利是指学生在教育活动中享有的由《中华人民共和国教育法》赋予的权利。依学生就读学校的类别和学生年龄的不同，学生的具体权利亦有所差别。《中华人民共和国教育法》第四十三条规定："受教育者享有下列权利：（一）参加教育教学计划安排的各种活动，使用教育教学设施、设备、图书资料；（二）按照国家有关规定获得奖学金、贷学金、助学金；（三）在学业成绩和品行上获得公正评价，完成规定的学业后获得相应的学业证书、学位证书；（四）对学校给予的处分不服向有关部门提出申诉，对学校、教师侵犯其人身权、财产权等合法权益，提出申诉或者依法提起诉讼；（五）法律、法规规定的其他权利。"

（一）参加教育教学计划安排的各种活动，使用教育教学设施、设备、图书资料

这是保障学生学习权利的前提和基础，也是学生学习权利的具体表现。学生有权参加教育教学计划安排的各种活动是指教育机构的教育教学计划对本机构的学生应该是公开的，学生有权按照教学计划的安排，参加相应的活动，例如，本年级本班教师的授课活动，围绕着课堂教学所安排的课外活动等。学生既然有权参加教育教学计划所安排的各种活动，自然享有使用教育教学设施、设备、图书资料的权利，例如，使用教室和课桌椅、实验室、查询和借阅图书资料等。

（二）按照国家有关规定获得奖学金、贷学金或助学金

奖学金和贷学金主要适用于普通高等学校和中等专业学校学生，体现了国家对特殊群体的学生的辅助。助学金主要适用于义务教育阶段学生。《中华人民共和国教育法》第三十八条规定："国家、社会对符合入学条件、家庭困难的儿童、少年、青年，提供各种形式的资助。"

（三）在学业成绩和品行上获得公正评价的权利，完成规定的学业后获得相应的学业证书、学位证书

学业成绩的评价是教育机构对学生在受教育的某一段时期的学习情况和知识结构、知识水平的概括，包括课程考试成绩记录、平时学习情况和总评等。品行评价包括对政治觉悟、道德品质、劳动态度等的评价。学生有权要求获得学业成绩评价和品行评价，而且有权要求评价的公正性。例如，每学期、每学年直至毕业时，在例行表格和总评上，或因正当需要，学生都有权要求学校、所在系、院或教师出示学业成绩和品行评价，并对各种失

真的评价有权通过正当途径要求予以更正的权利。从本质上看，学业证书、学位证书是对学生某一段受教育时期的学业成绩、学术水平和品行的最终评定，学生除思想品德等方面合格外，学完或提前学完教育教学计划规定的全部课程，考试、考核及格或提前学完教育教学计划规定的全部课程，考试、考核及格或修学分，在该教育阶段结束时均有获得相应学业证书的权利。

（四）对学校给予的处分不服向有关部门提出申诉，对学校、教师侵犯其他人身权、财产权等合法权益，提出申诉或者依法提起诉讼

这是公民申诉权和诉讼权在学生身上的具体体现。根据《中华人民共和国民事诉讼法》的规定，学生对学校或者教师侵犯其合法权益所提起的诉讼，可分为以下几种情况：

（1）受教育者对学校侵犯其合法财产权利可提起诉讼。

（2）受教育者对学校侵犯其人身权利可提起诉讼。例如，受教育者对学校在校园管理过程中处理不当而侵害了其名誉权，有权提起诉讼。

（3）受教育者对教师侵犯其人身权利可提起诉讼。值得指出的是，教师对学生的侵权行为，在法律上被认为是一种职务行为，即教师按学校安排从事日常的教学活动，是代表学校从事教学活动的职务行为。因此，教师在履行教育教学职务活动中，发生侵权行为，学校作为侵权的法人主体，因其未尽到管理职责而应对教师的职务行为承担民事责任。

（4）受教育者对学校或教师侵犯其知识产权可提起诉讼。如，教师剽窃学生的著作权、发现权、发明权或其他科技成果权，学校强行将学生的知识产权收归学校等。除诉讼权外，受教育者对学校、学校工作人员、教师侵犯其合法权利时，可向有关申诉机构提起申诉，对学校给予的处分不服，认为所受的处分过重或不该受处分，也可提起申诉。

（五）法律、法规规定的其他权利

这是指《中华人民共和国教育法》以外的其他法律、法规规定的权利。在这里包括《中华人民共和国宪法》《中华人民共和国民法通则》《中华人民共和国未成年人保护法》《中华人民共和国义务教育法》《中华人民共和国教师法》等法律法规，主要包括如下几项权利。

1. 受教育权

受教育权是公民的一项基本权利，《中华人民共和国宪法》第四十六条有关规定："中华人民共和国公民有受教育的权利和义务。"从法律意义上讲，受教育权的内涵很丰富，它既有人身权的特征，也具有财产权的属性。具体表现在受教育选择权、学籍获得权、公平评价权、听课权等方面。

2. 姓名权

公民的姓名权是指公民依法决定、使用和改变自己姓名的权利，是公民作为民事主体不可缺少的一项重要权利。姓名权的内容包括自我命名权、使用权、姓名变更权，以及禁止他人侵犯自己姓名权的权利。公民的姓名权受法律保护，他人不得侵犯，任何滥用、假冒、干涉他人姓名的行为都是违法的。姓名权作为人身权的一种，与权利人的人格、名誉、尊严紧密相关，在侵权人假冒他人姓名进行非法行为时，往往给受害者造成精神上，

财产上的损害。

3. 荣誉权

荣誉是一种正式的积极的社会评价，是社会对民事主体的一种奖励，它是社会组织依据一定的程序，对在某方面有突出表现或贡献的特定民事主体所给予的证明评价。荣誉的内容带有专门性，荣誉授予、撤销、剥夺的形式必须遵循一定的程序，荣誉所包含的利益，既包括物质利益，又包括精神利益。

4. 隐私权

隐私权作为一种民事权利，是人格权的一种。相关法律对隐私权的保护主要有：《中华人民共和国宪法》第四十条规定："中华人民共和国公民的通信自由和通信秘密受法律保护。除因国家安全或者调查刑事犯罪的需要，由公安机关或者检察机关依照法律规定的程序对通信进行检察外，任何组织或者个人不得以任何理由侵犯公民的通信自由和通信秘密。"《中华人民共和国刑法》第二百五十二条规定："隐匿、放弃或非法开拆他人信件，侵犯公民通信自由权利，情节严重的，处一年以下有期徒刑或者拘役。"《中华人民共和国民法通则》虽未直接将隐私权作为一种人格权予以直接保护，但通过对相关司法解释的理解，可以看出在我国隐私权属于公民人格尊严的内容。《中华人民共和国未成年人保护法》第三十九条第一款规定："任何组织和个人不得披露未成年人的个人隐私。"

5. 健康权

健康权是公民人身权的重要内容之一，健康权是绝对权，权利主体外的任何人都负有不得侵害其健康权的法定义务。健康权的内容一般包括健康维护权（包括精神健康权）、健康损害救济请求权、劳动能力权等。其中健康维护权是公民维护自身生命，提高生活质量，实现人生价值的条件和基础。学生作为公民理应主张获得良好的学习、生活环境的维护权，不受到人身和精神上的损害。健康损害救济请求权，是任何人不得侵害他人的健康权，任何人的健康权也不受他人的非法侵害。当权利主体的健康权受到损害时，他就可以要求司法保护，并依法获得相应的赔偿。公民的劳动能力是公民保护自身的肌体完善的基础，与健康程度息息相关，尤其学生正处在发育阶段，对其身心健康的损害，会带来严重的后果。

案例

某校初中班主任吴老师在批改作业时，发现学生高某的作业本中夹了一封写有"××收"的信件，吴老师顺便拆封阅读了此信，这是高某写给一位女同学的求爱信，吴老师看了十分生气，后在班会上宣读了此信，同时对高某提出了批评。次日，高某在家留了一张字条后离家出走，高某的家长找到吴老师理论并要求将高某找回，吴老师解释说："我作为教师，对学生进行教育和管理是我的职责，批评高某是为了教育和爱护他，他是从家中出走的，与我的工作没有关系。"

试分析：

（1）吴老师的哪些做法不正确？试述依据的法规及条款。

（2）吴老师的解释是否正确？为什么？

【案例分析】

（1）吴老师私自拆阅学生高某的信件，并在班上宣读高某信件的行为是不正确的，违反了《中华人民共和国未成年人保护法》第三十九条规定："任何组织和个人不得披露未成年人的个人隐私。对未成年人的信件、日记、电子邮件，任何组织或者个人不得隐匿、毁弃；除因追查犯罪的需要，由公安机关或者人民检察院依法进行检查，或者对无行为能力的未成年人的信件、日记、电子邮件由其父母或者其他监护人代为开拆、查阅外，任何组织或者个人不得开拆、查阅。"

（2）吴老师的解释不正确。因为吴老师有对学生进行教育和管理的职责，但教师对学生的教育和管理必须建立在尊重学生人格、与学生平等相待的基础上。《中华人民共和国教师法》规定，教师要关心、爱护全体学生，尊重学生人格，促进学生在品德、智力、体质等方面全面发展。尊重学生、平等对待学生是教师最基本的职业道德，不能以"教育和爱护学生"为借口而侵犯学生的合法权益。本案例中吴老师的不适当的教育方式对高某的离家出走负有不可推卸的责任。

二、学生的法定义务

学生的法定义务是指学生依照教育法及其他有关法律法规，参加教育活动中必须履行的义务，表现为学生在教育活动中必须做出一定行为或不得做出一定行为。依学生就读学校的类别和学生年龄的不同，学生的具体义务各有差别。《中华人民共和国教育法》第四十四条规定："受教育者应当履行下列义务：（一）遵守法律、法规；（二）遵守学生行为规范，尊敬师长，养成良好的思想品德和行为习惯；（三）努力学习，完成规定的学习任务；（四）遵守所在学校或者其他教育机构的管理制度。"

（一）学生有履行遵守法律、法规的义务

这是对受教育者作为社会公民最基本的规范，也是成为"四有"新人的最起码的要求。遵守法律法规，即包括宪法、法律、行政法规，也包括教育法律法规和有关教育规章。

（二）学生有遵守学生行为规范，尊敬师长，养成良好的思想品德和行为习惯的义务

"学生行为规范"特指教育部发布的《小学生日常行为规范》（修订）、《中学生日常行为规范》（修订）、《高等学校学生行为准则》。这三个规章集中体现了国家对学生在政治、思想、品德方面的基本要求。

（三）学生有努力学习，完成规定的学习任务的义务

学生进入学校就意味着承担了接受教育的义务。对义务教育阶段的学生来说，这种义务是强制性的；对非义务教育阶段的学生来说，这是依自愿入学在享受教育权利同时应承担的义务。它同时也是学生获得学业证书权利的前提。任何一个教育阶段的学习任务都包括两种：一种是结果性的，即某一教育阶段教学计划规定的受教育者在该教育阶段结束时所应完成的学习任务；一种是过程性的，是受教育者为完成某一教育阶段总的学习任务而

要完成的日常的、大量的、具体的学习任务,是量的积累。这两种性质的学习任务是相辅相成的,受教育者应按时完成。

(四)学生有遵守其所在学校或者其他教育机构的管理制度的规定的义务

此义务主要包括以下几方面:①遵守其所在教育机构的思想政治教育管理制度。②遵守其所在教育机构的教学管理制度。③遵守其所在教育机构的学籍管理制度。包括入学注册,成绩考核,对升级、留级、转学、复学、休学、退学的处理,考勤记录,纪律教育,奖励处分,以及对学生毕业资格的审查等管理规定。④遵守其所在教育机构的体育管理、卫生管理、图书仪器管理、校园管理等方面的制度。

第三节 未成年学生权益的保护

依据《中华人民共和国未成年人保护法》的规定,未满18周岁的公民都是未成年人。保护未成年人的合法权益,是一项庞大而又复杂的社会系统工程。从保护的主体上看,既包括国家机关、各级政府部门,又包括学校、家庭、各社会团体、企业事业单位以及公民。在这里,学校、家庭、社会是保护未成年人的重要主体。

从我国现有法律保护宗旨上看,依据《中华人民共和国宪法》第四十六条规定:"国家培养青年、少年、儿童在品德、智力、体质等方面全面发展。"《中华人民共和国未成年人保护法》第一条开宗明义地规定:"为了保护未成年人的身心健康,保障未成年人的合法权益,促进未成年人在品德、智力、体质等方面全面发展,把他们培养成为有理想、有道德、有文化、有纪律的社会主义事业接班人,根据宪法,制定本法。"由此可见,对未成年人的法律保护,已形成以宪法为源,辅以《中华人民共和国未成年人保护法》等专项法律的保护体系。从未成年人的保护原则上看,主要体现以下几项:一是适合未成年人身心发展原则;二是公平地对待每一位未成年人,而不论其出身、性别、民族、信仰、财产状况、身体状况等;三是全面保护原则,不仅学校负有保护的职责,家庭、社会,以及未成年人等都负有保护的职责,且保护的内容应是完备的、全面的。

从对未成年人保护的主要内容上看,包括:生命健康权;姓名权、肖像权、国籍权;名誉权、荣誉权和智力成果权;受教育权;抚养权和继承遗产权;身心健康发展权;援救权;司法保护权等。

下面我们就国家保护、家庭保护、学校保护、社会保护及司法保护分别作简要介绍。

一、国家保护

从国家层面来看,1991年9月4日第七届全国人民代表大会常务委员会第21次会议通过,1991年9月4日中华人民共和国主席令第50号公布。2006年12月29日第十届全国人民代表大会常务委员会第25次会议第1次修订通过,2006年12月29日中华人民共和国主席令第60号公布。根据2012年10月26日第十一届全国人民代表大会常务委员会第29次会议通过，2012年10月26日中华人民共和国主席令第65号公布，自2013年1月1日起施行的《全国人民代表大会常务委员会关于修改〈中华人民共和国未成年人保护法〉的决定》第2次修正。《中华人民共和国未成年人保护法》在总则中提出。

第一条 为了保护未成年人的身心健康，保障未成年人的合法权益，促进未成年人在品德、智力、体质等方面全面发展，培养有理想、有道德、有文化、有纪律的社会主义建设者和接班人，根据宪法，制定本法。

第二条 本法所称未成年人是指未满十八周岁的公民。

第三条 未成年人享有生存权、发展权、受保护权、参与权等权利，国家根据未成年人身心发展特点给予特殊、优先保护，保障未成年人的合法权益不受侵犯。

未成年人享有受教育权，国家、社会、学校和家庭尊重和保障未成年人的受教育权。

未成年人不分性别、民族、种族、家庭财产状况、宗教信仰等，依法平等地享有权利。

第四条 国家、社会、学校和家庭对未成年人进行理想教育、道德教育、文化教育、纪律和法制教育，进行爱国主义、集体主义和社会主义的教育，提倡爱祖国、爱人民、爱劳动、爱科学、爱社会主义的公德，反对资本主义的、封建主义的和其他的腐朽思想的侵蚀。

第五条 保护未成年人的工作，应当遵循下列原则：

（一）尊重未成年人的人格尊严；

（二）适应未成年人身心发展的规律和特点；

（三）教育与保护相结合。

第六条 保护未成年人，是国家机关、武装力量、政党、社会团体、企业事业组织、城乡基层群众性自治组织、未成年人的监护人和其他成年公民的共同责任。

对侵犯未成年人合法权益的行为，任何组织和个人都有权予以劝阻、制止或者向有关部门提出检举或者控告。

第七条 中央和地方各级国家机关应当在各自的职责范围内做好未成年人保护工作。

国务院和地方各级人民政府领导有关部门做好未成年人保护工作；将未成年人保护工作纳入国民经济和社会发展规划以及年度计划，相关经费纳入本级政府预算。

国务院和省、自治区、直辖市人民政府采取组织措施，协调有关部门做好未成年人保护工作。

第八条 共产主义青年团、妇女联合会、工会、青年联合会、学生联合会、少年先锋队以及其他有关社会团体，协助各级人民政府做好未成年人保护工作，维护未成年人的合法权益。

二、家庭保护

家庭是人生第一所学校，父母是孩子第一任教师，父母的思想、观点、道德文化素质、兴趣爱好，能力以及个性，都对孩子产生深远的影响。家庭在对未成年人的保护方面，有着不可替代的作用。这也正是法律之所以规定对未成年人的家庭保护的目的所在。

未成年人的家庭保护，从法律意义上来说，是基于血缘关系而产生的亲权的一种法定职责。其宗旨是对无民事行为能力人和限制民事行为能力人的人身、财产及其他一切合法权益依法实行的监督和保护。从《中华人民共和国民法通则》中规定的未成年人的监护人责任来看，有以下几项：①保护被监护人的人身、财产及其他合法权益；②管理被监护人的财产；③代理被监护人参加各类民事活动；④教育和照顾被监护人；⑤在被监护人的权利受到侵害或发生争议时，代理其进行诉讼。

从《中华人民共和国婚姻法》关于家庭保护规定来看，第十五条和第十七条明确规定："父母对子女有抚养教育的义务""父母不履行抚养义务时，未成年的或不能独立生活的子女，有要求父母付给抚养费的权利""父母有管教和保护未成年子女的权利和义务。在未成年子女对国家、集体或他人造成损害时，父母有赔偿经济损失的义务"。

《中华人民共和国未成年人保护法》进一步明确规定了父母或者监护人应当依法履行对未成年人的监护职责和抚养义务，包括父母或者其他监护人应当尊重未成年人接受教育的权利，不得使在校接受义务教育的未成年人辍学；父母或者其他监护人应当以健康的思想、品行和适当的方法教育未成年人，引导未成年人进行有利于身心健康的活动，预防和制止未成年人吸烟、酗酒、流浪以及聚赌、吸毒、卖淫；父母或者其他监护人不得允许或者迫使未成年人结婚，不得为未成年人订立婚约；父母或者其他监护人应当依法履行对未成年人的监护职责和抚养义务，不得虐待、遗弃未成年人、不得歧视女性未成年人或者有残疾的未成年人；父母或者其他监护人不履行监护职责或者侵害被监护人的未成年人的合法权益的，应当依法承担责任。

《中华人民共和国预防未成年人犯罪法》对监护人的职责也作了较为详细的规定，包括：未成年人的父母或者其他监护人应当教育未成年人不得有旷课、不归宿，携带管制刀具，打架斗殴、辱骂他人的行为；不得有强行向他人索要财物，偷盗，故意毁坏财物，参与赌博或者变相赌博，观看、收听色情、淫秽的音像制品、读物等不良行为；未成年人的父母或者其他监护人不得让不满16周岁的未成年人脱离监护单独居住，未成年人擅自外出夜不归宿，其父母或者其他监护人应当及时查找，或者向公安机关请求帮助。

三、学校保护

学校是未成年人的重要学习场所，在我国法律中对此有许多具体规定。例如，《中华人民共和国未成年人保护法》设专章全面规定了学校的保护职责，其中包括：在育人宗旨上，学校应当全面贯彻国家的教育方针，对未成年学生进行德育、智育、体育、美育、劳动教育以及社会生活指导和青春期教育。在教育观念上，学校应当关心、爱护全体学生；对品行有缺点、学习有困难的学生，应当耐心教育、帮助、不得歧视；学校应当尊重未成年学生的受教育权，不得随意开除未成年学生。在教育方法上，学校、幼儿园的教职员应当尊重未成年人的人格尊严，不得对未成年学生和儿童实施体罚、变相体罚或者其他侮辱人格尊严的行为。在安全保护上，学校不得使未成年学生在危急人身安全、健康的校舍和其他教育教学设施中活动，学校和幼儿园安排未成年学生和儿童参加集会、文化娱乐、社会实践等集体活动，应当有利于未成年人的健康成长，防止发生人身安全事故。任何人不得在中小学、幼儿园、托儿所的教室、寝室、活动室和其他未成年人集中活动的室内吸烟，以及任何组织和个人不得扰乱教学秩序，不得侵占、破坏学校的场地、房屋和设备，等等。

应该说，学校的保护责任是基于学校履行国家赋予的教育教学权，培养德、智、体等方面全面发展的接班人和建设者这一性质，其保护的范围限于实施教育教学活动中，使学生获得全面发展，保障学生的人身安全与身心健康，尊重学生的人格，公平对待每一位学生等。

四、社会保护

国家制定法律规定对未成年人进行社会保护，其目的是防止社会生活中存在的不良因素会侵犯到未成年人的身心健康及合法权益，由于未成年人自身的生理、心理特点，使他们易于模仿社会环境中事物，并去学习、接受其一定的行为方式和习惯。因此，创造良好的社会环境，对未成年人的身心发展和健康成长是极为有利的。

《中华人民共和国未成年人保护法》中设专章对社会保护作了具体规定。从保护主体上看，包括国家机关、学校、社会团体、企业事业组织和公民个人等方面对未成年人的保护的职责，其内容涵盖了与未成年人的权利相关的方方面面。具体包括：国家鼓励社会团体、企业事业组织和其他组织及公民，开展多种形式的有利于未成年人健康成长的社会活动。各级人民政府应当创造条件，建立和改善适合未成年人文化生活需要的活动场所和设施。博物馆、纪念馆、科技馆、文化馆、影剧院、体育场（馆）、动物园、公园等场所，应当对中小学生优惠开放。对营业性舞厅等不适宜未成年人活动的场所，有关主管部门和经营者应当采取措施，不得允许未成年人进入。国家鼓励新闻、出版、广播、电影、电视、文艺等单位和作家、科学家、艺术家及其他公民，创造或者提供有益于未成年人健康成长的作品，出版专门以未成年人为对象的图书、报刊、音像制品。儿童食品、玩具、用具和游乐设施，不得有害于儿童的安全和健康。任何人不得在中小学、幼儿园、托儿所的教室、寝室、活动室和其他未成年人集中活动的室内吸烟。任何组织和个人不得招用未满16周岁的未成年人，国家另有规定的除外。任何组织和个人依照国家有关规定招收已满16周岁未满18周岁的未成年人的，应当在工种、劳动时间、劳动强度和保护措施等方面执行国家有关规定，不得安排从事过重、有毒、有害的劳动或者危险作业。任何组织和个人不得披露未成年人的隐私。对未成年人的信件，任何组织和个人不得隐匿、毁弃；除因追查犯罪的需要由公安或者人民检察院依照法律规定的程序进行检查，或者对无行为能力的未成年人的信件由其父母或者其监护人代为开拆外，任何组织或者个人不得开拆。卫生部门和学校应当为未成年人提供必要的卫生保健条件，做好预防疾病工作。地方各级人民政府应当积极发展托幼事业，努力办好托儿所、幼儿园，鼓励和支持国家机关、社会团体、企业事业组织和其他社会力量兴办哺乳室、托儿所、幼儿园，提倡和支持举办家庭托儿所。卫生部门应当对儿童实行预防接种制度，积极防治儿童常见病、多发病，加强对托儿所、幼儿园卫生保健业务指导。各级人民政府和有关部门应当采取多种形式，培养和训练幼儿园、托儿所的保教人员，加强对他们的政治思想和业务教育。国家依法保护未成年人的智力成果和荣誉权不受侵犯等。

另外，对有特殊天赋或者有突出成就的未成年人，国家、社会、家庭和学校应当为他们的健康发展创造有利条件。未成年人已经接受完规定年限的义务教育不再升学的，政府有关部门和社会团体、企业事业组织应当根据实际情况，对他们进行职业技术培训，为他们创造劳动就业条件，等等。

五、司法保护

司法保护是指人民检察院、法院、公安机关以及司法行政部门等国家专政机构通过依照法律履行职责，对未成年人所实施的一种专门保护措施。

《中华人民共和国未成年人保护法》中有关司法保护的具体内容，有10个方面的规定：

（1）公安机关、人民检察院、人民法院以及司法行政部门，应当依法履行职责，在司法活动中保护未成年人的合法权益。

（2）未成年人的合法权益受到侵害，依法向人民法院提起诉讼的，人民法院应当依法及时审理，并适应未成年人生理、心理特点和健康成长的需要，保障未成年人的合法权益。在司法活动中对需要法律援助或者司法救助的未成年人，法律援助机构或者人民法院应当给予帮助，依法为其提供法律援助或者司法救助。

（3）人民法院审理继承案件，应当依法保护未成年人的继承权和受遗赠权。人民法院审理离婚案件，涉及未成年子女抚养问题的，应当听取有表达意愿能力的未成年子女的意见，根据保障子女权益的原则和双方具体情况依法处理。

（4）父母或者其他监护人不履行监护职责或者侵害被监护的未成年人的合法权益，经教育不改的，人民法院可以根据有关人员或者有关单位的申请，撤销其监护人的资格，依法另行指定监护人。被撤销监护资格的父母应当依法继续负担抚养费用。

（5）对违法犯罪的未成年人，实行教育、感化、挽救的方针，坚持教育为主、惩罚为辅的原则。对违法犯罪的未成年人，应当依法从轻、减轻或者免除处罚。

（6）公安机关、人民检察院、人民法院办理未成年人犯罪案件和涉及未成年人权益保护案件，应当照顾未成年人身心发展特点，尊重他们的人格尊严，保障他们的合法权益，并根据需要设立专门机构或者指定专人办理。

（7）公安机关、人民检察院讯问未成年犯罪嫌疑人，询问未成年证人、被害人，应当通知监护人到场。公安机关、人民检察院、人民法院办理未成年人遭受性侵害的刑事案件，应当保护被害人的名誉。

（8）对羁押、服刑的未成年人，应当与成年人分别关押。羁押、服刑的未成年人没有完成义务教育的，应当对其进行义务教育。解除羁押、服刑期满的未成年人的复学、升学、就业不受歧视。

（9）对未成年人犯罪案件，新闻报道、影视节目、公开出版物、网络等不得披露该未成年人的姓名、住所、照片、图像以及可能推断出该未成年人的资料。

（10）对未成年人严重不良行为的矫治与犯罪行为的预防，依照预防未成年人犯罪法的规定执行。

案例

2009年11月6日10时20分，呼和浩特铁路一中高二225班的数学课上，一名男生的手机响了，班主任王老师径直走向该男生，将他的手机没收，并在课堂上将手机里的短信内容读出："中午放学一起走不？"接着，王老师又将该男生手机中的另一条短信的部分内容当众读出。随后，王老师叫起了女生席嘉欣，对她近期的学习状态进行了点评。当天上午第四节体育课，席嘉欣没有去上，一直在哭……此后直到跳楼事件发生，她再没去学校上课。11月9日6时许，席嘉欣割腕后从其所住的宿舍六楼跳下身亡……

席嘉欣生活在一个低保家庭，5岁时父母离异后，她和父亲、奶奶一起生活。出事前的11月8日晚，席嘉欣的同学给她送了生日礼物和蛋糕，她很高兴，在蜡烛前默默许了愿，然后和奶奶、爸爸一起分吃了蛋糕。临睡前，还送给奶奶一个玩具熊。

"11月9日4时45分，欣欣起床了，我说还早，她就又睡下。我每天都看着欣欣上学，可是那天却没有起来。起床后我发现欣欣的书包还在沙发上，感觉不对劲，我就赶紧给她的班主任打电话，班主任说没去上学。等我出门，公安人员已经来了，通知我孙女已经跳楼了……"回想起当时的情形，她的奶奶痛不欲生。

在死亡现场，席嘉欣的身旁有一本书《巴黎没有摩天轮》，上面沾满了血渍。事发后，她的奶奶找到了她分别写给奶奶、姑姑及同班4名同学3份遗书。……在堆满书的写字台上另一本彩色信纸上，还有她留下的一段遗言，这些话是写给王老师的："王老师，您为什么偏要这么做，我恨您。一个人的心理承受能力是有限的。您对我有偏见，我知道，可也不至于这样吧，别人的隐私权您无权干涉……""王老师，我恨您，老师为什么逼我，都结束了"。

这些话让家人震惊不已。他们从席嘉欣的好友处了解到王老师在课上读短信的情况，她的奶奶说，在课上给别人发短信肯定不对，但老师这样的做法十分不妥。孙女的自尊心很强，当着全班同学的面受到这样的打击，肯定难以承受。老师的话给她造成了极大的心理压力，使孩子最终走上绝路，校方应对此事负主要责任。

但对在课上念出短信内容一事，班主任王老师却不承认："我只提到了短信内容里的几个字，并没有当众念出短信内容，也没有提到任何名字。自杀的女生这次月考成绩排在班级第五名，她曾找过我希望调座位，我当时就答应了她。每次她上讲台做题，只要是答对了，我都当着全班学生的面表扬她。其实，我在她身上倾注了很多关爱……"

试分析：

（1）当事人违反了什么法律？

(2) 当事人和学校各应当承担什么责任？
(3) 本案对我们有哪些启示？

【案例分析】

本案是一起因教师课上没收学生手机、当众读短信而导致的学生自杀事件，当事人班主任王老师违反了《中华人民共和国宪法》《中华人民共和国教师法》《中华人民共和国未成年人保护法》《中华人民共和国民法通则》的有关规定，侵犯了学生的隐私权和人格权。

《中华人民共和国宪法》第三十八条、第四十条分别规定："中华人民共和国公民的人格尊严不受侵犯。""中华人民共和国公民的通信自由和通信秘密受法律的保护。除因国家安全或者追查刑事犯罪的需要，由公安机关或者检察机关依照法律规定的程序对通信进行检查外，任何组织或者个人不得以任何理由侵犯公民的通信自由和通信秘密。"

《中华人民共和国教师法》第八条第四项规定，教师应当履行"关心、爱护全体学生，尊重学生人格，促进学生在品德、智力、体质等方面全面发展"的义务。

《中华人民共和国未成年人保护法》第二十一条、第三十九条分别规定："学校、幼儿园、托儿所的教职员工应当尊重未成年人的人格尊严，不得对未成年人实施体罚、变相体罚或者其他侮辱人格尊严的行为。""任何组织或者个人不得披露未成年人的个人隐私。对未成年人的信件、日记、电子邮件，任何组织或者个人不得隐匿、毁弃；除因追查犯罪的需要，由公安机关或者人民检察院依法进行检查，或者对无行为能力的未成年人的信件、日记、电子邮件由其父母或者其他监护人代为开拆、查阅外，任何组织或者个人不得开拆、查阅。"

《中华人民共和国民法通则》第一百零一条规定："公民、法人享有名誉权，公民的人格尊严受法律保护，禁止用侮辱、诽谤等方式损害公民、法人的名誉。"

本案中，王老师面对违纪的学生，采取简单粗暴的方式，当堂没收学生手机，查看并当众读出其中的部分内容，属于变相体罚行为，侵犯了学生的隐私权和人格权，课后也未能及时与学生交流；席嘉欣因此未来上学后，也未能及时与家长取得联系，未能很好地履行教师应尽的义务。王老师的上述行为对席嘉欣造成了极大的心理伤害，是其自杀的直接导火索，应承担相应的行政责任，可给予适当的行政处分或免去其班主任职务等。

《中华人民共和国教育法》第八十三条规定："违反本法规定，侵犯教师、受教育者、学校或者其他教育机构的合法权益，造成损失、损害的，应当依法承担民事责任。"

《中华人民共和国民法通则》第一百一十九条规定："侵害公民身体造成伤害的，应当赔偿医疗费、因误工减少的收入、残废者生活补助费等费用；造成死亡的，并应当支付丧葬费、死者生前扶养的人必要的生活费等费用。"因王老师的行为为职务行为，故应由其所在的学校作为侵权的法人主体承担相应的民事赔偿责任，而后，学校可根据王老师的过错和经济状况，在学校内部责令其承担部分民事赔偿责任。

启示：

（1）对青春期学生早恋或感情萌动问题，学校、教师和家长应及时了解学生在这个特殊时期的生理、心理特点，并加以正确引导，应关心爱护每一个学生，不得侵犯学生的人格和隐私。

（2）教师应认真履行自身的职责，关心爱护学生，尊重学生的人格，及时发现学生的思想波动，加强与学生及其家庭的沟通，解除其不良心理隐患，杜绝变相体罚行为。

（3）学校应加强对教师的师德教育和行为规范，增强他们的法制意识，使其在履行教育职责的同时，要尊重学生的隐私权和人格权，及时发现并纠正教师的错误做法和过激行为。

（4）学生应加强自我约束，遵守校规，努力学习，遵守课堂纪律，尊重教师；并应加强自我保护，学会正确运用法律手段维护自身的合法权益，及时与教师交流和沟通，提出合理化建议和批评意见；应正确处理青春期感情萌动和与异性交往问题，不断提高自心理素质和意志品质，珍惜生命。

本章小结

本章主要讨论了学生教育管理与权益保护的一些主要问题。学生作为公民，享有《中华人民共和国宪法》与法律赋予的受教育权利。学生在教育活动中享有法律法规以及学校章程所规定的广泛的权利。同时，学校对学生有一定的管理权限，学校的管理行为应受到行政监督。学生享有法定的权利，也应履行特定的义务。未成年学生的保护既是家长的重要职责，同时，包括国家机关、学校、社会团体、企业事业组织和公民个人等都对未成年人有保护的职责，其内容涵盖了与未成年人的权利相关的方方面面。

思考题

1. 如何理解学生的法律地位？
2. 我国教育法律法规规定的受教育权有哪几个方面？
3. 学生的基本权利有哪些方面？
4. 学生有哪些法定的义务？
5. 未成年学生权益的保护有哪些？

案例研究

案例1

一天，上课铃响过后，邵校长和往常一样，在教学大楼内巡视，当他走到一楼时，看见一个初一的男同学低着头、默不作声地站在教室门口。"不去上课，怎么站在外边？""不，是李老师让我出来的。""为什么？""因为我没完成作业。"邵校长把这个学生带到教导处，先是对其不完成作业的行为进行了批评，随后又让他补上未完成的作业。

下课了，李老师来见邵校长，谈起没让学生进教室上课这件事，邵校长说："不准随便停学生的课，这是学校的规章制度，你怎么忘了？"李老师笑了："校长，你讲得很对，我也知道不该这么做，但个别学生上课爱讲话，不按时完成作业，如果不吓唬一下不行，所以我就在班上宣布了这条纪律,谁违反了谁出去,再说……""再说什么?""这个学生是我亲戚的孩子,一来可用他教育其他学生,二来落下的功课我可以给他补上。"校长听后,思索了一会儿说:"你这种做法,听起来似乎有理,实际上是错误的。不管哪个学生,老师都无权停他的课。对学生的管理教育决不能采取与学校规定相违背的做法,再说,这种做法也达不到教育的目的。这个学生,你还是先把他安排到班里去。"

案例思考:

李老师和邵校长谁做得对?请依法分析上述案例的侵权性质,对此我们应做哪些思考?

【**案例分析**】

李老师因男学生上课讲话、不按时完成作业而将其撵出教室是属于侮辱学生人格和侵犯学生受教育权的行为。《中华人民共和国教师法》第八条第四项中规定:教师应当"关心、爱护全体学生,尊重学生人格,促进学生在品德、智力、体质等方面全面发展"。将学生撵出教室是不尊重学生人格的表现。《中华人民共和国教育法》第四十三条中规定,受教育者享有"参加教育教学计划安排的各种活动,使用教育教学设施、设备、图书资料"的权利,尽管学生上课讲话,在履行学生的义务方面做得不够,但作为教师应当采取积极的教育措施,而不是采取法律所禁止的行为侵害学生的权益。邵校长的做法很好,既保证了学生的学习权益,又对学生做出了适当的教育和纠正了李老师的违法行为。

案例 2

去年暑假,北京某中学王雪的母亲邱女士发现女儿近来电话比较频繁,还有个男孩常在她家楼下徘徊,便找到女儿的班主任苏某反映情况,没想到这却将女儿带入了痛苦的深渊。

当班主任苏某发现王雪与班里的一名男生关系比较密切后,便在课堂上、教研室里多次翻看王雪的书包、日记以及给其他同学的信件,还不许同学和她说话。原本性格活泼的王雪顿时成了"孤家寡人",同学们远离她,不敢和她说话。王雪在日记里写道:"苏老师经常侮辱我,逼我转学。我一想起这些就害怕,夜里常做噩梦……"由于无法承受完全被孤立的痛苦,王雪于去年10月4日离家出走。4天后,当邱女士接到女儿电话,在南京找到她时,王雪哭着请求妈妈搬出北京。而在王雪出走后,学校和班主任却对此事漠不关心。

回家以后,王雪的心情一直很压抑,后来被诊断患上了忧郁症。邱女士特为女儿联系了一所新学校,但因原校提供的学籍卡被涂改过,转学手续迟迟没有办妥。对此,邱女士一家人认为这是学校在故意刁难他们,间接剥夺了王雪的受教育权。为此,去年12月1日,王雪将班主任苏某和学校告上了法庭,诉讼的请求很简单,只要求老师的一声道歉。

案例思考:

(1) 本案中所涉及的法律关系主体有哪些?

(2) 当事人违反了什么法律?应当承担什么责任?

(3) 本案对我们有哪些启示?

【案例分析】

(1) 本案所涉及的法律关系主体有：学生王雪、她的母亲邱女士、班主任苏某和学校。

(2) 本案是一起侵犯未成年学生隐私权案。①根据《中华人民共和国教育法》《中华人民共和国教师法》和《中华人民共和国未成年人保护法》的有关规定，教师应当"关心、爱护全体学生，尊重学生人格""任何组织或者个人不得披露未成年人的个人隐私。对未成年人的信件、日记、电子邮件，任何组织或者个人不得隐匿、毁弃；除因追查犯罪的需要，由公安机关或者人民检察院依法进行检查，或者对无行为能力的未成年人的信件、日记、电子邮件由其父母或者其他监护人代为开拆、查阅外，任何组织或者个人不得开拆、查阅。"而教师苏某却采取了翻看王雪书包、日记，并让其他同学疏远王雪等歧视性行为，未能尽到教师应尽的义务，严重侵害了王雪的人格尊严，侵犯了王雪的隐私权。②苏某的上述行为和王雪的离家出走、精神抑郁的事实之间有因果关系，造成了一定的损害，应承担相应的行政和民事法律责任，应向王雪作口头赔礼道歉，并给予一定的精神抚慰金。③学校应对苏某进行批评教育，并责成其向王雪作口头赔礼道歉和给予一定的精神补偿。

(3) 本案对我们的启示有：①对青春期学生早恋或感情萌动问题，学校、教师和家长应及时了解学生在这个特殊时期的生理、心理特点，并加以正确引导，应关心爱护每一个学生，不得侵犯学生的人格和隐私。②学校应加强对教师的师德教育和行为规范，增强他们的法制意识，使其在履行教育职责的同时要尊重学生的隐私权，要有对学生人权的保护意识，及时发现并纠正教师的错误做法和过激行为。③学生应正确处理青春期感情萌动和与异性交往问题，加强自我约束，遵守校规，努力学习，认真完成规定的学习任务。与此同时，还应不断提高自身的心理素质，加强自我保护，学会正确运用法律手段维护自身的合法权益。

推荐阅读

1. 劳凯声，郑新蓉，等. 规矩方圆——教育管理与法律 [M]. 北京：中国铁道出版社，1997.

2. 谢志东. 教育法规讲读 [M]. 北京：北京大学出版社，1999.

3. 郭文舒. 教育政策法规 [M]. 沈阳：辽宁民族出版社，2003.

4. 劳凯声. 变革社会中的教育权与受教育权：教育法学基本问题研究 [M]. 北京：教育科学出版社，2003.

5. 李晓燕. 我国教师的权利和义务及其实现保障机制研究 [M]. 广州：广东教育出版社，2001.

附 录

附录一：《中华人民共和国教育法》

（1995年颁布，2009年第一次修正，2015年第二次修正）

《中华人民共和国教育法》（1995年3月18日第八届全国人民代表大会第三次会议通过；根据2009年8月27日第十一届全国人民代表大会常务委员会第十次会议《关于修改部分法律的决定》第一次修正；根据2015年12月27日第十二届全国人民代表大会常务委员会第十八次会议《关于修改〈中华人民共和国教育法〉的决定》第二次修正，2015年12月27日中华人民共和国主席令第三十九号发布，自2016年6月1日起施行）

第一章 总 则

第一条 为了发展教育事业，提高全民族的素质，促进社会主义物质文明和精神文明建设，根据宪法，制定本法。

第二条 在中华人民共和国境内的各级各类教育，适用本法。

第三条 国家坚持以马克思列宁主义、毛泽东思想和建设有中国特色社会主义理论为指导，遵循宪法确定的基本原则，发展社会主义的教育事业。

第四条 教育是社会主义现代化建设的基础，国家保障教育事业优先发展。

全社会应当关心和支持教育事业的发展。

全社会应当尊重教师。

第五条 教育必须为社会主义现代化建设服务、为人民服务，必须与生产劳动和社会实践相结合，培养德、智、体、美等方面全面发展的社会主义建设者和接班人。

第六条 教育应当坚持立德树人，对受教育者加强社会主义核心价值观教育，增强受教育者的社会责任感、创新精神和实践能力。

国家在受教育者中进行爱国主义、集体主义、中国特色社会主义的教育，进行理想、道德、纪律、法治、国防和民族团结的教育。

第七条 教育应当继承和弘扬中华民族优秀的历史文化传统，吸收人类文明发展的一切优秀成果。

第八条 教育活动必须符合国家和社会公共利益。

国家实行教育与宗教相分离。任何组织和个人不得利用宗教进行妨碍国家教育制度的活动。

第九条 中华人民共和国公民有受教育的权利和义务。

公民不分民族、种族、性别、职业、财产状况、宗教信仰等，依法享有平等的受教育机会。

第十条 国家根据各少数民族的特点和需要，帮助各少数民族地区发展教育事业。

国家扶持边远贫困地区发展教育事业。

国家扶持和发展残疾人教育事业。

第十一条 国家适应社会主义市场经济发展和社会进步的需要,推进教育改革,推动各级各类教育协调发展、衔接融通,完善现代国民教育体系,健全终身教育体系,提高教育现代化水平。

国家采取措施促进教育公平,推动教育均衡发展。

国家支持、鼓励和组织教育科学研究,推广教育科学研究成果,促进教育质量提高。

第十二条 国家通用语言文字为学校及其他教育机构的基本教育教学语言文字,学校及其他教育机构应当使用国家通用语言文字进行教育教学。

民族自治地方以少数民族学生为主的学校及其他教育机构,从实际出发,使用国家通用语言文字和本民族或者当地民族通用的语言文字实施双语教育。

国家采取措施,为少数民族学生为主的学校及其他教育机构实施双语教育提供条件和支持。

第十三条 国家对发展教育事业做出突出贡献的组织和个人,给予奖励。

第十四条 国务院和地方各级人民政府根据分级管理、分工负责的原则,领导和管理教育工作。

中等及中等以下教育在国务院领导下,由地方人民政府管理。

高等教育由国务院和省、自治区、直辖市人民政府管理。

第十五条 国务院教育行政部门主管全国教育工作,统筹规划、协调管理全国的教育事业。

县级以上地方各级人民政府教育行政部门主管本行政区域内的教育工作。

县级以上各级人民政府其他有关部门在各自的职责范围内,负责有关的教育工作。

第十六条 国务院和县级以上地方各级人民政府应当向本级人民代表大会或者其常务委员会报告教育工作和教育经费预算、决算情况,接受监督。

第二章 教育基本制度

第十七条 国家实行学前教育、初等教育、中等教育、高等教育的学校教育制度。

国家建立科学的学制系统。学制系统内的学校和其他教育机构的设置、教育形式、修业年限、招生对象、培养目标等,由国务院或者由国务院授权教育行政部门规定。

第十八条 国家制定学前教育标准,加快普及学前教育,构建覆盖城乡,特别是农村的学前教育公共服务体系。

各级人民政府应当采取措施,为适龄儿童接受学前教育提供条件和支持。

第十九条 国家实行九年制义务教育制度。

各级人民政府采取各种措施保障适龄儿童、少年就学。

适龄儿童、少年的父母或者其他监护人以及有关社会组织和个人有义务使适龄儿童、少年接受并完成规定年限的义务教育。

第二十条 国家实行职业教育制度和继续教育制度。

各级人民政府、有关行政部门和行业组织以及企业事业组织应当采取措施,发展并保障公民接受职业学校教育或者各种形式的职业培训。

国家鼓励发展多种形式的继续教育,使公民接受适当形式的政治、经济、文化、科学、技术、业务等方面的教育,促进不同类型学习成果的互认和衔接,推动全民终身学习。

第二十一条 国家实行国家教育考试制度。

国家教育考试由国务院教育行政部门确定种类,并由国家批准的实施教育考试的机构承办。

第二十二条 国家实行学业证书制度。

经国家批准设立或者认可的学校及其他教育机构按照国家有关规定,颁发学历证书或者其他学业证书。

第二十三条 国家实行学位制度。

学位授予单位依法对达到一定学术水平或者专业技术水平的人员授予相应的学位,颁发学位证书。

第二十四条 各级人民政府、基层群众性自治组织和企业事业组织应当采取各种措施,开展扫除文盲的教育工作。

按照国家规定具有接受扫除文盲教育能力的公民,应当接受扫除文盲的教育。

第二十五条 国家实行教育督导制度和学校及其他教育机构教育评估制度。

第三章　学校及其他教育机构

第二十六条 国家制定教育发展规划,并举办学校及其他教育机构。

国家鼓励企业事业组织、社会团体、其他社会组织及公民个人依法举办学校及其他教育机构。

国家举办学校及其他教育机构,应当坚持勤俭节约的原则。

以财政性经费、捐赠资产举办或者参与举办的学校及其他教育机构不得设立为营利性组织。

第二十七条 设立学校及其他教育机构,必须具备下列基本条件:

(一) 有组织机构和章程;

(二) 有合格的教师;

(三) 有符合规定标准的教学场所及设施、设备等;

(四) 有必备的办学资金和稳定的经费来源。

第二十八条 学校及其他教育机构的设立、变更和终止,应当按照国家有关规定办理审核、批准、注册或者备案手续。

第二十九条 学校及其他教育机构行使下列权利:

(一) 按照章程自主管理;

（二）组织实施教育教学活动；

（三）招收学生或者其他受教育者；

（四）对受教育者进行学籍管理，实施奖励或者处分；

（五）对受教育者颁发相应的学业证书；

（六）聘任教师及其他职工，实施奖励或者处分；

（七）管理、使用本单位的设施和经费；

（八）拒绝任何组织和个人对教育教学活动的非法干涉；

（九）法律、法规规定的其他权利。

国家保护学校及其他教育机构的合法权益不受侵犯。

第三十条　学校及其他教育机构应当履行下列义务：

（一）遵守法律、法规；

（二）贯彻国家的教育方针，执行国家教育教学标准，保证教育教学质量；

（三）维护受教育者、教师及其他职工的合法权益；

（四）以适当方式为受教育者及其监护人了解受教育者的学业成绩及其他有关情况提供便利；

（五）遵照国家有关规定收取费用并公开收费项目；

（六）依法接受监督。

第三十一条　学校及其他教育机构的举办者按照国家有关规定，确定其所举办的学校或者其他教育机构的管理体制。

学校及其他教育机构的校长或者主要行政负责人必须由具有中华人民共和国国籍、在中国境内定居、并具备国家规定任职条件的公民担任，其任免按照国家有关规定办理。学校的教学及其他行政管理，由校长负责。

学校及其他教育机构应当按照国家有关规定，通过以教师为主体的教职工代表大会等组织形式，保障教职工参与民主管理和监督。

第三十二条　学校及其他教育机构具备法人条件的，自批准设立或者登记注册之日起取得法人资格。

学校及其他教育机构在民事活动中依法享有民事权利，承担民事责任。

学校及其他教育机构中的国有资产属于国家所有。

学校及其他教育机构兴办的校办产业独立承担民事责任。

第四章　教师和其他教育工作者

第三十三条　教师享有法律规定的权利，履行法律规定的义务，忠诚于人民的教育事业。

第三十四条　国家保护教师的合法权益，改善教师的工作条件和生活条件，提高教师的社会地位。

教师的工资报酬、福利待遇，依照法律、法规的规定办理。

第三十五条　国家实行教师资格、职务、聘任制度，通过考核、奖励、培养和培训，提高教师素质，加强教师队伍建设。

第三十六条　学校及其他教育机构中的管理人员，实行教育职员制度。

学校及其他教育机构中的教学辅助人员和其他专业技术人员，实行专业技术职务聘任制度。

第五章　受教育者

第三十七条　受教育者在入学、升学、就业等方面依法享有平等权利。

学校和有关行政部门应当按照国家有关规定，保障女子在入学、升学、就业、授予学位、派出留学等方面享有同男子平等的权利。

第三十八条　国家、社会对符合入学条件、家庭经济困难的儿童、少年、青年，提供各种形式的资助。

第三十九条　国家、社会、学校及其他教育机构应当根据残疾人身心特性和需要实施教育，并为其提供帮助和便利。

第四十条　国家、社会、家庭、学校及其他教育机构应当为有违法犯罪行为的未成年人接受教育创造条件。

第四十一条　从业人员有依法接受职业培训和继续教育的权利和义务。

国家机关、企业事业组织和其他社会组织，应当为本单位职工的学习和培训提供条件和便利。

第四十二条　国家鼓励学校及其他教育机构、社会组织采取措施，为公民接受终身教育创造条件。

第四十三条　受教育者享有下列权利：

（一）参加教育教学计划安排的各种活动，使用教育教学设施、设备、图书资料；

（二）按照国家有关规定获得奖学金、贷学金、助学金；

（三）在学业成绩和品行上获得公正评价，完成规定的学业后获得相应的学业证书、学位证书；

（四）对学校给予的处分不服向有关部门提出申诉，对学校、教师侵犯其人身权、财产权等合法权益，提出申诉或者依法提起诉讼；

（五）法律、法规规定的其他权利。

第四十四条　受教育者应当履行下列义务：

（一）遵守法律、法规；

（二）遵守学生行为规范，尊敬师长，养成良好的思想品德和行为习惯；

（三）努力学习，完成规定的学习任务；

（四）遵守所在学校或其他教育机构的管理制度。

第四十五条　教育、体育、卫生行政部门和学校及其他教育机构应当完善体育、卫生保健设施，保护学生的身心健康。

第六章　教育与社会

第四十六条　国家机关、军队、企业事业组织、社会团体及其他社会组织和个人，应当依法为儿童、少年、青年学生的身心健康成长创造良好的社会环境。

第四十七条　国家鼓励企业事业组织、社会团体及其他社会组织同高等学校、中等职业学校在教学、科研、技术开发和推广等方面进行多种形式的合作。

企业事业组织、社会团体及其他社会组织和个人，可以通过适当形式，支持学校的建设，参与学校管理。

第四十八条　国家机关、军队、企业事业组织及其他社会组织应当为学校组织的学生实习、社会实践活动提供帮助和便利。

第四十九条　学校及其他教育机构在不影响正常教育教学活动的前提下，应当积极参加当地的社会公益活动。

第五十条　未成年人的父母或者其他监护人应当为其未成年子女或者其他被监护人受教育提供必要条件。

未成年人的父母或者其他监护人应当配合学校及其他教育机构，对其未成年子女或者其他被监护人进行教育。

学校、教师可以对学生家长提供家庭教育指导。

第五十一条　图书馆、博物馆、科技馆、文化馆、美术馆、体育馆（场）等社会公共文化体育设施，以及历史文化古迹和革命纪念馆（地），应当对教师、学生实行优待，为受教育者接受教育提供便利。

广播、电视台（站）应当开设教育节目，促进受教育者思想品德、文化和科学技术素质的提高。

第五十二条　国家、社会建立和发展对未成年人进行校外教育的设施。

学校及其他教育机构应当同基层群众性自治组织、企业事业组织、社会团体相互配合，加强对未成年人的校外教育工作。

第五十三条　国家鼓励社会团体、社会文化机构及其他社会组织和个人开展有益于受教育者身心健康的社会文化教育活动。

第七章　教育投入与条件保障

第五十四条　国家建立以财政拨款为主、其他多种渠道筹措教育经费为辅的体制，逐步增加对教育的投入，保证国家举办的学校教育经费的稳定来源。

企业事业组织、社会团体及其他社会组织和个人依法举办的学校及其他教育机构，办学经费由举办者负责筹措，各级人民政府可以给予适当支持。

第五十五条　国家财政性教育经费支出占国民生产总值的比例应当随着国民经济的发展和财政收入的增长逐步提高。具体比例和实施步骤由国务院规定。

全国各级财政支出总额中教育经费所占比例应当随着国民经济的发展逐步提高。

第五十六条 各级人民政府的教育经费支出,按照事权和财权相统一的原则,在财政预算中单独列项。

各级人民政府教育财政拨款的增长应当高于财政经常性收入的增长,并使按在校学生人数平均的教育费用逐步增长,保证教师工资和学生人均公用经费逐步增长。

第五十七条 国务院及县级以上地方各级人民政府应当设立教育专项资金,重点扶持边远贫困地区、少数民族地区实施义务教育。

第五十八条 税务机关依法足额征收教育费附加,由教育行政部门统筹管理,主要用于实施义务教育。

省、自治区、直辖市人民政府根据国务院的有关规定,可以决定开征用于教育的地方附加费,专款专用。

第五十九条 国家采取优惠措施,鼓励和扶持学校在不影响正常教育教学的前提下开展勤工俭学和社会服务,兴办校办产业。

第六十条 国家鼓励境内、境外社会组织和个人捐资助学。

第六十一条 国家财政性教育经费、社会组织和个人对教育的捐赠,必须用于教育,不得挪用、克扣。

第六十二条 国家鼓励运用金融、信贷手段,支持教育事业的发展。

第六十三条 各级人民政府及其教育行政部门应当加强对学校及其他教育机构教育经费的监督管理,提高教育投资效益。

第六十四条 地方各级人民政府及其有关行政部门必须把学校的基本建设纳入城乡建设规划,统筹安排学校的基本建设用地及所需物资,按照国家有关规定实行优先、优惠政策。

第六十五条 各级人民政府对教科书及教学用图书资料的出版发行,对教学仪器、设备的生产和供应,对用于学校教育教学和科学研究的图书资料、教学仪器、设备的进口,按照国家有关规定实行优先、优惠政策。

第六十六条 国家推进教育信息化,加快教育信息基础设施建设,利用信息技术促进优质教育资源普及共享,提高教育教学水平和教育管理水平。

县级以上人民政府及其有关部门应当发展教育信息技术和其他现代化教学方式,有关行政部门应当优先安排,给予扶持。

国家鼓励学校及其他教育机构推广运用现代化教学方式。

第八章 教育对外交流与合作

第六十七条 国家鼓励开展教育对外交流与合作,支持学校及其他教育机构引进优质教育资源,依法开展中外合作办学,发展国际教育服务,培养国际化人才。

教育对外交流与合作坚持独立自主、平等互利、相互尊重的原则,不得违反中国法律,不得损害国家主权、安全和社会公共利益。

第六十八条 中国境内公民出国留学、研究、进行学术交流或者任教,依照国家有关规定办理。

第六十九条 中国境外个人符合国家规定的条件并办理有关手续后，可以进入中国境内学校及其他教育机构学习、研究、进行学术交流或者任教，其合法权益受国家保护。

第七十条 中国对境外教育机构颁发的学位证书、学历证书及其他学业证书的承认，依照中华人民共和国缔结或者加入的国际条约办理，或者按照国家有关规定办理。

第九章 法律责任

第七十一条 违反国家有关规定，不按照预算核拨教育经费的，由同级人民政府限期核拨；情节严重的，对直接负责的主管人员和其他直接责任人员，依法给予处分。

违反国家财政制度、财务制度，挪用、克扣教育经费的，由上级机关责令限期归还被挪用、克扣的经费，并对直接负责的主管人员和其他直接责任人员，依法给予处分；构成犯罪的，依法追究刑事责任。

第七十二条 结伙斗殴、寻衅滋事，扰乱学校及其他教育机构教育教学秩序或者破坏校舍、场地及其他财产的，由公安机关给予治安管理处罚；构成犯罪的，依法追究刑事责任。

侵占学校及其他教育机构的校舍、场地及其他财产的，依法承担民事责任。

第七十三条 明知校舍或者教育教学设施有危险，而不采取措施，造成人员伤亡或者重大财产损失的，对直接负责的主管人员和其他直接责任人员，依法追究刑事责任。

第七十四条 违反国家有关规定，向学校或者其他教育机构收取费用的，由政府责令退还所收费用；对直接负责的主管人员和其他直接责任人员，依法给予处分。

第七十五条 违反国家有关规定，举办学校或者其他教育机构的，由教育行政部门或者其他有关行政部门予以撤销；有违法所得的，没收违法所得；对直接负责的主管人员和其他直接责任人员，依法给予处分。

第七十六条 学校或者其他教育机构违反国家有关规定招收学生的，由教育行政部门或者其他有关行政部门责令退回招收的学生，退还所收费用；对学校、其他教育机构给予警告，可以处违法所得五倍以下罚款；情节严重的，责令停止相关招生资格一年以上三年以下，直至撤销招生资格、吊销办学许可证；对直接负责的主管人员和其他直接责任人员，依法给予处分；构成犯罪的，依法追究刑事责任。

第七十七条 在招收学生工作中徇私舞弊的，由教育行政部门或者其他有关行政部门责令退回招收的人员；对直接负责的主管人员和其他直接责任人员，依法给予处分；构成犯罪的，依法追究刑事责任。

第七十八条 学校及其他教育机构违反国家有关规定向受教育者收取费用的，由教育行政部门或者其他有关行政部门责令退还所收费用；对直接负责的主管人员和其他直接责任人员，依法给予处分。

第七十九条 考生在国家教育考试中有下列行为之一的，由组织考试的教育考试机构工作人员在考试现场采取必要措施予以制止并终止其继续参加考试；组织考试的教育考试机构可以取消其相关考试资格或者考试成绩；情节严重的，由教育行政部门责令停止参加相关国家教育考试一年以上三年以下；构成违反治安管理行为的，由公安机关依法给予治安管理处罚；构成犯罪的，依法追究刑事责任：

（一）非法获取考试试题或者答案的；

（二）携带或者使用考试作弊器材、资料的；

（三）抄袭他人答案的；

（四）让他人代替自己参加考试的；

（五）其他以不正当手段获得考试成绩的作弊行为。

第八十条 任何组织或者个人在国家教育考试中有下列行为之一，有违法所得的，由公安机关没收违法所得，并处违法所得一倍以上五倍以下罚款；情节严重的，处五日以上十五日以下拘留；构成犯罪的，依法追究刑事责任；属于国家机关工作人员的，还应当依法给予处分：

（一）组织作弊的；

（二）通过提供考试作弊器材等方式为作弊提供帮助或者便利的；

（三）代替他人参加考试的；

（四）在考试结束前泄露、传播考试试题或者答案的；

（五）其他扰乱考试秩序的行为。

第八十一条 举办国家教育考试，教育行政部门、教育考试机构疏于管理，造成考场秩序混乱、作弊情况严重的，对直接负责的主管人员和其他直接责任人员，依法给予处分；构成犯罪的，依法追究刑事责任。

第八十二条 学校或者其他教育机构违反本法规定，颁发学位证书、学历证书或者其他学业证书的，由教育行政部门或者其他有关行政部门宣布证书无效，责令收回或者予以没收；有违法所得的，没收违法所得；情节严重的，责令停止相关招生资格一年以上三年以下，直至撤销招生资格、颁发证书资格；对直接负责的主管人员和其他直接责任人员，依法给予处分。

前款规定以外的任何组织或者个人制造、销售、颁发假冒学位证书、学历证书或者其他学业证书的，构成违反治安管理行为的，由公安机关依法给予治安管理处罚；构成犯罪的，依法追究刑事责任。

以作弊、剽窃、抄袭等欺诈行为或者其他不正当手段获得学位证书、学历证书或者其他学业证书的，由颁发机构撤销相关证书。购买、使用假冒学位证书、学历证书或者其他学业证书，构成违反治安管理行为的，由公安机关依法给予治安管理处罚。

第八十三条 违反本法规定，侵犯教师、受教育者、学校或者其他教育机构的合法权益，造成损失、损害的，应当依法承担民事责任。

第十章 附　则

第八十四条 军事学校教育由中央军事委员会根据本法的原则规定。

宗教学校教育由国务院另行规定。

第八十五条 境外的组织和个人在中国境内办学和合作办学的办法，由国务院规定。

第八十六条 本法自 1995 年 9 月 1 日起施行。

附录二：《中华人民共和国义务教育法》

（1986 年颁布，2006 年第一次修订，2015 年第二次修正）

《中华人民共和国义务教育法》(1986 年 4 月 12 日第六届全国人民代表大会第四次会议通过，2006 年 6 月 29 日第十届全国人民代表大会常务委员会第二十二次会议第一次修正，2006 年 9 月 1 日施行。2015 年 4 月 24 日第十二届全国人民代表大会常务委员会第十四次会议通过《全国人民代表大会常务委员会关于修改〈中华人民共和国义务教育法〉等五部法律的决定》第二次修正）

第一章 总　则

第一条 为了保障适龄儿童、少年接受义务教育的权利，保证义务教育的实施，提高全民族素质，根据宪法和教育法，制定本法。

第二条 国家实行九年义务教育制度。

义务教育是国家统一实施的所有适龄儿童、少年必须接受的教育，是国家必须予以保障的公益性事业。

实施义务教育，不收学费、杂费。

国家建立义务教育经费保障机制，保证义务教育制度实施。

第三条 义务教育必须贯彻国家的教育方针，实施素质教育，提高教育质量，使适龄儿童、少年在品德、智力、体质等方面全面发展，为培养有理想、有道德、有文化、有纪律的社会主义建设者和接班人奠定基础。

第四条 凡具有中华人民共和国国籍的适龄儿童、少年，不分性别、民族、种族、家庭财产状况、宗教信仰等，依法享有平等接受义务教育的权利，并履行接受义务教育的义务。

第五条 各级人民政府及其有关部门应当履行本法规定的各项职责，保障适龄儿童、少年接受义务教育的权利。

适龄儿童、少年的父母或者其他法定监护人应当依法保证其按时入学接受并完成义务教育。

依法实施义务教育的学校应当按照规定标准完成教育教学任务，保证教育教学质量。

社会组织和个人应当为适龄儿童、少年接受义务教育创造良好的环境。

第六条 国务院和县级以上地方人民政府应当合理配置教育资源，促进义务教育均衡发展，改善薄弱学校的办学条件，并采取措施，保障农村地区、民族地区实施义务教育，保障家庭经济困难的和残疾的适龄儿童、少年接受义务教育。

国家组织和鼓励经济发达地区支援经济欠发达地区实施义务教育。

第七条 义务教育实行国务院领导，省、自治区、直辖市人民政府统筹规划实施，县级人民政府为主管理的体制。

县级以上人民政府教育行政部门具体负责义务教育实施工作；县级以上人民政府其他有关部门在各自的职责范围内负责义务教育实施工作。

第八条 人民政府教育督导机构对义务教育工作执行法律法规情况、教育教学质量以及义务教育均衡发展状况等进行督导，督导报告向社会公布。

第九条 任何社会组织或者个人有权对违反本法的行为向有关国家机关提出检举或者控告。

发生违反本法的重大事件，妨碍义务教育实施，造成重大社会影响的，负有领导责任的人民政府或者人民政府教育行政部门负责人应当引咎辞职。

第十条 对在义务教育实施工作中做出突出贡献的社会组织和个人，各级人民政府及其有关部门按照有关规定给予表彰、奖励。

第二章 学 生

第十一条 凡年满六周岁的儿童，其父母或者其他法定监护人应当送其入学接受并完成义务教育；条件不具备的地区的儿童，可以推迟到七周岁。

适龄儿童、少年因身体状况需要延缓入学或者休学的，其父母或者其他法定监护人应当提出申请，由当地乡镇人民政府或者县级人民政府教育行政部门批准。

第十二条 适龄儿童、少年免试入学。地方各级人民政府应当保障适龄儿童、少年在户籍所在地学校就近入学。

父母或者其他法定监护人在非户籍所在地工作或者居住的适龄儿童、少年，在其父母或者其他法定监护人工作或者居住地接受义务教育的，当地人民政府应当为其提供平等接受义务教育的条件。具体办法由省、自治区、直辖市规定。

县级人民政府教育行政部门对本行政区域内的军人子女接受义务教育予以保障。

第十三条 县级人民政府教育行政部门和乡镇人民政府组织和督促适龄儿童、少年入学，帮助解决适龄儿童、少年接受义务教育的困难，采取措施防止适龄儿童、少年辍学。

居民委员会和村民委员会协助政府做好工作，督促适龄儿童、少年入学。

第十四条 禁止用人单位招用应当接受义务教育的适龄儿童、少年。

根据国家有关规定经批准招收适龄儿童、少年进行文艺、体育等专业训练的社会组织，应当保证所招收的适龄儿童、少年接受义务教育；自行实施义务教育的，应当经县级人民政府教育行政部门批准。

第三章 学 校

第十五条 县级以上地方人民政府根据本行政区域内居住的适龄儿童、少年的数量和分布状况等因素，按照国家有关规定，制定、调整学校设置规划。新建居民区需要设置学校的，应当与居民区的建设同步进行。

第十六条　学校建设，应当符合国家规定的办学标准，适应教育教学需要；应当符合国家规定的选址要求和建设标准，确保学生和教职工安全。

第十七条　县级人民政府根据需要设置寄宿制学校，保障居住分散的适龄儿童、少年入学接受义务教育。

第十八条　国务院教育行政部门和省、自治区、直辖市人民政府根据需要，在经济发达地区设置接收少数民族适龄儿童、少年的学校（班）。

第十九条　县级以上地方人民政府根据需要设置相应的实施特殊教育的学校（班），对视力残疾、听力语言残疾和智力残疾的适龄儿童、少年实施义务教育。特殊教育学校（班）应当具备适应残疾儿童、少年学习、康复、生活特点的场所和设施。

普通学校应当接收具有接受普通教育能力的残疾适龄儿童、少年随班就读，并为其学习、康复提供帮助。

第二十条　县级以上地方人民政府根据需要，为具有预防未成年人犯罪法规定的严重不良行为的适龄少年设置专门的学校实施义务教育。

第二十一条　对未完成义务教育的未成年犯和被采取强制性教育措施的未成年人应当进行义务教育，所需经费由人民政府予以保障。

第二十二条　县级以上人民政府及其教育行政部门应当促进学校均衡发展，缩小学校之间办学条件的差距，不得将学校分为重点学校和非重点学校。学校不得分设重点班和非重点班。

县级以上人民政府及其教育行政部门不得以任何名义改变或者变相改变公办学校的性质。

第二十三条　各级人民政府及其有关部门依法维护学校周边秩序，保护学生、教师、学校的合法权益，为学校提供安全保障。

第二十四条　学校应当建立、健全安全制度和应急机制，对学生进行安全教育，加强管理，及时消除隐患，预防发生事故。

县级以上地方人民政府定期对学校校舍安全进行检查；对需要维修、改造的，及时予以维修、改造。

学校不得聘用曾经因故意犯罪被依法剥夺政治权利或者其他不适合从事义务教育工作的人担任工作人员。

第二十五条　学校不得违反国家规定收取费用，不得以向学生推销或者变相推销商品、服务等方式谋取利益。

第二十六条　学校实行校长负责制。校长应当符合国家规定的任职条件。校长由县级人民政府教育行政部门依法聘任。

第二十七条　对违反学校管理制度的学生，学校应当予以批评教育，不得开除。

第四章 教 师

第二十八条 教师享有法律规定的权利，履行法律规定的义务，应当为人师表，忠诚于人民的教育事业。

全社会应当尊重教师。

第二十九条 教师在教育教学中应当平等对待学生，关注学生的个体差异，因材施教，促进学生的充分发展。

教师应当尊重学生的人格，不得歧视学生，不得对学生实施体罚、变相体罚或者其他侮辱人格尊严的行为，不得侵犯学生合法权益。

第三十条 教师应当取得国家规定的教师资格。

国家建立统一的义务教育教师职务制度。教师职务分为初级职务、中级职务和高级职务。

第三十一条 各级人民政府保障教师工资福利和社会保险待遇，改善教师工作和生活条件；完善农村教师工资经费保障机制。

教师的平均工资水平应当不低于当地公务员的平均工资水平。

特殊教育教师享有特殊岗位补助津贴。在民族地区和边远贫困地区工作的教师享有艰苦贫困地区补助津贴。

第三十二条 县级以上人民政府应当加强教师培养工作，采取措施发展教师教育。

县级人民政府教育行政部门应当均衡配置本行政区域内学校师资力量，组织校长、教师的培训和流动，加强对薄弱学校的建设。

第三十三条 国务院和地方各级人民政府鼓励和支持城市学校教师和高等学校毕业生到农村地区、民族地区从事义务教育工作。

国家鼓励高等学校毕业生以志愿者的方式到农村地区、民族地区缺乏教师的学校任教。县级人民政府教育行政部门依法认定其教师资格，其任教时间计入工龄。

第五章 教育教学

第三十四条 教育教学工作应当符合教育规律和学生身心发展特点，面向全体学生，教书育人，将德育、智育、体育、美育等有机统一在教育教学活动中，注重培养学生独立思考能力、创新能力和实践能力，促进学生全面发展。

第三十五条 国务院教育行政部门根据适龄儿童、少年身心发展的状况和实际情况，确定教学制度、教育教学内容和课程设置，改革考试制度，并改进高级中等学校招生办法，推进实施素质教育。

学校和教师按照确定的教育教学内容和课程设置开展教育教学活动，保证达到国家规定的基本质量要求。

国家鼓励学校和教师采用启发式教育等教育教学方法，提高教育教学质量。

第三十六条 学校应当把德育放在首位，寓德育于教育教学之中，开展与学生年龄相适应的社会实践活动，形成学校、家庭、社会相互配合的思想道德教育体系，促进学生养成良好的思想品德和行为习惯。

第三十七条 学校应当保证学生的课外活动时间，组织开展文化娱乐等课外活动。社会公共文化体育设施应当为学校开展课外活动提供便利。

第三十八条 教科书根据国家教育方针和课程标准编写，内容力求精简，精选必备的基础知识、基本技能，经济实用，保证质量。

国家机关工作人员和教科书审查人员，不得参与或者变相参与教科书的编写工作。

第三十九条 国家实行教科书审定制度。教科书的审定办法由国务院教育行政部门规定。

未经审定的教科书，不得出版、选用。

第四十条 教科书由国务院价格行政部门会同出版行政部门按照微利原则确定基准价。省、自治区、直辖市人民政府价格行政部门会同出版行政部门按照基准价确定零售价。

第四十一条 国家鼓励教科书循环使用。

第六章 经费保障

第四十二条 国家将义务教育全面纳入财政保障范围，义务教育经费由国务院和地方各级人民政府依照本法规定予以保障。

国务院和地方各级人民政府将义务教育经费纳入财政预算，按照教职工编制标准、工资标准和学校建设标准、学生人均公用经费标准等，及时足额拨付义务教育经费，确保学校的正常运转和校舍安全，确保教职工工资按照规定发放。

国务院和地方各级人民政府用于实施义务教育财政拨款的增长比例应当高于财政经常性收入的增长比例，保证按照在校学生人数平均的义务教育费用逐步增长，保证教职工工资和学生人均公用经费逐步增长。

第四十三条 学校的学生人均公用经费基本标准由国务院财政部门会同教育行政部门制定，并根据经济和社会发展状况适时调整。制定、调整学生人均公用经费基本标准，应当满足教育教学基本需要。

省、自治区、直辖市人民政府可以根据本行政区域的实际情况，制定不低于国家标准的学校学生人均公用经费标准。

特殊教育学校（班）学生人均公用经费标准应当高于普通学校学生人均公用经费标准。

第四十四条 义务教育经费投入实行国务院和地方各级人民政府根据职责共同负担，省、自治区、直辖市人民政府负责统筹落实的体制。农村义务教育所需经费，由各级人民政府根据国务院的规定分项目、按比例分担。

各级人民政府对家庭经济困难的适龄儿童、少年免费提供教科书并补助寄宿生生活费。

义务教育经费保障的具体办法由国务院规定。

第四十五条 地方各级人民政府在财政预算中将义务教育经费单列。

县级人民政府编制预算，除向农村地区学校和薄弱学校倾斜外，应当均衡安排义务教育经费。

第四十六条 国务院和省、自治区、直辖市人民政府规范财政转移支付制度，加大一般性转移支付规模和规范义务教育专项转移支付，支持和引导地方各级人民政府增加对义务教育的投入。地方各级人民政府确保将上级人民政府的义务教育转移支付资金按照规定用于义务教育。

第四十七条 国务院和县级以上地方人民政府根据实际需要，设立专项资金，扶持农村地区、民族地区实施义务教育。

第四十八条 国家鼓励社会组织和个人向义务教育捐赠，鼓励按照国家有关基金会管理的规定设立义务教育基金。

第四十九条 义务教育经费严格按照预算规定用于义务教育；任何组织和个人不得侵占、挪用义务教育经费，不得向学校非法收取或者摊派费用。

第五十条 县级以上人民政府建立健全义务教育经费的审计监督和统计公告制度。

第七章 法律责任

第五十一条 国务院有关部门和地方各级人民政府违反本法第六章的规定，未履行对义务教育经费保障职责的，由国务院或者上级地方人民政府责令限期改正；情节严重的，对直接负责的主管人员和其他直接责任人员依法给予行政处分。

第五十二条 县级以上地方人民政府有下列情形之一的，由上级人民政府责令限期改正；情节严重的，对直接负责的主管人员和其他直接责任人员依法给予行政处分：

（一）未按照国家有关规定制定、调整学校的设置规划的；

（二）学校建设不符合国家规定的办学标准、选址要求和建设标准的；

（三）未定期对学校校舍安全进行检查，并及时维修、改造的；

（四）未依照本法规定均衡安排义务教育经费的。

第五十三条 县级以上人民政府或者其教育行政部门有下列情形之一的，由上级人民政府或者其教育行政部门责令限期改正、通报批评；情节严重的，对直接负责的主管人员和其他直接责任人员依法给予行政处分：

（一）将学校分为重点学校和非重点学校的；

（二）改变或者变相改变公办学校性质的。

县级人民政府教育行政部门或者乡镇人民政府未采取措施组织适龄儿童、少年入学或者防止辍学的，依照前款规定追究法律责任。

第五十四条 有下列情形之一的，由上级人民政府或者上级人民政府教育行政部门、财政部门、价格行政部门和审计机关根据职责分工责令限期改正；情节严重的，对直接负责的主管人员和其他直接责任人员依法给予处分：

（一）侵占、挪用义务教育经费的；
（二）向学校非法收取或者摊派费用的。

第五十五条 学校或者教师在义务教育工作中违反教育法、教师法规定的，依照教育法、教师法的有关规定处罚。

第五十六条 学校违反国家规定收取费用的，由县级人民政府教育行政部门责令退还所收费用；对直接负责的主管人员和其他直接责任人员依法给予处分。

学校以向学生推销或者变相推销商品、服务等方式谋取利益的，由县级人民政府教育行政部门给予通报批评；有违法所得的，没收违法所得；对直接负责的主管人员和其他直接责任人员依法给予处分。

国家机关工作人员和教科书审查人员参与或者变相参与教科书编写的，由县级以上人民政府或者其教育行政部门根据职责权限责令限期改正，依法给予行政处分；有违法所得的，没收违法所得。

第五十七条 学校有下列情形之一的，由县级人民政府教育行政部门责令限期改正；情节严重的，对直接负责的主管人员和其他直接责任人员依法给予处分：
（一）拒绝接收具有接受普通教育能力的残疾适龄儿童、少年随班就读的；
（二）分设重点班和非重点班的；
（三）违反本法规定开除学生的；
（四）选用未经审定的教科书的。

第五十八条 适龄儿童、少年的父母或者其他法定监护人无正当理由未依照本法规定送适龄儿童、少年入学接受义务教育的，由当地乡镇人民政府或者县级人民政府教育行政部门给予批评教育，责令限期改正。

第五十九条 有下列情形之一的，依照有关法律、行政法规的规定予以处罚：
（一）胁迫或者诱骗应当接受义务教育的适龄儿童、少年失学、辍学的；
（二）非法招用应当接受义务教育的适龄儿童、少年的；
（三）出版未经依法审定的教科书的。

第六十条 违反本法规定，构成犯罪的，依法追究刑事责任。

第八章 附 则

第六十一条 对接受义务教育的适龄儿童、少年不收杂费的实施步骤，由国务院规定。

第六十二条 社会组织或者个人依法举办的民办学校实施义务教育的，依照民办教育促进法有关规定执行；民办教育促进法未作规定的，适用本法。

第六十三条 本法自 2006 年 9 月 1 日起施行。

附录三：《中华人民共和国教师法》

（1993年颁布，2009年修正）

《中华人民共和国教师法》（1993年10月31日第八届全国人民代表大会常务委员会第四次会议通过，自1994年1月1日起施行。根据2009年08月27日第十一届全国人民代表大会常务委员会第十次会议《全国人民代表大会常务委员会关于修改部分法律的决定》修正）

第一章 总　则

第一条　为了保障教师的合法权益，建设具有良好思想品德修养和业务素质的教师队伍，促进社会主义教育事业的发展，制定本法。

第二条　本法适用于在各级各类学校和其他教育机构中专门从事教育教学工作的教师。

第三条　教师是履行教育教学职责的专业人员，承担教书育人，培养社会主义事业建设者和接班人、提高民族素质的使命。教师应当忠诚于人民的教育事业。

第四条　各级人民政府应当采取措施，加强教师的思想政治教育和业务培训，改善教师的工作条件和生活条件，保障教师的合法权益，提高教师的社会地位。

全社会都应当尊重教师。

第五条　国务院教育行政部门主管全国的教师工作。

国务院有关部门在各自职权范围内负责有关的教师工作。

学校和其他教育机构根据国家规定，自主进行教师管理工作。

第六条　每年九月十日为教师节。

第二章 权利和义务

第七条　教师享有下列权利：

（一）进行教育教学活动，开展教育教学改革和实验；

（二）从事科学研究、学术交流、参加专业的学术团体，在学术活动中充分发表意见；

（三）指导学生的学习和发展，评定学生的品行和学业成绩；

（四）按时获取工资报酬，享受国家规定的福利待遇以及寒暑假期的带薪休假；

（五）对学校教育教学、管理工作和教育行政部门的工作提出意见和建议，通过教职工代表大会或者其他形式，参与学校的民主管理；

（六）参加进修或者其他方式的培训。

第八条　教师应当履行下列义务：

（一）遵守宪法、法律和职业道德，为人师表；

（二）贯彻国家的教育方针，遵守规章制度，执行学校的教学计划，履行教师聘约，完成教育教学工作任务；

（三）对学生进行宪法所确定的基本原则的教育和爱国主义、民族团结的教育，法制教育以及思想品德、文化、科学技术教育，组织、带领学生开展有益的社会活动；

（四）关心、爱护全体学生，尊重学生人格，促进学生在品德、智力、体质等方面全面发展；

（五）制止有害于学生的行为或者其他侵犯学生合法权益的行为，批评和抵制有害于学生健康成长的现象；

（六）不断提高思想政治觉悟和教育教学业务水平。

第九条 为保障教师完成教育教学任务，各级人民政府、教育行政部门、有关部门、学校和其他教育机构应当履行下列职责：

（一）提供符合国家安全标准的教育教学设施和设备；

（二）提供必需的图书、资料及其他教育教学用品；

（三）对教师在教育教学、科学研究中的创造性工作给以鼓励和帮助；

（四）支持教师制止有害于学生的行为或者其他侵犯学生合法权益的行为。

第三章 资格和任用

第十条 国家实行教师资格制度。

中国公民凡遵守宪法和法律，热爱教育事业，具有良好的思想品德，具备本法规定的学历或者经国家教师资格考试合格，有教育教学能力，经认定合格的，可以取得教师资格。

第十一条 取得教师资格应当具备的相应学历是：

（一）取得幼儿园教师资格，应当具备幼儿师范学校毕业及其以上学历；

（二）取得小学教师资格，应当具备中等师范学校毕业及其以上学历；

（三）取得初级中学教师、初级职业学校文化、专业课教师资格，应当具备高等师范专科学校或者其他大学专科毕业及其以上学历；

（四）取得高级中学教师资格和中等专业学校、技工学校、职业高中文化课、专业课教师资格，应当具备高等师范院校本科或者其他大学本科毕业及其以上学历；取得中等专业学校、技工学校和职业高中学生实习指导教师资格应当具备的学历，由国务院教育行政部门规定；

（五）取得高等学校教师资格，应当具备研究生或者大学本科毕业学历；

（六）取得成人教育教师资格，应当按照成人教育的层次、类别，分别具备高等、中等学校毕业及其以上学历。

不具备本法规定的教师资格学历的公民，申请获取教师资格，必须通过国家教师资格考试。国家教师资格考试制度由国务院规定。

第十二条 本法实施前已经在学校或者其他教育机构中任教的教师,未具备本法规定学历的,由国务院教育行政部门规定教师资格过渡办法。

第十三条 中小学教师资格由县级以上地方人民政府教育行政部门认定。中等专业学校、技工学校的教师资格由县级以上地方人民政府教育行政部门组织有关主管部门认定。普通高等学校的教师资格由国务院或者省、自治区、直辖市教育行政部门或者由其委托的学校认定。

具备本法规定的学历或者经国家教师资格考试合格的公民,要求有关部门认定其教师资格的,有关部门应当依照本法规定的条件予以认定。

取得教师资格的人员首次任教时,应当有试用期。

第十四条 受到剥夺政治权利或者故意犯罪受到有期徒刑以上刑事处罚的,不能取得教师资格;已经取得教师资格的,丧失教师资格。

第十五条 各级师范学校毕业生,应当按照国家有关规定从事教育教学工作。

国家鼓励非师范高等学校毕业生到中小学或者职业学校任教。

第十六条 国家实行教师职务制度,具体办法由国务院规定。

第十七条 学校和其他教育机构应当逐步实行教师聘任制。教师的聘任应当遵循双方地位平等的原则,由学校和教师签订聘任合同,明确规定双方的权利、义务和责任。

实施教师聘任制的步骤、办法由国务院教育行政部门规定。

第四章 培养和培训

第十八条 各级人民政府和有关部门应当办好师范教育,并采取措施,鼓励优秀青年进入各级师范学校学习。各级教师进修学校承担培训中小学教师的任务。

非师范学校应当承担培养和培训中小学教师的任务。

各级师范学校学生享受专业奖学金。

第十九条 各级人民政府教育行政部门、学校主管部门和学校应当制定教师培训规划,对教师进行多种形式的思想政治、业务培训。

第二十条 国家机关、企业事业单位和其他社会组织应当为教师的社会调查和社会实践提供方便,给予协助。

第二十一条 各级人民政府应当采取措施,为少数民族地区和边远贫困地区培养、培训教师。

第五章 考 核

第二十二条 学校或者其他教育机构应当对教师的政治思想、业务水平、工作态度和工作成绩进行考核。

教育行政部门对教师的考核工作进行指导、监督。

第二十三条 考核应当客观、公正、准确,充分听取教师本人、其他教师以及学生的意见。

第二十四条 教师考核结果是受聘任教、晋升工资、实施奖惩的依据。

第六章 待　　遇

第二十五条 教师的平均工资水平应当不低于或者高于国家公务员的平均工资水平，并逐步提高。建立正常晋级增薪制度，具体办法由国务院规定。

第二十六条 中小学教师和职业学校教师享受教龄津贴和其他津贴，具体办法由国务院教育行政部门会同有关部门制定。

第二十七条 地方各级人民政府对教师以及具有中专以上学历的毕业生到少数民族地区和边远贫困地区从事教育教学工作的，应当予以补贴。

第二十八条 地方各级人民政府和国务院有关部门，对城市教师住房的建设、租赁、出售实行优先、优惠。

县、乡两级人民政府应当为农村中小学教师解决住房提供方便。

第二十九条 教师的医疗同当地国家公务员享受同等的待遇；定期对教师进行身体健康检查，并因地制宜安排教师进行休养。

医疗机构应当对当地教师的医疗提供方便。

第三十条 教师退休或者退职后，享受国家规定的退休或者退职待遇。

县级以上地方人民政府可以适当提高长期从事教育教学工作的中小学退休教师的退休金比例。

第三十一条 各级人民政府应当采取措施，改善国家补助、集体支付工资的中小学教师的待遇，逐步做到在工资收入上与国家支付工资的教师同工同酬，具体办法由地方各级人民政府根据本地区的实际情况规定。

第三十二条 社会力量所办学校的教师的待遇，由举办者自行确定并予以保障。

第七章 奖　　励

第三十三条 教师在教育教学、培养人才、科学研究、教学改革、学校建设、社会服务、勤工俭学等方面成绩优异的，由所在学校予以表彰、奖励。

国务院和地方各级人民政府及其有关部门对有突出贡献的教师，应当予以表彰、奖励。

对有重大贡献的教师，依照国家有关规定授予荣誉称号。

第三十四条 国家支持和鼓励社会组织或者个人向依法成立的奖励教师的基金组织捐助资金，对教师进行奖励。

第八章 法律责任

第三十五条 侮辱、殴打教师的，根据不同情况，分别给予行政处分或者行政处罚；造成损害的，责令赔偿损失；情节严重，构成犯罪的，依法追究刑事责任。

第三十六条 对依法提出申诉、控告、检举的教师进行打击报复的，由其所在单位或者上级机关责令改正；情节严重的，可以根据具体情况给予行政处分。

国家工作人员对教师打击报复构成犯罪的，依照刑法有关规定追究刑事责任。

第三十七条 教师有下列情形之一的，由所在学校、其他教育机构或者教育行政部门给予行政处分或者解聘：

（一）故意不完成教育教学任务给教育教学工作造成损失的；

（二）体罚学生，经教育不改的；

（三）品行不良、侮辱学生，影响恶劣的。

教师有前款第（二）项、第（三）项所列情形之一，情节严重，构成犯罪的，依法追究刑事责任。

第三十八条 地方人民政府对违反本法规定，拖欠教师工资或者侵犯教师其他合法权益的，应当责令其限期改正。

违反国家财政制度、财务制度，挪用国家财政用于教育的经费，严重妨碍教育教学工作，拖欠教师工资，损害教师合法权益的，由上级机关责令限期归还被挪用的经费，并对直接责任人员给予行政处分；情节严重，构成犯罪的，依法追究刑事责任。

第三十九条 教师对学校或者其他教育机构侵犯其合法权益的，或者对学校或者其他教育机构作出的处理不服的，可以向教育行政部门提出申诉，教育行政部门应当在接到申诉的三十日内，作出处理。

教师认为当地人民政府有关行政部门侵犯其根据本法规定享有的权利的，可以向同级人民政府或者上一级人民政府有关部门提出申诉，同级人民政府或者上一级人民政府有关部门应当作出处理。

第九章 附 则

第四十条 本法下列用语的含义是：

（一）各级各类学校，是指实施学前教育、普通初等教育、普通中等教育、职业教育、普通高等教育以及特殊教育、成人教育的学校。

（二）其他教育机构，是指少年宫以及地方教研室、电化教育机构等。

（三）中小学教师，是指幼儿园、特殊教育机构、普通中小学、成人初等中等教育机构、职业中学以及其他教育机构的教师。

第四十一条 学校和其他教育机构中的教育教学辅助人员，其他类型的学校的教师和教育教学辅助人员，可以根据实际情况参照本法的有关规定执行。

军队所属院校的教师和教育教学辅助人员，由中央军事委员会依照本法制定有关规定。

第四十二条 外籍教师的聘任办法由国务院教育行政部门规定。

第四十三条 本法自1994年1月1日起施行。

附录四：《中华人民共和国未成年人保护法》

（1991年颁布，2006年修订，2012年修正）

《中华人民共和国未成年人保护法》（1991年9月4日第七届全国人民代表大会常务委员会第21次会议通过，1991年9月4日中华人民共和国主席令第50号公布。2006年12月29日第十届全国人民代表大会常务委员会第25次会议第1次修订通过，2006年12月29日中华人民共和国主席令第60号公布。根据2012年10月26日第十一届全国人民代表大会常务委员会第29次会议通过，2012年10月26日中华人民共和国主席令第65号公布，自2013年1月1日起施行的《全国人民代表大会常务委员会关于修改〈中华人民共和国未成年人保护法〉的决定》第2次修正）

第一章 总 则

第一条 为了保护未成年人的身心健康，保障未成年人的合法权益，促进未成年人在品德、智力、体质等方面全面发展，培养有理想、有道德、有文化、有纪律的社会主义建设者和接班人，根据宪法，制定本法。

第二条 本法所称未成年人是指未满十八周岁的公民。

第三条 未成年人享有生存权、发展权、受保护权、参与权等权利，国家根据未成年人身心发展特点给予特殊、优先保护，保障未成年人的合法权益不受侵犯。

未成年人享有受教育权，国家、社会、学校和家庭尊重和保障未成年人的受教育权。

未成年人不分性别、民族、种族、家庭财产状况、宗教信仰等，依法平等地享有权利。

第四条 国家、社会、学校和家庭对未成年人进行理想教育、道德教育、文化教育、纪律和法制教育，进行爱国主义、集体主义和社会主义的教育，提倡爱祖国、爱人民、爱劳动、爱科学、爱社会主义的公德，反对资本主义的、封建主义的和其他的腐朽思想的侵蚀。

第五条 保护未成年人的工作，应当遵循下列原则：

（一）尊重未成年人的人格尊严；

（二）适应未成年人身心发展的规律和特点；

（三）教育与保护相结合。

第六条 保护未成年人，是国家机关、武装力量、政党、社会团体、企业事业组织、城乡基层群众性自治组织、未成年人的监护人和其他成年公民的共同责任。

对侵犯未成年人合法权益的行为，任何组织和个人都有权予以劝阻、制止或者向有关部门提出检举或者控告。

国家、社会、学校和家庭应当教育和帮助未成年人维护自己的合法权益,增强自我保护的意识和能力,增强社会责任感。

第七条 中央和地方各级国家机关应当在各自的职责范围内做好未成年人保护工作。

国务院和地方各级人民政府领导有关部门做好未成年人保护工作;将未成年人保护工作纳入国民经济和社会发展规划以及年度计划,相关经费纳入本级政府预算。

国务院和省、自治区、直辖市人民政府采取组织措施,协调有关部门做好未成年人保护工作。具体机构由国务院和省、自治区、直辖市人民政府规定。

第八条 共产主义青年团、妇女联合会、工会、青年联合会、学生联合会、少年先锋队以及其他有关社会团体,协助各级人民政府做好未成年人保护工作,维护未成年人的合法权益。

第九条 各级人民政府和有关部门对保护未成年人有显著成绩的组织和个人,给予表彰和奖励。

第二章 家庭保护

第十条 父母或者其他监护人应当创造良好、和睦的家庭环境,依法履行对未成年人的监护职责和抚养义务。

禁止对未成年人实施家庭暴力,禁止虐待、遗弃未成年人,禁止溺婴和其他残害婴儿的行为,不得歧视女性未成年人或者有残疾的未成年人。

第十一条 父母或者其他监护人应当关注未成年人的生理、心理状况和行为习惯,以健康的思想、良好的品行和适当的方法教育和影响未成年人,引导未成年人进行有益身心健康的活动,预防和制止未成年人吸烟、酗酒、流浪、沉迷网络以及赌博、吸毒、卖淫等行为。

第十二条 父母或者其他监护人应当学习家庭教育知识,正确履行监护职责,抚养教育未成年人。

有关国家机关和社会组织应当为未成年人的父母或者其他监护人提供家庭教育指导。

第十三条 父母或者其他监护人应当尊重未成年人受教育的权利,必须使适龄未成年人依法入学接受并完成义务教育,不得使接受义务教育的未成年人辍学。

第十四条 父母或者其他监护人应当根据未成年人的年龄和智力发展状况,在做出与未成年人权益有关的决定时告知其本人,并听取他们的意见。

第十五条 父母或者其他监护人不得允许或者迫使未成年人结婚,不得为未成年人订立婚约。

第十六条 父母因外出务工或者其他原因不能履行对未成年人监护职责的,应当委托有监护能力的其他成年人代为监护。

第三章 学校保护

第十七条 学校应当全面贯彻国家的教育方针,实施素质教育,提高教育质量,注重培养未成年学生独立思考能力、创新能力和实践能力，促进未成年学生全面发展。

第十八条 学校应当尊重未成年学生受教育的权利，关心、爱护学生，对品行有缺点、学习有困难的学生，应当耐心教育、帮助，不得歧视，不得违反法律和国家规定开除未成年学生。

第十九条 学校应当根据未成年学生身心发展的特点，对他们进行社会生活指导、心理健康辅导和青春期教育。

第二十条 学校应当与未成年学生的父母或者其他监护人互相配合，保证未成年学生的睡眠、娱乐和体育锻炼时间，不得加重其学习负担。

第二十一条 学校、幼儿园、托儿所的教职员工应当尊重未成年人的人格尊严，不得对未成年人实施体罚、变相体罚或者其他侮辱人格尊严的行为。

第二十二条 学校、幼儿园、托儿所应当建立安全制度，加强对未成年人的安全教育，采取措施保障未成年人的人身安全。

学校、幼儿园、托儿所不得在危及未成年人人身安全、健康的校舍和其他设施、场所中进行教育教学活动。

学校、幼儿园安排未成年人参加集会、文化娱乐、社会实践等集体活动，应当有利于未成年人的健康成长，防止发生人身安全事故。

第二十三条 教育行政等部门和学校、幼儿园、托儿所应当根据需要，制定应对各种灾害、传染性疾病、食物中毒、意外伤害等突发事件的预案，配备相应设施并进行必要的演练，增强未成年人的自我保护意识和能力。

第二十四条 学校对未成年学生在校内或者本校组织的校外活动中发生人身伤害事故的，应当及时救护，妥善处理，并及时向有关主管部门报告。

第二十五条 对于在学校接受教育的有严重不良行为的未成年学生，学校和父母或者其他监护人应当互相配合加以管教；无力管教或者管教无效的，可以按照有关规定将其送专门学校继续接受教育。

依法设置专门学校的地方人民政府应当保障专门学校的办学条件，教育行政部门应当加强对专门学校的管理和指导，有关部门应当给予协助和配合。

专门学校应当对在校就读的未成年学生进行思想教育、文化教育、纪律和法制教育、劳动技术教育和职业教育。

专门学校的教职员工应当关心、爱护、尊重学生，不得歧视、厌弃。

第二十六条 幼儿园应当做好保育、教育工作，促进幼儿在体质、智力、品德等方面和谐发展。

第四章　社会保护

第二十七条 全社会应当树立尊重、保护、教育未成年人的良好风尚，关心、爱护未成年人。

国家鼓励社会团体、企业事业组织以及其他组织和个人，开展多种形式的有利于未成年人健康成长的社会活动。

第二十八条 各级人民政府应当保障未成年人受教育的权利,并采取措施保障家庭经济困难的、残疾的和流动人口中的未成年人等接受义务教育。

第二十九条 各级人民政府应当建立和改善适合未成年人文化生活需要的活动场所和设施,鼓励社会力量兴办适合未成年人的活动场所,并加强管理。

第三十条 爱国主义教育基地、图书馆、青少年宫、儿童活动中心应当对未成年人免费开放;博物馆、纪念馆、科技馆、展览馆、美术馆、文化馆以及影剧院、体育场馆、动物园、公园等场所,应当按照有关规定对未成年人免费或者优惠开放。

第三十一条 县级以上人民政府及其教育行政部门应当采取措施,鼓励和支持中小学校在节假日期间将文化体育设施对未成年人免费或者优惠开放。

社区中的公益性互联网上网服务设施,应当对未成年人免费或者优惠开放,为未成年人提供安全、健康的上网服务。

第三十二条 国家鼓励新闻、出版、信息产业、广播、电影、电视、文艺等单位和作家、艺术家、科学家以及其他公民,创作或者提供有利于未成年人健康成长的作品。出版、制作和传播专门以未成年人为对象的内容健康的图书、报刊、音像制品、电子出版物以及网络信息等,国家给予扶持。

国家鼓励科研机构和科技团体对未成年人开展科学知识普及活动。

第三十三条 国家采取措施,预防未成年人沉迷网络。

国家鼓励研究开发有利于未成年人健康成长的网络产品,推广用于阻止未成年人沉迷网络的新技术。

第三十四条 禁止任何组织、个人制作或者向未成年人出售、出租或者以其他方式传播淫秽、暴力、凶杀、恐怖、赌博等毒害未成年人的图书、报刊、音像制品、电子出版物以及网络信息等。

第三十五条 生产、销售用于未成年人的食品、药品、玩具、用具和游乐设施等,应当符合国家标准或者行业标准,不得有害于未成年人的安全和健康;需要标明注意事项的,应当在显著位置标明。

第三十六条 中小学校园周边不得设置营业性歌舞娱乐场所、互联网上网服务营业场所等不适宜未成年人活动的场所。

营业性歌舞娱乐场所、互联网上网服务营业场所等不适宜未成年人活动的场所,不得允许未成年人进入,经营者应当在显著位置设置未成年人禁入标志;对难以判明是否已成年的,应当要求其出示身份证件。

第三十七条 禁止向未成年人出售烟酒,经营者应当在显著位置设置不向未成年人出售烟酒的标志;对难以判明是否已成年的,应当要求其出示身份证件。

任何人不得在中小学校、幼儿园、托儿所的教室、寝室、活动室和其他未成年人集中活动的场所吸烟、饮酒。

第三十八条 任何组织或者个人不得招用未满十六周岁的未成年人,国家另有规定的除外。

任何组织或者个人按照国家有关规定招用已满十六周岁未满十八周岁的未成年人的，应当执行国家在工种、劳动时间、劳动强度和保护措施等方面的规定，不得安排其从事过重、有毒、有害等危害未成年人身心健康的劳动或者危险作业。

第三十九条 任何组织或者个人不得披露未成年人的个人隐私。

对未成年人的信件、日记、电子邮件，任何组织或者个人不得隐匿、毁弃；除因追查犯罪的需要，由公安机关或者人民检察院依法进行检查，或者对无行为能力的未成年人的信件、日记、电子邮件由其父母或者其他监护人代为开拆、查阅外，任何组织或者个人不得开拆、查阅。

第四十条 学校、幼儿园、托儿所和公共场所发生突发事件时，应当优先救护未成年人。

第四十一条 禁止拐卖、绑架、虐待未成年人，禁止对未成年人实施性侵害。

禁止胁迫、诱骗、利用未成年人乞讨或者组织未成年人进行有害其身心健康的表演等活动。

第四十二条 公安机关应当采取有力措施，依法维护校园周边的治安和交通秩序，预防和制止侵害未成年人合法权益的违法犯罪行为。

任何组织或者个人不得扰乱教学秩序，不得侵占、破坏学校、幼儿园、托儿所的场地、房屋和设施。

第四十三条 县级以上人民政府及其民政部门应当根据需要设立救助场所，对流浪乞讨等生活无着未成年人实施救助，承担临时监护责任；公安部门或者其他有关部门应当护送流浪乞讨或者离家出走的未成年人到救助场所，由救助场所予以救助和妥善照顾，并及时通知其父母或者其他监护人领回。

对孤儿、无法查明其父母或者其他监护人的以及其他生活无着的未成年人，由民政部门设立的儿童福利机构收留抚养。

未成年人救助机构、儿童福利机构及其工作人员应当依法履行职责，不得虐待、歧视未成年人；不得在办理收留抚养工作中牟取利益。

第四十四条 卫生部门和学校应当对未成年人进行卫生保健和营养指导，提供必要的卫生保健条件，做好疾病预防工作。

卫生部门应当做好对儿童的预防接种工作，国家免疫规划项目的预防接种实行免费；积极防治儿童常见病、多发病，加强对传染病防治工作的监督管理，加强对幼儿园、托儿所卫生保健的业务指导和监督检查。

第四十五条 地方各级人民政府应当积极发展托幼事业，办好托儿所、幼儿园，支持社会组织和个人依法兴办哺乳室、托儿所、幼儿园。

各级人民政府和有关部门应当采取多种形式，培养和训练幼儿园、托儿所的保教人员，提高其职业道德素质和业务能力。

第四十六条 国家依法保护未成年人的智力成果和荣誉权不受侵犯。

第四十七条 未成年人已经完成规定年限的义务教育不再升学的,政府有关部门和社会团体、企业事业组织应当根据实际情况,对他们进行职业教育,为他们创造劳动就业条件。

第四十八条 居民委员会、村民委员会应当协助有关部门教育和挽救违法犯罪的未成年人,预防和制止侵害未成年人合法权益的违法犯罪行为。

第四十九条 未成年人的合法权益受到侵害的,被侵害人及其监护人或者其他组织和个人有权向有关部门投诉,有关部门应当依法及时处理。

第五章 司法保护

第五十条 公安机关、人民检察院、人民法院以及司法行政部门,应当依法履行职责,在司法活动中保护未成年人的合法权益。

第五十一条 未成年人的合法权益受到侵害,依法向人民法院提起诉讼的,人民法院应当依法及时审理,并适应未成年人生理、心理特点和健康成长的需要,保障未成年人的合法权益。

在司法活动中对需要法律援助或者司法救助的未成年人,法律援助机构或者人民法院应当给予帮助,依法为其提供法律援助或者司法救助。

第五十二条 人民法院审理继承案件,应当依法保护未成年人的继承权和受遗赠权。

人民法院审理离婚案件,涉及未成年子女抚养问题的,应当听取有表达意愿能力的未成年子女的意见,根据保障子女权益的原则和双方具体情况依法处理。

第五十三条 父母或者其他监护人不履行监护职责或者侵害被监护的未成年人的合法权益,经教育不改的,人民法院可以根据有关人员或者有关单位的申请,撤销其监护人的资格,依法另行指定监护人。被撤销监护资格的父母应当依法继续负担抚养费用。

第五十四条 对违法犯罪的未成年人,实行教育、感化、挽救的方针,坚持教育为主、惩罚为辅的原则。

对违法犯罪的未成年人,应当依法从轻、减轻或者免除处罚。

第五十五条 公安机关、人民检察院、人民法院办理未成年人犯罪案件和涉及未成年人权益保护案件,应当照顾未成年人身心发展特点,尊重他们的人格尊严,保障他们的合法权益,并根据需要设立专门机构或者指定专人办理。

第五十六条 讯问、审判未成年犯罪嫌疑人、被告人,询问未成年证人、被害人,应当依照刑事诉讼法的规定通知其法定代理人或者其他人员到场。

公安机关、人民检察院、人民法院办理未成年人遭受性侵害的刑事案件,应当保护被害人的名誉。

第五十七条 对羁押、服刑的未成年人,应当与成年人分别关押。

羁押、服刑的未成年人没有完成义务教育的,应当对其进行义务教育。

解除羁押、服刑期满的未成年人的复学、升学、就业不受歧视。

第五十八条 对未成年人犯罪案件,新闻报道、影视节目、公开出版物、网络等不得披露该未成年人的姓名、住所、照片、图像以及可能推断出该未成年人的资料。

第五十九条 对未成年人严重不良行为的矫治与犯罪行为的预防，依照预防未成年人犯罪法的规定执行。

第六章 法律责任

第六十条 违反本法规定，侵害未成年人的合法权益，其他法律、法规已规定行政处罚的，从其规定；造成人身财产损失或者其他损害的，依法承担民事责任；构成犯罪的，依法追究刑事责任。

第六十一条 国家机关及其工作人员不依法履行保护未成年人合法权益的责任，或者侵害未成年人合法权益，或者对提出申诉、控告、检举的人进行打击报复的，由其所在单位或者上级机关责令改正，对直接负责的主管人员和其他直接责任人员依法给予行政处分。

第六十二条 父母或者其他监护人不依法履行监护职责，或者侵害未成年人合法权益的，由其所在单位或者居民委员会、村民委员会予以劝诫、制止；构成违反治安管理行为的，由公安机关依法给予行政处罚。

第六十三条 学校、幼儿园、托儿所侵害未成年人合法权益的，由教育行政部门或者其他有关部门责令改正；情节严重的，对直接负责的主管人员和其他直接责任人员依法给予处分。

学校、幼儿园、托儿所教职员工对未成年人实施体罚、变相体罚或者其他侮辱人格行为的，由其所在单位或者上级机关责令改正；情节严重的，依法给予处分。

第六十四条 制作或者向未成年人出售、出租或者以其他方式传播淫秽、暴力、凶杀、恐怖、赌博等图书、报刊、音像制品、电子出版物以及网络信息等的，由主管部门责令改正，依法给予行政处罚。

第六十五条 生产、销售用于未成年人的食品、药品、玩具、用具和游乐设施不符合国家标准或者行业标准，或者没有在显著位置标明注意事项的，由主管部门责令改正，依法给予行政处罚。

第六十六条 在中小学校园周边设置营业性歌舞娱乐场所、互联网上网服务营业场所等不适宜未成年人活动的场所的，由主管部门予以关闭，依法给予行政处罚。

营业性歌舞娱乐场所、互联网上网服务营业场所等不适宜未成年人活动的场所允许未成年人进入，或者没有在显著位置设置未成年人禁入标志的，由主管部门责令改正，依法给予行政处罚。

第六十七条 向未成年人出售烟酒，或者没有在显著位置设置不向未成年人出售烟酒标志的，由主管部门责令改正，依法给予行政处罚。

第六十八条 非法招用未满十六周岁的未成年人，或者招用已满十六周岁的未成年人从事过重、有毒、有害等危害未成年人身心健康的劳动或者危险作业的，由劳动保障部门责令改正，处以罚款；情节严重的，由工商行政管理部门吊销营业执照。

第六十九条 侵犯未成年人隐私,构成违反治安管理行为的,由公安机关依法给予行政处罚。

第七十条 未成年人救助机构、儿童福利机构及其工作人员不依法履行对未成年人的救助保护职责,或者虐待、歧视未成年人,或者在办理收留抚养工作中牟取利益的,由主管部门责令改正,依法给予行政处分。

第七十一条 胁迫、诱骗、利用未成年人乞讨或者组织未成年人进行有害其身心健康的表演等活动的,由公安机关依法给予行政处罚。

第七章 附 则

第七十二条 本法自 2013 年 1 月 1 日起施行。

附录五:《中华人民共和国预防未成年人犯罪法》

(1999 年通过,2012 年修正)

《中华人民共和国预防未成年人犯罪法》(1999 年 6 月 28 日第九届全国人民代表大会常务委员会第十次会议通过,1999 年 6 月 28 日中华人民共和国主席令第 17 号公布,自 1999 年 11 月 1 日起施行。根据 2012 年 10 月 26 日第十一届全国人民代表大会常务委员会第二十九次会议通过,2012 年 10 月 26 日中华人民共和国主席令第 66 号公布,自 2013 年 1 月 1 日起施行的《全国人民代表大会常务委员会关于修改〈中华人民共和国预防未成年人犯罪法〉的决定》修正)

第一章 总 则

第一条 为了保障未成年人身心健康,培养未成年人良好品行,有效地预防未成年人犯罪,制定本法。

第二条 预防未成年人犯罪,立足于教育和保护,从小抓起,对未成年人的不良行为及时进行预防和矫治。

第三条 预防未成年人犯罪,在各级人民政府组织领导下,实行综合治理。

政府有关部门、司法机关、人民团体、有关社会团体、学校、家庭、城市居民委员会、农村村民委员会等各方面共同参与,各负其责,做好预防未成年人犯罪工作,为未成年人身心健康发展创造良好的社会环境。

第四条 各级人民政府在预防未成年人犯罪方面的职责是:

(一)制定预防未成年人犯罪工作的规划;

(二)组织、协调公安、教育、文化、新闻出版、广播电影电视、工商、民政、司法行政等政府有关部门和其他社会组织进行预防未成年人犯罪工作;

（三）对本法实施的情况和工作规划的执行情况进行检查；

（四）总结、推广预防未成年人犯罪工作的经验，树立、表彰先进典型。

第五条 预防未成年人犯罪，应当结合未成年人不同年龄的生理、心理特点，加强青春期教育、心理矫治和预防犯罪对策的研究。

第二章 预防未成年人犯罪的教育

第六条 对未成年人应当加强思想、道德、法制和爱国主义、集体主义、社会主义教育。对于达到义务教育年龄的未成年人，在进行上述教育的同时，应当进行预防犯罪的教育。

预防未成年人犯罪的教育的目的，是增强未成年人的法制观念，使未成年人懂得违法和犯罪行为对个人、家庭、社会造成的危害，违法和犯罪行为应当承担的法律责任，树立遵纪守法和防范违法犯罪的意识。

第七条 教育行政部门、学校应当将预防犯罪的教育作为法制教育的内容纳入学校教育教学计划，结合常见多发的未成年人犯罪，对不同年龄的未成年人进行有针对性的预防犯罪教育。

第八条 司法行政部门、教育行政部门、共产主义青年团、少年先锋队应当结合实际，组织、举办展览会、报告会、演讲会等多种形式的预防未成年人犯罪的法制宣传活动。

学校应当结合实际举办以预防未成年人犯罪的教育为主要内容的活动。教育行政部门应当将预防未成年人犯罪教育的工作效果作为考核学校工作的一项重要内容。

第九条 学校应当聘任从事法制教育的专职或者兼职教师。学校根据条件可以聘请校外法律辅导员。

第十条 未成年人的父母或者其他监护人对未成年人的法制教育负有直接责任。学校在对学生进行预防犯罪教育时，应当将教育计划告知未成年人的父母或者其他监护人，未成年人的父母或者其他监护人应当结合学校的计划，针对具体情况进行教育。

第十一条 少年宫、青少年活动中心等校外活动场所应当把预防未成年人犯罪的教育作为一项重要的工作内容，开展多种形式的宣传教育活动。

第十二条 对于已满十六周岁不满十八周岁准备就业的未成年人，职业教育培训机构、用人单位应当将法律知识和预防犯罪教育纳入职业培训的内容。

第十三条 城市居民委员会、农村村民委员会应当积极开展有针对性的预防未成年人犯罪的法制宣传活动。

第三章 对未成年人不良行为的预防

第十四条 未成年人的父母或者其他监护人和学校应当教育未成年人不得有下列不良行为：

（一）旷课、夜不归宿；

（二）携带管制刀具；

（三）打架斗殴、辱骂他人；

（四）强行向他人索要财物；

（五）偷窃、故意毁坏财物；

（六）参与赌博或者变相赌博；

（七）观看、收听色情、淫秽的音像制品、读物等；

（八）进入法律、法规规定未成年人不适宜进入的营业性歌舞厅等场所；

（九）其他严重违背社会公德的不良行为。

第十五条 未成年人的父母或者其他监护人和学校应当教育未成年人不得吸烟、酗酒。任何经营场所不得向未成年人出售烟酒。

第十六条 中小学生旷课的，学校应当及时与其父母或者其他监护人取得联系。

未成年人擅自外出夜不归宿的，其父母或者其他监护人、其所在的寄宿制学校应当及时查找，或者向公安机关请求帮助。收留夜不归宿的未成年人的，应当征得其父母或者其他监护人的同意，或者在二十四小时内及时通知其父母或者其他监护人、所在学校或者及时向公安机关报告。

第十七条 未成年人的父母或者其他监护人和学校发现未成年人组织或者参加实施不良行为的团伙的，应当及时予以制止。发现该团伙有违法犯罪行为的，应当向公安机关报告。

第十八条 未成年人的父母或者其他监护人和学校发现有人教唆、胁迫、引诱未成年人违法犯罪的，应当向公安机关报告。公安机关接到报告后，应当及时依法查处，对未成年人人身安全受到威胁的，应当及时采取有效措施，保护其人身安全。

第十九条 未成年人的父母或者其他监护人，不得让不满十六周岁的未成年人脱离监护单独居住。

第二十条 未成年人的父母或者其他监护人对未成年人不得放任不管，不得迫使其离家出走，放弃监护职责。

未成年人离家出走的，其父母或者其他监护人应当及时查找，或者向公安机关请求帮助。

第二十一条 未成年人的父母离异的，离异双方对子女都有教育的义务，任何一方都不得因离异而不履行教育子女的义务。

第二十二条 继父母、养父母对受其抚养教育的未成年继子女、养子女、应当履行本法规定的父母对未成年子女在预防犯罪方面的职责。

第二十三条 学校对有不良行为的未成年人应当加强教育、管理，不得歧视。

第二十四条 教育行政部门、学校应当举办各种形式的讲座、座谈、培训等活动，针对未成年人不同时期的生理、心理特点，介绍良好有效的教育方法，指导教师、未成年人的父母和其他监护人有效地防止、矫治未成年人的不良行为。

第二十五条 对于教唆、胁迫、引诱未成年人实施不良行为或者品行不良，影响恶劣，不适宜在学校工作的教职员工，教育行政部门、学校应当予以解聘或者辞退；构成犯罪的，依法追究刑事责任。

第二十六条　禁止在中小学校附近开办营业性歌舞厅、营业性电子游戏场所以及其他未成年人不适宜进入的场所。禁止开办上述场所的具体范围由省、自治区、直辖市人民政府规定。

对本法施行前已在中小学校附近开办上述场所的，应当限期迁移或者停业。

第二十七条　公安机关应当加强中小学校周围环境的治安管理，及时制止、处理中小学校周围发生的违法犯罪行为。城市居民委员会、农村村民委员会应当协助公安机关做好维护中小学校周围治安的工作。

第二十八条　公安派出所、城市居民委员会、农村村民委员会应当掌握本辖区内暂住人口中未成年人的就学、就业情况。对于暂住人口中未成年人实施不良行为的，应当督促其父母或者其他监护人进行有效的教育、制止。

第二十九条　任何人不得教唆、胁迫、引诱未成年人实施本法规定的不良行为，或者为未成年人实施不良行为提供条件。

第三十条　以未成年人为对象的出版物，不得含有诱发未成年人违法犯罪的内容，不得含有渲染暴力、色情、赌博、恐怖活动等危害未成年人身心健康的内容。

第三十一条　任何单位和个人不得向未成年人出售、出租含有诱发未成年人违法犯罪以及渲染暴力、色情、赌博、恐怖活动等危害未成年人身心健康内容的读物、音像制品或者电子出版物。

任何单位和个人不得利用通讯、计算机网络等方式提供前款规定的危害未成年人身心健康的内容及其信息。

第三十二条　广播、电影、电视、戏剧节目，不得有渲染暴力、色情、赌博、恐怖活动等危害未成年人身心健康的内容。

广播电影电视行政部门、文化行政部门必须加强对广播、电影、电视、戏剧节目以及各类演播场所的管理。

第三十三条　营业性歌舞厅以及其他未成年人不适宜进入的场所、应当设置明显的未成年人禁止进入标志，不得允许未成年人进入。

营业性电子游戏场所在国家法定节假日外，不得允许未成年人进入，并应当设置明显的未成年人禁止进入标志。

对于难以判明是否已成年的，上述场所的工作人员可以要求其出示身份证件。

第四章　对未成年人严重不良行为的矫治

第三十四条　本法所称"严重不良行为"，是指下列严重危害社会，尚不够刑事处罚的违法行为：

（一）纠集他人结伙滋事，扰乱治安；

（二）携带管制刀具，屡教不改；

（三）多次拦截殴打他人或者强行索要他人财物；

（四）传播淫秽的读物或者音像制品等；

（五）进行淫乱或者色情、卖淫活动；

（六）多次偷窃；

（七）参与赌博，屡教不改；

（八）吸食、注射毒品；

（九）其他严重危害社会的行为。

第三十五条 对未成年人实施本法规定的严重不良行为的，应当及时予以制止。

对有本法规定严重不良行为的未成年人，其父母或者其他监护人和学校应当相互配合，采取措施严加管教，也可以送工读学校进行矫治和接受教育。

对未成年人送工读学校进行矫治和接受教育，应当由其父母或者其他监护人，或者原所在学校提出申请，经教育行政部门批准。

第三十六条 工读学校对就读的未成年人应当严格管理和教育。工读学校除按照义务教育法的要求，在课程设置上与普通学校相同外，应当加强法制教育的内容，针对未成年人严重不良行为产生的原因以及有严重不良行为的未成年人的心理特点，开展矫治工作。

家庭、学校应当关心、爱护在工读学校就读的未成年人，尊重他们的人格尊严，不得体罚、虐待和歧视。工读学校毕业的未成年人在升学、就业等方面，同普通学校毕业的学生享有同等的权利，任何单位和个人不得歧视。

第三十七条 未成年人有本法规定严重不良行为，构成违反治安管理行为的，由公安机关依法予以治安处罚。因不满十四周岁或者情节特别轻微免予处罚的，可以予以训诫。

第三十八条 未成年人因不满十六周岁不予刑事处罚的，责令他的父母或者其他监护人严加管教；在必要的时候，也可以由政府依法收容教养。

第三十九条 未成年人在被收容教养期间，执行机关应当保证其继续接受文化知识、法律知识或者职业技术教育；对没有完成义务教育的未成年人，执行机关应当保证其继续接受义务教育。

解除收容教养、劳动教养的未成年人，在复学、升学、就业等方面与其他未成年人享有同等权利，任何单位和个人不得歧视。

第五章 未成年人对犯罪的自我防范

第四十条 未成年人应当遵守法律、法规及社会公共道德规范，树立自尊、自律、自强意识，增强辨别是非和自我保护的能力，自觉抵制各种不良行为及违法犯罪行为的引诱和侵害。

第四十一条 被父母或者其他监护人遗弃、虐待的未成年人，有权向公安机关、民政部门、共产主义青年团、妇女联合会、未成年人保护组织或者学校、城市居民委员会、农村村民委员会请求保护。被请求的上述部门和组织都应当接受，根据情况需要采取救助措施的，应当先采取救助措施。

第四十二条　未成年人发现任何人对自己或者对其他未成年人实施本法第三章规定不得实施的行为或者犯罪行为，可以通过所在学校、其父母或者其他监护人向公安机关或者政府有关主管部门报告，也可以自己向上述机关报告。受理报告的机关应当及时依法查处。

第四十三条　对同犯罪行为作斗争以及举报犯罪行为的未成年人，司法机关、学校、社会应当加强保护，保障其不受打击报复。

第六章　对未成年人重新犯罪的预防

第四十四条　对犯罪的未成年人追究刑事责任，实行教育、感化、挽救方针，坚持教育为主、惩罚为辅的原则。

司法机关办理未成年人犯罪案件，应当保障未成年人行使其诉讼权利，保障未成年人得到法律帮助，并根据未成年人的生理、心理特点和犯罪的情况，有针对性地进行法制教育。

对于被采取刑事强制措施的未成年学生，在人民法院的判决生效以前，不得取消其学籍。

第四十五条　人民法院审判未成年人犯罪的刑事案件，应当由熟悉未成年人身心特点的审判员或者审判员和人民陪审员依法组成少年法庭进行。

对于审判的时候被告人不满十八周岁的刑事案件，不公开审理。

对未成年人犯罪案件，新闻报道、影视节目、公开出版物不得披露该未成年人的姓名、住所、照片及可能推断出该未成年人的资料。

第四十六条　对被拘留、逮捕和执行刑罚的未成年人与成年人应当分别关押、分别管理、分别教育。未成年犯在被执行刑罚期间，执行机关应当加强对未成年犯的法制教育，对未成年犯进行职业技术教育。对没有完成义务教育的未成年犯，执行机关应当保证其继续接受义务教育。

第四十七条　未成年人的父母或者其他监护人和学校、城市居民委员会、农村村民委员会，对因不满十六周岁而不予刑事处罚、免予刑事处罚的未成年人，或者被判处非监禁刑罚、被判处刑罚宣告缓刑、被假释的未成年人，应当采取有效的帮教措施，协助司法机关做好对未成年人的教育、挽救工作。

城市居民委员会、农村村民委员会可以聘请思想品德优秀，作风正派，热心未成年人教育工作的离退休人员或其他人员协助做好对前款规定的未成年人的教育、挽救工作。

第四十八条　依法免予刑事处罚、判处非监禁刑罚、判处刑罚宣告缓刑、假释或者刑罚执行完毕的未成年人，在复学、升学、就业等方面与其他未成年人享有同等权利，任何单位和个人不得歧视。

第七章　法律责任

第四十九条　未成年人的父母或者其他监护人不履行监护职责，放任未成年人有本法规定的不良行为或者严重不良行为的,由公安机关对未成年人的父母或者其他监护人予以训诫,责令其严加管教。

第五十条 未成年人的父母或者其他监护人违反本法第十九条的规定,让不满十六周岁的未成年人脱离监护单独居住的,由公安机关对未成年人的父母或者其他监护人予以训诫,责令其立即改正。

第五十一条 公安机关的工作人员违反本法第十八条的规定,接到报告后,不及时查处或者采取有效措施,严重不负责任的,予以行政处分;造成严重后果,构成犯罪的,依法追究刑事责任。

第五十二条 违反本法第三十条的规定,出版含有诱发未成年人违法犯罪以及渲染暴力、色情、赌博、恐怖活动等危害未成年人身心健康内容的出版物的,由出版行政部门没收出版物和违法所得,并处违法所得三倍以上十倍以下罚款;情节严重的,没收出版物和违法所得,并责令停业整顿或者吊销许可证。对直接负责的主管人员和其他直接责任人员处以罚款。

制作、复制宣扬淫秽内容的未成年人出版物,或者向未成年人出售、出租、传播宣扬淫秽内容的出版物的,依法予以治安处罚;构成犯罪的,依法追究刑事责任。

第五十三条 违反本法第三十一条的规定,向未成年人出售、出租含有诱发未成年人违法犯罪以及渲染暴力、色情、赌博、恐怖活动等危害未成年人身心健康内容的读物、音像制品、电子出版物的,或者利用通讯、计算机网络等方式提供上述危害未成年人身心健康内容及其信息的,没收读物、音像制品、电子出版物和违法所得,由政府有关主管部门处以罚款。

单位有前款行为的,没收读物、音像制品、电子出版物和违法所得,处以罚款,并对直接负责的主管人员和其他直接责任人员处以罚款。

第五十四条 影剧院、录像厅等各类演播场所,放映或者演出渲染暴力、色情、赌博。恐怖活动等危害未成年人身心健康的节目的,由政府有关主管部门没收违法播放的音像制品和违法所得,处以罚款,并对直接负责的主管人员和其他直接责任人员处以罚款;情节严重的,责令停业整顿或者由工商行政部门吊销营业执照。

第五十五条 营业性歌舞厅以及其他未成年人不适宜进入的场所、营业性电子游戏场所,违反本法第三十三条的规定,不设置明显的未成年人禁止进入标志,或者允许未成年人进入的,由文化行政部门责令改正、给予警告、责令停业整顿、没收违法所得,处以罚款,并对直接负责的主管人员和其他直接责任人员处以罚款;情节严重的,由工商行政部门吊销营业执照。

第五十六条 教唆、胁迫、引诱未成年人实施本法规定的不良行为、严重不良行为,或者为未成年人实施不良行为、严重不良行为提供条件,构成违反治安管理行为的,由公安机关依法予以治安处罚;构成犯罪的,依法追究刑事责任。

第八章 附 则

第五十七条 本法自 1999 年 11 月 1 日起施行。

附录六:《学生伤害事故处理办法》

(2002年6月25日中华人民共和国教育部令第12号发布,2010年修订)

《学生伤害事故处理办法》(2002年6月25日中华人民共和国教育部令第12号发布 2010年12月13日《教育部关于修改和废止部分规章的决定》(修订))

第一章 总 则

第一条 为积极预防、妥善处理在校学生伤害事故,保护学生、学校的合法权益,根据《中华人民共和国教育法》、《中华人民共和国未成年人保护法》和其他相关法律、行政法规及有关规定,制定本办法。

第二条 在学校实施的教育教学活动或者学校组织的校外活动中,以及在学校负有管理责任的校舍、场地、其他教育教学设施、生活设施内发生的,造成在校学生人身损害后果的事故的处理,适用本办法。

第三条 学生伤害事故应当遵循依法、客观公正、合理适当的原则,及时、妥善地处理。

第四条 学校的举办者应当提供符合安全标准的校舍、场地、其他教育教学设施和生活设施。

教育行政部门应当加强学校安全工作,指导学校落实预防学生伤害事故的措施,指导、协助学校妥善处理学生伤害事故,维护学校正常的教育教学秩序。

第五条 学校应当对在校学生进行必要的安全教育和自护自救教育;应当按照规定,建立健全安全制度,采取相应的管理措施,预防和消除教育教学环境中存在的安全隐患;当发生伤害事故时,应当及时采取措施救助受伤害学生。

学校对学生进行安全教育、管理和保护,应当针对学生年龄、认知能力和法律行为能力的不同,采用相应的内容和预防措施。

第六条 学生应当遵守学校的规章制度和纪律;在不同的受教育阶段,应当根据自身的年龄、认知能力和法律行为能力,避免和消除相应的危险。

第七条 未成年学生的父母或者其他监护人(以下称为监护人)应当依法履行监护职责,配合学校对学生进行安全教育、管理和保护工作。

学校对未成年学生不承担监护职责,但法律有规定的或者学校依法接受委托承担相应监护职责的情形除外。

第二章 事故与责任

第八条 学生伤害事故,造成学生人身损害的、学校应当按照《中华人民共和国侵权责任法》及相关法律、法规的规定,承担相应的事故责任。

第九条 因下列情形之一造成的学生伤害事故，学校应当依法承担相应的责任：

（一）学校的校舍、场地、其他公共设施，以及学校提供给学生使用的学具、教育教学和生活设施、设备不符合国家规定的标准，或者有明显不安全因素的；

（二）学校的安全保卫、消防、设施设备管理等安全管理制度有明显疏漏，或者管理混乱，存在重大安全隐患，而未及时采取措施的；

（三）学校向学生提供的药品、食品、饮用水等不符合国家或者行业的有关标准、要求的；

（四）学校组织学生参加教育教学活动或者校外活动，未对学生进行相应的安全教育，并未在可预见的范围内采取必要的安全措施的；

（五）学校知道教师或者其他工作人员患有不适宜担任教育教学工作的疾病，但未采取必要措施的；

（六）学校违反有关规定，组织或者安排未成年学生从事不宜未成年人参加的劳动、体育运动或者其他活动的；

（七）学生有特异体质或者特定疾病，不宜参加某种教育教学活动，学校知道或者应当知道，但未予以必要的注意的；

（八）学生在校期间突发疾病或者受到伤害，学校发现，但未根据实际情况及时采取相应措施，导致不良后果加重的；

（九）学校教师或者其他工作人员体罚或者变相体罚学生，或者在履行职责过程中违反工作要求、操作规程、职业道德或者其他有关规定的；

（十）学校教师或者其他工作人员在负有组织、管理未成年学生的职责期间，发现学生行为具有危险性，但未进行必要的管理、告诫或者制止的；

（十一）对未成年学生擅自离校等与学生人身安全直接相关的信息，学校发现或者知道，但未及时告知未成年学生的监护人，导致未成年学生因脱离监护人的保护而发生伤害的；

（十二）学校有未依法履行职责的其他情形的。

第十条 学生或者未成年学生监护人由于过错，有下列情形之一，造成学生伤害事故，应当依法承担相应的责任：

1. 学生违反法律法规的规定，违反社会公共行为准则、学校的规章制度或者纪律，实施按其年龄和认知能力应当知道具有危险或者可能危及他人的行为的；

2. 学生行为具有危险性，学校、教师已经告诫、纠正，但学生不听劝阻、拒不改正的；

3. 学生或者其监护人知道学生有特异体质，或者患有特定疾病，但未告知学校的；

4. 未成年学生的身体状况、行为、情绪等有异常情况，监护人知道或者已被学校告知，但未履行相应监护职责的；

5. 学生或者未成年学生监护人有其他过错的。

第十一条 学校安排学生参加活动，因提供场地、设备、交通工具、食品及其他消费与服务的经营者，或者学校以外的活动组织者的过错造成的学生伤害事故，有过错的当事人应当依法承担相应的责任。

第十二条 因下列情形之一造成的学生伤害事故，学校已履行了相应职责，行为并无不当的，无法律责任：

（一）地震、雷击、台风、洪水等不可抗的自然因素造成的；

（二）来自学校外部的突发性、偶发性侵害造成的；

（三）学生有特异体质、特定疾病或者异常心理状态，学校不知道或者难于知道的；

（四）学生自杀、自伤的；

（五）在对抗性或者具有风险性的体育竞赛活动中发生意外伤害的；

（六）其他意外因素造成的。

第十三条 下列情形下发生的造成学生人身损害后果的事故，学校行为并无不当的，不承担事故责任；事故责任应当按有关法律法规或者其他有关规定认定：

（一）在学生自行上学、放学、返校、离校途中发生的；

（二）在学生自行外出或者擅自离校期间发生的；

（三）在放学后、节假日或者假期等学校工作时间以外，学生自行滞留学校或者自行到校发生的；

（四）其他在学校管理职责范围外发生的。

第十四条 因学校教师或者其他工作人员与其职务无关的个人行为，或者因学生、教师及其他个人故意实施的违法犯罪行为，造成学生人身损害的，由致害人依法承担相应的责任。

第三章 事故处理程序

第十五条 发生学生伤害事故，学校应当及时救助受伤害学生，并应当及时告知未成年学生的监护人；有条件的，应当采取紧急救援等方式救助。

第十六条 发生学生伤害事故，情形严重的，学校应当及时向主管教育行政部门及有关部门报告；属于重大伤亡事故的，教育行政部门应当按照有关规定及时向同级人民政府和上一级教育行政部门报告。

第十七条 学校的主管教育行政部门应学校要求或者认为必要，可以指导、协助学校进行事故的处理工作，尽快恢复学校正常的教育教学秩序。

第十八条 发生学生伤害事故，学校与受伤害学生或者学生家长可以通过协商方式解决；双方自愿，可以书面请求主管教育行政部门进行调解。

成年学生或者未成年学生的监护人也可以依法直接提起诉讼。

第十九条 教育行政部门收到调解申请，认为必要的，可以指定专门人员进行调解，并应当在受理申请之日起 60 日内完成调解。

第二十条 经教育行政部门调解，双方就事故处理达成一致意见的，应当在调解人员的见证下签订调解协议，结束调解；在调解期限内，双方不能达成一致意见，或者调解过程中一方提起诉讼，人民法院已经受理的，应当终止调解。

调解结束或者终止，教育行政部门应当书面通知当事人。

第二十一条 对经调解达成的协议，一方当事人不履行或者反悔的，双方可以依法提起诉讼。

第二十二条 事故处理结束，学校应当将事故处理结果书面报告主管的教育行政部门；重大伤亡事故的处理结果，学校主管的教育行政部门应当向同级人民政府和上一级教育行政部门报告。

第四章 事故损害的赔偿

第二十三条 对发生学生伤害事故负有责任的组织或者个人，应当按照法律法规的有关规定，承担相应的损害赔偿责任。

第二十四条 学生伤害事故赔偿的范围与标准，按照有关行政法规、地方性法规或者最高人民法院司法解释中的有关规定确定。

教育行政部门进行调解时，认为学校有责任的，可以依照有关法律法规及国家有关规定，提出相应的调解方案。

第二十五条 对受伤害学生的伤残程度存在争议的，可以委托当地具有相应鉴定资格的医院或者有关机构，依据国家规定的人体伤残标准进行鉴定。

第二十六条 学校对学生伤害事故负有责任的，根据责任大小，适当予以经济赔偿，但不承担解决户口、住房、就业等与救助受伤害学生、赔偿相应经济损失无直接关系的其他事项。

学校无责任的，如果有条件，可以根据实际情况，本着自愿和可能的原则，对受伤害学生给予适当的帮助。

第二十七条 因学校教师或者其他工作人员在履行职务中的故意或者重大过失造成的学生伤害事故，学校予以赔偿后，可以向有关责任人员追偿。

第二十八条 未成年学生对学生伤害事故负有责任的，由其监护人依法承担相应的赔偿责任。

学生的行为侵害学校教师及其他工作人员以及其他组织、个人的合法权益，造成损失的，成年学生或者未成年学生的监护人应当依法予以赔偿。

第二十九条 根据双方达成的协议、经调解形成的协议或者人民法院的生效判决，应当由学校负担的赔偿金，学校应当负责筹措；学校无力完全筹措的，由学校的主管部门或者举办者协助筹措。

第三十条 县级以上人民政府教育行政部门或者学校举办者有条件的，可以通过设立学生伤害赔偿准备金等多种形式，依法筹措伤害赔偿金。

第三十一条 学校有条件的，应当依据保险法的有关规定，参加学校责任保险。教育行政部门可以根据实际情况，鼓励中小学参加学校责任保险。提倡学生自愿参加意外伤害保险。在尊重学生意愿的前提下，学校可以为学生参加意外伤害保险创造便利条件，但不得从中收取任何费用。

第五章 事故责任者的处理

第三十二条 发生学生伤害事故，学校负有责任且情节严重的，教育行政部门应当根据有关规定,对学校的直接负责的主管人员和其他直接责任人员,分别给予相应的行政处分;有关责任人的行为触犯刑律的,应当移送司法机关依法追究刑事责任。

第三十三条　学校管理混乱,存在重大安全隐患的,主管的教育行政部门或者其他有关部门应当责令其限期整顿;对情节严重或者拒不改正的,应当依据法律法规的有关规定,给予相应的行政处罚。

第三十四条　教育行政部门未履行相应职责,对学生伤害事故的发生负有责任的,由有关部门对直接负责的主管人员和其他直接责任人员分别给予相应的行政处分;有关责任人的行为触犯刑律的,应当移送司法机关依法追究刑事责任。

第三十五条　违反学校纪律,对造成学生伤害事故负有责任的学生,学校可以给予相应的处分;触犯刑律的,由司法机关依法追究刑事责任。

第三十六条　受伤害学生的监护人、亲属或者其他有关人员,在事故处理过程中无理取闹,扰乱学校正常教育教学秩序,或者侵犯学校、学校教师或者其他工作人员的合法权益的,学校应当报告公安机关依法处理;造成损失的,可以依法要求赔偿。

第六章　附　　则

第三十七条　本办法所称学校,是指国家或者社会力量举办的全日制的中小学(含特殊教育学校)、各类中等职业学校、高等学校。

本办法所称学生是指在上述学校中全日制就读的受教育者。

第三十八条　幼儿园发生的幼儿伤害事故,应当根据幼儿为完全无行为能力人的特点,参照本办法处理。

第三十九条　其他教育机构发生的学生伤害事故,参照本办法处理。在学校注册的其他受教育者在学校管理范围内发生的伤害事故,参照本办法处理。

第四十条　本办法自2002年9月1日起实施,原国家教委、教育部颁布的与学生人身安全事故处理有关的规定,与本办法不符的,以本办法为准。

在本办法实施之前已处理完毕的学生伤害事故不再重新处理。

附录七:《中小学教师职业道德规范》

(教育部　中国教科文卫体工会全国委员会 2008 年修订)

一、爱国守法

热爱祖国,热爱人民,拥护中国共产党领导,拥护社会主义。全面贯彻国家教育方针,自觉遵守教育法律法规,依法履行教师职责权利。不得有违背党和国家方针政策的言行。

二、爱岗敬业

忠诚于人民教育事业，志存高远，勤恳敬业，甘为人梯，乐于奉献。对工作高度负责，认真备课上课，认真批改作业，认真辅导学生。不得敷衍塞责。

三、关爱学生

关心爱护全体学生，尊重学生人格，平等公正对待学生。对学生严慈相济，做学生的良师益友。保护学生安全，关心学生健康，维护学生权益。不讽刺、挖苦、歧视学生、不体罚或变相体罚学生。

四、教书育人

遵循教育规律，实施素质教育。循循善诱，诲人不倦，因材施教。培养学生良好品行，激发学生创新精神，促进学生全面发展。不以分数作为评价学生的唯一标准。

五、为人师表

坚守高尚情操，知荣明耻，严于律己，以身作则。衣着得体，语言规范，举止文明。关心集体，团结协作，尊重同事，尊重家长。作风正派，廉洁奉公。自觉抵制有偿家教，不利用职务之便谋取私利。

六、终身学习

崇尚科学精神，树立终身学习理念，拓宽知识视野，更新知识结构。潜心钻研业务，勇于探索创新，不断提高专业素养和教育教学水平。

附录八：《中小学教师违反职业道德行为处理办法》

（教育部 2014 年 1 月 11 日发布）

第一条 为规范教师职业行为，保障教师、学生的合法权益，根据《中华人民共和国教育法》《中华人民共和国未成年人保护法》《中华人民共和国教师法》《教师资格条例》等法律法规，制定本办法。

第二条 本办法所称中小学教师是指幼儿园、特殊教育机构、普通中小学、中等职业学校、少年宫以及地方教研室、电化教育等机构的教师。

前款所称中小学教师包括民办学校教师。

第三条 本办法所称处分包括警告、记过、降低专业技术职务等级、撤销专业技术职务或者行政职务、开除或者解除聘用合同。其中，警告期限为 6 个月，记过期限为 12 个月，降低专业技术职务等级、撤销专业技术职务或行政职务期限为 24 个月。

第四条 教师有下列行为之一的，视情节轻重分别给予相应处分：

（一）在教育教学活动中有违背党和国家方针政策言行的；

（二）在教育教学活动中遇突发事件时，不履行保护学生人身安全职责的；

（三）在教育教学活动和学生管理、评价中不公平公正对待学生，产生明显负面影响的；

（四）在招生、考试、考核评价、职务评审、教研科研中弄虚作假、营私舞弊的；

（五）体罚学生的和以侮辱、歧视等方式变相体罚学生，造成学生身心伤害的；

（六）对学生实施性骚扰或者与学生发生不正当关系的；

（七）索要或者违反规定收受家长、学生财物的；

（八）组织或者参与针对学生的经营性活动，或者强制学生订购教辅资料、报刊等谋取利益的；

（九）组织、要求学生参加校内外有偿补课或者组织、参与校外培训机构对学生有偿补课的；

（十）其他严重违反职业道德的行为应当给予相应处分的。

第五条 学校及学生主管教育部门发现教师可能存在第四条列举行为的，应当及时组织调查，核实有关事实。作出处理决定前，应当听取教师的陈述和申辩，听取学生、其他教师、家长委员会或者家长代表意见，并告知教师有要求举行听证的权利。对于拟给予降低专业技术职务等级以上的处分，教师要求听证的，拟作出处理决定的部门应当组织听证。

第六条 给予教师处分，应当坚持公正、公平和教育与惩处相结合的原则；应当与其违反职业道德行为的性质、情节、危害程度相适应；应当事实清楚、证据确凿、定性准确、处理恰当、程序合法、手续完备。

第七条 给予教师处分按照以下权限决定：

（一）警告和记过处分，公办学校教师有所在学校提出建议，学校主管教育部门决定。民办学校教师由所在学校决定，报主管教育部门备案。

（二）降低专业技术职务等级、撤销专业技术职务或者行政职务处分，由教师所在学校提出建议，学校主管教育部门决定并报同级人事部门备案。

（三）开除处分，公办学校教师由所在学校提出建议，学校主管教育部门决定并报同级人事部门备案；民办学校教师或者未纳入人事编制管理的教师由所在学校决定并解除其聘任合同，报主管教育部门备案。

第八条 处分决定应当书面通知教师本人并载明认定的事实、理由、依据、期限及救济途径等内容。

第九条 教师有第四条列举行为受到处分的，符合《教师资格条例》第十九条规定的，由县级以上教育行政部门依法撤销其教师资格。教师受处分期间暂缓教师资格定期注册。依据《中华人民共和国教师法》第十四条规定丧失教师资格的，不能重新取得教师资格。教师受降低专业技术职务等级处分期间不能申报高一级专业技术职务。教师受撤销专业技术职务处分期间不能重新申报专业技术职务。

第十条 教师不服处分决定的,可以向学校主管教育部门申请复核。对复核结果不服的,可以向学校主管教育部门的上一级行政部门提出申诉。

第十一条 学校及主管教育部门拒不处分、拖延处分或者推诿隐瞒造成不良影响或者严重后果的,上一级行政部门应当追究有关领导责任。

第十二条 教师被依法判处刑罚的,依据《事业单位工作人员处分暂行规定》给予撤销专业技术职务或者行政职务以上处分。教师受到剥夺政治权利或者故意犯罪受到有期徒刑以上刑事处罚的,丧失教师资格。

第十三条 省级教育行政部门应当结合当地实际情况制定实施细则,并报国务院教育行政部门备案。

第十四条 本办法自发布之日起施行。

附录九:《幼儿园教师专业标准(试行)》(节选)

(教育部 2012 年 2 月 20 日发布)

一、基本理念

(一)师德为先

热爱学前教育事业,具有职业理想,践行社会主义核心价值体系,履行教师职业道德规范,依法执教。关爱幼儿,尊重幼儿人格,富有爱心、责任心、耐心和细心;为人师表,教书育人,自尊自律,做幼儿健康成长的启蒙者和引路人。

(二)幼儿为本

尊重幼儿权益,以幼儿为主体,充分调动和发挥幼儿的主动性;遵循幼儿身心发展特点和保教活动规律,提供适合的教育,保障幼儿快乐健康成长。

(三)能力为重

把学前教育理论与保教实践相结合,突出保教实践能力;研究幼儿,遵循幼儿成长规律,提升保教工作专业化水平;坚持实践、反思、再实践、再反思,不断提高专业能力。

(四)终身学习

学习先进学前教育理论,了解国内外学前教育与发展的经验和做法;优化知识结构,提高文化素养;具有终身学习与持续发展的意识和能力,做终身学习的典范。

二、基本内容("专业理念与师德"部分)

(一)职业理解与认识

1. 贯彻党和国家教育方针政策,遵守教育法律法规。

2. 理解幼儿保教工作的意义，热爱学前教育事业，具有职业理想和敬业精神。

3. 认同幼儿园教师的专业性和独特性，注重自身专业发展。

4. 具有良好职业道德修养，为人师表。

5. 具有团队合作精神，积极开展协作与交流。

（二）对幼儿的态度与行为

6. 关爱幼儿，重视幼儿身心健康，将保护幼儿生命安全放在首位。

7. 尊重幼儿人格，维护幼儿合法权益，平等对待每一位幼儿。不讽刺、挖苦、歧视幼儿，不体罚或变相体罚幼儿。

8. 信任幼儿，尊重个体差异，主动了解和满足有益于幼儿身心发展的不同需求。

9. 重视生活对幼儿健康成长的重要价值，积极创造条件，让幼儿拥有快乐的幼儿园生活。

（三）幼儿保育和教育的态度与行为

10. 注重保教结合，培育幼儿良好的意志品质，帮助幼儿养成良好的行为习惯。

11. 注重保护幼儿的好奇心，培养幼儿的想象力，发掘幼儿的兴趣爱好。

12. 重视环境和游戏对幼儿发展的独特作用，创设富有教育意义的环境氛围，将游戏作为幼儿的主要活动。

13. 重视丰富幼儿多方面的直接经验，将探索、交往等实践活动作为幼儿最重要的学习方式。

14. 重视自身日常态度言行对幼儿发展的重要影响与作用。

15. 重视幼儿园、家庭和社区的合作，综合利用各种资源。

（四）个人修养与行为

16. 富有爱心、责任心、耐心和细心。

17. 乐观向上、热情开朗，有亲和力。

18. 善于自我调节情绪，保持平和心态。

19. 勤于学习，不断进取。

20. 衣着整洁得体，语言规范健康，举止文明礼貌。

附录十：《小学教师专业标准（试行）》（节选）

（教育部 2012 年 2 月 20 日发布）

一、基本理念

（一）师德为先

热爱学前教育事业，具有职业理想，践行社会主义核心价值体系，履行教师职业道德规范，依法执教。关爱小学生，尊重小学生人格，富有爱心、责任心、耐心和细心；为人师表，教书育人，自尊自律，做小学生健康成长的指导者和引路人。

（二）学生为本

尊重小学生权益，以小学生为主体，充分调动和发挥小学生的主动性；遵循小学生身心发展特点和教育教学规律，提供适合的教育，促进小学生生动活泼学习、快乐健康成长。

（三）能力为重

把学科知识、教育理论与教育实践有机结合，突出教书育人实践能力；研究小学生，遵循小学生成长规律，提升教育教学专业化水平；坚持实践、反思、再实践、再反思，不断提高专业能力。

（四）终身学习

学习先进小学教育理论，了解国内外小学教育改革与发展的经验和做法；优化知识结构，提高文化素养；具有终身学习与持续发展的意识和能力，做终身学习的典范。

二、基本内容（"专业理念与师德"部分）

（一）职业理解与认识

1. 贯彻党和国家教育方针政策，遵守教育法律法规。
2. 理解小学教育工作的意义，热爱小学教育事业，具有职业理想和敬业精神。
3. 认同小学教师的专业性和独特性，注重自身专业发展。
4. 具有良好职业道德修养，为人师表。
5. 具有团队合作精神，积极开展协作与交流。

（二）对小学生的态度与行为

6. 关爱小学生，重视小学生身心健康，将保护小学生生命安全放在首位。
7. 尊重小学生人格，维护小学生合法权益，平等对待每一位小学生。不讽刺、挖苦、歧视小学生，不体罚或变相体罚小学生。
8. 信任小学生，尊重个体差异，主动了解和满足有益于小学生身心发展的不同需求。
9. 积极创造条件，让小学生拥有快乐的学校生活。

（三）教育教学的态度与行为

10. 树立育人为本、德育为先的理念，将小学生的知识学习、能力发展与品德养成相结合，重视小学生全面发展。
11. 尊重教育规律和小学生身心发展规律，为每一个小学生提供适合的教育。
12. 引导小学生体验学习乐趣，保护小学生的求知欲和好奇心，培养小学生的广泛兴趣、动手能力和探究精神。
13. 引导小学生学会学习，养成良好学习习惯。
14. 尊重和发挥好少先队组织的教育引导作用。

（四）个人修养与行为

15. 富有爱心、责任心、耐心和细心。

16. 乐观向上、热情开朗，有亲和力。
17. 善于自我调节情绪，保持平和心态。
18. 勤于学习，不断进取。
19. 衣着整洁得体，语言规范健康，举止文明礼貌。

附录十一：《中学教师专业标准（试行）》（节选）

（教育部 2012 年 2 月 20 日发布）

为促进中学教师专业发展，建设高素质中学教师队伍，根据《中华人民共和国教师法》和《中华人民共和国义务教育法》，特制定《中学教师专业标准（试行）》（以下简称《专业标准》）。

中学教师是履行中学教育教学工作职责的专业人员，需要经过严格的培养与培训，具有良好的职业道德，掌握系统的专业知识和专业技能。《专业标准》是国家对合格中学教师的基本专业要求，是中学教师实施教育教学行为的基本规范，是引领中学教师专业发展的基本准则，是中学教师培养、准入、培训、考核等工作的重要依据。

一、基本理念

（一）师德为先

热爱中学教育事业，具有职业理想，践行社会主义核心价值体系，履行教师职业道德规范，依法执教。关爱中学生，尊重中学生人格，富有爱心、责任心、耐心和细心；为人师表，教书育人，自尊自律，做中学生健康成长的指导者和引路人。

（二）学生为本

尊重中学生权益，以中学生为主体，充分调动和发挥中学生的主动性；遵循中学生身心发展特点和教育教学规律，提供适合的教育，促进中学生生动活泼学习、健康快乐成长，全面而有个性地发展。

（三）能力为重

把学科知识、教育理论与教育实践有机结合，突出教书育人实践能力；研究中学生，遵循中学生成长规律，提升教育教学专业化水平；坚持实践、反思、再实践、再反思，不断提高专业能力。

（四）终身学习

学习先进中学教育理论，了解国内外中学教育改革与发展的经验和做法；优化知识结构，提高文化素养；具有终身学习与持续发展的意识和能力，做终身学习的典范。

二、基本内容（"专业理念与师德"部分）

（一）职业理解与认识

1. 贯彻党和国家教育方针政策，遵守教育法律法规。

2. 理解中学教育工作的意义，热爱中学教育事业，具有职业理想和敬业精神。

3. 认同中学教师的专业性和独特性，注重自身专业发展。

4. 具有良好职业道德修养，为人师表。

5. 具有团队合作精神，积极开展协作与交流。

（二）对学生的态度与行为

6. 关爱中学生，重视中学生身心健康，将保护中学生生命安全放在首位。

7. 尊重中学生人格，维护中学生合法权益，平等对待每一位中学生。不讽刺、挖苦、歧视中学生，不体罚或变相体罚中学生。

8. 尊重个体差异，主动了解和满足有益于中学生的不同需求。

9. 信任中学生，积极创造条件，促进中学生的自主发展。

（三）教育教学的态度与行为

10. 树立育人为本、德育为先的理念，将中学生的知识学习、能力发展与品德养成相结合，重视中学生全面发展。

11. 尊重教育规律和中学生身心发展规律，为每一位中学生提供适合的教育。

12. 激发中学生的求知欲和好奇心，培养中学生学习兴趣和爱好，营造自由探索、勇于创新的氛围。

13. 引导中学生自主学习、自强自立、培养良好的思维习惯和适应社会的能力。

14. 尊重和发挥好共青团、少先队组织的教育引导作用。

（四）个人修养与行为

15. 富有爱心、责任心、耐心和细心。

16. 乐观向上、热情开朗，有亲和力。

17. 善于自我调节情绪，保持平和心态。

18. 勤于学习，不断进取。

19. 衣着整洁得体，语言规范健康，举止文明礼貌。